清史論集

（二十六）

莊吉發著

文史哲學集成
文史哲出版社印行

國家圖書館出版品預行編目資料

清史論集 / 莊吉發著. -- 初版. -- 臺北市 : 文史哲,
民 105.08-
冊; 公分. -- (文史哲學集成 ; 388–)
含參考書目
ISBN 957-549-110-6 (第一冊 : 平裝) .-- ISBN957-549-111-4(第二冊) .--ISBN957-549-166-1 (第三冊) . --ISBN 957-549-271-4 (第四冊) .-- ISBN957-549-272-2(第五冊) .--ISBN 957-549-325-7 (第六冊).--ISBN957-549-326-5 (第七冊) --ISBN 957-549-331-1(第八冊).--ISBN957-549-421-0(第九冊) .--ISBN957-549-422-9(第十冊) .--ISBN957-549-512-8(第十一冊)-- ISBN 957-549-513-6(第十二冊) .--ISBN957-549-551-9 (第十三冊).--ISBN957-549-576-4(第十四冊) -- ISBN957-549-605-1(第十五冊) .-- ISBN957-549- 671-x (第十六冊) ISBN 978-957-549-725-5(第十七冊) .--ISBN978-957-549-785-9(第十八冊) ISBN978-957-549-786-6 (第十九冊) ISBN978-957-549-912-9 (第二十冊) ISBN978-957-549-973-0 (第二十一冊：平裝) --ISBN978-986-314-035-1 (第二十二冊：平裝) --ISBN978-986-314-138-9 (第二十三冊：平裝) --ISBN978-986-314-257-7 (第二十四冊：平裝) --ISBN978-986-314-321-5 (第二十五冊：平裝) --ISBN978-986-314-338-3 (第二十六冊：平裝)

1.清史 2.文集

627.007 105015439

文史哲學集成 692

清史論集(二十六)

著　者：莊吉發
出版者：文史哲出版社
http:// www.lapen.com.tw
e-mail：lapen@ms74.hinet.net
登記證字號：行政院新聞局版臺業字五三三七號
發行人：彭正雄
發行所：文史哲出版社
印刷者：文史哲出版社
臺北市羅斯福路一段七十二巷四號
郵政劃撥：16180175 傳真886-2-23965656
電話 886-2-23511028 886-2-23941774

實價新臺幣五六〇元

中華民國一〇五年（2016）十一月初版

ISBN 978-986-314-338-3 00692

清 史 論 集

(二十六)

目 次

出版說明

我國歷代以來，就是一個多民族的國家，各民族的社會、經濟及文化方面，雖然存在著多樣性及差異性的特徵，但各兄弟民族對我國歷史文化的締造，都有直接或間接的貢獻。滿族以非漢部族入主中原，建立清朝，參漢酌金，一方面接受儒家傳統的政治理念，一方面又具有滿族特有的統治方式，在多民族統一國家發展過程中有其重要的地位。在清朝長期的統治下，邊疆與內地逐漸打成一片，文治武功之盛，不僅堪與漢唐相比，同時在我國傳統社會、政治、經濟、文化的發展過程中亦處於承先啟後的發展階段。蕭一山先生著《清代通史》敘例中已指出原書所述，為清代社會的變遷，而非愛新覺羅一朝的興亡。換言之，所述為清國史，亦即清代的中國史，而非清室史。同書導言分析清朝享國長久的原因時，歸納為兩方面：一方面是君主多賢明；一方面是政策獲成功。《清史稿》十二朝本紀論贊，尤多溢美之辭。清朝政權被推翻以後，政治上的禁忌，雖然已經解除，但是反滿的清緒，仍然十分高昂，應否為清人修史，成為爭論的焦點。清朝政府的功過及是非論斷，人言嘖嘖。然而一朝掌故，文獻足徵，可為後世殷鑑，筆則筆，削則削，不可從闕，亦即孔子作《春秋》之意。孟森先生著《清代史》指出，「近日淺學之士，承革命時期之態度，對清或作仇敵之詞，既認為仇敵，即無代為修史之任務。若已認為應代修史，即認為現代所繼承之前代，尊重現代，必不厭薄於所繼承之前代，而後覺承統之有自。清一代武功文治，幅員人材，皆有可觀。明初代元，以胡俗為厭，天下既定，即表章元世祖之治，惜其子孫不能遵守。後代於前代，評量政治之得失以為法戒，乃所以為史學。革命時之鼓煽種族以作敵愾之氣，乃軍旅之事，非學問之事也。故史學上之清史，自當占中國累朝史中較盛之一朝，不應故為貶抑，自失學者態度。」錢穆先生著《國史大綱》亦稱，我國為世界上歷史體裁最完備的國家，悠久、無間斷、詳密，就是我國歷史的三大特點。我國歷史所包地域最廣大，所含民族份子最複雜。因此，益形成其繁富。有清一代，能統一國土，能治理人民，能行使政權，能綿歷年歲，其文治武功，幅員人材，既有可觀，清代歷史確實有其地位，貶抑清代史，無異自形縮短中國歷史。《清史稿》的既修而復禁，反映清代史是非論定的紛歧。

歷史學並非單純史料的堆砌，也不僅是史事的整理。史學研究者和檔案工作者，都應當儘可能重視理論研究，但不能以論代史，無視原始檔案資料的存在，不尊重客觀的歷史事實。治古史之難，難於在會通，主要原因就是由於文獻不足；治清史之難，難在審辨，主要原因就是由於史料氾濫。有清一代，史料浩如煙海，私家收藏，固不待論，即官方歷史檔案，可謂汗牛充棟。近人討論纂修清代史，曾鑒於清史範圍既廣，其材料尤夥，若用紀、志、表、傳舊體裁，則卷帙必多，重見牴牾之病，勢必難免，而事蹟反不能備載，於是主張採用通史體裁，以期達到文省事增之目的。但是一方面由於海峽兩岸現藏清代滿漢文檔案資料，數量龐大，整理公佈，尚需時日；一方面由於清史專題研究，在質量上仍不夠深入。因此，纂修大型清代通史的條件，還不十分具備。近年以來因出席國際學術研討會，所發表的論文，多涉及清代的歷史人物、文獻檔案、滿洲語文、宗教信仰、族群關係、人口流動、地方吏治等範圍，俱屬專題研究，題為《清史論集》。雖然只是清史的片羽鱗爪，缺乏系統，不能成一家之言。然而每篇都充分利用原始資料，尊重客觀的歷史事實，認真撰寫，不作空論。所愧的是學養不足，研究仍不夠深入，錯謬疏漏，在所難免，尚祈讀者不吝教正。

二〇一六年十月　**莊吉發**謹識

由小變大——《建州表》的史料價值

纂修清史，不可忽視清朝歷史的特色。滿族由小變大，清朝勢力由弱轉強，都與建州女真的活動，關係密切。明初，女真因其活動的地區及其社會演進的過程，被區分為建州女真、海西女真及野人女真三部，明廷在建州女真地區，設置建州衛，其後增置建州左衛、建州右衛，枝榦互生。國立故宮博物院現藏清史館纂修的建州表上下共二冊，上冊注明由王和清繕，下冊由胡蘭石繕。表中分列各級官職，最高為都督，其下依次分別為都督同知、都督僉事、都指揮、都指揮同知、都指揮僉事、指揮使、指揮同知、指揮簽事及千百戶等職。建州表紀年，繫明朝年號，永樂元年（1403），始設建州衛，是年十月辛丑，女真野人頭目阿哈出等來朝，設建州衛軍民指揮使司，以阿哈出為指揮使，賜姓名李誠善，餘為千百戶。自是年起迄明神宗萬曆三十九年（1611）止，共計二百年間，建州三衛經多次擾攘，各職官的陞遷及入貢明廷，以至於清太祖努爾哈齊等受命為建州都督僉事，並與其弟舒爾哈齊等歷次進貢等事蹟，建州表俱逐年記載，所載事件，多取材於明實錄等官書。建州表是研究建州三衛發展及女真勢力興起的重要資料，現刊《清史稿》並無建州表，為凸顯清朝前史的特殊性質，纂修清史時，增修建州表是有意義的。

蒙古滅金後，女真遺族散居於混同江流域、開元城之北，東濱海，西接兀良哈，南鄰朝鮮。明代初年，女真分為三部，據《大明會典》載，居海西等處者為海西女真，居建州、毛憐等處者為建州女真，其極東為野人女真。海西女真與建州女真每年遣人朝貢，野人女真去中原寫遠，朝貢不常[1]。建州女真分佈於牡丹江、綏芬河及長白山一帶，其人「知耕種緝紡，居處飲食，頗有華風。」[2]建州名稱，由來已久，唐代渤海率賓府已領華、益、建三州[3]。金、元相承，都稱為建州。元代曾在建州地區設置五個萬戶府，元末，建州女真因遭野人女真屢次侵擾，逐漸向西南遷移。明朝繼承元代統治東北地區後，在政治上仿照唐代羈縻州制度，設置一百八十幾個衛所，除軍事作用外，尚須處理地方行政事務。衛所各官職俱由各部族大小頭人充任，俾各統其所屬。其官職設置最高者為都督，其下依次分別為都督同知、都督僉事、都指揮、都指揮同知、都指揮僉事、都軍史、指揮同知、指揮僉事及千百戶等職，由明廷直接委任，各都督給予勅書、印信，各官職的晉陞襲替，均由各都督等呈報明廷，取得認可。

明初在建州設衛，係因其原有種別，以稱其衛，非因設衛而後始有種別。明成祖永樂年間以降，先後設置建州衛、建州左衛與建州右衛。明成祖永樂元年（1403）十月，女真胡里改萬戶阿哈出等赴京朝貢，明廷設建州衛軍民指揮使司，以阿哈出從征奴兒干等地有功，授為指揮使，賜姓名李誠善[4]，其餘為千百戶所鎮撫，賜誥印冠服及鈔幣。明廷亦設建州衛經歷司署經歷一員。毛憐與建州同部，永樂三年（1405）四月，明廷遣百戶金聲齎勅招

1 李東陽等奉敕撰《大明會典》（臺北，新文豐主版社，民國六十五年七月），頁7。

2 楊一葵著《裔乘》，卷六，頁6。《中國邊疆史地叢書》，初編。

3 《新唐書》（臺北，臺灣商務印書館，民國五十六年七月），列傳一四四，頁10。

4 清史館《建州表》謂明廷授阿哈出為指揮使在永樂元年十月辛丑，《清史稿》列傳九阿哈出傳沿之誤。又《滿洲源流考》卷七謂永樂二年置建州衛亦誤。

撫毛憐地面兀良哈萬戶把兒遜等，其敕諭云：

> 朕今即位三年，天下太平，四海內外，皆同一家，恐爾等不知，不相統屬，強凌弱，眾暴寡，何寧息之有。今遣百戶金聲等，以朕意諭爾，並賜爾綵幣等物，爾等若能敬順天意，誠心來朝，各立衛分，給印信，授以名分賞賜，俾爾世居本土，自相統屬，打圍牧放，各安生理，經商買賣，從便往來，共享太平之福，故諭[5]。

從前引敕諭可以了解明初對女真人的政策，授以名分，從便往來，自相統屬，各安生理。同年十一月，把兒遜等六十四人朝貢明廷，明廷設毛憐衛，以把兒遜為指揮，其餘為千百戶等官，並賜誥印冠服鈔幣。永樂六年（1408）三月，忽的阿法胡河卓河兒海剌河等處女真頭人哈剌等朝於明，明廷併其地入建州衛，授哈剌等為指揮、千百戶。永樂七年（1409）十月，阿哈出赴京師朝貢，旋即身故。

阿哈出有子二人，即釋加奴與猛哥不花，阿哈出既死，以釋加奴為建州衛指揮使，猛哥不花為指揮僉事。永樂八年（1410），明成祖親征出塞，釋加奴率所屬從征有功。同年八月，釋加奴陞為都指揮僉事，賜姓名李顯忠，所屬咎卜，自千戶陞為指揮僉事，賜姓名張志義，又賜百戶阿剌失姓名李從善，可捏姓名郭以誠，俱為正千戶。永樂九年（1411）九月，釋加奴已陞為建州衛都指揮，是時又舉其弟猛哥不花為毛憐衛指揮使，與猛哥不花同命者，凡十八人為千百戶等職。次年十一月，據遼東都指揮同知巫凱奏建州歲祲乏食，明廷命發倉粟賑濟。永樂十一年（1413）十月，毛憐衛指揮使猛哥不花等赴京貢馬，明廷優賚後遣還。

永樂初年，與阿哈出父子同時並起的有猛哥帖木兒及其異父

5　《朝鮮太宗實錄》，卷九，頁 16。太宗五年四月庚寅，敕諭。

同母弟凡察，永樂二年（1404），明廷遣使齎敕招撫猛哥帖木兒，其敕諭云：

> 敕諭萬戶猛哥帖木兒等，前者阿哈出來朝，言爾聰明識達天道，已遣使齎敕諭爾，使者回復言，爾能恭敬朕命，歸心朝廷，朕甚嘉之。今再遣千戶王教化的等賜爾綵段表裏，爾可親自來朝，與爾名分賞賜，令爾撫安軍民，打圍牧放，從便生理，其餘頭目人等，合與名分者，可與同來，若有合與名分在彼管事不能來者，可明白開寫來奏，一體給與名分賞賜，故賜[6]。

永樂三年（1405）三月，明使王教化的等齎敕道經朝鮮，朝鮮遣上將軍郭敬儀為伴送使，與明使同行。旋猛哥帖木兒親自入京朝於明，明廷授猛哥帖木兒為指揮使，析置建州左衛以處之，嗣後猛哥帖木兒與釋加奴、猛哥不花屢次赴京朝覲，進貢馬匹，並屢為其所屬乞官。永樂十五年（1417）二月，《明太宗實錄》載：

> 建州左衛指揮猛哥帖木兒奏舉其頭目卜顏帖木兒、速哥等堪任以職，命為指揮千百戶[7]。

建州左衛自是年始正式見諸明實錄，二衛並立，亦自此始。明宣宗宣德元年（1426）正月，明廷命猛哥帖木兒為都指揮僉事。是時釋加奴已死，宣德元年三月，釋加奴之子李滿住由指揮使陞為都指揮僉事[8]，宣德七年（1432）二月，猛哥帖木兒遣其弟凡察朝於明，同年三月，明廷以凡察招撫遠夷歸附，陸都指揮僉事。宣德八年（1433）二月，猛哥帖木兒自都督僉事陞右都督，凡察陞都指揮使。是年十月，七姓野人木答忽等糾阿速紅等處頭人弗答

---

6 《朝鮮太宗實錄》，卷九，頁 80。太宗五年三月丙午，敕諭。

7 《朝鮮太宗實錄》，卷一八五，頁 2。永樂十五年二月己巳，記事。

8 《清史稿校註》，第十冊（臺北，國史館，民國七十七年八月），列傳九，頁 7876，阿哈出傳作都督僉事誤。

哈等掠建州左衛，猛哥帖木兒及其子阿古遇害，建州左衛受到一次嚴重的打擊。凡察告難於明，適明使都指揮裴俊赴斡木河中途遇寇，凡察率所屬赴援有功，次年二月，進凡察都督僉事，執掌建州左衛事務。明廷命凡察掌建州左衛的經過，朝鮮方面記載頗詳，據朝鮮咸吉道都節制使金宗瑞稱：

> 凡察之母，僉伊（官名）甫哥之女也，吾巨先嫁豆萬（官名）揮厚，生猛哥帖木兒。揮厚死後，嫁揮厚異母弟容詔（官名）包奇，生於虛里、於沙哥、凡察。包哥〔奇〕本妻之子吾沙哥、加時波。要知則凡察與猛哥帖木兒非同父弟明矣。然猛哥帖木兒生時，如有興兵之事，則必使凡察領左軍，權豆領右軍，自將中軍，或分兵與凡察，故一部之人，素不賤惡。猛哥帖木兒死後，童倉與權豆妻皆被擄未還，凡察乘其隙亟歸京師，受都督僉事之職，又受印信而還，斡朵里一部人心，稍附之。及權豆妻與童倉生還，且得遣腹之子，一部人心皆歸於權豆之子與童倉。其後權豆之妻輕薄善罵詈，童倉愚弱，一部稍稍失望。其赴京也，朝廷薄童倉而厚凡察，賜凡察以玉帶，且命凡察曰：汝生時，管一部，死後並印信與童倉，以此一部之人不得已附於凡察，然其心則或童倉，或附權豆之子，時未有定[9]。

金宗瑞指出猛哥帖木兒與凡察是同母異父兄弟，童倉，明實錄作董山，是猛哥帖木兒次子，當猛哥帖木兒遇害時，董山被七姓野人所擄，凡察有功於明，當凡察告難於明時，明廷即令凡察接掌建州左衛，俾有所統屬，其後董山返回建州左衛，猛哥帖木兒之職，例應由董山承襲。因此，明廷諭令凡察之後，仍由董山執掌建州左衛，其情節頗有兄終弟及，弟沒再傳兄子之遺意。凡察因

[9] 《朝鮮世宗實錄》，卷八二，頁2。世宗二十年八月辛亥，據金宗瑞啟。

得有明廷新頒印信，猛哥帖木兒生時，凡察既領軍征戰，亦頗有勢力。

明英宗正統二年（1437）十一月，明廷命董山襲父職，仍為建州左衛指揮使。當猛哥帖木兒為七姓野人戕害時，明廷率領建州左衛印信亦被掠去，宣德八年，明廷別鑄新印頒給凡察。不久後，凡察與董山叔姪之間，即展開了爭奪領導權的「衛印之爭」。董山朝於明時，奏稱已贖回舊印，則應呈繳新印，惟當正統三年（1438）凡察朝覲時，卻奏請仍留新印。明廷以一衛二印，並無故事，於法非宜，故敕凡察暫掌新印，董山協同署事，仍將舊印遣人送繳，以便事體歸一，部眾有所統屬[10]，凡察與董山爭衛印自此始。董山以舊印傳自父祖，故迄未遣人繳送舊印。明英宗以祖宗建立天下，諸司無一衛二印之理，凡察與董山二人私意相爭，彼此堅不呈繳印信。正統五年（1440）十一月，明廷又敕諭建州左衛，凡察仍掌舊印，董山護封如舊，協心管事，即將新印遣人進繳，不許虛文延緩[11]。明廷旋進凡察為都督僉事，董山為指揮使，同領建州左衛，正統六年（1441）正月，董山所屬塔察兒等朝於明，為董山乞恩，明廷進董山為都督僉事，但是凡察與董山仍然不和。是年六月，明廷敕諭凡察、董山叔姪和好，遵敕諭進繳新印，其敕諭云：

> 遣敕諭建州左衛都督僉事凡察、董山等，爾等世居邊陲，舊為親戚，正宜同心協力，撫率部屬，用圖長久。往歲冬，因爾一衛存留二印，已當遣敕諭爾凡察、董山協同署事，將新印進繳，今爾凡察乃奏董山不應署事，都指揮李章加等又奏保凡察獨掌衛事。此事朕處置已定，豈容故違，敕

---

10 《明英宗實錄》，卷八，頁 8。正統三年正月癸丑，敕諭。
11 《明英宗實錄》，卷七三，頁 8。正統五年十一月乙丑，敕諭。

至，爾等即遵依前敕存留舊印，隨將新印繳來，務在安分輯睦，毋為小人所惑，自取罪愆。爾凡察所奏取回人口，已敕邊將如例給糧接濟，爾等其欽承之[12]。

凡察與董山爭奪衛印，數年而不決，正統七年（1442）二月，明廷採納遼東總兵曹義的建議，分建州左衛，增設建州右衛。董山由都督僉事陞為都督同知，掌建州左衛事務，凡察亦由都督僉事陞為都督同知，掌建州右衛事務，董山收掌舊印，凡察收掌新印，凡察遂為建州右衛的始祖[13]，並陞建州左衛指揮使塔察兒為指揮僉事，指揮同知哈當為指揮使，指揮僉事木答兀火兒火孫為指揮同知，千戶張家中卜為指揮僉事。建州右衛指揮僉事兀乞納古魯哥哈塔克苦苦為指揮同知，千戶牙失答忽里哈遼哈為指揮僉事。同時分別敕諭董山與凡察分領所屬，守法安業，毋需爭鬥。其敕董山文云：

爾奏保都指揮僉事塔察兒等十人，皆嘗効勞於邊，悉陞官職，聽爾部分，及奏高早化在朝鮮邊境，欲乞取回，爾往歲嘗奏此事，已勑毛憐衛都指揮李哈兒禿等，令其挨查此人今尚存否，候彼回奏處置。爾與凡察，舊本一家，今既分設兩衛，特遣勑諭爾處大小頭目人民，聽所願分屬，自今宜嚴飭下人毋相侵害，以保爾祿位，延及子孫。

明廷勑諭凡察內容相近，其全文云：

爾所奏保指揮僉事兀乞納等十五人，悉准所言陞授官職。所缺耕牛農器，准令如舊更易應用，所遺親屬家口在鏡城住者，已遣指揮吳良齎勑諭朝鮮國王，令查審發還。爾又

12 《明英宗實錄》，卷八十，頁 3。正統六年六月癸酉，敕諭。

13 孟林撰〈清史稿中建州衛考辨〉，《明清史論著集刊》（臺北，世界書局，民國五十四年三月），頁 363。

奏欲與董山分屬頭目人民，已勅遼東鎮守總兵官遣人公同審問，各從所願，分撥管屬，爾等自今宜謹守法度，各安生業，毋事爭鬥，以取罪愆，其欽承朕命，毋忽[14]。

建州右衛是由左衛分出設置的，也是雙印之爭下的產物，就是明廷調停凡察、董山叔姪爭奪衛印的一種權宜措施，建州左衛猛哥帖木兒死後，其內部的紛爭，自此暫告一段落，嗣後建州衛、建州左衛與建州右衛，三衛並立。

元初，於建州女真地區設立桃溫、胡里改、斡朵憐、脫斡憐、孛苦江五個萬戶府鎮撫之，其中斡朵憐又作斡朵里，胡里改又作火兒阿，清代官書作虎爾哈或呼爾哈，桃溫又作托溫，皆同音異譯。此斡朵里、胡里改、托溫即朝鮮龍飛御天歌中的伊蘭豆漫。女真語所謂「三」讀如「伊蘭」（ilan），謂「萬」讀如「豆漫」（tumen），伊蘭豆漫即三萬戶之意，明廷設三萬衛，就是由三萬戶而得名。阿哈出原為胡里改萬戶，猛哥帖木兒原為斡朵里萬戶，與托溫酋長卜兒閼並稱三萬衛。據龍飛御天歌注文指出斡朵里在海西江即松花江之東，火兒阿江即虎爾哈河之西，胡里改在海西江與火兒阿江合流之東，托溫則在二江合流之下。易言之，三萬衛均不越虎爾哈河流域。洪武二十年（1387）十二月，明廷設三萬衛於斡朵里，斡朵里的所在就是在朝鮮東北境圖們江迤北，琿春江沿岸，斡朵里女真部族即居於此，胡里改、托溫兩部族居址亦相近，故其地有三豆萬之稱，明廷設三萬衛於此，即沿用其俗舊稱[15]。但因其地距離遼陽寫遠，孤軍遠戍，糧餉難繼，次年將三萬衛由斡朵

14　《明英宗實錄》，卷八九，頁 60。正統七年二月癸甲辰，敕諭。

15　徐中舒撰〈明初建州女真居地遷徙考－兼論元代開元路治之所在〉，《國立中央研究院歷史語言研究所集刊》，第六本，第二分（南京，中央研究院，民國二十五年），頁 170。

里徙置於開元，即開原[16]。

明成祖永樂元年（1403），明廷設置建州，即為繼承三萬衛而設。阿哈出授為指揮使後，其部族旋即遷居於鳳州，《朝鮮太宗實錄》云：

> 東北面吾音會童猛哥帖木兒，徙于開元路。吾音會，兀良哈地名也，猛哥帖木兒嘗侵慶源，畏其見伐，徙于鳳州，即開元，金於虛出所居，於虛出即帝三后之父也[17]。

於虛出即阿哈出，同音異譯，阿哈出與猛哥帖木兒兩部族，原居於朝鮮東北境近圖們江以外琿春江流域。阿哈出所居鳳州，即明朝初設建州衛的衛址，稻葉岩吉氏、箭內亙氏所稱建州衛始祖阿哈出係居於今之依蘭即三姓的說法，尚待商榷。元代開元路治在瀕海恤品格，恤品即率賓，今作綏芬，都是同音異譯，其地在今吉林琿春以東之地[18]。開元城當在吉林延吉東北，朝鮮咸興府之北，吉林東京城正西，阿勒楚喀城東南，即今俄屬東海濱省的雙城子[19]，此雙城子又名鳳州。因阿哈出居住鳳州，所以明廷的使節在設置建州衛的次年，不由遼陽赴建州衛，而必途經朝鮮境內，並由朝鮮加派伴送使[20]，然後，由朝鮮東北面同往建州衛，永樂二年（1404）六月，《朝鮮太宗實錄》載：

> 遼東千戶三萬衛千戶等賫勅諭及賞賜，與楊內使偕來，隨後而入，蓋以向建州衛也，命各司一員，迎于郊館，于太

16 李學智撰〈朝鮮史籍中之移闌豆漫與明代三萬衛考〉，《大陸雜誌》，第十二卷，第八期（臺北，大陸雜誌社，民國四十八年四月），頁 22。

17 《朝鮮太宗實錄》，卷二十一，頁 17。太宗十一年五月丙辰，記事。

18 孟森撰〈明代衛地址變遷考〉，《北京大學國學季刊》，第三卷，第四號（北平，北京大學，民國二十一年十二月），頁 560。

19 《國立中央研究院歷史語言研究所集刊》，第六本，第二分，頁 170。

20 李學智撰〈明代初置建州衛衛址考〉，《大陸雜誌》，第十三卷，第一期（民國四十五年七月），頁 14。

平館，以吏曹典書金漢老為館伴，設宴。

毛憐衛把兒遜與建州衛阿哈出部族同為兀良哈，其居地在土門，即琿春江迤西之地，與猛哥帖木兒所居斡木河即吾音會相近，把兒遜死後，明廷即以阿哈出次子猛哥不花為毛憐衛指揮使，永樂十年（1412），毛憐部族亦有遷至鳳州者，與釋加奴同居鳳州。

猛哥帖木兒為斡朵里萬戶，但在永樂初年已遷居朝鮮公嶮鎮迤南鏡城地面。永樂三年（1406）七月初五日早朝，朝鮮千秋使尹穆於北平奉天門叩頭，兵部尚書遵旨到金水橋邊詢問尹穆：「猛哥帖木兒那裡住？」對云：「在朝鮮境內豆萬江這邊住。」又問「以道路多遠？」對云：「距王京二十五、六日路。」[21]豆萬江即圖們江，同音異譯。當阿哈出部族遷居鳳州以後，建州女真人的勢力更加單弱，猛哥帖木兒又素與兀狄哈互相仇殺，故不得不移居於朝鮮圖們江內會寧，朝鮮實錄作吾音會。永樂九年（1411）五月，朝鮮實錄又載猛哥帖木兒「嘗侵慶源，畏其見伐，徙于鳳州。」不過猛哥帖木兒遷徙鳳州以前，已在朝鮮境斡木河居住多年了。猛哥帖木兒曾與阿哈出為鄰，因不堪忍受野人女真的掠奪，於洪武初年被迫遷徙至朝鮮境內的慶源一帶居住，後來又遷居斡木河即會寧地方，永樂八年（1410），猛哥帖木兒率眾離開斡木河，徙居建州衛住牧的鳳州附近地方。

永樂二十年（1422）四月，猛哥帖木兒赴北平朝覲，同年九月，奏陳邊境不寧，請求移住斡木河，次年三月十五日，猛哥帖木兒率男婦六千餘人起程前往斡木河，同年六月，遼東開陽衛女真千戶楊木塔兀率眾家小軍丁男婦五百餘名至斡木河與猛哥帖木兒一處住牧。是時，建州衛釋迦奴已死，其子李滿住統領建州衛部眾。永樂二十一年（1423）二月，由於韃靼軍入侵，李滿住率

---

21 《朝鮮太宗實錄》，卷一〇，頁 14。太宗五年九月庚戌，記事。

管下一千餘戶，遷徙婆豬江，亦即佟家江，並得明廷允許於婆豬江多回坪等處住牧。據朝鮮方面的記載，婆豬一江，源出長白山，自江以東一日程為朝鮮邊界，自江以西側為建州之地，當地樹木參天，俗語謂伐十木見一星，可見樹林的茂密，李滿住管下女真人即耕牧於此。

建州左衛凡察亦居住斡木河地面，與朝鮮邊境相接，屢受朝鮮邊兵侵擾，故奏請率大小官民欲往建州衛都指揮李滿住地方一處住牧，明廷准其請求，並敕諭李滿住知之。但因被朝鮮兵馬阻擋，不肯放行，凡察遣人奏報明廷，英宗正統二年（1437）五月，明廷頒敕諭云：

> 勑諭建州左衛都督凡察及大小頭目人等，今指揮李兀黑來奏，爾等見在阿木河地面居住，與朝鮮國境界相接，本國軍馬亦有在彼住坐，往來攪擾，不得安穩，十分艱難，今欲遵奉比先勅旨，移來建州衛，與都指揮李滿住一處住坐過活，緣被朝鮮國阻擋，不肯放來，朕以朝鮮國王恪守藩邦，謹遵法度，敬天事上，罔有違禮，未審李兀黑所奏虛實若何，難便準信，茲特遣李兀黑齎敕往諭朕意，爾等且想彼人動靜，如果見住之處安稱無虞，仍舊在彼住坐，安生樂業，不必經動。若實被朝鮮軍馬攪擾，不能安生，爾等即探聽道路無阻，可率領部下人口，來與李滿住一處住坐。如或朝鮮軍馬阻擋，不肯放來，爾等即將備細原由，具奏定奪，蓋朝鮮國王及爾等大小頭目，都是朝廷之人，不可自分彼此，爾等更宜睦鄰境守，相與和好，以副朕一視同仁之心，故諭[22]。

阿木河即斡木河，前引敕諭是由李滿住齎往朝鮮，經咸吉道監司

22 《朝鮮世宗實錄》，卷七七，頁 18。世宗十九年五月辛丑，敕諭。

李叔時馳啓朝鮮國王。婆豬江流域土地肥沃，李滿住居於婆豬江兀剌山等處，營建家舍，耕牧自在，其後亦因受朝鮮邊兵侵擾，不能安生，而移居吾彌府。從朝鮮邊境可由三路進入吾彌府：一自江界涉婆豬江直入吾彌洞口；一自理山涉婆豬江由兀剌山東入吾彌府西邊山間；一自理山涉婆豬江由兀剌山南西折而入吾彌府。正統初年，因朝鮮邊將致討，不能安居，欲移住草河地面，但未經奏准，而遠徙於渾河山谷間。當地多虎豹，牛馬多被害，不能安業，糧餉匱乏，其管下女真，或持土物往來開原，交換糧食，或往遼東買取糧米鹽醬，可見李滿住之困於遷徙。

凡察七子二女及族屬多在朝鮮境內，是時朝鮮與李滿住讎隙未解，恐凡察與李滿住結合入侵，不願凡察與李滿住同住。正統三年（1438）五月，明廷敕諭朝鮮云：

> 前因建州左衛都督猛哥木帖兒男童倉等奏欲同李滿住一處居住，已准所奏，敕王令人護送出境，今得王奏，李滿住等，讎嫌未解，若令聚處，將來同心作賊，邊患益滋，王所計慮亦當，其童倉、凡察等聽令仍在鏡城地面居住，不必搬移，此輩皆朝廷赤子，在彼在此一也，王惟善加撫恤，使之安生樂業，各得其所，庶副一視同仁之意，欽哉[23]。

因朝鮮禁止凡察在邊境打圍，不得自由，仍欲遷移，與李滿住同在一起住居，故遣指揮童答察兒入奏明廷，請飭朝鮮遵敕解送其家口，然而此時明廷的態度已改變，不允所請，明廷敕諭凡察云：

> 往者建州衛指揮李滿住等，屢奏搬取爾等，移來遼東渾河頭，一同居住，已遣勅諭朝鮮國王，禁約彼處軍民，不許阻擋，仍差人護送出境，聽爾等搬移前來。既而得朝鮮國

23 《朝鮮世宗實錄》，卷八一，頁11。世宗二十年五月丙申，敕諭。

王奏李滿住等虛捏奏請，妄稱爾等欲移來同住。朕惟四海一家，彼等皆朕人民，況朝鮮國王，世守禮法，必不敢擅自拘占，已諭其若果凡察、董山等在鏡城地面安生樂業，仍聽爾等在彼居住，不必搬移。今爾等又奏要搬回鳳州放豬地面居住，緣在此在彼，俱是朝廷官屬，茲特遣勅往諭爾等遵奉朝命，仍在彼居住，朝鮮國王必能撫恤爾等，不敢失所。但爾等須守本分，以安生理，朝廷或有勅召，爾等來朝，或有征伐，調遣爾等，須即聽命前來，効力不違，庶見爾等敬天事上之誠，故茲勅諭，宜體至懷[24]。

放豬是鳳州的音轉，自阿哈出徙居鳳州之後，至其孫李滿住時又遷於婆豬江即今遼寧佟家江。正統初年，建州衛的部族就是耕牧於婆豬江，凡察、董山則在鏡城地面居住，但建州左衛及右衛女真人逃往婆豬江者甚眾，李滿住在婆豬江仍不斷受到朝鮮軍馬襲擊，不得安居，正統三年（1438），李滿住便率管下部眾西遷，移住竈突山東渾河上。正統四年（1439），董山率領部眾遷移到婆豬江。建州右衛設置後，凡察所部居住於三土河一帶。以蘇子河流域為中心的女真人，因經過長期的遷徙與患難，遂定居下來，逐漸發展。

據《建州表》萬曆十五年（1587）記載：「清太祖始見於是年。」萬曆十六年（1588）九月初五日，明廷始命清太祖為建州衛都督僉事。萬曆二十年（1592）八月初十日，清太祖奏乞升職。萬曆二十五年（1597）七月初九日，《建州表》記載，「速兒哈赤」入貢。「速兒哈赤即清太祖弟舒爾哈齊」。萬曆二十六年（1598）二月十八日，清太祖入貢於明廷。萬曆二十九年（1601）十二月初二日，清太祖入貢。萬曆三十六年（1608）十二月初二日，清太

24 《朝鮮世宗實錄》，卷八六，頁 26。世宗二十一年九月辛亥，敕諭。

祖入貢。萬曆三十九年（1611）十月十二日，清太祖補貢，頒賞。《建州表》記載，「入貢止此」。

建州三衛的女真居民通過不斷遷徙，逐漸接近遼東地區，內部狩獵經濟較發達，又受到農業生產發達，社會先進地區的影響較多，通過馬市貿易，使建州女真這個部落與內地的經濟、文化關係日趨密切[25]。萬曆年間（1573-1620），在建州女真部落中出現武力強大的清太祖勢力，進行對女真各部落得武力統一。萬曆四十四年（1616），清太祖在赫圖阿拉（hetu ala）稱金國汗。探討清朝由小變大，由弱轉強的過程，《建州表》是不可忽略的珍貴史料。可將《建州表》附錄於後。

---

[25] 李洵、薛虹主編《清代全史》（瀋陽，遼寧人民出版社，1991 年 7 月），第一卷，緒論，頁 7。

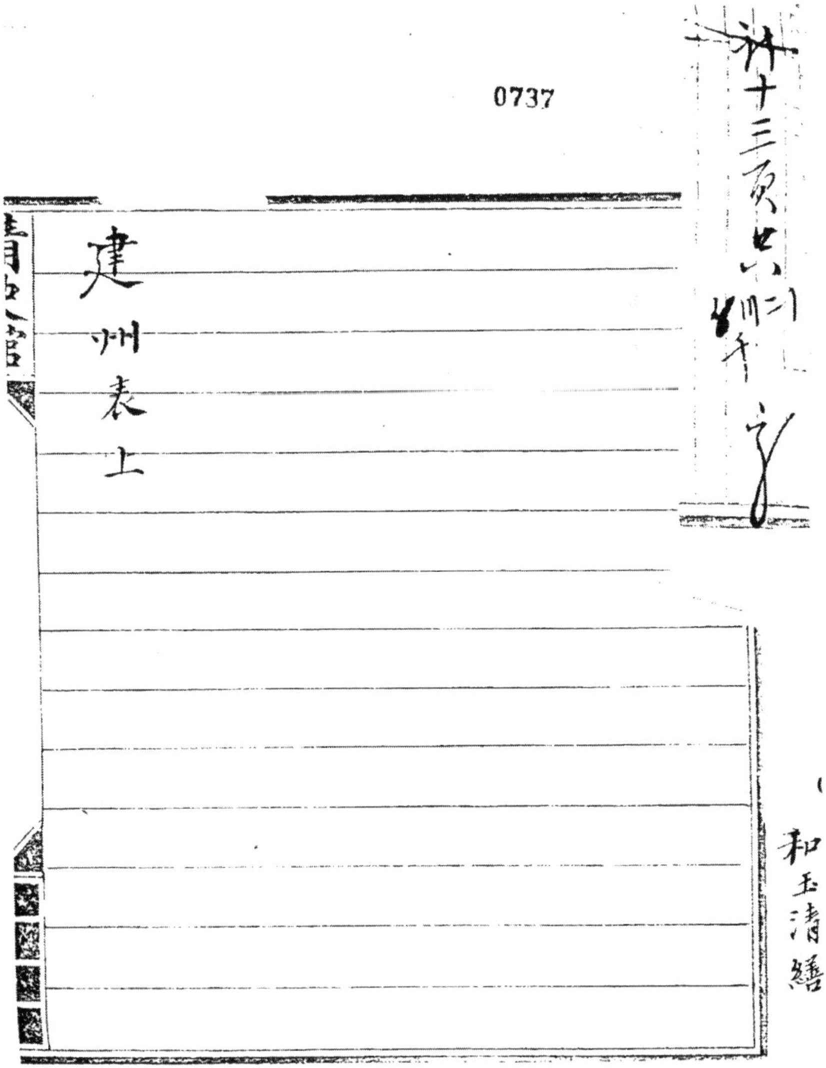
0737

建州表上

和玉清繕

六年

哈喇

三月忽的阿法胡河卑兒河海喇河等處女真野八頭目哈喇等來朝併其地入建州衛命爲建州衛指揮千百戶阿哈出有焉

七年

八年

釋加奴

八月以指揮阿哈出子從征有功自指揮使陞賜姓名李顯忠

处日卜

八月以從征有功自千戶陞賜姓名張志義

是年八月復賜百戶阿剌失姓名李從善可捏姓名郭以誠俱爲正千戶

1-2

建州表上

紀年	衛名	都督	都督同知	都督僉事	都指揮	都指揮同知	都指揮僉事	指揮使	指揮同知	指揮僉事	
永樂元年	建州衛							阿哈出 十月辛丑女真野人頭目阿哈出等來朝設建州衛軍民指揮使司以阿哈出為指揮使賜姓名李誠善餘為千百戶			是年始設建州衛
三年											是年十月建州等衛指揮等來朝不書其名時初設衛阿哈出授指揮所謂指揮疑即阿哈出也○十一月甲戌始設毛憐衛以把兒遜為指揮

十一年	十四年	十五年	
		建州衛	建州左衛
李顯忠十月來朝貢馬			
	李顯忠正月與毛憐衛指揮使猛哥不花率其部屬郎卜兒罕札不哈等來朝賜誥命冠帶襲衣鈔幣		
猛哥帖木兒十月來朝貢馬	郎卜兒正月授指揮	李顯忠十二月奏顏春地面月兒速哥願附居建州	猛哥帖木兒二月舉頭目卜顏帖木兒等堪以任職
是年十二月建州等衛千戶郎卜兒忽歹等奏願居遼東安樂州	十一年李顯忠稱都指揮是年稱都指揮僉事實錄同知僉事每有文也郎卜兒當即十一年乞居安樂州者		建州左衛是年始見實錄自此二衛並立衛名別白書之與卜顏帖木兒同舉者復有速哥等命為指揮千百戶。是年李顯忠又稱指揮疑

2-2

十年	九年
李顯忠 李孛達 趙友都 趙不顯 十二月遼東都指揮巫凱言李顯忠等戕視之食命發倉粟賑之	寗失加 九月來朝願居快活城
	猛哥不花 九月命爲毛憐衛指揮使
	是年三月建州失里綿十一衛女真野人頭目童蒴乞也輕可等二十三人來朝命爲指揮等官其名建書不可分析〇五月建州衛千戶牢苦禿等奏願入開原及自在州居住〇九月與猛哥不花同命者凡十八人爲千百戶等官不書其名

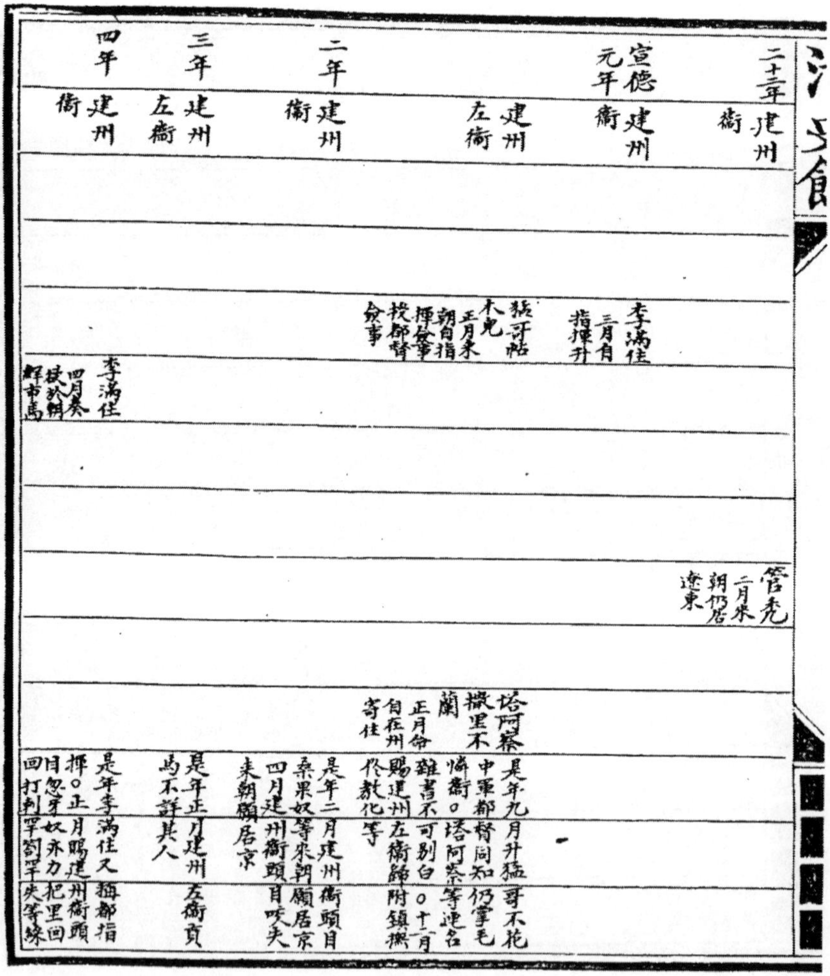

二十二年	建州衛	管禿 二月來朝仍居遼東	
宣德元年	建州衛	李滿住 三月自指揮升	是年九月升猛哥不花中軍都督同知仍掌毛憐衛。塔阿赤等連名雖書不可別白。十二月賜建州左衛歸附鎮撫佟敎化等
	建州左衛	猛哥帖木兒 正月來朝自指揮僉事授都督僉事；塔阿察撒里不蘭 正月命自在州寄住	
二年	建州衛		是年二月建州衛頭目桑果奴等來朝願居京 四月建州衛頭目哎夫來朝願居京
三年	建州左衛		是年正月建州左衛貢馬不詳其人
四年	建州衛	李滿住 四月奏授於朝鮮市馬	是年李滿住又插都指揮。正月賜建州衛頭目忽牙奴亦力把里回回打剌罕剳罕失等緞

3-2

	十六年	十七年	十八年
	建州衛	建州衛	建州衛
			李顯忠閏正月與猛哥帖木兒等舉奏衛千百戶請升除指揮等職以無功不許
卜顏帖木兒二月授指揮	李顯忠二月奏陳哈利忽等勞績請升職	李顯忠二月舉野住等授職 野住三月授	
	哈利忽二月自指揮僉事陞		
欽都字	是年李顯忠稱指揮與哈利忽同舉者副千戶失剌等八人陞正千戶百戶野吉兒納等四人陞副千戶并所鎮撫哈荅等三人俱賜敕獎諭	是年李顯忠稱指揮使與野住同舉者凡十七人為指揮千百戶有差不書其名	是年李顯忠復稱都指揮

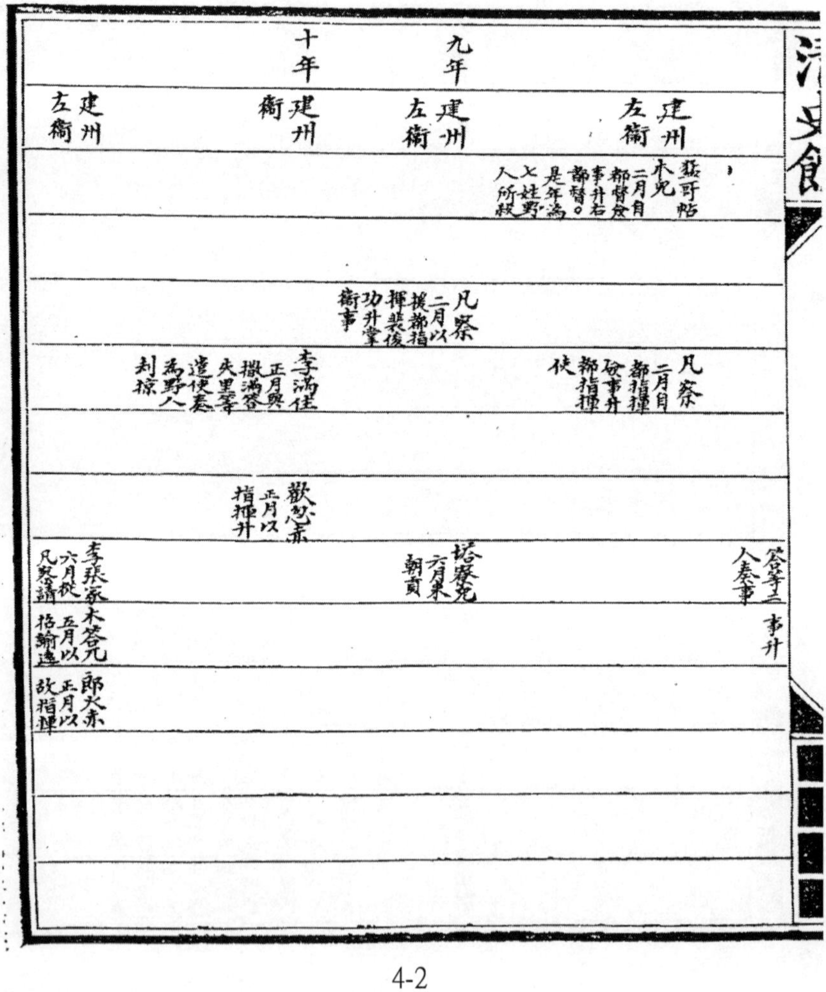

	九年	十年	
建州左衛	建州左衛	建州衛	建州左衛
猛哥帖木兒二月自都督僉事升右都督。是年為七姓野人所殺			
	凡察二月以撥都指揮襲後功升掌衛事		
凡察二月自都指揮僉事升都指揮使		李滿住正月與撒滿荅失里等遣使奏為野人刦掠	
		歡心赤正月以指揮升	
咨等二人奏事	塔察兒六月來朝貢		李張家六月授凡察請
事升			木荅兀五月以指諭逃
			郎火赤正月以故指揮

4-2

六年	七年	八年
建州衛；建州左衛	建州左衛	建州衛
佟塔察兒 十二月貢馬		
	猛哥帖木兒 二月遣弟凡察來朝貢	
朝鮮不納款處於遼東境上市易		
	凡察 猛哥帖木兒弟 二月來朝 三月以指揮遠克歸附升都指揮僉事	
		札剌答 二月指揮札剌
		不顏禿 二月自指揮僉
金家奴 正月來朝貢馬；卜顏禿 八月來朝		哈剌 十月來朝
都○二月建州等衛副千戶吹納等來朝○九月以毛憐衛故都督子撒滿哈失里爲都督僉事；是年正月建州故都指揮李顯忠妻唐氏及金家奴來朝	是年二月建州左衛千戶往出等來朝貢○原鈔本都督僉事凡察按凡察方升都指揮僉事次年又升都指揮使非都督僉事明甚傳寫誤也	

4-1

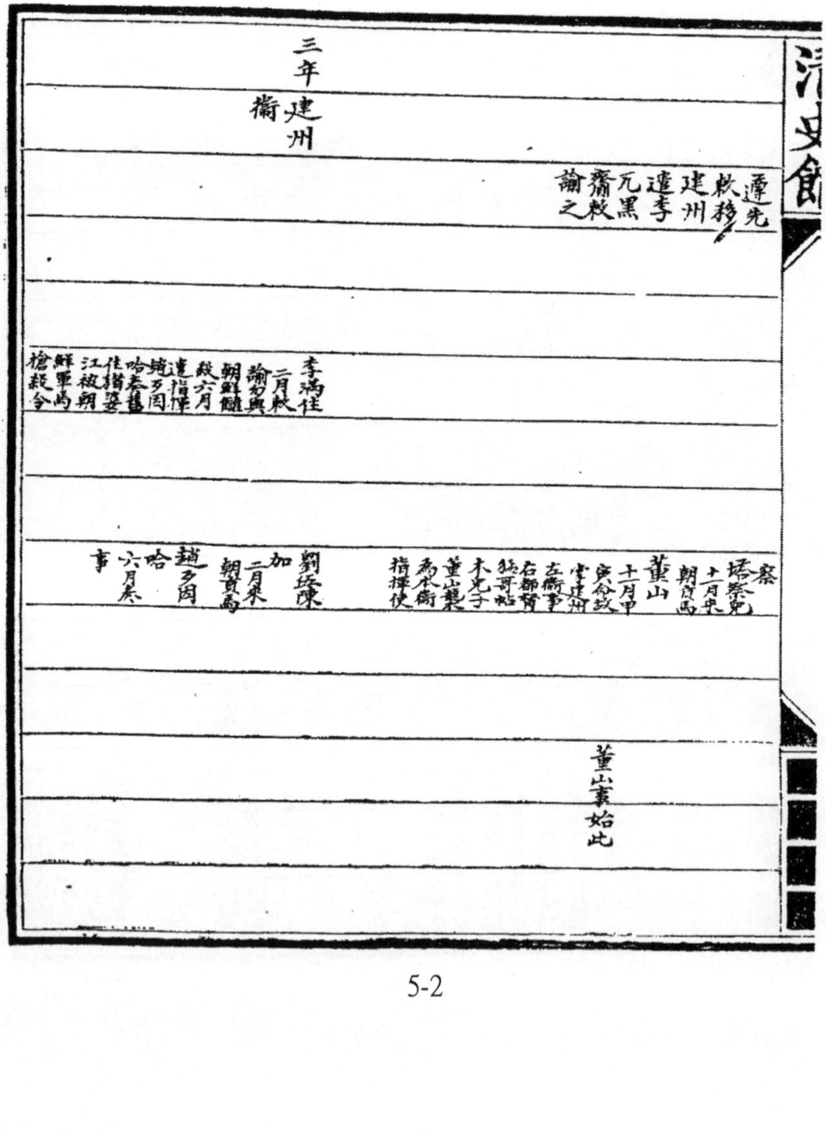

5-2

正統元年	二年	
建州衛	建州衛	建州左衛
		凡察二月奏居隣朝鮮被其侵擾請
李滿住閏六月奏乞移居遼東猪婆江居住遣男古哈納等朝貢		
自指揮同知升	奴答失里正月來朝貢馬	李兀黑二月命衛[illegible]撫其頭目都督凡
以功自指揮僉事升	歆禿二月以故建州衛指揮同知木答兀子襲職	李伍哈正月來朝貢駝馬
僉事老官禿姪襲職	步里不孫正月來朝貢馬乞居遼東安樂州李希二月貢珍珠及馬	
是年李滿住又稱都指揮僉事。六月建州衛千戶阿隆加等朝貢		李兀黑李五哈缺即一人譯有不同耳或書指揮同知或但書指揮則省文通例也

五年

建州左衛

建州衛

凡察 四月李滿住奏為朝鮮掳引叛去

察指揮童倉總朝鮮掳引叛去

童倉 四月李滿住奏為朝鮮掳引叛去

塔察兒 七月來朝貢馬

佟觀音奴 三月來朝貢馬及貂鼠皮等

李滿住 四月勅言興福餘衛韃靼互相盜馬

顛赤郎 火兒赤

是年十一月建州左等衛女直合八阿哈答等來朝貢馬

建州左衛

凡察 正月來朝貢馬及貂鼠皮

移住竃突山東南渾河上又奏為毛憐衛撤滿里答失乞與信印

董山 正月敕諭協同署事

凡乞 正月以故指揮僉事凡乞遣子襲職阿哈里 正月以故指揮僉事童答蘭子襲職苦玉 正月以故指揮僉事南加子[illegible]職

實錄正月壬子敕曰猛哥帖木兒為七姓野人所戕掠去印信宣德間又復頒降令凡察掌之及董山來朝云舊印已獲凡察又奏欲留新印一衛二印於法非宜敕協同署事仍將舊印送繳

四年

建州衛

李滿住 四月奏都督凡

6-1

七年

建州衛

毋掠朝鮮使者四月遣使上章謝再賜敕諭之七月奏朝鮮擄具叔指揮逢書等

貢馬

李滿住　正月遣指揮安乞束朝貢馬及貂鼠皮二月賜敕令還遼東三萬衛等逃軍

察奏為朝鮮所留

安屯　正月李滿住遣令來朝貢馬及貂鼠皮

王吉歡

禿　二月自指揮同知陞指揮使

金家奴　十二月自指揮同知陞指揮使

鎖鼐奔　二月以故指揮同知劉剌兀子襲職

卜郎哈　二月以故指揮僉事禿述剌子襲職

是年二月尚有故指揮同知沈保奴子咬納黃黃福羊姑子阿哈出不可析故未入表又有千戶百戶庶人伯兒等俱陞授有差

建州左衛

董山　二月甲辰自都督僉事

塔察兒　二月自指揮使陞都指

哈當　二月自指揮同知陞指

塔失　正月以故指揮同知丹

阿里　正月以指揮僉事馬兒

是年二月尚有指揮僉事木答兀火兒火孫陞指揮同知名不可析故未入表又十一月授建州

7-2

六年

建州衛	建州左衛
以凡察自朝鮮鏡城還與李滿住同處也十一月又與董山同賜敕令凡察掌印董山護封並命繳還新印	
	董山正月戊午自指揮使陞都督僉事；凡察二月賜敕戒飭
李滿住正月賜勅令還開原迸軍二月賜勅勸諭凡察毋掠朝鮮使者	李張家十二月遣使來朝
九月來朝貢馬；董山十一月與凡察同賜敕	易失加二月來朝貢馬；逢吉凡察叔七月凡
	買禿七月以指揮僉事丹保奴子襲職
是年十月建州衛女直千戶納速等來朝貢馬	

7-1

清史館

九年

	建州左衛	建州右衛	建州衛
賊殺寇遼東			
			李滿住 正月奏指揮郎克苦等自高麗歸
	火兒孫 五月以報海西消息賜綵幣等物	李禿堂 五月賜綵幣等物	安先 正月自指揮同知陞指揮使 郎克苦 正月自高麗歸木衛 下手不花 二月以故指揮使沙班
指揮同知			乃因塔 二月以故指揮同知高早花子襲職 童山 十二月以故指揮同知阿克木子襲職
			王罕 正月自千戶陞指揮僉事
			是年正月尚有頭目趙章加官音不花昌塔俱授百戶又二月尚有故指揮僉事也里吉子能額禿失里哈子顏赤巴童俱襲職名不可析故未入表又十二月授李滿住子都喜為副千戶

8-2

八年

建州衛

建州右衛

李滿住 十月遣入報凡良哈達

陞都督同知掌左衛事賜敕

凡察 二月甲辰分設建州右衛俾都督僉事理都督同知掌右衛事賜敕

揮僉事

揮使

保奴子襲職

額頂勤賽因不花 六月以故指揮同知皂花子襲職 十月凡察董山等遣入朝奏事

阿夾帖木 正月自指揮僉事俱陞

塔子襲職

若女 正月以故指揮僉事速哥子襲職

張家中卜 二月以千戶陞指揮僉事

是年二月指揮僉事凡乞納古魯哥哈塔充若陞指揮同知千戶牙失答忽里塔遵噶陞揮僉事名不可析故未入表

左衛頭目溫答為百戶

	十年			十一年
	建州衛	建州左衛	建州右衛	建州衛
				李滿住 十二月遣
屬九月又同遣千戶大藏吉守參事十二月又同來朝貢馬				
				李土發 二月自
		沙隆加 十二月來朝貢貂馬玉石貂皮	李羌滿 正月自指揮同知陞指揮使	若赤 二月自
		忽失八 十二月自指揮僉事陞指揮同知		兀狗哈 二月以
	著兒速 正月自正千戶陞指揮僉事	鎖羅速 正月以指揮僉事忽失子承襲	塞勒 正月自副千戶陞指揮僉事	兀苦納 二月以
		是年十二月尚有正千戶木答忽卜兒速俱為指揮僉事名不可析故未列表	是年十二月授凡察子不花禿為百戶	是年二月尚有正千戶土哥站木兒忽失塔陞指揮僉事未辨具為二

9-2

建州左衛	建州右衛
董山 二月與凡察請陞授所屬九月又同遣千戶大識吉等奏事十二月又同來朝貢馬	凡察 二月與董山請陞授所
子襲職	
剌塔孫 十二月以故指揮僉事那那子襲職 木哈三 十二月以故指揮僉事中卜子襲職	
忙忽 十二月以舍人陞指揮僉事	
是年二月從凡察董山請陞指揮使那可戴哎納為都指揮僉事指揮同知撒里和尼赤為指揮使指揮僉事中谷木勒克上變禿兒田佛家奴忽失哈阿都赤為指揮同知正千戶才剌荅五員為指揮僉事副千戶速忽右成等五員為正千戶授舍人孛羅等十八人為千戶百戶命指揮同知管禿子莽剌指揮僉事撒哈火奴子金以襲其父職名多不可析又不分左右衛故未入表又九月凡察董山遣女直千戶大識吉等奏事又十二月命建州左衛舍人納剌孫頭目亦失哈俱為所鎮撫	

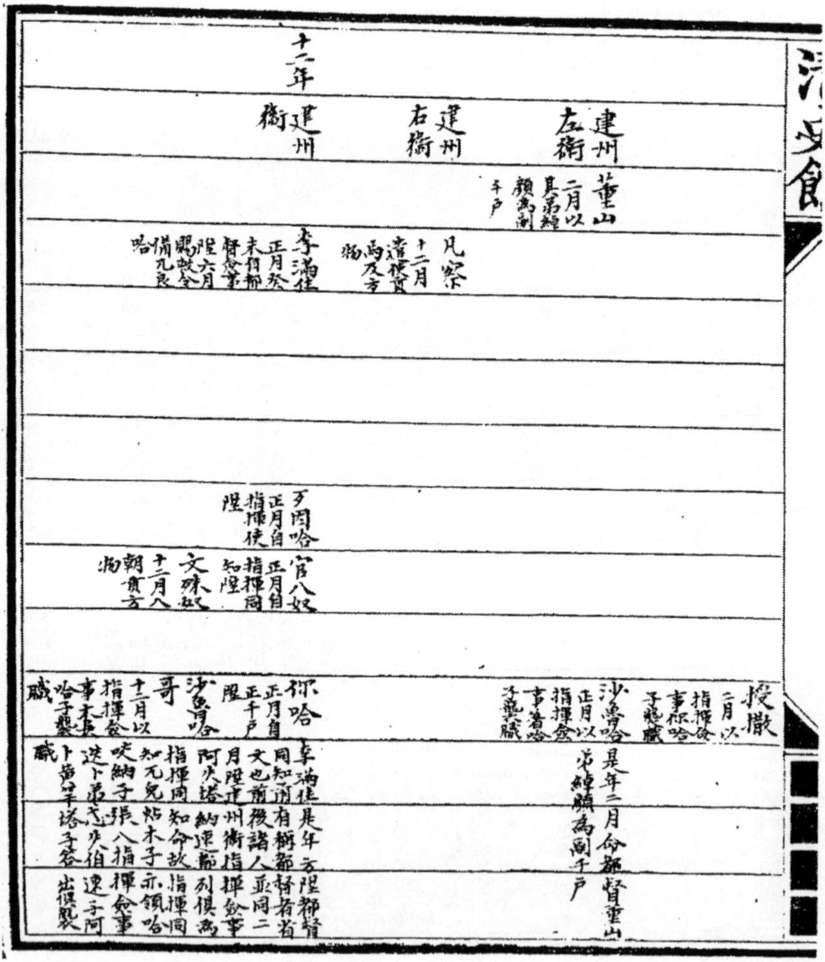

建州左衛	建州右衛	建州衛
		十二年
董山二月以其弟綽顏為副千戶		
	凡察十二月遣使貢及方物	李滿住正月癸未自都督僉事陞六月賜敕令備兀良哈
		歹閃哈正月自指揮使陞
		官八奴正月自指揮同知陞 文殊奴十二月入朝貢方物
授撒二月以指揮僉事祁哈子襲職 沙禿哈正月以指揮僉事者哈子襲職		你哈正月自正千戶陞 沙魚哈哥十二月以指揮僉事木哈子襲職
是年二月命都督董山弟綽顏為副千戶		李滿住是年奏陞都督同知前有都督者省文也前後諸人並同二月陞建州衛指揮僉事阿火塔納速都列俱為指揮同知命故指揮同知兀兒帖木子亦領哈哎納子張八指揮僉事迭卜弟之步伯迭子阿卜當早塔子答出俱襲職

10-2

指揮使陞					
指揮同知陞	塔失 二月自指揮同知陞				
指揮同知上成哈子襲職	必桑加 二月以指揮同知兀哈子襲職	買禿買似 二月自指揮僉事陞	朵列禿 十一月自指揮僉事陞		
指揮僉事都事哥子襲職	弗羊苦 二月自正千戶陞	沙魯 二月自副千戶陞	多沙 二月以指揮僉事兀學子襲職	速苦 二月以指揮僉事納乞子襲職	
人為三人故未列表又二月建州衛撒木合與弟木答合及其妻嫁來歸願在遼東自効英宗命為所鎮撫又十一月建州衛正千戶失剌木答忽伯速俱為指揮僉事名不可析故未列表					

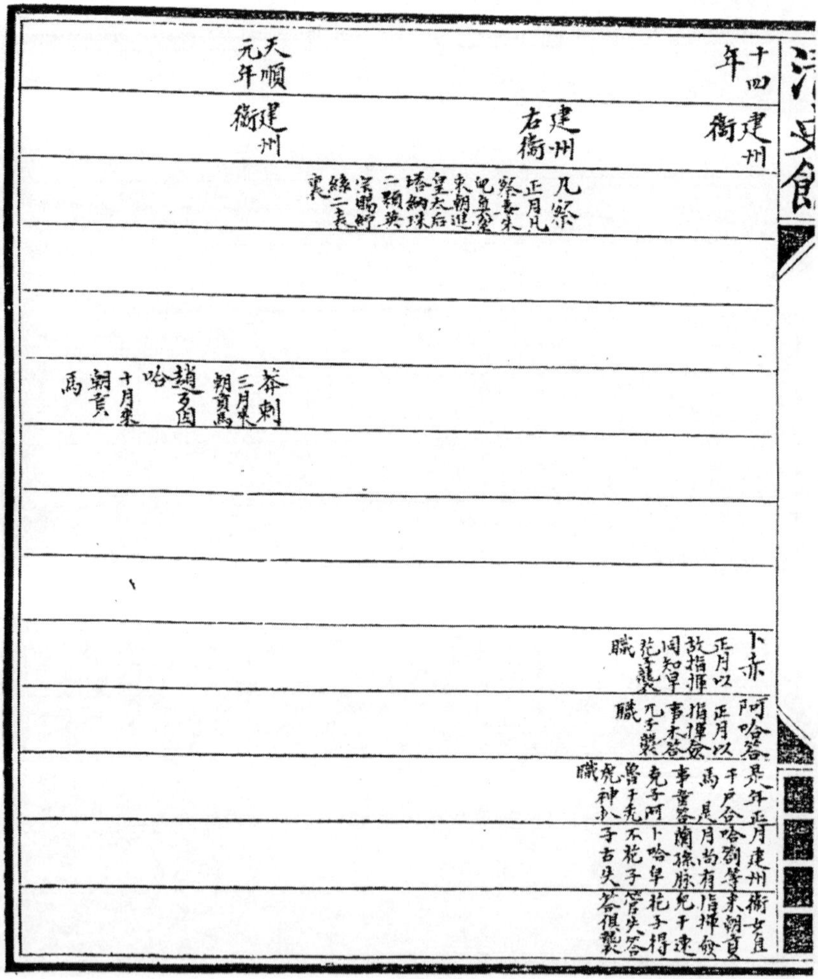

十四年

建州衛

卜赤 正月以故指揮同知早花襲職

阿哈答 正月以指揮僉事木答兀子襲職

是年正月建州衛女直千戶合哈劄等來朝貢馬是月尚有指揮僉事童答蘭孫脉兒千速克子阿卜哈早花子得魯子禿不花子管失答兒神扒子古失答俱襲職

建州右衛

凡察 正月凡察妻朱吧魚參東朝進皇太后塔納珠二顆英宗賜紵絲二表裏

天順元年

建州衛

莽剌 三月來朝貢馬

趙歹因哈 十月來朝貢馬

11-2

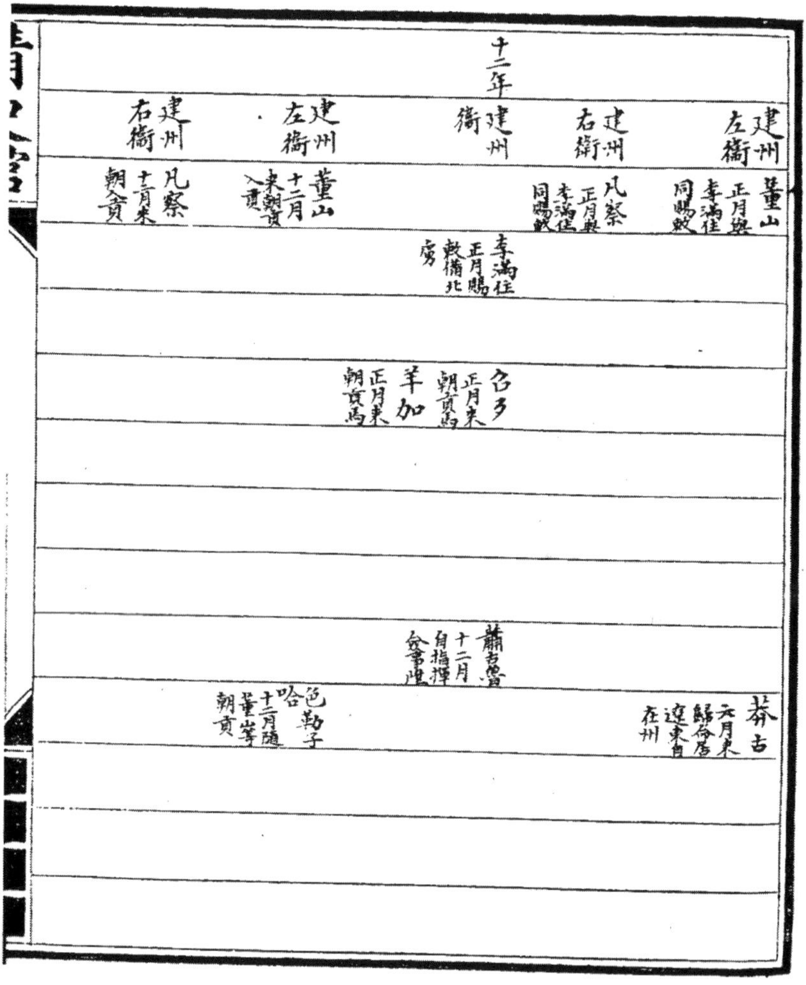

十二年

建州左衛
董山 正月與李滿住同賜敕

建州右衛
凡察 正月與李滿住同賜敕

建州衛
李滿住 正月賜敕備北虜
名多 正月來朝貢馬
羊加 正月來朝貢馬
薾古當 十二月自指揮僉事陞

建州左衛
董山 十二月來朝貢入貢
色勒子哈 十二月隨董山等朝貢

建州右衛
凡察 十二月來朝貢

莽吉 六月來歸命居遼東自在州

11-1

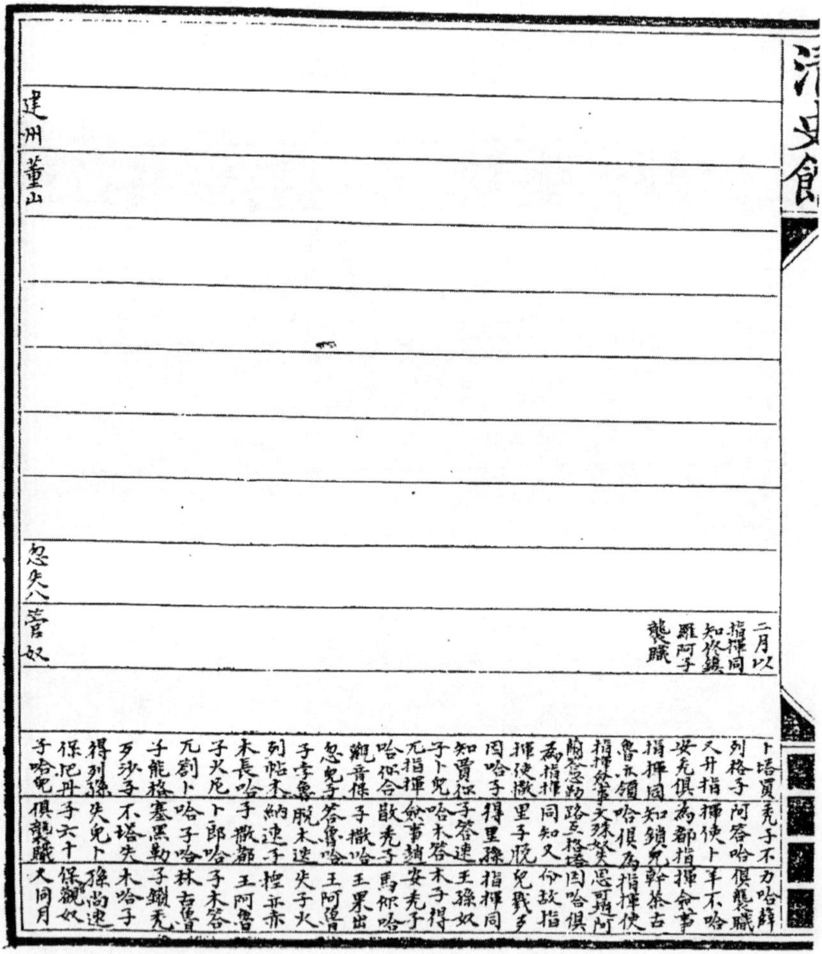
清史館

二月以指揮同知陞鎮羅阿子襲職

建州董山

忽失八營奴

卜塔買兎子不力哈薛列格子阿答哈俱襲職又升指揮使卜羊不哈安兎俱為都指揮僉事指揮同知鎖兒幹恭古魯永領哈俱為指揮使指揮僉事文殊奴恩可羅阿簡答忽剌路丟格塔因哈俱為指揮同知又命故指揮使撒里子脫兒戳多因哈子得里孫指揮同知買徐子答速王孫奴子卜兒哈木答木子得兀指揮僉事趙安兎子哈你合歡兎子馬你哈親音保子撒哈王果出忽兒子答魯哈王阿魯子孛魯脫木速失子火列帖木納速子撻亦赤木長哈子撒都王阿魯子火乃卜郎哈子木答兀剌卜哈子哈林古魯子能格塞黑勒子鎖兎歹沙子不塔失木哈子得列孫失兒卜孫尚速保陀丹子六十保觀奴子哈兒俱襲職大同月

12-2

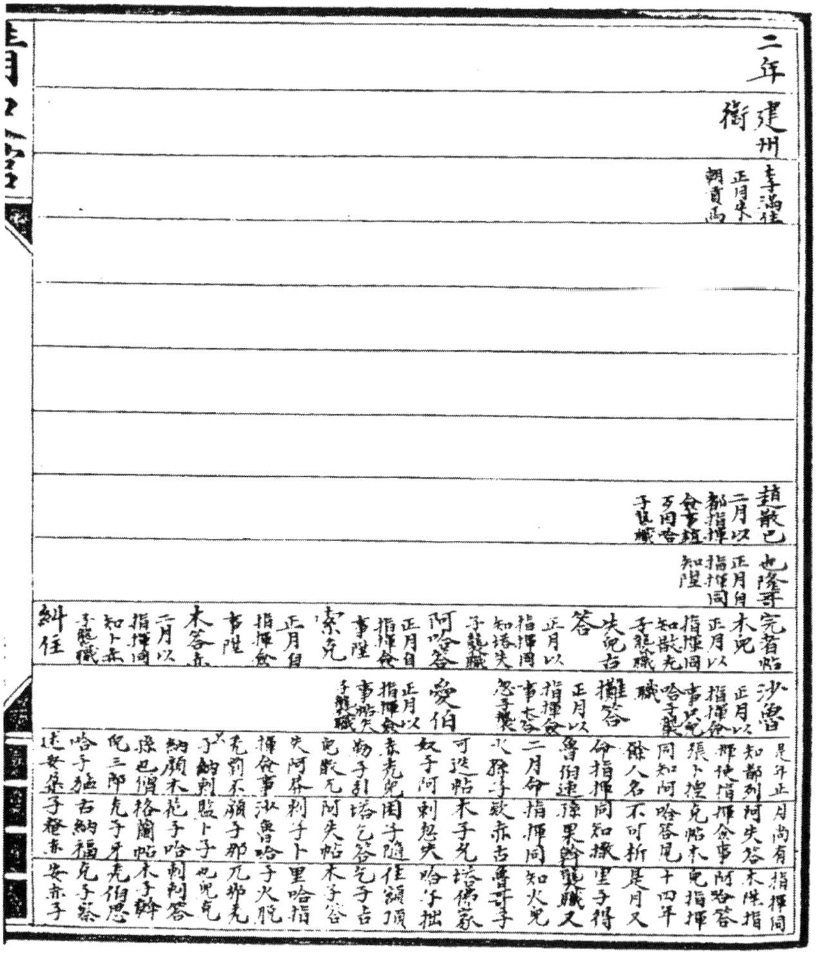

二年

建州衛

李滿住 正月來朝貢馬

趙歡巴 二月以都指揮僉事趙万同哈子襲職

也隆哥 正月自指揮同知陞

完者帖木兒 正月以指揮同知散充子襲職　失兒古答 正月以指揮同知塔失子襲職　阿哈答 正月自指揮僉事陞　索克 正月自指揮僉事陞　木答赤 二月以指揮同知卜赤子襲職　糾任

沙魯 正月以指揮僉事只兒哈子襲職　撒答 正月以指揮僉事木答忽子襲職　愛伯 正月以指揮僉事帖失子襲職

是年正月尚有指揮同知都列阿失答木陳指揮使指揮僉事阿哈答張卜撻兒帖木兒指揮同知阿哈答兒十四年餘八名不可析是月又命指揮同知撒里子得魯伯速孫果鈴襲職又二月命指揮同知火兒火孫子歡赤古魯哥子可送帖木子兒塔佛家奴子阿剌忽失哈子拙赤克兒困子隨住領頂物子引塔乞答乞子古兒散兀阿失帖木子谷失阿芥剌子卜里哈指揮僉事湫魯哈子火脫兀罰不顏子那兀邠兀亦兒子納剌臨卜子也兒乞納顏木花子哈剌阿答孫也倘格蘭帖木子幹兒三郎兀子牙兀伯思哈子施古納福克子察述安孫子稚赤安赤子

12-1

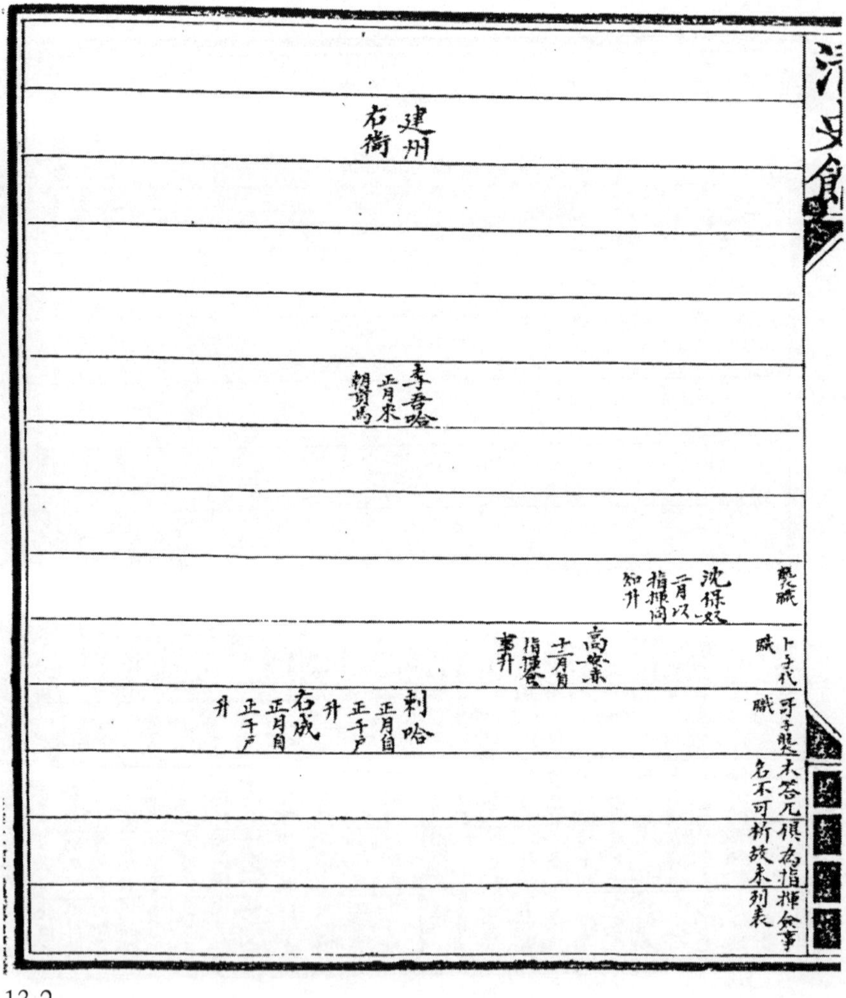

建州右衛

李吾哈 正月來朝貢馬

沈保奴 二月以指揮同知升

高黑赤 十一月自指揮僉事升

剌哈 正月自正千戶升

右成 正月自正千戶升

襲職

卜子代職

牙子襲職

木答兀俱為指揮僉事名不可析故未列表

13-2

五年

左衛 建州右衛 建州衛

二月自都督同知升右都督

李土孛 閏二月自都指揮同知升

都兒忽 二月自指揮使升

二月自指揮同知升 撒速格 二月以指揮使和尼赤子襲職 恭剌 閏二月自指揮同知升 執得失 二月自指揮同知升 忽失納 二月以指揮使撒里子襲職 阿答忽 二月以指揮使卜朱子

二月自指揮僉事升 奴克納 二月以指揮同知咸吉子襲職 納撒哈 二月以指揮同知李阿

官音保 二月自指揮僉事升 咬里哈 二月以指揮僉事速滿

陞指揮僉事弗羊古沙魯哈俱為指揮同知名不可析故未列表 是年二月尚有指揮僉事卜兒子桐禿督卜子乞力綽必子阿哈答童兀哈撒手劉牙沙安朵子速古撒蘭子昆卜花俱襲職久陞指揮同知阿都赤灘納哈俱為指揮使指揮僉事卜兒速占失塔火羅俱為指揮同知

是年二月尚有指揮僉事乞奴兒都失阿卜蘭實赤塔俱為指揮同知正千戶瑣兒失兀答郎

13-1

胡蘭石繕

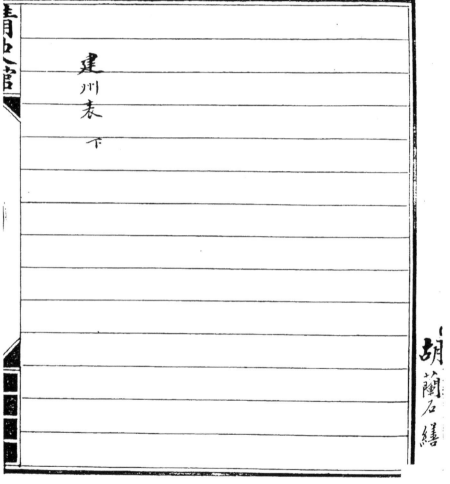

建州表 下

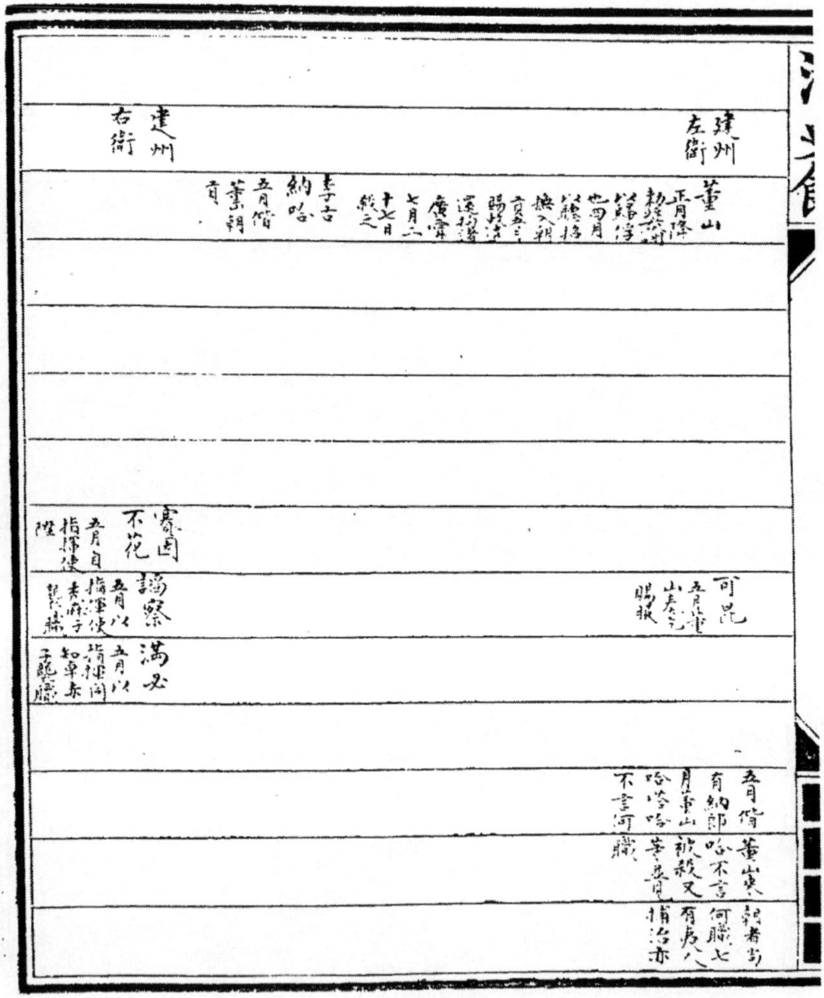

14-2

建州表下

紀年	成化元年	二年	三年
衛名	建州左衛	建州右衛	建州衛
都督	董山 正月入貢二月奏乞陞職不允	古納哈 二月奏乞陞職不允	
都督同知			
都督僉事			
都指揮		卜花禿 九月令捏察齎勅戒諭	
都指揮同知			
都指揮僉事			
指揮使	佟答哈 二月奏乞陞職不允	捏察 九月來報木里王乃黑龍江野人犯邊	歹哈 莽剌 五月均自指揮同知陞
指揮同知			速忽 阿來 五月均自指揮僉事陞
指揮僉事			
	是年二月董山等奏陞馬保哈為都指揮亦不允		

七年

建州右衛

沙加保 正月入貢

正月降勅宣諭言遼張凡力等赴京謝罪張凡力不言何職

建州右衛

趙哈秃 二月降父職一等授職

二月建州三衛女直趙哈秃十七人乞陞職命各降一等授之以其為董党也

八年

建州右衛

歹山 十二月以都指揮家哈子降父職一等授職

九年

建州衛

剌哈 正月降父職一等授職

建州左衛

委革 十二月以指揮同知鳳吉子降

15-2

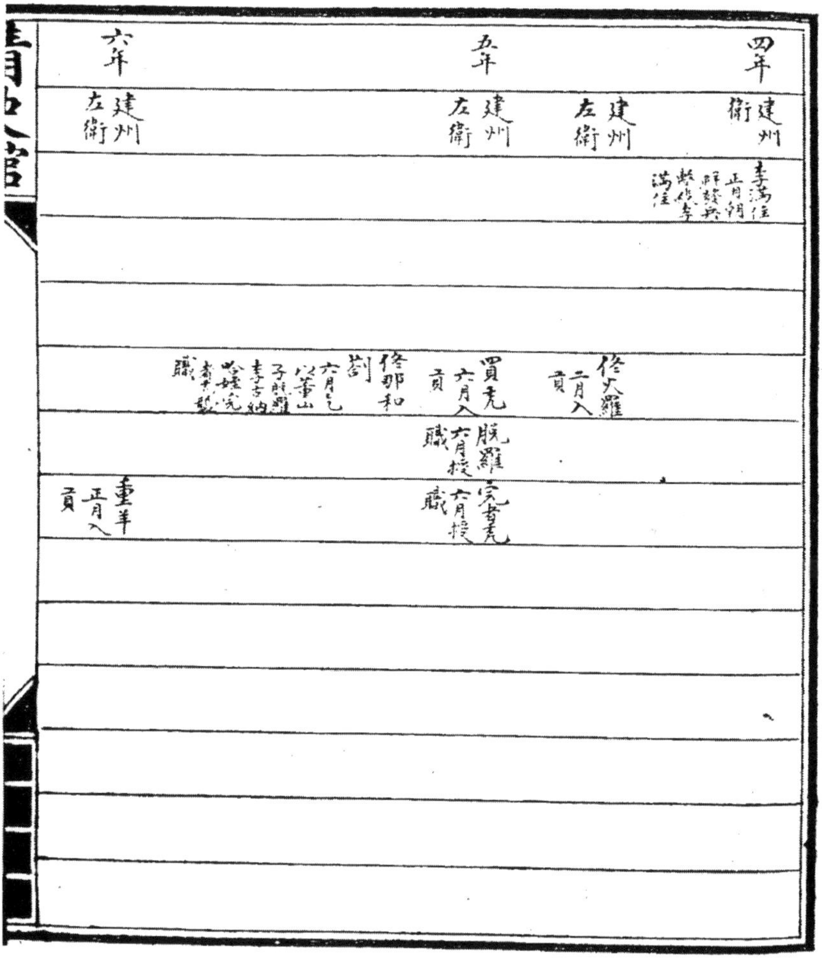

四年
建州衛
李滿住 正月朝鮮發兵[illegible]李滿住
建州左衛
佟火羅 二月入貢

五年
建州左衛
買禿 六月入貢
脫羅 六月授職
完者禿 六月授職
佟那和 劉 六月以童山子脫羅李古納哈[illegible]兀者禿[illegible]職

六年
建州左衛
重羊 正月入貢

15-1

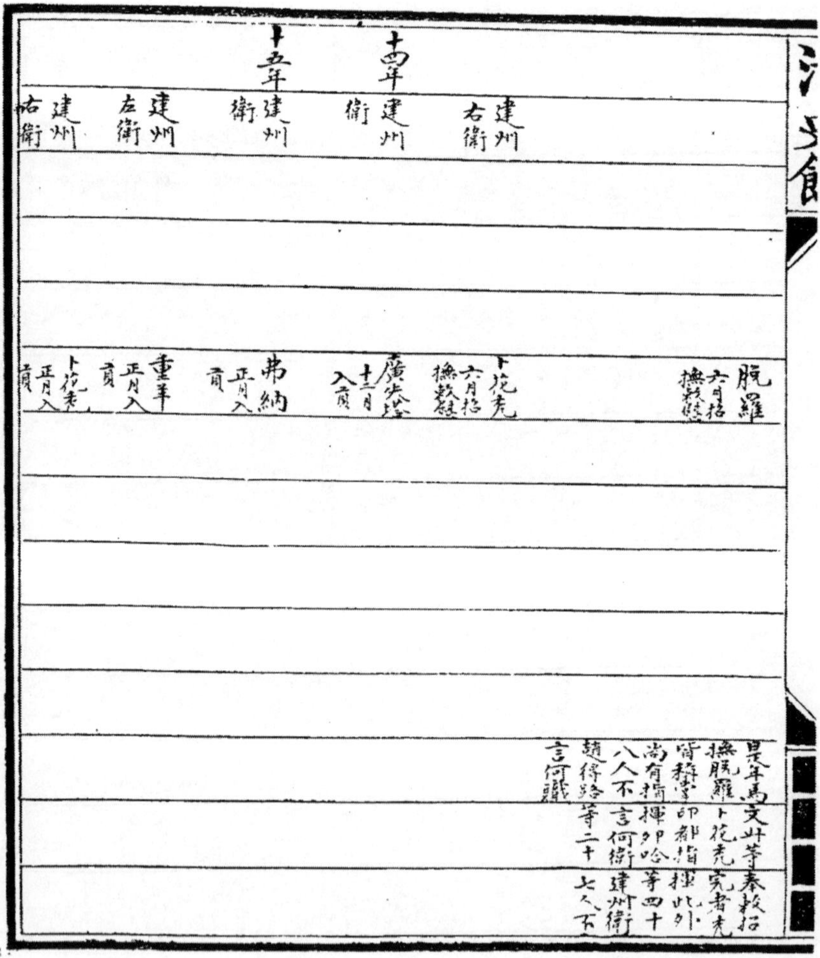

			十四年	十五年	
	建州右衛	建州衛	建州衛	建州左衛	建州右衛
脫羅 六月招撫款慇	卜花禿 六月招撫款慇	廣失塔 十二月入貢	弗納 正月入貢	童革 正月入貢	卜花禿 正月入貢

是年馬文升等奉敕招撫脫羅、卜花禿、完者禿、阿都赤卯都指揮。此外尚有指揮卯哈等四十八人不言何衛，建州衛趙得路等二十七人下言何職

16-2

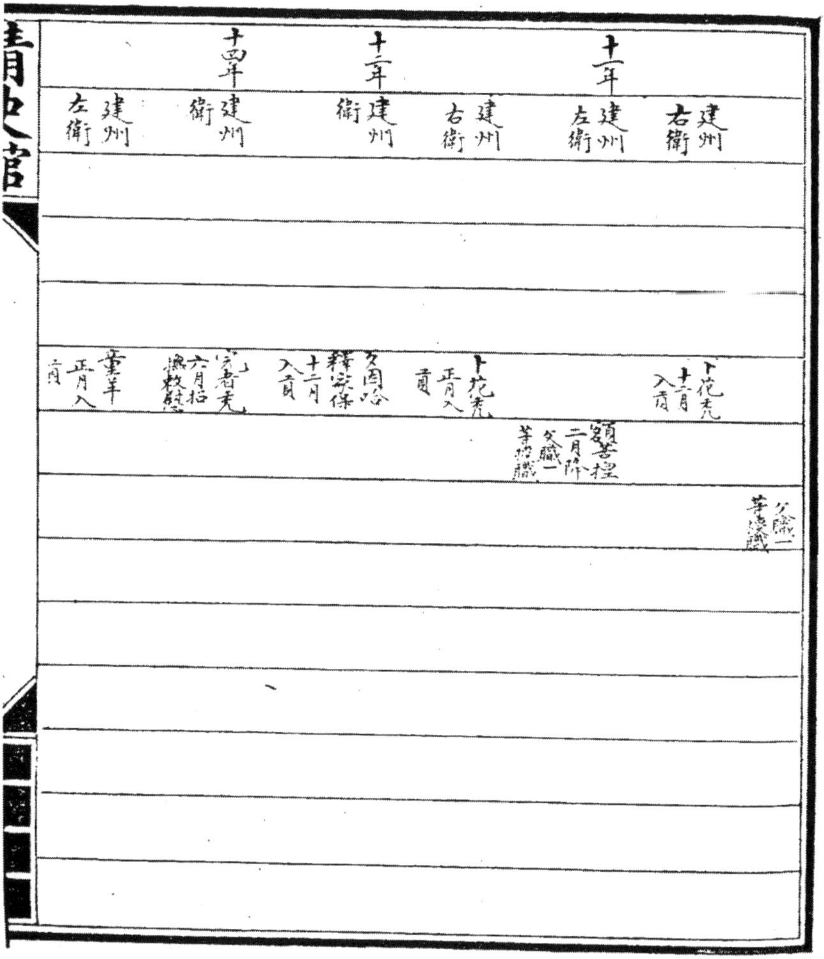

16-1

弘治二年	建州衛	完者禿三月入貢		
	建州左衛	脫羅二月奏乞襲陞		是年建州左等五衛奏乞襲陞尚有卜迭撲等二人乃塔等十七人不言何衛
三年	建州右衛	尚哈正月入貢		
四年	建州衛		柳失入正月入貢	是年建州右衛入貢實錄但言凡者衛都督察安察等不詳其名
五年	建州右衛	尚哈正月入貢		
六年	建州左衛	脫羅十一月入貢	保能四月入貢	一

17-2

二十一年	二十年	十八年	十五年
建州左衛	建州衛	建州右衛	建州右衛
	尚古 二月以左都督伴哈答子入貢乞官兵部議令襲父職		
咬納 正月入貢		張卜忽申八 二月入貢奏討陞職	當哈 二月入貢
	和尼赤 十二月以都指揮僉事授職二十五年例進一級		
	撒必十 十二月以指揮僉事卜卯哈子入貢襲職		
	是年二月與尚古偕入貢乞官者尚有都指揮同知奴奴帖等未言何衛十二月與撒必十同入襲職者十有三人與和尼赤同進秩者二十有五人實錄不備舉其名		是年閏十月兵部尚書余子俊等請致建州夷人郎克等四十人來貢拘留於遼東都察院錦衣衛禁錮郎克等不言何職

年	衛	人名・事項	備考
		嘗哈即尚哈	
十年	建州衛	完者禿 十二月賜大帽金帶	是年正月建州衛入貢與他衛併書十二月建州左右衛入貢亦與他衛併書左衛嘗哈九年已見左衛無可別白
	建州右衛	嘗哈 十二月入貢	
十一年			是年建州左衛入貢與海西兀者等衛併書
十二年	建州衛	完者禿 十二月入貢	
十三年	建州衛	完者禿 十一月入貢	
	建州右衛	貶羅 十一月入貢	

18-2

七年		八年	九年		
建州左衛	建州右衛		建州衛	建州左衛	建州右衛
脫羅正月入貢	尚哈正月入貢		完者禿二月入貢		賞哈十二月入貢
保能三月其弟猛答加哈名入貢下錦衣衛處置	都列特正月入貢			保能二月入貢	
		是年二月建州左右并建州等衛女直都指揮等賞哈你哈塔等入貢又別白何衛			

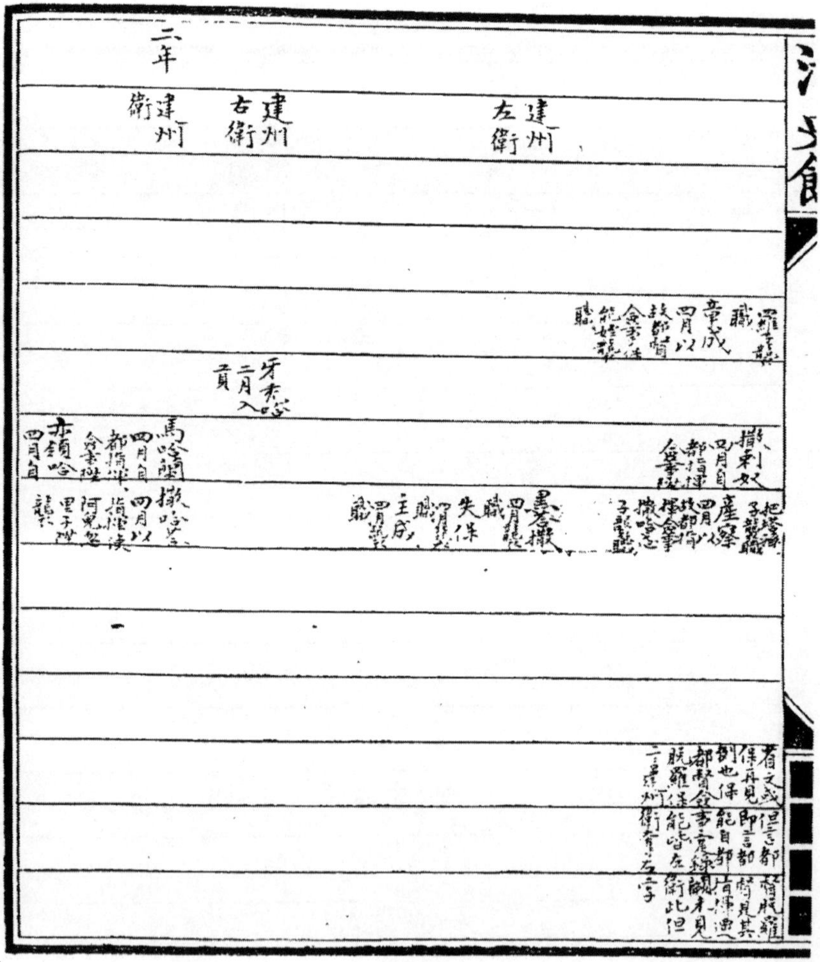

19-2

十四年	建州衛	弗刺答 四月賜祭，併其父都督完者禿請也。 卜刺答 二月入貢 加猪 二月入貢
	建州右衛	尚哈 二月入貢 阿荅赤 二月入貢
十六年	建州左衛	鎖魯塔 二月入貢
	建州右衛	尚哈 二月入貢
十八年	建州右衛	沙哈忘 二月入貢 速魯紅 二月入貢
正德元年	建州衛	脫原保 四月以故都督僉事陞 廣武 四月自都指揮同知陞 得力額 四月自都指僉事陞 撒哈歹 四月以都指揮僉事 按脫羅前屢言都督，此言都督僉事，仍能前言都指揮，此亦言都督僉事，凡都督同知僉事

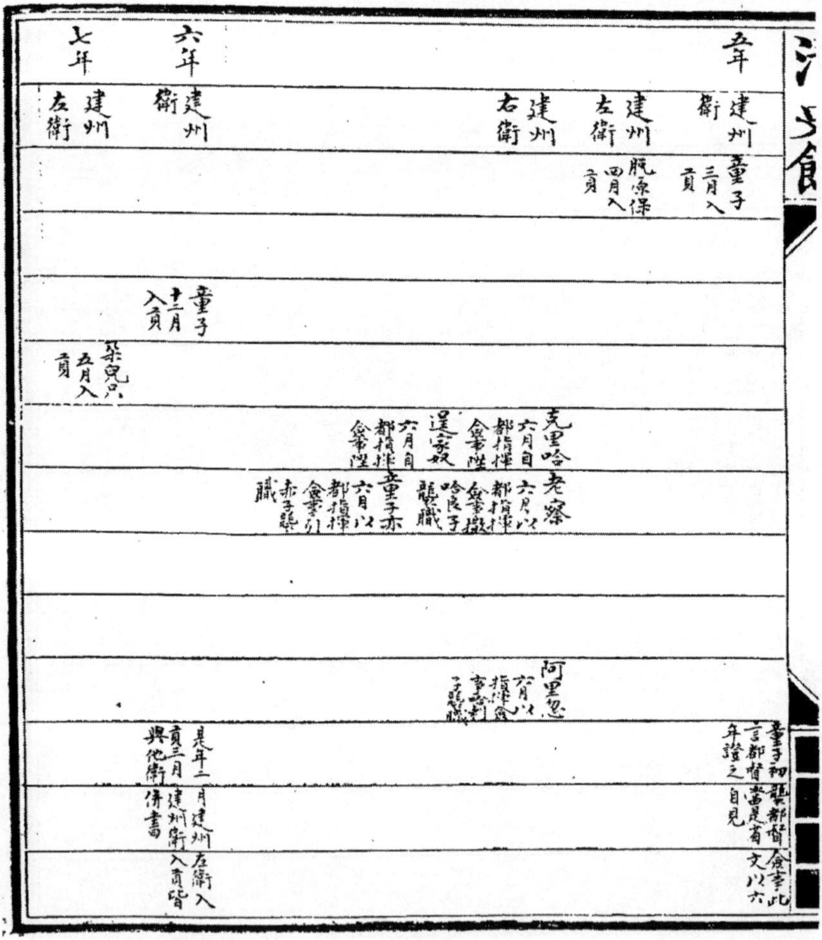
五年
建州衛
童子 三月入貢
建州左衛
脫原保 四月入貢
建州右衛
克里哈 六月自都指揮僉事陞
遲家奴 六月自都指揮僉事陞
老察 六月以都指揮僉事擢
哈良子襲職
童子赤 六月以都指揮僉事引赤子襲職
阿里忽 六月以指揮僉事
童子初襲都督僉事此言都督當是省文以六年證之自見
六年
建州衛
童子 十二月入貢
是年三月建州左衛入貢三月建州衛入貢皆與他衛併書
七年
建州左衛
朵兒只 五月入貢

20-2

三年			四年	
建州右衛	建州衛	建州右衛	建州衛	建州左衛
卜花禿 四月賜祭		尚哈 三月賜紵絲襲衣		脫原保 三月入貢
			童子 三月以舍人襲其父弗剌答職	
	諭巴 十二月入貢			
都指揮僉事陞				
				掃保 五月以都指揮僉事佐失古保子襲職
				是年書海西等衛而但舉脫原保名今補列左衛脫原保初襲職此言都督當是衍文

十二年	十五年			十六年		嘉靖七年	八年
建州左衛	建州衛	建州左衛	建州右衛	建州衛	建州右衛	建州左衛	建州衛
				童子 四月入貢		章成 正月入貢	方巾 二月入貢
	撒哈部 閏八月入貢						
章成 四月入貢		張九黑 二月入貢					
					涅家奴 二月入貢		
		貫妻 三月入貢	哈答 三月入貢		牙令哈 正月入貢		
張家奴 六月入貢							
							方巾爲左衛此奪左字

21-2

	九年	十年		十一年		
建州右衛	建州右衛	建州左衛	建州右衛	建州衛	建州左衛	建州右衛
	尚哈 二月入貢	脫原保 三月入貢	牙禿哈 四月入貢			
牙禿哈 四月入貢						
	伙尔哈 二月入貢			哈你答 七月入貢	得力額 六月入貢	阿哈禿 三月入貢
	厄搜 正月入貢					

官罷	二十三年		三十三年		三十五年	
	建州衛	建州右衛	建州衛	建州右衛	建州左衛	建州右衛
		阿剌哈 四月入貢	方巾 四月入貢	真哥 五月入貢	古嚕哥 三月入貢	
	陳納哈 五月入貢					
						撒麻哈 三月以冒勅書入貢治通事 [illegible]
	是年五月建州長李撒赤哈寇邊又擒建州衛長李尚哈下獄皆不言何職		方巾為左衛此未書左字		是年九月海西建州衛人七十一人來降	

九年

建州衛

卜剌答 八月自都指揮同知陞

宋景 八月以故都督僉事王成子襲職

王保奴 八月自指揮使陞

塔哈納 八月以都指揮僉事納出子襲職

是年八月尚有指揮使官奴郎克灘克克也木塞桂格失思可陞都指揮僉事名不可析故未列表

十年

建州左衛

方巾 四月入貢

建州左衛

方巾 五月以賜金帶獨[illegible]爭陞勅[illegible]

年	衛	入貢	備註
	建州右衛	八當哈三月入貢	野黑惶六月入都督同知恩孫襲職
五年	建州衛	納木章十二月入貢	
	建州右衛	來留柱十月入貢	
六年	建州右衛	松塔二月入貢	
七年	建州左衛	大疼克九月入貢	
	建州右衛	八汗九月入貢	
			是年六月建州右衛入貢不書其名

四十二年	建州（原無衛字）				忙恰荅子八月入貢
隆慶五年	建州左衛	勝力革八月入貢			
六年					王杲始見是年但稱建州為首萬曆二年平王杲始終不言何職
萬曆元年	建州右衛			八當哈七月授職	
三年	建州衛	納苔給三月入貢			
	建州左衛			蟒子六月以都督僉事撒哈荅子襲職	

十九年	建州衛		
二十年	建州衛	清太祖 八月丁酉奏乞升職 馬哈哈吉 十月入貢	是年七月書建州衛女直野人阿台入貢不書都督十月又書建州衛女直野人入貢並不書名
二十五年	建州衛	速兒哈赤 七月丙戌入貢	速兒哈赤即清太祖弟舒爾哈齊
二十六年	建州衛	清太祖 二月癸酉入貢	

24-2

八年	九年	十一年	十五年	十六年	十六年	十八年
	建州衛			建州衛	建州原無衛字	建州左衛
	納木章九月入貢			阿台十二月入貢		馬哈塔吉七月入貢
					清太祖九月乙卯始爲建州都督僉事	
	哈郎十一月補貢					
王兀堂見是年不言何職		是年二月擒殺王杲子阿台及他酋阿海	清太祖始見於是年	王杲子阿台已誅此別一阿台也		

二十九年	建州衛	清太祖 十二月乙丑入貢	
三十年	建州左衛		是年三月建州左衛夷人馬哈哈等入貢不言何職與二十年馬哈哈者不知是一人否
三十六年	建州衛	清太祖 十二月乙卯入貢	實錄但書夷人又有兀勒不言何職
三十七年			是年二月建州夷人朝見火哈等出班衛須不言何職
三十九年	建州衛	清太祖 十月戊寅補貢頌書	入貢止此

制誥之寶—皇太極改定國號的歷史意義

一、前　言

建州女真、滿洲、清朝勢力，在清朝前史中，是既有密切關係又互有差別的三個歷史時期連續發展的過程。滿洲如何由小變大？清朝勢力如何由弱轉強？都是研究清朝前史的重要課題。

明朝永樂初年，設置建州衛，以阿哈出為指揮使。其後又析置建州左衛和建州右衛，三衛並立。從明初設置建州衛到努爾哈齊統一東北女真諸部以前這個歷史時期的建州三衛居民。就叫做建州女真。李洵先生在《清代全史・緒論》中已經指出，建州三衛的女真居民，是東北地區女真許多部落中的一支部落。這個女真部落通過不斷遷徙，逐漸接近遼東地區，內部狩獵經濟較發達，又受到農業生產發達、社會先進地區的影響較多。通過馬市貿易，使這個部落與內地的經濟、文化關係日趨密切[26]。

十六世紀八十至九十年代，在建州女真中出現武力強大的努爾哈齊勢力，進行對建州女真各部族的武力統一。一六一六年，努爾哈齊在赫圖阿拉（hetu ala）稱金國汗。在八旗組織中，除主體女真族外，還有頗多的蒙古人和漢人。皇太極時期，為了戰爭的需要，同時為了調整八旗內部的民族關係，而分出八旗蒙古與八旗漢軍。大批黑龍江、烏蘇里江等處的民族，先後編入八旗，使八旗的民族成分，更加擴大。努爾哈齊利用蒙古字母創製了無

[26] 李洵、薛虹主編《清代全史》，第一卷（瀋陽，遼寧人民出版社，1991年7月），緒論，頁7。

圈點老滿文，皇太極加以改進，形成加圈點新滿文，使女真族獲得一種統一規範的民族文字，對於形成共同文化、共同心理，起了巨大作用。「滿洲」（manju）是建州衛境內的地名，朝鮮文獻作「蔓遮」，同音異譯。天聰九年（1635）十月十三日，宣諭稱：「先是我國原有滿洲、哈達、兀喇、夜黑、輝發等名，乃不知者每呼為諸申。夫諸申之號，乃石北超默里根之裔，實與我國無與，自今以後，凡我國人止許以滿洲稱之，永著為令。」[27]皇太極宣佈廢除「諸申」舊稱，而以「滿洲」作為新的族稱，它標誌著新的滿洲民族共同體的最終形成。

努爾哈齊建元天命（abkai fulingga），國號金國，現存金國汗印模如下：

<table>
<tr><td rowspan="2"></td><td>羅馬拼音：
abkai fulingga aisin
gurun han i doron</td></tr>
<tr><td>漢譯：
天命金國汗之印</td></tr>
</table>

金朝是在女真人歷史中最為輝煌的一頁，努爾哈齊以「金」為國號，是因為他把自己看作是完顏金之遺種，想把自己作為中國歷史上女真人所建立的金朝的後繼者，努爾哈齊以「金」為國號，有繼承金國事業，團結各部女真族的政治意義，努爾哈齊的金國，就是完顏金的復興。皇太極繼承汗位之後，實施了一系列的措施，加快腳步吸收先進的政治體制，以明朝的政治體制為模式，改造了自身的政治體制，積極調整政策，以爭取漢官和明朝在遼東的勢力，形成一個以滿洲族群為核心的政治聯合體，壯大

27 《大清太宗文皇帝實錄》，初纂本（臺北，國立故宮博物院，未刊），卷 20，頁 46。天聰九年十月十三日，諭旨。

了力量，由小變大，由弱轉強。在女真人的概念中，雖然「汗」（han）就是皇帝，但在明朝人看來，「皇帝」與「汗」是不同等級的稱呼，「皇帝」一詞是比邊疆少數民族的「汗」高一級的稱謂，只有漢人的明朝皇帝才可以稱皇帝。隨著金國勢力的逐漸強大，滿洲政治聯合體的形成，金國汗向皇帝高一級發展是必然的。皇太極在征服蒙古、朝鮮，屢次取得對明朝作戰的勝利之後，他已是關外滿洲、蒙古、漢、朝鮮的共主，皇太極改元稱帝，就是當時形勢的發展。傳國玉璽的獲得，曆數將歸，順天應人，禎祥已見，皇太極稱帝改元，具有歷史意義。

二、傳國玉璽的獲得與崇德改元的經過

天聰九年（1635），貝勒多爾袞等征討察哈爾凱旋，呈獻傳國玉璽「制誥之寶」，與崇德改元關係密切。是年八月二十六日，《滿文原檔》記載傳國玉璽失傳及發現經過頗祥。先將滿文影印於下，並轉寫羅馬拼音、譯出漢文。

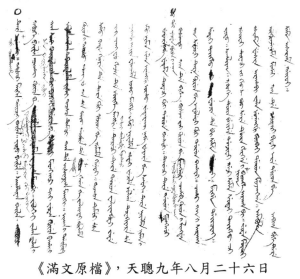

《滿文原檔》，天聰九年八月二十六日

（1）羅馬拼音：

tere ci coohalaha. hošoi mergen daicing beile. yoto beile. sahaliyan beile. hooge beile cahar gurun be dailafi bahafi gajire gui doron. julgei jalan jalan i han se baitalame jihei be monggoi dai yuwan gurun bahafi tohon temur han de isinjiha manggi. nikan i daiming gurun i hūng u han de doro gaibure de daidu hecen be waliyafi burlame samu bade genere de. tere gui doron be gamame genefi. tohon temur han ing cang fu hecen de urihe manggi. tereci tere doron waliyabufi juwe tanggū aniya funceme oho manggi. jasei tulergi monggoi emu niyalma hadai fejile ulga tuwakiyara de emu niman ilan inenggi orho jeterakū nabe fetere be safi. tere niyalma niman i fetere babe feteme tuwaci gui doron bahafi. tereci tere doron monggoi inu dai yuwan gurun i enen bošoktu han de bihe. bošoktui gurun be ineku dai yuwan gurun i enen cahar gurun i lingdan han sucufi tere gurun be efulefi gui doron bahafi: cahar han i sargan sutai taiheo fujin de bi seme. mergen daicing. yoto. sahaliyan. hooge duin beile donjifi gaji seme sutai taiheo ci gaifi tuwaci jy g'ao s boo sere duin hergen i nikan bithe araha bi. juwe muduri hayame fesin arahabi yala unenggi boobai doron mujangga. ambula urgunjenume musei han de hūturi bifi ere doron be abka buhe dere seme asarame gaifi.

（2）滿文漢譯：

是日，出兵和碩墨爾根戴青貝勒、岳托貝勒、薩哈廉貝勒、豪格貝勒，往征察哈爾國齎來所獲玉璽，原係從前歷代帝王使用相傳下來之寶，為蒙古大元國所得，至妥懽貼睦爾汗時，被漢人大明國洪武皇帝奪取政權，棄大都城，逃走沙漠時，攜去此玉璽。妥懽貼睦爾汗崩於應昌府城後，其玉璽遂失，二百餘年後，口外蒙古有一人於山崗下牧放牲口時，見一山羊，三日不食草而掘地，其人於山羊掘地之處掘得玉璽。其後玉璽亦歸於蒙古大元國後裔博碩克圖汗。博碩克圖之國後被同為大元國後裔察哈爾國林丹汗所侵，國破，獲玉璽。墨爾根戴青、岳托、薩哈廉、豪格四貝勒聞此玉璽在察哈爾汗之妻淑泰太后福金處，索之，遂從淑泰太后處取來。視其文，乃漢篆「制誥之寶」四字，紐用雙龍盤繞，果係至寶，喜甚曰：「吾汗有福，故天賜此寶」，遂收藏之[28]。

由《滿文原檔》的記載，可知「制誥之寶」是歷代皇帝相傳下來的傳國玉璽，有德者始能獲得此傳國玉璽。

---

28 《滿文原檔》（臺北：國立故宮博物院，民國九十五年一月），第九冊，頁 332。

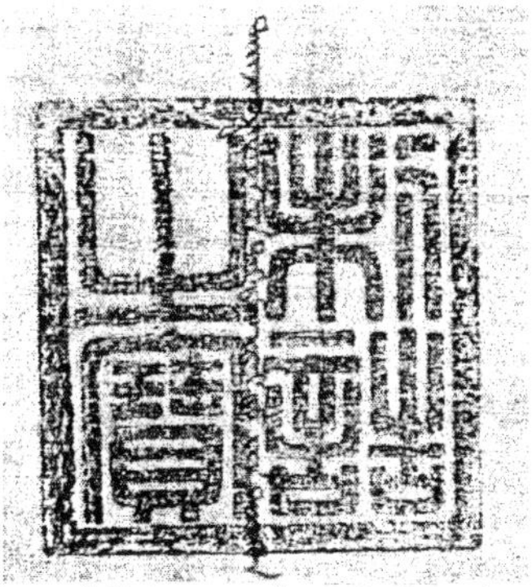

「制誥之寶」，《莊妃冊文》，崇德元年七月初十日

《大清太宗文皇帝實錄》初纂本，天聰九年（1635）八月二十六日，記載云：

是日，出兵和碩默里根歹青貝勒、姚托貝勒、查哈量貝勒、和碩貝勒，往征插漢兒國，凱旋。獲玉璽一顆，原係歷代帝王相傳之寶，大元順帝被明洪武皇帝所偪，棄大都，攜此璽逃至沙漠，後崩於應昌府，玉璽遂失。迄今二百餘年，忽有人牧羊於山崗下，見一山羊，三日不食，每以蹄踏地，牧者發之，遂得此璽，乃歸於大元之裔博勺格兔汗。後被插漢兒靈丹汗所侵，國破，其璽複歸於靈丹汗，靈丹汗亦元裔也。時默里根歹青、姚托、查哈量、和格四貝勒，聞此璽在淑泰福金處，遂索之。既得，視其文，乃漢篆「制誥之寶」四字云，紐用盤龍，果係至寶。四貝勒喜甚，曰吾汗有大福，故天賜之，遂收其寶[29]。

對照《滿文原檔》，內容相近。原檔中「妥懽貼睦爾汗」（tohon temur han），初纂本作「大元順帝」；原檔中「見一山羊，三日不

29 《滿文原檔》（臺北：國立故宮博物院，民國九十五年一月），第九冊，頁 332。

食草而掘地」，初纂本作「見一山羊，三日不食，每以蹄踏地」。《大清太宗文皇帝實錄》重修本將獲傳國玉璽的記載，改繫於同年八月初三日庚辰；「見一山羊，三日不食草而掘地」，重修本作「見一山羊，三日不齧草，但以蹄跑地」。

出師貝勒，包括：和碩默爾根戴青貝勒多爾袞、貝勒岳託、薩哈廉、豪格等。《大清太宗文皇帝實錄》初纂本中「插漢兒國」，重修本作「察哈爾國」；「博勺格兔汗」，重修本作「博碩克圖汗」；「靈丹汗」，重修本作「林丹汗」；「淑泰福金」，重修本作「蘇泰太后福金」。天聰九年（1635）九月初六日，多爾袞等貝勒凱旋。是日卯時，皇太極出營迎接多爾袞等四貝勒，並親受傳國玉璽。

由於傳國玉璽的獲得，昂邦章京石廷柱率漢官生員等進賀表。天聰九年（1635）十月初一日，《大清太宗文皇帝實錄》，初纂本記載云：「恭遇上新獲玉璽，臣等誠懽誠忭，稽首頓首，謹奉表稱賀者，伏惟汗興順天應人之師，獲鎮國傳家之寶，禎祥已見，曆數將歸。臣等久沐洪恩，欣逢盛事，謹拜手以颺言，更齋心而入告，伏願奉若蓍蔡，頒示臣民，符節遠合於百王，詔誥通行乎萬國，懸之象魏，人人覩天子之光，傳之雲仍，世世霑祖澤之遠，臣廷柱等，無任瞻天仰聖，踴躍懽忭之至，謹奉表稱賀以聞[30]。」表文已指出，傳國玉璽是鎮國傳家之寶，禎祥已見，曆數將歸。所謂「曆數」，就是帝王易姓而興朝代更替的天道。皇太極閱覽賀表後指出：「諸臣所言甚是，予亦知上天眷佑，但予德薄材寡，恐不能養民治政，以合天心耳。」引文中「恭遇上新獲玉璽」，實錄重修本作「恭遇皇上親獲玉璽」；「汗興順天應人之師」，實錄重修本作「皇上興順天應人之師」；「予亦知上天眷佑」、「予德薄材寡」，

---

30 《大清太宗文皇帝實錄》，初纂本，卷 20，頁 42。天聰九年十月初一日，賀表。

句中「予」，實錄重修本俱作「朕」。

為順應天意，眾貝勒大臣議定勸進，請上尊號。《大清太宗文皇帝實錄》初纂本記載，天聰九年（1635）十二月二十八日，諸貝勒大臣令弘文院希福、剛林、秘書院羅碩、禮部啟心郎祁充格奏請皇太極上尊號云：「孔、耿、尚三將既歸，蒙古插漢兒國又附，是邊外諸國，俱屬一統，請上尊號，汗或以為未見天意，何可輒受大名，儻蒙天佑，得有四海，大業告成，受之未晚。然今插漢兒汗太子舉國皆附，又得歷代帝王相爭之玉璽，是上天默助，可概見矣。當應天意，以正大名，奏聞。」皇太極指出，「雖附近臣民與帝王玉璽皆得，然大事尚未告成也。當此未定之時，豫稱大名，恐天不我許耳。譬如有一賢者於此，我行且拔起之，乃其人不待我拔起，輒自尊大，我其許之乎？」因此，皇太極堅持不從。諸貝勒復奏云：「汗今欲拔起一人，其人不肯任事，汗豈不惡之，由斯以觀，不受大名，未合天意，恐帝心有憾。」皇太極復不允所請。禮部薩哈廉貝勒令希福、剛林、羅碩、祁充格復奏云：「汗不稱大名，實皆我貝勒輩之過耳，我輩不能修身為國，忠信未孚，又不能奮志前圖，以佐國政，惟是勉強勸進，所以不肯輕受，且凡我貝勒皆自以為忠信矣，彼莽古兒泰、得格壘二貝勒，又何以逆上而作亂耶？今眾貝勒各誠心盟誓，各修其身，願汗立受大命，則君臣之分自定矣。果爾修身盟誓，汗自當受大名也。今玉璽既得，各國皆順，莫非天意，不識天之默助而不受大名，恐天或外我矣。」皇太極稱善曰：「查哈量貝勒開導及此，實獲我心，一則為我言之，一則為先汗開創基業言之也。爾查哈量貝勒身任禮部，應誓與否？爾自主之，其眾貝勒若皆修身誓畢，爾時大名之受與否？我當再思。」由於諸貝勒允諾修身盟誓，皇太極亦同意考慮是否接受尊號大名。十二月二十七日晚，滿漢蒙古眾文臣畢集，令希福、剛林、羅碩等將皇太極的話轉告漢官云：「眾貝勒皆勸我稱大名，我因地方尚未一統，不知天意何如？實不欲受。」時希福等承命往告，漢官鮑承先、甯完我、范文程、羅繡錦、梁大正、齊國儒、楊方興等答曰：「人當順天，天之欲汗受大名也，豈必諄諄然命之乎？玉璽得，諸國順，是人心已順，人心既順，即天意所在也。今汗宜順天意，合人心，受大名，以定國體[31]。」希福等以此回奏。十二月二十八日早，諸貝勒聚於朝，議定修身盟誓，請皇太極接受尊號，各繕誓書，焚香跪讀。

天聰十年（1636）四月十一日，滿洲、蒙古、漢人三文官宣讀帝號、國號、年號。其表文云：「我皇上應天承運，修德行仁，收服朝鮮，混一蒙古，更得玉璽，功業丕揚，今內外諸貝勒大臣，同心推戴，敬上尊號曰寬溫仁聖皇帝，建國號曰大清，改元崇德，諭爾有眾，一體悉知」。天聰年間（1627-1636），皇太極收服朝鮮、混一蒙古，更得玉璽，諸貝勒修身盟誓，請上尊號。皇太極即皇帝位，改稱「寬溫仁聖皇帝」（gosin onco hūwaliyasun enduringge han）」，建國號稱「大清」（daicing），改元「崇德」（wesihun erdemungge）。國號「大清」，蓋出自《管子•內業》：「戴大圜，而履大方，鑒於大清，視於大明」等語[32]。唐房玄齡注，「大圜」，天也；「大方」，地也；「大清」，道也；「大明」，日月也。大清與大明並列，提昇了滿洲國的地位。大清與大明，是平行的，是國與國的關係。

---

31 《大清太宗文皇帝實錄》，初纂本，卷 21，頁 22。天聰九年十二月二十八日，記事。

32 《管子•內業》，《景印文淵閣四庫全書》（臺北，臺灣商務印書館），第 729 冊，頁 176。

三、宮殿名稱及冊封后妃名號的制定

皇太極稱帝改元後，即積極制定國家的典章制度，首先開始制定宮殿名稱及冊封后妃名號儀仗，並議定鹵簿。崇德元年（1636）四月十三日，《大清太宗文皇帝實錄》初纂本記載：「定宮殿之名，中宮，賜名清寧宮；東宮，稱關雎宮；西宮，稱麟趾宮；次東宮，稱衍慶宮；次西宮，稱永福。臺上樓，稱翔鳳閣；臺下樓，稱飛龍閣；正殿，稱崇政殿；大門，稱大清門；東門，稱東翊門；西門，稱西翊門；大衙門，稱篤恭殿[33]。」引文中「臺上樓」、「臺下樓」，實錄重修本作「臺東樓」、「臺西樓」；「翔鳳閣」，實錄重修本作「翔鳳樓」；「東翊門、西翊門」，實錄重修本作「東翼門、西翼門」。現存《滿文原檔》、《滿文老檔》中含有頗多盛京宮殿名稱，對盛京宮廷史的研究，提供了珍貴的滿文史料，可就崇政殿及崇德五宮的滿文名稱列出簡表如下：

盛京宮殿名稱對照表

宮殿名	崇政殿	清寧宮	關雎宮	麟趾宮	衍慶宮	永福宮
滿文原檔		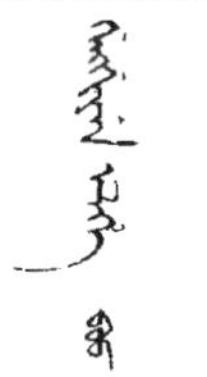			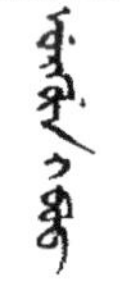	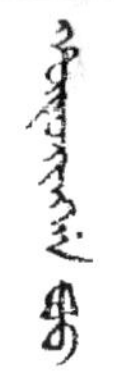
滿文老檔						

33　《大清太宗文皇帝實錄》，初纂本，卷22，頁54。崇德元年四月十三日，記事。

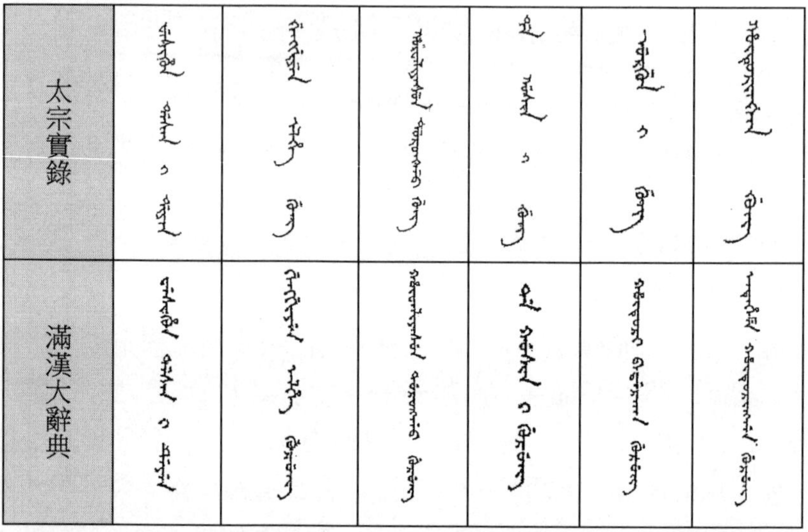

資料來源：《滿文原檔》、《滿文老檔》、《清太宗實錄》、《滿漢大辭典》。

前列簡表中，正殿崇政殿是大清門內的大殿，《滿文原檔》作“wesihün dasan i yamun”，《滿文老檔》作“wesihun dasan i yamun”，《大清太宗文皇帝實錄》滿文本作“wesihun dasan i diyan”，《滿漢大辭典》作“wesihun dasan i deyen”。宮殿的「殿」，《五體清文鑑》作“deyen”，是漢字「殿」的規範音譯。《滿文原檔》、《滿文老檔》作“yamun”，意即「衙門」。《清史圖典》所載滿漢文「崇政殿匾額」，面對匾額，滿文在左，讀如“wesihun dasan i diyan”，是後來修建的，不是天聰、崇德年間修建的。清寧宮，《滿漢大辭典》作“genggiyen elhe gurung”，《大清太宗文皇帝實錄》滿文本作“genggiyen elhe gung”，《滿文原檔》、《滿文老檔》作“genggiyen elhe boo”。關雎宮，《滿漢大辭典》作“hūwaliyasun doronggo gurung”，《大清太宗文皇帝實錄》滿文本作“hūwaliyasun doronggo gung”，《滿文原檔》、《滿文老檔》作“hūwaliyasun doronggo boo”。麟趾宮，《滿漢大辭典》作“da gosin i gurung”，《大清太宗文皇帝實錄》滿文本作“da gosin i gung”，《滿文原檔》、《滿文老檔》作“da gosin i boo”。衍慶宮，《滿漢大辭典》作“hūturi badaraka gurung”，《大清太宗文皇帝實錄》滿文本作“urgun i gung”，《滿文原檔》作“urgūn i boo”，《滿文老檔》作“urgun i boo”。永福宮，《滿漢大辭典》作“enteheme hūturingga gurung”，《大清太宗文皇帝實錄》滿文本作“hūturingga gung”，《滿文原檔》、《滿文老檔》作“hūturingga boo”。各宮殿的「宮」，《五體清文鑑》作“gurung”，《滿漢大辭典》統一作“gurung”，也是規範音譯。《大清太宗文皇帝實錄》滿文本作“gung”，是漢字「宮」的音譯，較易與「公」或「功」混淆。房屋的「房」，滿文讀如“boo”。清寧宮等各宮的「宮」，《滿文原檔》、《滿文老檔》俱作“boo”，清寧宮即清寧房，滿文較質樸。永福宮，《滿漢大辭典》對應漢字，譯作“enteheme hūturingga gurung”，滿漢文義相合，但它不是滿文原來的名稱。《大清太宗文皇帝實錄》滿文本作“hūturingga gung”，意即福宮，並無「永」字。《滿文原檔》、《滿文老檔》作“hūturingga boo”，意即福房，簡單質樸。

在滿洲崛起以前，建州女真與蒙古的接觸，已極密切，蒙古文化對女真社會產生了很大的影響，滿文的創製，就是由蒙古文字脫胎而來。滿洲與蒙古在思想觀念及婚姻習俗等方面，也大體相近，這些因素為滿、蒙聯姻活動提供了極為有利的條件。由於滿、蒙的長期聯姻，不僅使滿、蒙成為軍事聯盟，而且也成為政治、經濟的聯盟，滿、蒙遂成為患難與共的民族生命共同體。

在漢蒙聯姻過程中，崇德五宮后妃的冊立，頗具意義。萬曆四十二年（1614）六月初十日，蒙古科爾沁部扎爾固齊貝勒莽古思親送其女哲哲（jeje）給皇太極為妻。哲哲芳齡十五歲，皇太極迎至輝發部扈爾奇山城，大宴成婚。天命十年（1625）二月，科爾沁部貝勒寨桑之子吳克善台吉親送其二妹本布泰（bumbutai），給皇太極為妻。本布泰芳齡十三歲，皇太極親迎至瀋陽北岡。本布泰將至，努爾哈齊率領諸福金、貝勒等出迎十里。進入瀋陽城後，為皇太極和本布泰舉行了隆重的婚禮。天命十年（1625）三月，努爾哈齊遷都瀋陽，改稱盛京（mukden）。天命十一年（1626）八月十一日，努爾哈齊崩殂，皇太極嗣統，改明年為天聰元年（1627），哲哲就是中宮福金，本布泰就是西宮福金。天聰六年（1632）二月初九日，皇太極以東宮未備，聞蒙古扎魯特部戴青貝勒女賢慧，遣使往聘，立為東宮福金。莽古思之子貝勒寨桑是中宮福金哲哲的兄弟，西宮福金本布泰是寨桑的女兒。因此，本布泰就是哲哲的親姪女，其母即寨桑次妃。天聰七年（1633），寨桑次妃等人到盛京皇宮朝見，備受皇太極的盛情款待。皇太極久聞次妃長女即本布泰大姊海蘭珠（hairanju）溫文爾雅、端莊秀美，決定納為妃。天聰八年（1634）十月十六日，吳克善送其妹海蘭珠至盛京，海蘭珠芳齡二十六歲，皇太極與福金等迎接入城，設大宴納為妃。海蘭珠、本布泰都是吳克善的親妹妹，哲哲與姪女海蘭珠、本布泰姑姑姪女三人都嫁給了皇太極。

天聰八年（1634）五月間，滿洲大軍駐箚納流特河附近，軍營中出現雌雉飛入御帳的現象。《大清太宗文皇帝實錄》初纂本有一段記載說：「有雌雉自西北來，落至御營，眾軍急覓無踪，夜入上幄御榻下，次日起營，移幄，雉欲飛，觸幄之椽，乃得之。眾皆曰：此番行兵，上必得賢后[34]。」同年閏八月二十八日，察哈爾林丹汗屬下寨桑德參濟王等人率領小寨桑、貝勒等護送林丹汗之妻竇土門福金巴特瑪、璪（batma dzoo）帶領部眾歸順滿洲。皇太極令飾良馬四匹，加御用鞍轡往迎，將進營地，皇太極率眾貝勒

34 《大清太宗文皇帝實錄》，初纂本，卷 14，頁 30。天聰八年五月，記事。

台吉出營前升坐黃幄。竇土門福金至黃幄前拜見皇太極。閏八月三十日，大貝勒代善及眾和碩貝勒等公同具奏，請皇太極納竇土門福金為妃。皇太極固辭，欲於貝勒中夫妻不睦者配之。代善等人以竇土門福金乃天上所特賜，若不納為妃，恐拂天意，而力勸皇太極納為妃，皇太極納妃之意始定。豪格等四人統領大軍出征察哈爾，至西喇朱爾格地方，林丹汗妻囊囊太后娜木鐘（namjung）等率眾歸附滿洲。同年七月二十日，囊囊太后至盛京，皇太極即納為妃。

崇德改元後，后妃制度建立，是國家制度中重要的規模。《清史稿．禮制》「冊立中宮儀」對崇德五宮后妃的冊立經過記載云：

> 崇德初元，孝端文皇后以嫡妃正位中宮，始行冊立禮。是日，設黃幄清寧宮前，幄內陳案，其東冊寶案。王公百官集崇正〔政〕殿，皇帝御殿閱冊、寶。正、副使二人持節，執事官舉冊、寶至黃幄前，皇后出迎。使者奉冊、寶陳案上，西嚮立，宣讀冊文，具滿、蒙、漢三體，以次授右女官，女官接獻皇后，后以次跪受，轉授左女官，亦跪接，陳黃案。次宣寶、受寶亦如之。使者出，復命，皇后率公主、福晉、命婦至崇政殿御前，六肅三跪三叩。畢，還宮升座，妃率公主等行禮，王公百官上表慶賀，賜宴如常儀。（中略）冊封妃、嬪，亦自崇德初元始，四妃同日受封，屆時命使持節冊封如禮。妃等率公主、福晉、命婦詣帝前，六肅三跪三叩，后前亦如之，妃前則行四肅二跪二叩，妃等相對各二肅一跪一叩[35]。

冊立五宮后妃，是崇德初年的重要典禮。《清史稿》記載盛京

35 《清史稿校註》（臺北，國史館，1985 年 7 月），第四冊，禮七，頁 2811。

崇政殿冊立中宮暨妃、嬪的活動，具有重要意義。但因內容簡略，語焉不詳。

崇德元年（1636）七月初十日，皇太極在盛京崇政殿舉行冊立五宮后妃大典。臺北國立故宮博物院珍藏《滿文原檔》，共四十巨冊，其中原編「日字檔」，以高麗箋紙用加圈點滿文書寫，詳細記載冊立后妃的經過。因《大清太宗文皇帝實錄》不載冊立后妃的內容，所以《滿文原檔》就成為探討皇太極冊立五宮后妃不可或缺的原始檔案。乾隆年間（1736-1795），重抄《滿文老檔》時，將后妃的名字刪略不載。為了便於說明，可將《滿文原檔》、《滿文老檔》中滿文影印於下，轉寫羅馬拼音，並附譯漢於後。

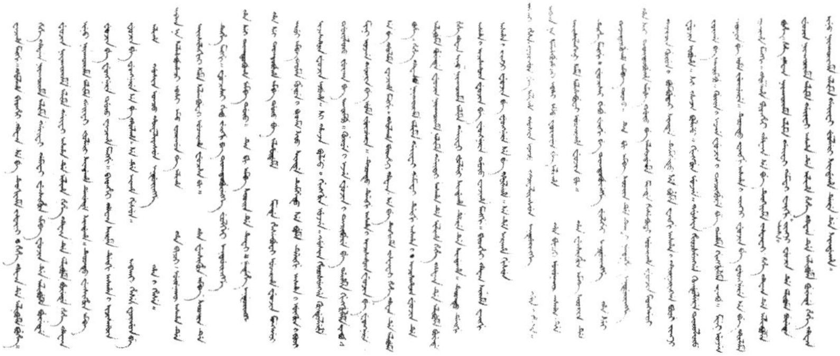

（1）羅馬拼音：

gurun i ejen fujin. dergi amba fujin. wargi amba fujin. dergi ashan i fujin. wargi ashan i fujin be fungnehe doro. nadan biyai juwan de sain inenggi, geren hošoi cin wang. doroi jiyūn wang. gūsai beisese. bithe coohai geren hafasa, wesihun dasan i yamun de isafi jergi jergi faidaha manggi. enduringge han tucifi wasihun dasan i yamun de soorin de tehe. bithei ilan yamu i hafasa. gurun i ejen fujin be funguere se doron, faidan i jaka be belheme dasame wajiha seme. enduringge han de gisun wesimbuhe. han hese wasimbume fungnere doro i jakabe bene sehe manggi. gurun i ejen fujin be fungnere se doron be derei ninggude hashū ergide se. ici ergide doron sindafi, juleri juwe niyalma jiyei yarume se doron be tukiyefi, faidan i jakabe gamame, genggiyen elhe boo i juleri isinaha manggi. gurun i ejen fujin. geren fujisa gemu iliha. bithei hafan fungnere se be dereci gaifi, dergi ashan i dere de sindafi wasihūn forome ilifi se de araha manju, monggo, nikan, ilan gurun i gisun be gemu hūlaha. tere sei gisun abka i hese i forgon be aliha gosin onco hūwaliyasun enduringge han i hesa〔hese〕. abka na salgabuhaci ebsi emu forgon be aliha han bici urunakū dorode aisilakini seme salhabufi holboho mujilen niyaman i gese hanci fujin bi. teci ilici juru. gung erdemu tucici sasa. bayan weruhun be bahaci acan ningge gulgeci ebsi jihe kooli. ilan hešen sunja enteheme be aktun〔akdun〕. te bi amba soorin de tefi nendehe enduringge han sei toktobuha amba doro be alhūdame fulingga hesebufi ucaraha fujin mangkoi〔monggui〕 korcin gurun i jeje sinde temgetu se doron bume geren fujisa ci colhorome tukiyefi dulimbai genggiyen elhe boo i gurun i ejen fujin obuha. si hanja bolgo. gunggun ujen. gosin hiošon. kudulere doroloro jurgan be geren fujisa de yargūdame tacibu. sini mergen erdemu tacihiyan be abkai fejergi hehesi be gemu alkūdabu. mini ujen gūnin be une jurcere. tuttu se hūlame wajiha manggi. hūlaha bithei hafan se bithe be tukiyeme jafafi, hehe hafan de alibume buhe. geli emu bithe i hafan doron be tukiyeme jafafi geli emu hehe hafan de alibume buhe. juwe hehe hafan gemu niyakūrafi alime gaifi, gurun i ejen fujin de alibume burede fujin gurun i ejen fujin de alibume burede fujin niyakūrafi emke emke ni alime gaifi juwe ergi ashan de iliha hehe hafan de alibume burede hehe hafan inu niyakūrame alime gaifi juleri sindaha sowayan wadan i derede sindada. tereci aisin i ise mulan, faidan i jaka be gemu faidame wajiha manggi. gurun i ejen fujin ise de tehe. gurun i ejen fujin ba 〔be〕 fungnere doro wajiha mannggi. bithei hafasa jiyei be juleri sindafi wesihun dasan i yamun de jifi niyskūrafi, gurun i ejen fujin be fungnere doro wajiha seme gisun wesimbuhe. enduringge han i hesei sirame duin fujin be fungnere se bithe be sasa tukiyefi ineku juwe niyalma juleri jiyei yarume, genggiyen elhe boo i juleri isinaha manggi. bithei hafan sa neneme dergi amba fujin be fungnere, manju. monggo nikan ilan kison〔gisun〕 i araha se bithe be dere de sindafi siran siran i hūlaha. tere se de araha gisun. abkai hese i forgon be aliha. gosin onco hūwaliyasun enduringge han i hese. abka na salhabuhaci ebsi emu forgon be aliha han bici, urunakū ashan de aisilakni seme salgabufi ucaraha fujisa bi. han wesihun amba soorin de tehe manggi. fujisai gebu jergi be toktoburengge julgei enduringge han sei toktobuha amba doro. to bi amba soorin de tefi. nendehe enduringge han sei toktobuha amba doro be alhūdame minde hesebufi ucaraha fujin monggoi korcin gurun i hairanju sinde temgetu se bume dergi hūwaliyasun doronggo booi hanciki amba fujin obuha. si hanja bolgo. ginggun ujen. gosin hioošumgga kundulere doroloro jurgan be akūmbu. gurun i tacibure be dahame gingguleme yabu. mini ujen gūnin be ume jurcere. tuttu hanciki amba fujin be fungnere se be hūlame wajiha manggi, hūlaha bithei hafan se be tukiyame〔tukiyeme〕 jafafi hehe hafan de alibume buhe. hehe hafan niyakūrame alime gaifi gamafi gamafi dergi hanciki amba fujin de alibume bure de fujin niyakūrafi alime gaifi ashan de iliha hehe hafan de alibume burede hehe hafan inu niyakūrame alime gaifi juleri sindaha dere de sindaha. tuttu dergi hanciki amba fujin be fungnere toro〔doro〕 wajiha manggi. bithei hafan sirame wargi wesihun amba fujin be fungnere se be hūlaha se de araha gisun abkai hese i forgon be aliha gosin onco hūwaliyasun enduringge han i hese. abka na saihabubaci ebsi. emu forgon be aliha han bici urunakū ashan de aisilakini seme salhabufi ucaraha fujin bi. han wesihun amba soorin de ashan de aisilakini seme salhabufi ucaraha fujin bi. han wesihun amba soorin de tehe manggi.

fujisai gebu gergi be toktoburangge julgei enduringge han sei toktobuha amba doro. te bi amba soorin de tefi nendehe enduringge han sei toktobuha amba doro be alhūdame, minde hesebufi ucaraha fujin monggui arui amba tumen gurun i nam jung sinde temgetu se bume wargi da gosin i booi wesihun amba fujin obuha. si hanja bolgo. ginggun ujen. gosin hioošungga kundulere doroloro jurgan be akūmbu. gurun i ejen fujin i tacibure be dahame gingguleme yabu. mini ujen gūnin be ume jurcere. tuttu wargi wesihun amba fujin be fungnere se be hūlame wajiha manggi. hūlaha bithei hafan se be tukiyame jafafi hehe hafan de alibume buhe. hehe hafan niyakūrame alime gaifi gamafi wesihun amba fujin de alibume burede fujin niyakūrame alime gaifi ashan de aliha hehe hafan de alibume burede hehe hafan inu niyakūrame alime gaifi juleri sindaha derede sindaha. tuttu wesihun amba fujin be fungnere doro wajiha manggi. bithei hafan sirame dergi ashan i ijishūn fujin be fungnere se be hūlaha. se de araha gisun. abkai hese i forgon be aliha gosin onco hūwaliyasun enduringge han i hese. abka na salhabuhaci ebsi emu forgon be aliha bici, urunakū ashan de aisilakini seme salgabufi ucaraha fujisa bi. han wesihun amba soorin de tehe manggi. fujisai gebu jergi be toktoburengge julgei enduringge han sei toktobuha amba doro. te bi amba soorin de tefi. nendehe endyringge han sei toktobuha amba doro be alhūdame minde hesebufi ucaraha fujin monggoi arui amba tumen i batma dzoo sinde temgetu se bume dergi ashan i urgun i booi ijishūn fujin obuha. si hanja bolgo. ginggun ujen. gosin bioošungga kundulere doroloro jurgan be akūmbu. gurun i ejen fujin i tacibure be dahame gingguleme yabu. mini ujen gūnin be ume jurcere. tuttu dergi ashan i ijishūn fujin be fungnere se be hūlame wajiha manggi. hūlaha bithei hafan se be tukiyame jafafi hehe hafan de alibume buhe. hehe hafan niyakūrame alime gaifi gamafi dergi ashan i ijishūn fujin de alibume burede fujin niyakūrame alime gaifi ashan de iliha hehe hafan de alibume burede hehe hafan inu niyakūrame alime gaifi juleri sindaha dere de sindaha. tuttu dergi ashan i ijishūn fujin be fungnere doro wajiha manggi. bithei hafan sirame wargi ashan i jingji fujin be fungnere se be hūlaha. se de araha gisun abkai hese i forgon be aliha gosin onco hūwaliyasun endyringge han i hese. abka na salhabuhaci ebsi emu forgon be aliha han bici urunakū ashan de aisilakini seme salhabufi ucaraha fujin bi. han wesihun amba soorin de tehe manggi. fujisai gebu jergi be toktoburengge julgei endyringge han sei toktobuha amba doro. te bi amba soorin de tefi nendehe enduringge han sei toktobuha amba doro. te be alhūdame minde hesebufi ucaraha fujin monggoi korcin gurun i bumbutai sinde temgetu se bume wargi ashan i hūturingga booi jingji fujin obuha. si hanja bolgo. ginggun ujen. gosin hioošungga kundulere toroloro〔doroloro〕jurgan be akūmbu. gurun i ejen fujin i tacibure be dahame gingguleme yabu. mini ujen gūnin be ume jurcere. tuttu wargi ashan i jingji fujin be fungnere se be hūlame wajiha manggi. hūlaha bithei hafan se be tukiyame jafafi hehe hafan de alibume huhe. hehe hafan niyakūrame alime gaifi gamafi wargi ashan jingji fujin de alibume burede fujin niyakūrame alime gaifi ashan de iliha hehe hafan de alibume burede buhe hafen inu niyakūrame alime gaifi juleri sindaha dere de sindaha.

(2) 滿文漢譯：

冊封國君福金、東大福金、西大福金、東側福金、西側福金典禮。七月初十日吉旦，諸和和碩親王、多羅郡王、固山貝子、文武各官齊集崇政殿，依次排列後，聖汗御崇政殿陞座。內三院眾官上奏聖汗：「冊封國君福金冊、寶、儀仗治備完畢。」汗諭曰：「著持進冊典禮物件。」諭畢，遂將冊封國君福金冊、寶陳於案上，冊置於左，寶置於右，二人持節前導，捧冊、寶，持儀仗，至清寧宮前，國君福金、眾福金皆站立。寬溫仁聖汗諭曰：「自承天地之命以來為一代之汗，則必配以襄助政道如心腹親近福金，坐立成雙，齊施功德，共享富貴，此乃自古以來之例。信守三綱五常，係古聖汗等所定大道。今朕即大位，當效古聖汗所定大道，承蒙天命，所遇福金係蒙古科爾沁部哲哲，賜爾可作憑證冊寶，自諸福金中拔擢為中宮清寧宮國君福金。爾務以清廉、敬重、仁孝、恭禮之義訓導眾福金，爾賢德之訓，俱著天下婦女效法，毋違我之厚意。」讀畢冊文後，宣讀之文館官齎捧冊文授與女官，另一文館官捧持寶授與另一女官。二女官皆跪受，呈與國君福金，福金一一跪受，授與兩側侍立之女官，女官亦跪受，陳於前設黃帷案上。金椅、金凳，儀仗排列俱畢，國君福金入座。冊封國君福金典禮既畢，文館官置節於前，詣崇政殿跪奏：「冊封國君福金禮畢。」奉聖汗諭旨，續封四福金，齊捧冊文，由相同二人持節前導，至清寧宮前。文館諸官先將冊封東大福金之滿洲、蒙古、漢文三體所書冊文陳於案上，一一宣讀。其冊中所書之文曰：「奉天承運，寬溫仁聖汗諭曰：自承天地之命以來為一代之汗，則必配以襄助於側之福金，汗陞坐大位後，定諸福金之名號等級，乃古聖汗所定大法，今我御大位，當效先前聖汗所定大法，承蒙天命，我所遇福金係蒙古科爾沁部海蘭珠，賜爾可作憑證之冊封，命為東宮關雎宮大福金宸妃。爾務盡清廉、敬重、仁孝、恭禮之義，謹遵國君福金訓誨而行，毋違我之厚意。」冊封大福金宸妃冊文宣讀完畢後，宣讀之文館諸官齎捧冊文授與女官，呈與東大福金宸妃，福金跪受，授與側立女官，女官亦跪受，陳於前設案上。冊封東大福金宸妃禮畢，文館官續宣讀冊封西大福金貴妃之冊文。冊中所書之文曰：「奉天承運，寬溫仁聖汗諭曰：自承天地之命以來為一代之汗，則必有襄助於側所遇之福金，汗陞坐大位後，所定福金名號等級，乃古聖汗所定大法，今我御大位，當效先前聖汗所定大法，承蒙天命，我所遇福金係蒙古阿魯大土門部娜木鐘，賜爾可作憑證之冊文，命為西宮麟趾宮大福金貴妃。爾務盡清廉、敬重、仁孝、恭禮之義，謹遵國君福金之訓誨而行。毋違我之厚意。」冊封西大福金貴妃冊文宣讀完畢後，宣讀之文館諸官齎捧冊文授與女官，女官跪受，陳於前設案上。冊封大福金貴妃之禮完畢後，文館官續宣讀冊封東側福金淑妃之冊文。冊中所書之文曰：「奉天承運，寬溫仁聖汗諭曰：自承天地之命以來為一代之汗，則必有襄助於側所遇之福金，汗陞坐大位後，所定福金名號等級，乃古聖汗所定大法，今我御大位，當效先前聖汗所定大法，承蒙天命，我所遇福金係蒙古阿魯大土門部巴特瑪璪，賜爾可作憑證之冊文，命為東宮衍慶宮側福金淑妃。爾務盡清廉、敬重、仁孝、恭禮之義，謹遵國君福金訓誨而行。毋違我之厚意。」冊封東側福金淑妃宣讀冊文完畢後，宣讀之文館官齎捧冊文授與女官，女官跪受，呈與東側福金淑妃，福金跪受，授與側立女官，女官亦跪受，陳於前設案上。冊封東側福金淑妃之禮完畢後，文館官續宣讀冊封西宮側福金莊妃之冊文。冊中所書之文曰：「奉天承運，寬溫仁聖汗諭曰：自承天地之命以來為一代之汗，則必有襄助於側所遇之福金，汗陞坐大位後，所定福金名號等級，乃古聖汗所定大法，今我御大位，當效先前聖汗所定大法，承蒙天命，我所遇福金係蒙古科爾沁部本布泰，賜爾可作憑證冊文，命為西宮永福宮側福金莊妃。爾務盡清廉、敬重、仁孝、恭禮之義，謹遵國君訓誨而行。毋違我之厚意。」宣讀冊封西側福金莊妃冊文完畢後，宣讀之文館官齎捧冊文授與女官，女官跪受，呈與西側福金莊妃，福金跪受，授與側立女官，女官亦跪受，陳於前設案上[36]。

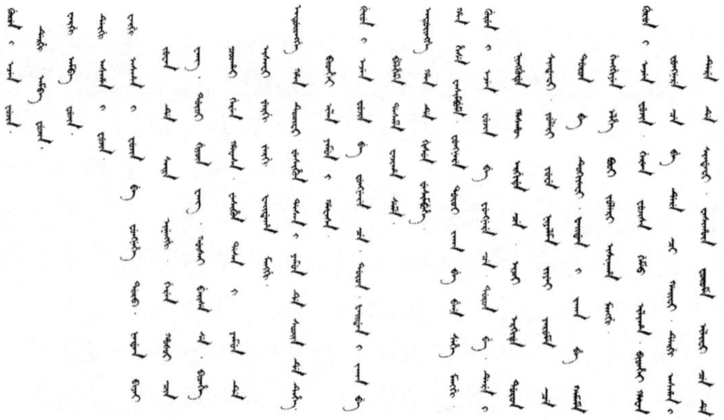

[36] 《滿文原檔》（臺北，國立故宮博物院，2006 年 1 月），第十冊，頁 315。

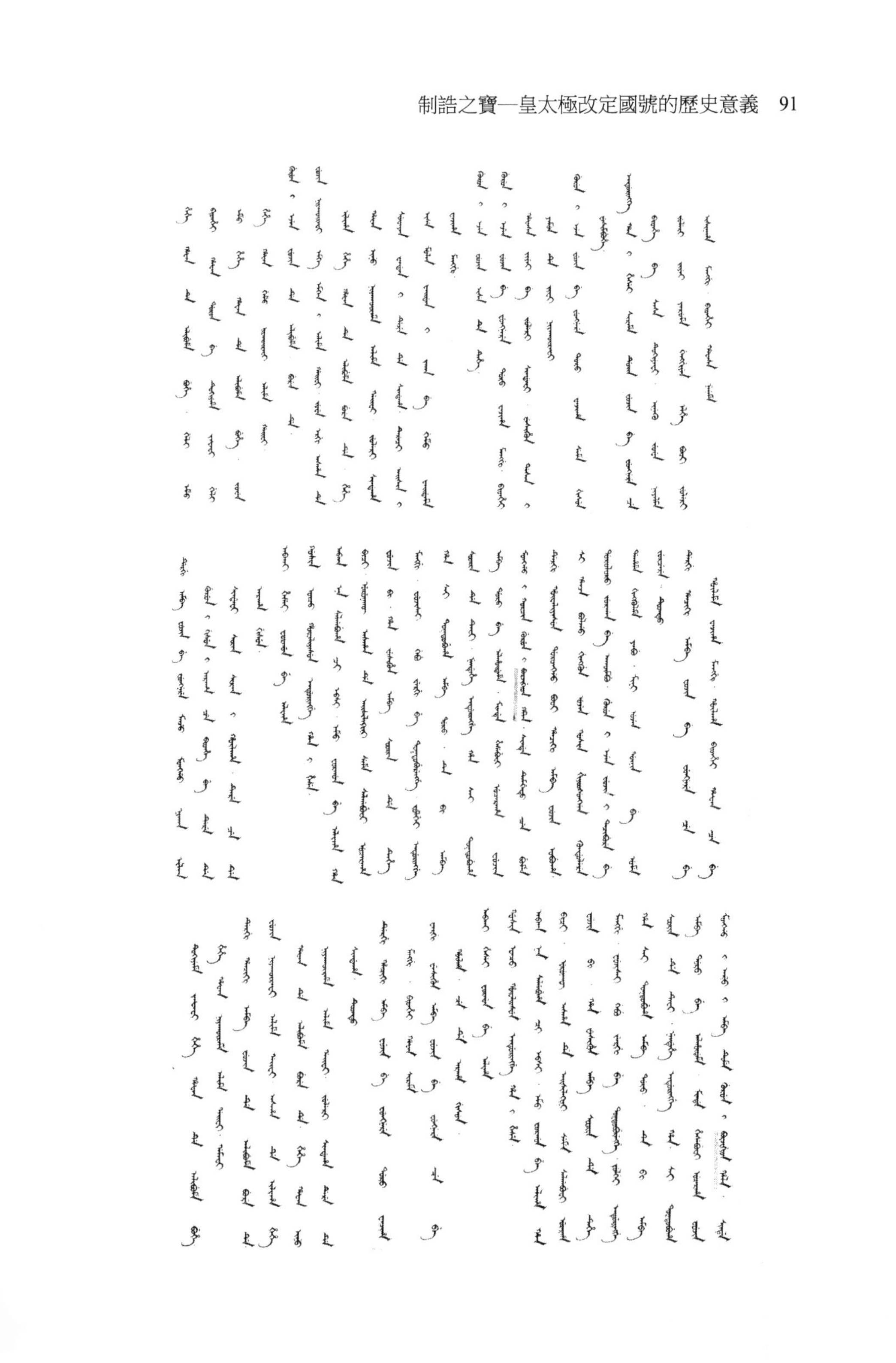

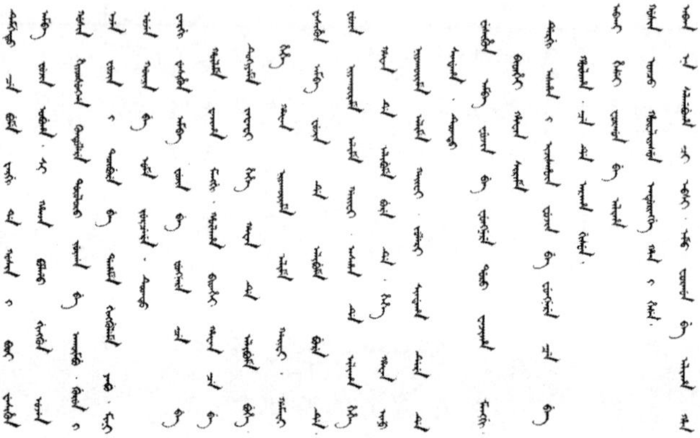

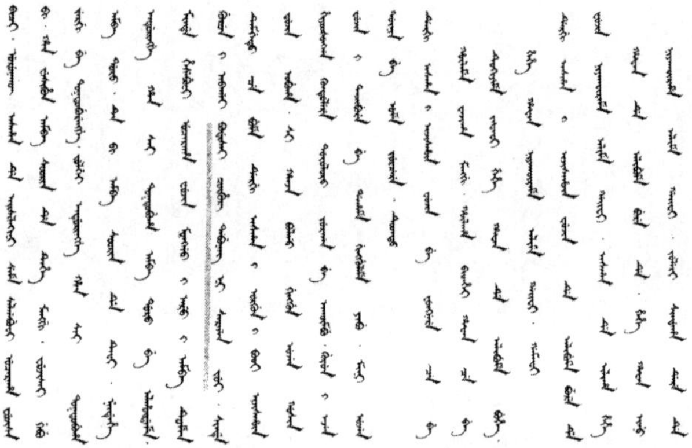

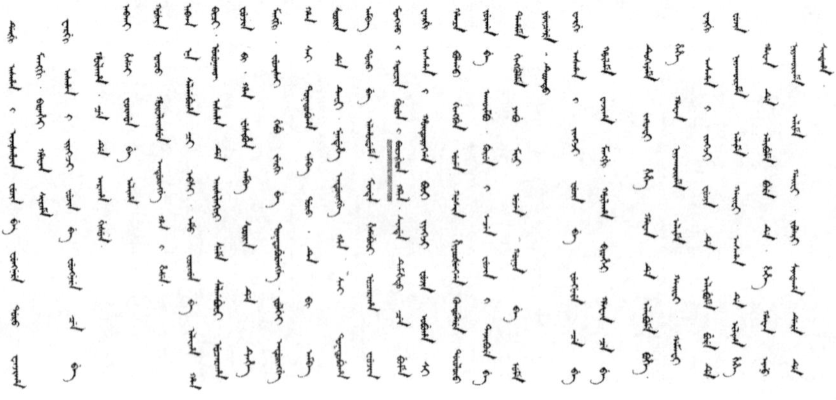

(1) 羅馬拼音：

gurun i ejen fujin. dergi amba fujin, wargi amba fujin, dergi ashan i fujin, wargi ashan i fujin be fungnehe doro, nadan biyai juwan de sain inenggi, geren hošoi cin wang, doroi jiyūn wang, gūsai beise se, bithe coohai geren hafasa, wesihun dasan i yamun de isafi jergi faidaha manggi. enduringge han tucifi wesihun dasan i yamun de soorin de tehe, bithei ilan yamu i hafasa. gurun i ejen fujin be fungnere ce, doron, faidan i jaka be belheme dasame wajiha seme, enduringge han de gisun wesimbuhe, han hese wasimbume, fungnere doroi jaka be bene sehe manggi, gurun i ejen fujin be fungnere ce, doron be, dere i ninggude hashū ergide ce, doron be, dere i ninggude hashū ergide ce, ici ergide doron sindafi, juleri juwe niyalma jiyei yarume ce doron be tukiyefi, faidan i jaka be gamame genggiyen elhe booi juleri isinaha manggi. gurun i ejen fujin, geren fujisa gemu iliha, bithei hafan fungnere ce be dere ci gaifi, dergi ashan i dere de sindafi, wasihūn forome ilifi ce de araha manju monggo nikan ilan gurun i gisun be gemu hūlaha, tere ce i gisun, abkai hesei forgon be aliha gosin onco hūwaliyasun enduringge han i hesa, abka na salgabuha ci ebsi, emu forgon be aliha han bici, urunakū doro de aisilakini seme salgabufi holboho mujilen niyaman i gese hanci fujin bi, teci ilici juru, gung erdemu tucici sasa, bayan wesihun be bahaci acan ningge, gulgeci ebsi jihe kooli, ilan hešen sunja enteheme be akdun obuhanggr, nendehe enduringge han sai toktobuha amba doro, to bi amba soorin de tefi, nendehe enduringge han sai toktobuha amba doro be alhūdame, fulingga hesebufi acaraha fujin mongguo i korcin gurun i borjigit haha, sinde temgetu ce doron bume geren fujisa ci colgorome tukiyefi, dulimbai genggiyen elhe booi gurun i ejen fujin obuha, si hanja bolgo ginggun ujen g osin hiyoošun kundulere doroloro jurgan be, geren fujisa de yarhūdame tacibu, sini mergen erdemu tacihiyan be abkai fejergi hehesi be gemu alhūdabu, mini ujen gūnin be ume jurcere. tuttu ce hūlame wajiha manggi, hūlaha bithei hafan ce bithe be tukiyeme jafafi hehe hafan de alibume buhe, geli emu bithei hafan doron be tukiyeme jafafi geli emu hehe hafan de alibume buhe, juwe hehe hafan gemu niyakūrafi alime gaifi, gurun i ejen fujin de alibume bure de, fujin niyakūrafi emke emken i alime gaifi, juwe ergi ashan de iliha hehe hafan de alibume bure de, hehe hafan inu niyakūrame alime gaifi, juleri sindaha suwayan wadan i dere de sindada, tereci aisin i ise mulan faidan i jaka be gemu faidame wajiha manggi, gurun i ejen fujin ise de tehe, gurun i ejen fujin be fungnere doro wajiha manggi, bithei hafasa jiyei be juleri sindafi, wesihun dašan i yamun de jifi niyskūrafi gurun i ejen fujin be fungnere doro wajiha seme gisun wesimbuhe, enduringge han i hesei sirame duin fujin be fungnere ce bithe be sasa tukiyefi, ineku juwe niyalma juleri jiyei yarume genggiyen elhe booi juleri isinaha manggi, bithei hafasa neneme dergi amba fujin be fungnere manju monggo nikan ilan gurun i gisun i araha ce bithe be dere de sindafi siran siran i hūlaha, tere ce de araha gisun, abkai hese i forgon be aliha gosin onco hūwaliyasun enduringge han i hese, abka na salgabuha ci ebsi, emu forgon be aliha han bici, urunakū ashan de aisilakini seme salgabufi ucaraha fujin bi, han wesihun amba soorin de tehe manggi, fujisai gebu jergi be toktoburengge, julgei enduringge han sai toktobuha amba doro, te bi amba soorin de tefi, nendehe enduringge han sai toktobuha amba doro be alhūdame, minde hesebufi ucaraha fujin monggo i korcin gurun i borjigit hala, sinde temgetu ce bume dergi hūwaliyasun doronggo booi hanciki amba fujin obuha, si hanja bolgo ginggun ujen gosin hioošungga kundulere doroloro jurgan be akūmbu, gurun i ejen fujin i tacibure be dahame gingguleme yabu, mini ujen gūnin be ume jurcere. tuttu dergi hanciki amba fujin be fungnere ce be hūlame wajiha manggi, hūlaha bithei hafan ce be tukiyeme jafafi hehe hayan de alibume buhe, hehe hafan niyakūrame alime gaifi, gamafi dergi hanciki amba fujin de alibume bure de, fujin niyakūrafi alime gaifi, ashan de iliha hehe hafan de alibume bure de, hehe hafan inu niyakūrame alime gaifi, juleri sindaha dere de sindaha, tuttu dergi hanciki amba fujin be fungnere doro wajiha manggi, bithei hafan sirame wargi wesihun amba fujin be fungnere ce be hūlaha, ce de araha gisun, abkai hesei forgon be aliha gosin onco hūwaliyasun enduringge han i hese, abka na salgabuha ci ebsi, emu forgon be aliha han bici, urunakū ashan de aisilakini seme ucaraha fujin bi. han wesihun amba soorin de tehe manggi. fujisai gebu jergi be toktoburangge, julgei enduringge han sai toktobuha amba doro, te bi amba soorin de tefi, nendehe enduringge han sai toktobuha amba doro be alhūdame, minde hesebufi ucaraha fujin monggo i aru i amba tumen gurun i borjigit hala, sinde temgetu ce bume wargi da gosin i booi wesihun amba fujin obuha, si hanja bolgo. ginggun ujen gosin hioošungga kundulere doroloro jurgan be akūmbu, gurun i ejen fujin i tacibure be dahame gingguleme yabu, mini ujen gūnin be ume jurcere. tuttu wargi wesihun amba fujin be fungnere ce be hūlame wajiha manggi, hūlaha bithei hafan ce be tukiyame jafafi hehe hafan de alibume buhe, hehe hafan niyakūrame alime gaifi, gamafi wesihun amba fujin de alibume bure de, fujin niyakūrame alime gaifi, ashan de iliha hehe hafan de alibume bure de, hehe hafan inu niyakūrame alime gaifi, juleri sindaha dere de sindaha, tuttu wesihun amba fujin be fungnere doro wajiha manggi, bithei hafan sirame dergi ashan i ijishūn fujin be fungnere ce be hūlaha, ce de araha gisun, abkai hesei forgon be aliha gosin onco hūwaliyasun enduringge han i hese, abka na salgabuha ci ebsi, emu forgon be aliha han bici, urunakū ashan de aisilakini seme salgabufi ucaraha fujisa bi, han wesihun amba soorin de tehe manggi, fujisai gebu jergi be toktoburengge, julgei enduringge han sai toktobuha amba doro. te bi amba soorin de tefi, nendehe enduringge han sai toktobuha amba doro be alhūdame, minde hesebufi ucaraha fujin monggo i amba tumen gurun i abagai bodisai cūhur tabunang ni sargan jui, sinde temgetu ce bume dergi ashan i urgun i booi ijishūn fujin obuha, si hanja bolgo ginggun ujen gosin hiyoošungga kundulere doroloro jurgan be akūmbu, gurun i ejen fujin i taciburc bc dahame gingguleme yabu, mini ujen gūnin be ume jurcere. tuttu dergi ashan i ijishūn fujin be fungnere ce be hūlame wajiha manggi, hūlaha bithei hafan ce be tukiyame jafafi hehe hafan de alibume buhe, hehe hafan niyakūrame alime gaifi, gamafi dergi ashan i ijishūn fujin de alibume bure de fujin niyakūrame alime gaifi, ashan de iliha hehe hafan de alibume bure de, hehe hafan inu niyakūrame alime gaifi, juleri sindaha dere de sindaha, tuttu dergi ashan i ijishūn fujin be fungnere doro wajiha manggi, bithei hafan sirame wargi ashan i jingji fujin be fungnere ce be hūlaha, ce de araha gisun, abkai hesei forgon be aliha gosin onco hūwaliyasun enduringge han i hese, abka na salgabuha ci ebsi, emu forgon be aliha han bici, urunakū ashan de aisilakin seme salgabufi ucaraha fujin bi, han wesihun amba soorin de tehe manggi, fujisai gebu jergi be toktoburengge, julgei enduringge han sai toktobuha amba doro, te bi amba soorin de tefi, nendehe enduringge han sai toktobuha amba doro be alhūdame, minde hesebufi ucaraha fujin monggo i korcin gurun i borjigit, sinde temgetu ce bume wargi ashan i hūturingga booi jingji fujin obuha, si hanja bolgo ginggun ujen gosin hiyoošungga kundulere doroloro jurgan be akūmbu, gurun i ejen fujin i tacibure be dahame gingguleme yabu, mini ujen gūnin be ume jurcere. tuttu wargi ashan i jingji fujin be fungnere ce be hūlame wajiha manggi, hūlaha bithei hafan ce be tukiyame jafafi hehe hafan de alibume buhe, hehe hafan niyakūrame alime gaifi, gamafi wargi ashan i jingji fujin de alibume bure de, fujin niyakūrame alime gaifi, ashan de iliha hehe hafan de alibume bure de, hehe hafan inu niyakūrame alime gaifi, juleri sindaha dere de sindaha[37].

（2）滿文漢譯：

冊封國君福晉、東大福晉、西大福晉、東側福晉、西側福晉典禮。七月初十日，吉日，諸和和碩親王、多羅郡王、固山貝子、文武各官齊集崇政殿，依次排列畢，聖汗入崇政殿升座。文館之衙門諸官入奏聖汗：「封贈國君福晉冊文、玉璽、儀仗備齊。」聖汗降旨：「著進封贈禮物。」遂將封贈國君福晉冊文、玉璽陳于案上，冊文置左，玉璽置右，二人執節前引，捧冊寶，携儀仗，至清寧宮前，國君福晉及眾福晉皆立。文官取冊陳之于東側案上，西向立，其冊載滿蒙漢三體冊文，概加宣讀。冊文曰：「奉天承運，寬溫仁聖汗諭曰：天地授命以來，既有汗主一代之治，則必命匹配心腹親近福晉贊襄朝政，坐立成雙，同立功德，共享富貴，此乃亘古之制。信守三綱五常，係古聖汗等所定大典。今我正大位，當效古聖汗所定大典，又蒙天佑，得遇福晉，係蒙古科爾沁部博爾濟吉特氏，特賜爾以冊寶，位居諸福晉之上，命為清寧宮中宮國君福晉。爾務以清廉、端莊、仁孝、謙恭之義訓誨諸福晉，更以爾賢德之訓，使天下婦人效法。勿違我之至意。」讀畢冊文，該文官舉冊文授與女官，另一文官舉玉璽授與另一女官。二女官皆跪受，奉獻于國君福晉。福晉一一跪受，轉受西側立之女官，女官亦跪受，陳于前設之黃帷案上。俟金椅、金凳等儀仗排列畢，國君福晉入座。冊封國君福晉典禮畢，諸文官置節于前，至崇政殿跪奏：「冊封國君福晉典禮完畢。」繼奉聖汗諭旨，封四福晉，遂齊冊文，乃命二人執節前引，至清寧宮前。諸文官先將封東大福晉之滿蒙漢三體冊文陳于案上，一一宣讀。冊文曰：「奉天承運，寬溫仁聖汗制曰：天地授命以來，既有汗主一代之治，則必有天賜福晉贊襄于側。汗諭極後，定諸福晉之名號，乃古聖汗所定之

37 《內閣藏本滿文老檔》（瀋陽，遼寧民族出版社，2009 年 12 月），第十八冊，頁 1061。

大典，今我正大位，當效古聖汗所定之大典，我所遇福晉，係蒙古科爾沁部博爾濟吉特氏，特賜爾以冊文，命為東宮關雎宮大福晉宸妃。爾務盡清廉、端莊、仁孝、謙恭之義，謹遵國君福晉訓誨，勿違我之至意。」讀畢封東大福晉宸妃之冊文，宣讀之文官舉冊文授與女官，女官跪受之，奉獻于東大福晉宸妃。福晉跪受，轉授側立之女官。女官亦跪受，陳于前設之案上。冊封東大福晉宸妃典禮畢，文官繼宣讀冊封西大福晉貴妃之冊文。其文曰：「奉天承運，寬溫仁聖汗制曰：天地授命以來，既有汗主一代之治，則必有天賜福晉贊襄于側。汗諭極後，定諸福晉之名號，乃古聖汗所定之大典，今我正大位，當效古聖汗所定大典，我所遇福晉，係蒙古阿魯大土門部博爾濟吉特氏，特賜爾以冊文，命為西宮麟趾宮大福晉貴妃。爾務盡清廉、端莊、仁孝、謙恭之義，謹遵國君福晉訓誨，勿違我之至意。」讀畢封西大福晉貴妃之冊文，宣讀之文官舉冊文授與女官。女官跪受之，奉獻于西大福晉貴妃。福晉跪受，轉授側立之女官。女官亦跪受，陳于前設之案上。冊封西大福晉貴妃之典禮畢，文官繼宣讀冊封東側福晉淑妃之冊文。其文曰：「奉天承運，寬溫仁聖汗制曰：天地授命以來，既有汗主一代之治，則必有天賜福晉贊襄于側。汗御大極，定諸福晉名號，乃古聖汗所定之大典，今我正大位，當效先古聖汗所定大典，我所遇福晉，係蒙古阿魯大土門部阿巴蓋博第賽楚虎爾塔布囊之女，特賜爾以冊文，命為東宮衍慶宮側福晉淑妃。爾務盡清廉、端莊、孝仁、謙恭之義，謹遵國君福晉之訓誨，勿違我之至意。」讀畢封東側福晉淑妃之冊文，宣讀之文官舉冊文授與女官。女官跪受之，奉獻于東宮側福晉淑妃。福晉跪受，轉授側立之女官。女官亦跪受，陳于前設之案上。冊封東宮側福晉淑妃之典禮畢，文官繼之宣讀冊封西宮側福晉莊妃之冊文。其文曰：「奉天承運，寬溫仁聖汗制曰：天地授命以來，既有汗主一代之治，則必有天賜福晉贊襄于側。汗御大極，定諸福晉名號，乃古聖汗所定之大典，今我正大位，當效古聖汗之大典，我所遇福晉，係蒙古科爾沁博爾濟吉特氏，特賜爾以冊文，命為西宮永福宮側福晉莊妃。爾務盡清廉、端莊、仁孝、謙恭之義，謹遵國君福晉訓誨，勿違我之至意。」讀畢封西側福晉莊妃之冊文，宣讀之文官舉冊文授與女官。女官跪受之，奉獻于西宮側福晉莊妃。福晉跪受，轉授側立之女官。女官亦跪受，陳于前設之案上[38]。

《內閣藏本滿文老檔》與《滿文原檔》的差異，不僅僅是圈點的問題，乾隆年間以加圈點重抄的《滿文老檔》，其滿文的字形筆順，整齊畫一，是規範滿文。引文中「郡王」，《滿文原檔》讀如"jiyūn wang"，《滿文老檔》讀如"giyūn wang"。引文中「冊文」，《滿文原檔》讀如"se"，《滿文老檔》讀如"ce"。引文中「聖汗等」，《滿文原檔》讀如"endyringge han sei"，《滿文老檔》讀如"enduringge han sai"。引文中「仁孝」，《滿文原檔》讀如"gosin hiošon"，《滿文老檔》讀如"gosin hiyoošun"。引文中「福金一一跪受」，句中「一一」，《滿文原檔》讀如"emke emke ni"，《滿文老檔》讀如"emke emken"。引文中「滿蒙漢三體」，《滿文原檔》、《滿文老檔》俱讀如"manju monggo nikan ilan gurun i gisun"，意即「滿洲、蒙古、明三國語言」。

崇德元年（1636）七月初十日，皇太極在盛京崇政殿舉行冊立五宮福金大典，《滿文原檔》中原編「日字檔」，詳細記載了五宮福金的名字及冊立經過。乾隆年間重抄的《滿文老檔》，雖然詳細的記載冊立福金的經過，但是，五宮福金的本名都被刪改。可列對照表如下。

---

38 《內閣藏本滿文老檔》，第二十冊，頁 730。

清太宗崇德五宮后妃簡表

蒙古部別	位號	滿文原檔名字	滿文老檔姓氏	
	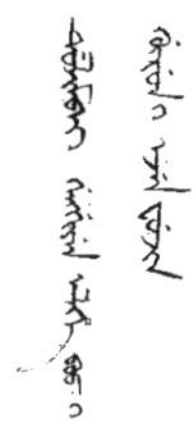			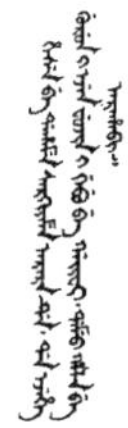
	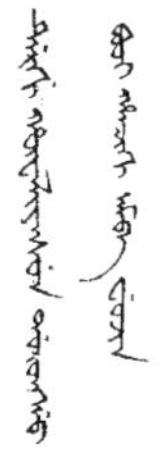			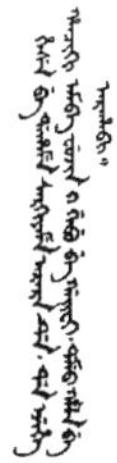
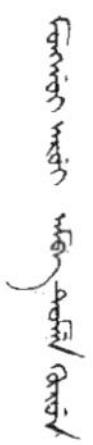	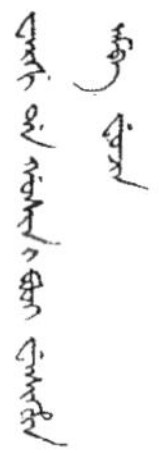	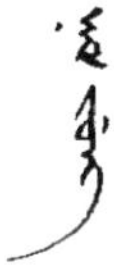		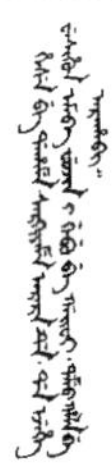
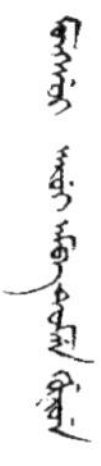	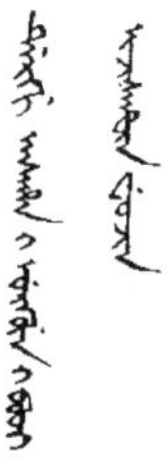			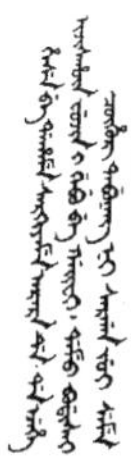

蒙古部別	位號	滿文原檔名字	滿文老檔姓氏	
	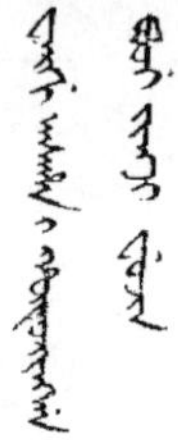			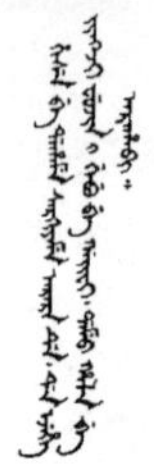

資料來源：《滿文原檔》，臺北，國立故宮博物院；《內閣藏本滿文老檔》，北京，中國第一歷史檔案館。

由簡表所列可知中宮清寧宮國君福金是蒙古科爾沁部的哲哲（jeje），《內閣藏本滿文老檔》改為博爾濟吉特氏（borjigit hala），在當頁眉批處加貼黃簽注明“hese be dahame sarkiyame arara de, da ejehe gurun i ejen fujin i gebu be gaifi, damu hala be arahabi.”，意即「遵旨抄寫時，刪去原載國君福金之名，僅書寫姓氏。」東宮關雎宮大福金宸妃是蒙古科爾沁部的海蘭珠（hairanju），《內閣藏本滿文老檔》改為博爾濟吉特氏（borjigit hala），並貼黃簽，注明“hese be dahame sarkiyame arara de, da ejehe hanciki amba fujin i gebu be gaifi, damu hala be arahabi.”，意即「遵旨抄寫時，刪去原載大福金宸妃之名，僅書寫姓氏。」西宮麟趾宮大福金貴妃是蒙古阿魯大土門部的娜木鐘（nam jung），《內閣藏本滿文老檔》改為博爾濟吉特氏（borjigit hala），並貼黃簽，注明“hese be dahame sarkiyame arara de, da ejehe wesihun amba fujin i gebu be gaifi, damu hala be arahabi.”，意即「遵旨抄寫時，刪去原載大福金貴妃之名，僅書寫姓氏。」東宮衍慶宮側福金淑妃是蒙古阿魯大土門部的巴特瑪璪（batma dzoo），所貼黃簽，注明“hese be dahame sarkiyame arara de, da ejehe ijihūn fujin i gebu be gaifi, damu bodisai cūhur tabunang ni sargan jui seme arahabi.”，意即「遵旨抄錄時，刪去原載福金淑妃之名，僅書寫博第賽楚虎爾塔布囊之女。」西宮永福宮側福晉莊

妃是蒙古科爾沁部的本布泰（bumbutai），《內閣藏本滿文老檔》改為博爾濟吉特氏（borjigit hala），並貼黃簽，注明“hese be dahame sarkiyame arara de, da ejehe jingji fujin i gebu be gaifi, damu hala be arahabi.”，意即「遵旨抄錄時，刪去原載福金莊妃之名，僅書寫姓氏。」乾隆年間，重抄原檔時，俱刪去五宮福金之名，其芳名遂被湮沒不傳。因此，探討崇德五宮后妃的冊立，《滿文原檔》確實是不可忽視的原始檔案。

北京故宮博物院典藏《莊妃誥命》，是冊封莊妃的冊文，黃絹質材，正面外部為藍色雙欄，內部為描金行龍、朵雲圖案，朱文楷書，滿文左起，蒙文居中，漢文右起，俱鈐印「制誥之寶」，將冊文影印於下，並將滿文轉寫羅馬拼音於後。

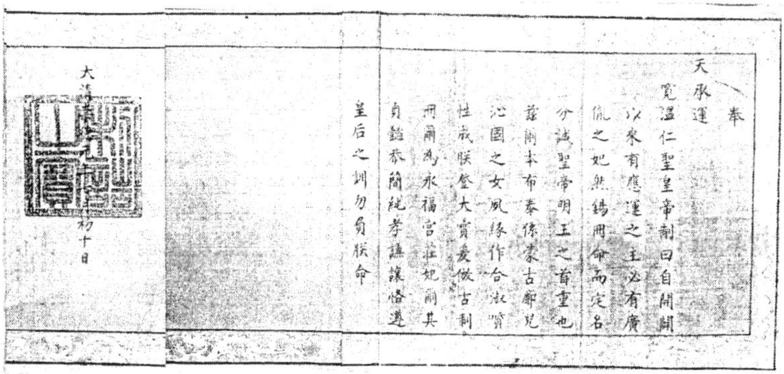

奉
天承運
寬溫仁聖皇帝制曰自開闢
以來有應運之主必有廣
倫之妃然錫冊命而定名
分誠聖帝明王之首重也
茲爾本布泰係蒙古科爾
沁國之女夙緣作合淑質
性成朕登大寶爰倣古制
冊爾為永福宮莊妃爾其
貞懿恭簡純孝謙讓恪遵
皇后之訓勿負朕命

大清[illegible]初十日

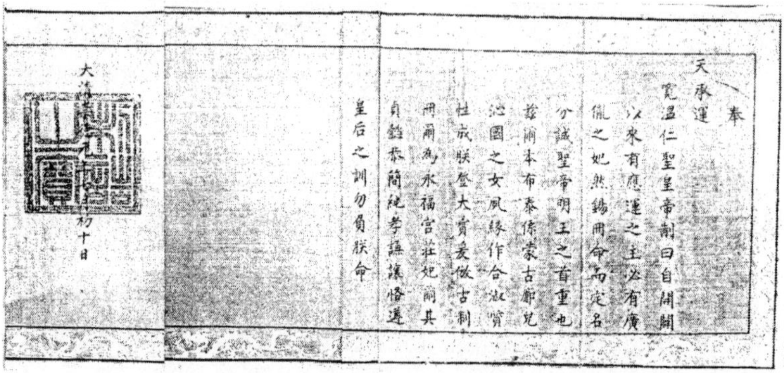
奉
天承運
寬溫仁聖皇帝制曰自開闢
以來有應運之主必有廣
胤之妃然錫冊命而定名
分誠聖帝明王之首重也
茲爾本布泰係蒙古廓兒
沁國之女夙緣作合淑質
性成朕登大寶爰倣古制
冊爾為永福宮莊妃爾其
貞懿恭簡純孝謙讓恪遵
皇后之訓勿負朕命

滿蒙漢三體莊妃冊文　崇德元年七月初十日

（1）羅馬拼音：

abka i hese i forgon be aliha gosin onco hūwaliyasun enduringge han i hese. abka na salgabuhaci ebsi. emu forgon be aliha han bici. urunakū ashan de aisilakini seme salgabufi ucaraha fujin bi. han wesihun amba soorin de tehe manggi. fujisa i gedu jergi be toktoburengge julgei enduringge han sei toktobuha amba doro. te bi amba soorin de tefi nendehe enduringge han sei toktobuha amba doro be alhūdame minde hesebufi ucaraha fujin monggo i korcin gurun i bumbutai sinde temgetu se bume wargi ashan i hūturingga boo i jingji fujin obuha. si hanja bolgo. ginggun ujen. gosin hiošungga kundulere doroloro jurgan be akūmbu. gurun i ejen fujin i tacibure be dahame gingguleme yabu. mini ujen gūnin be ume jurcere. daicing gurun i wesihun erdemungge sucungga aniya nadan biyai juwan de.

（2）滿文漢譯：

奉天承運寬溫仁聖皇帝制曰自開闢以來，有應運之主，必有廣胤之妃，然錫這冊命而定名分，誠聖帝明王之首重重也。茲爾本布泰係蒙古廓兒沁國之女，夙緣作合，淑質性成，朕登大寶，爰倣古制，冊爾為永福宮莊妃，爾其貞懿恭簡純孝謙讓恪遵皇后之迅，勿負朕命。

大清崇德元年七月初十日[39]。

《莊妃冊文》滿文內容，與《滿文原檔》相合。莊妃之名本布泰，滿文讀如“bumbutai”，與《滿文原檔》相同，並未奉旨刪略其名。冊文中“salgabuhaci”，《滿文原檔》讀如“salhabuhaci”；冊文中“hiošungga”，《滿文原檔》讀如“hioošungg”，其餘文字，並無不同。就內容而言，《莊妃冊文》的記載，是可信的。

四、結　語

皇太極繼承汗位後，逐漸集中權力，同時利用文館儒臣的輿論制衡八旗貝勒的權力。天聰元年（1627）正月初一日，皇太極陞殿，諸貝勒群臣，各照固山次序，行三跪九叩頭禮。皇太極請大貝勒代善、二貝勒阿敏、三貝勒莽古爾泰坐於左右。凡朝會宴集，三位貝勒，皆同皇太極排坐，以示敬兄之意。天聰三年（1629）正月二十一日，《大清太宗文皇帝實錄》初纂本記載云：「罷三大貝勒辦國大事，移與貝子。先是，太祖辛酉年二月內，四大貝勒輪流直月，國家一切事務，俱在直月貝勒掌理。丙寅年，上即位，四大貝勒直月事，令三大貝勒掌理，上自思與眾貝子八大人共議，命八大人向三大貝勒議云，貝勒居長，直月辦事，煩勞不便，令貝子直月，一切事務，具任貝子，若事有踈失，咎在貝子。三大貝勒服其言，遂將直月之事，移與貝子。」天聰六年（1632）正月初一日，《大清太宗文皇帝實錄》初纂本記載云：「上即位以來五年，凡國人拜見禮，俱與三大貝勒同南面坐受，自是上始獨坐受朝賀。」向來凡朝會陞殿、接受朝賀、行拜見禮等儀式，大貝勒代善、二貝勒阿敏、三貝勒莽古爾泰皆與皇太極左右排坐，不

---

39 《大清盛世—瀋陽故宮文物展》（臺北，國立歷史博物館，2011 年 3 月），頁 179，「莊妃誥命」。

令侍坐，從天聰六年（1632）起，皇太極開始南面獨坐，君臣尊卑之分，日益明顯。天聰汗皇太極，已經高高在上。

在漢族文化的概念中，「皇帝」一詞是比滿族的「汗」要高一級的稱謂。天聰元年（1627）四月初八日，皇太極令明朝使者杜明忠賫「答袁崇煥書」、「答李喇嘛書」各一封回國。在答書中指出，「若論大義，大明皇帝，比天下一字，滿洲汗，比明朝皇帝下一字，明朝官，比汗下一字，爾等不如此，是欺我，我已知之，遂罷使者，後若再寄書來，爾皇帝高一字則可，若臣等與我竝書，我必不聽。」在往來國書中，明朝皇帝擡寫比天低一字，滿洲汗比明朝皇帝又低一字，可以說明「皇帝」是比「汗」高一級的稱謂。天聰八年（1627）八月二十四日，《大清太宗文皇帝實錄》初纂本記載滿洲國汗致明朝皇帝的國書內容，節錄一段如下：

> 滿洲國汗致書於大明皇帝，昨見招諭告示，內云，我國原係屬夷，然此不惟皇帝言，及我亦未嘗不言是皇帝屬國，皇帝乃天下共主，我等原係屬國，只因遼東之官，欺凌難受，屢次將情具奏，遼東官又蔽之不通，我等思此光景，勢必置於死地，雖動兵戈，尚冀皇帝來詢其由，孰意皇帝聽信遼東官欺誑，十數年竟無一言問及，以故遂至今日。若皇帝早遣人究問，兵戈亦早息矣（下略）[40]。

滿洲國書中已指出，滿洲是屬國，明朝皇帝是天下共主。國書中「滿洲國汗致書於大明皇帝」，實錄重修本改為「滿洲國皇帝致書於明國皇帝」；「屬夷」改為「屬國」。由於形勢的發展，天聰十年（1636），皇太極已經是關外滿洲、蒙古、漢、朝鮮的共主，他有實力，也有資格由「汗」向上提高一級而稱「皇帝」了。改

---

[40] 《大清太宗文皇帝實錄》，初纂本，卷 15，頁 35，天聰八年八月二十四日，滿洲國書。

元稱帝，首先就要有一個新國號，不但能使人耳目一新，更重要的是為了表明他的獨立性。傳國玉璽的獲得，表明他是有德者，曆數將歸，禎祥已至，順應天命，所以他建國號「大清」，改年號「崇德」。皇太極採用新國號、新年號，標誌著清朝政治聯合體已經形成。這是一支完全有力量與內地其他政治勢力逐鹿中原，奪取全國統治權的新興強大政治勢力。到了這個階段，這個政治勢力，已經不是建州女真勢力，也不是滿洲勢力，而是包括東北地區的各種政治力量，可以稱之為「清朝勢力」。

分析建州女真、滿洲、清朝勢力的歷史發展，有助於了解清朝前史如何有小變大，由弱轉強的過程。在東北地區興起的民族勢力，從開始的建州女真單純的民族勢力，逐漸統一各女真部落，聚集了更大的力量，而形成了新的滿洲民族共同體。後來又進一步凝聚東北地區的政治力量，從而結合成一支強大的清朝政治勢力。皇太極順應形勢的發展，將國號由「金」改為「大清」，將年號由「天聰」改為「崇德」，確實具有歷史意義。

努爾哈齊以天命為年號，他將國家的興亡，歸根於天意。《清史稿•太祖本紀》論曰：「太祖天錫智勇，神武絕倫。蒙難艱貞，明夷用晦。迨歸附日眾，阻貳潛消。自摧九部之師，境宇日拓。用兵三十餘年，建國踐祚。薩爾滸一役，剪商業定。遷都瀋陽，規模遠矣。比於岐、豐，無多讓焉。」[41]《詩•魯頌》云：「實始翦商。」[42]努爾哈齊從「剪商」開始創業。《清史稿》將努爾哈齊的崛起，與西周相比。岐、豐都在陝西境內。《國語》記載：「周之興也，鸑鷟鳴於岐山。」[43]相傳西周古公亶父自豳遷岐山，建立都

---

41 《清史稿校註》（臺北，國史館，1986 年 2 月），第一冊，頁 18。
42 《毛詩魯頌》，《十三經注疏》（臺北，藝文印書館，1979 年 3 月），第二冊，頁 777。
43 《國語•周語上》（臺北，臺灣商務印書館），卷 1，頁 16。

城。周文王滅崇後，又自岐山遷都於豐邑。天命十年（1625）三月，努爾哈齊遷都瀋陽，稱為盛京（mukden）。《清史稿》將努爾哈齊的遷都，比作周文王的遷都。《清史稿•太宗本紀》「論」中亦稱，「明政不綱，盜賊憑陵，帝固知明之可取，然不欲亟戰，以勦民命，七致書於明之將帥，屈意請和。明人不量強弱，自亡其國，無足論者。然帝交鄰之道，實與湯事葛，文王事昆夷無以異。」[44]《清史稿》也將皇太極比作商湯、周文王。金國、大清政權，都是符合天命的正統政權，《清史稿》強調了清朝政權的正統性及合法性，誠然符合歷史事實。

---

[44] 《清史稿校註》，第一冊，頁 70。

以紀爲本—清史本紀體例的傳承與創新

一、前　言

本紀是歷代傳統正史記載帝王大事的專文，以一帝為一紀，本其事而記之，以編年為體。國立故宮博物院現藏清朝國史館滿漢文本紀，自清太祖至清穆宗各朝，俱以黃綾封面裝潢成帙，習稱黃綾本本紀，清德宗本紀，僅成稿本，尚未以黃綾裝潢。

清朝國史館黃綾本本紀卷首，詳列凡例，探討各朝黃綾本本紀，有助於了解清代歷朝本紀體例的沿襲與創新。本紀為綱，志傳為目，本紀體例不可廢。歷代國史，於帝紀內但載大綱，其詳俱分見於各志、傳。清朝國史館遵從歷代正史體例，於本紀中僅舉大綱，事賅詞簡，體例嚴謹。

二、從國史館纂修五朝本紀看本紀體例

《大清太祖高皇帝本紀》清漢各二卷，《大清太宗文皇帝本紀》清漢各四卷，《大清世祖章皇帝本紀》清漢各八卷，《大清聖祖仁皇帝本紀》清漢各二十四卷，《大清世宗憲皇帝本紀》清漢各八卷，合計清漢各四十六卷，乾隆年間，國史館稱為五朝本紀。查閱清朝國史館奏稿，有助於了解五朝本紀纂修進呈經過。

清太祖、太宗、世祖、聖祖四朝本紀，於乾隆元年（1736）、

二年（1737）、三年（1738）、八年（1743）、九年（1744）、十年（1745）陸續進呈。乾隆十年（1745）六月起纂修世宗本紀，至乾隆十一年（1746）六月止，進呈雍正三年（1725）以前世宗本紀清漢各四卷。乾隆十一年（1746）十一月十七日，國史館將雍正四年（1726）至十三年（1735）世宗本紀清漢各四卷繕寫進呈御覽[45]。

清太祖、太宗、世祖、聖祖、世宗五朝本紀進呈本，雖無凡例，却可從國史館奏稿內容了解五朝本紀的纂修體例。據國史館總裁官傅恒等奏稱：

> 臣等恭請太祖高皇帝本紀二卷，太宗文皇帝本紀四卷，世祖章皇帝本紀八卷，敬謹校閱，從前編次本紀，上述列聖功德詔令政事，下及臣下奏報事績，悉遵照實錄，兼依歷代史書之體，纂輯成編，其宏綱鉅目，無可更易。至於屬文記事，詳略繁簡之間，臣等悉心考定，有應行增損之處，謹粘簽進呈[46]。

國史館纂修本紀的體例，主要是依照實錄、歷代史書的體例纂輯成編。太祖、太宗、世祖等朝本紀，國史館總裁官傅恒等經過悉心考定後，將應行增損之處，粘簽呈覽，並將其條目逐一列舉。所列條目如下：

> 一太祖高皇帝紀篇末恭載尊謚，應照雍正元年、乾隆元年，加上尊謚，敬謹添寫。
>
> 一歷代史書，俱以年號紀年，惟實錄具載干支，今擬照列聖實錄紀干支於各年之下。

---

45 《清國史館奏稿》（北京，全國圖書館文獻縮微複製中心，2004年6月），第一冊，頁2。乾隆十一年十一月十七日，總裁官訥親等奏稿。

46 《清國史館奏稿》，第一冊，頁43。乾隆十五年十二月二十六日，總裁官傅恒等奏。

一史書本紀體，貴謹嚴，詔令但舉大凡，例不全載，臣等恭讀三朝實錄，訓諭精詳，大小畢具，用人行政，丁寧告誡之詞，直與典謨訓誥同一精深廣大，本紀中詳載原文，愈見謨烈顯承之盛，擬於實錄中擇重大切要者，敬謹增入。

一凡典禮制度軍政律令及各衙門規制有隨時更定者，約舉大綱，照依體例補入。

一凡陞授官員，賞賜臣下，有關大體者，謹查實錄酌增。

一凡藩國朝貢，順治以前，隨事備書，今照例補入。

一凡文法字句，間有修飾潤色之處。

由國史館總裁官傅恒等所列條目，可歸納為添寫尊諡、年下繫丁支，增入訓諭、典禮制度列舉大綱，授官賞賜藩國朝貢照例增補，符合傳統體例。乾隆十五年（1750）六月初八日，國史館總裁官傅恒等奏摺交由奏事處員外郎那俊轉。原奏於同日奉旨「知道了」。同日，傅恒面奉諭旨，「五朝凡例彙總一處」。乾隆十五年（1750）十二月二十六日，傅恒奏明俟本紀校竣後，即將五朝凡例彙總成冊進呈御覽。國立故宮博物院典藏《大清五朝本紀凡例》一冊，是探討五朝本紀體例的重要史料。其條目如下：

一本紀為綱，志傳為目，史書體例也，我太祖高皇帝肇基東土；太宗文皇帝規模大定；世祖章皇帝奄壹區夏，撥亂致治；聖祖仁皇帝以守兼創，躬致太平，渥澤深仁，六十餘載；世宗憲皇帝紹休聖緒，厚民之生，正民之德，釐工熙績，緯武經文，五聖相繼，而守一道，聖德駿業，具載實錄，謹舉大綱，恭列本紀，其諸臣及藩國事實，各詳列傳，不敢略，亦不敢冗也。

一本紀以記事為主，而帝王之事，莫大乎詔令。恭讀五朝寶訓聖諭，與古典謨訓誥相並，謹擇重大切要者，具載原文，以昭謨烈顯承之盛。其可約舉者，則敬舉大要書之，與志傳相關者，詳諸志傳。

一我太祖高皇帝、太宗文皇帝恭行天討，四征不庭，聖祖仁皇帝平定朔漠，凡躬自克敵具書制勝之詳，其命將出師，但載廟謨指授及奏捷大略，戰功分載列傳。

一太祖高皇帝本紀中大貝勒、二貝勒、三貝勒，俱書名，惟太宗文皇帝稱四貝勒，不敢書名。

一我朝誕膺天命，太宗文皇帝始建有天下之號曰大清，而實無利天下之心，與明議和諸書，一一載入，以昭盛德。

一史書俱以年號記年，惟實錄具載干支，今記干支於各年之下。

一事必繫日，日繫月，月繫年，史法也，自天命紀元以前，事屬創興，多不書日。其年有闕者，悉照實錄，不敢增改。天命紀年以後，書日始多，詳略一因乎時。

一順治元年，車駕未臨京師以前，攝政王諸諭不載入，其關於機要者，附書。

一明季用人行政，有與我朝邊境事體相關而實錄未載者，紀中補入之。

一凡禋祀大典，親詣行禮書，遣官不書，其因事而見者，特書，元旦詣堂子於元年一書，特祭書，餘不書。

一凡躬謁陵寢書，遣官不書。世宗憲皇帝時，今上皇帝展謁陵寢書。

一凡舉行經筵躬耕耤田每歲具書，其每日進講則書其始，若有應記之事，則亦書。

一凡冊立皇后、皇太子，以遣使授冊之日書。

一皇子誕生，以其日書之。

一元旦、冬至朝賀行禮宴賚，俱不書，惟免朝賀書，國有大慶陞殿受賀特書。

一朝賀萬壽聖節，俱以元年一書，以後惟免朝書，聖祖仁皇帝六十萬壽聖典，則備書。

一凡御殿視朝、御門聽政，皆於涖政之始書之，後不書，有應記載之事則書。

一凡加上徽號、尊謚，於恭進寶冊之日書之。

一巡幸駐蹕處所，有事則書，無則否。

一御園為駐蹕聽政之所，於初幸時一書，由巡幸還駐書，餘不重書。

一凡纂修實錄、聖訓，於奉命纂修之日書之，凡編纂古今書籍皆書，其通行頒賜臣下則書頒書賜。

一凡恩赦條件不悉書，舉大要書之。

一每歲頒時憲書，不書，修改時憲法，頒行之始則書之。

一我朝景運聿隆，五聖繼治，符瑞並臻，嘉祥迭見，歷聖盛德謙讓辭而弗有者，蓋不勝書，其章章尤著宣付史館者備書。

一凡日食書，月食及凌犯不書，星變，大者書。京師地震及火災，大者書，餘載天文及五行志。

一凡建造宮殿，修築河隄，大者書，小者不書。

一治河方略，詳見河渠志，惟河決某處，及遣官治某處書。

一凡發帑截漕，遣大臣賑恤平糶皆書，蒙古旗分遇災遣官賑恤者，亦如之。

一恩免錢糧，順治以前，按日書之，康熙以後則彙書是月之末，惟特恩及因事蠲免者，仍書本日之下。

一凡免錢糧，但書府州縣衛，如數省所屬並免及名有兩省相同者，則書省以別之。

一凡恩賜文武進士及第出身，每於三歲一書，特恩開科，增廣解額，親行覆試皆書。

一凡始封親王、郡王、貝勒、貝子、公、侯、伯俱書，襲封、追封貝子以下不書，外藩襲封、追封俱不書，其因事而見者，特書，宗室諸王每見書爵書名，異姓王止於初見一書其爵，公以下亦如之。

一凡生時無封，死後追封，令其子孫襲封者，則書之，與尋常襲封、追封不同。

一凡除授文武各官自議政大臣、大學士、八旗都統、六部尚書、左都御史、將軍、督撫，俱書，餘不書。順治以前，總兵官皆有戰功，其陞授皆書，康熙以後，各省設總督提督，專任封疆，提督書，總兵官不書，其罷免自議政大臣、大學士、六部尚書、左都御史書，餘不書，其因事而見除授罷免俱書，凡官皆不重書，於初見時一書，卒於其官者書卒書官。

一凡官員署理者不書，世宗憲皇帝時，慎重官方，有先行署理久而實授者，於署理時即書之，其未久即回原任者，仍不書。

一國初官制，久而後定，中間歷有更改，如天命元年、天聰八年、順治四年、十七年，屢奉明旨，親遵在案，迄雍正元年，改鑄八旗印信，始歸畫一，史臣隨時按據編纂，故有一人官爵閱時而前後稱謂互異云。

一凡官員老病閒廢致仕者曰罷，有罪者曰免，罪甚者曰以罪免。

一皇妃、皇子、親王、郡王、貝勒書薨，大臣卒於其官者書卒，卒於軍者曰卒於軍，為賊所害曰遇害。

一凡官員死於鋒鏑曰陣歿，遇賊不屈曰死事，或曰死節。

一凡卹贈死事官員予官蔭世職書，予祭葬不書，其卒於官者，卹贈賜謚，皆不書，特恩給予者書。

一我朝恩禮臣下陞賞錫賚之典甚多，紀中惟錄其勸善酬功之大者，餘分載各傳。

一凡戰功奏凱，實錄詳其戰克之日者，按日書之，否則以報捷之日書之，於事宜詳錄者，書某人云云。

一凡逆賊渠帥投順及以土地來歸者書，其但有偽官名號及相繼來歸者不書。

一三逆叛時，土賊攻陷地方，旋即收復者不書，其歸附平定各賊，大者書，小者不書。

一凡秋審朝審及請旨勾決，每歲常行者，不悉書，惟停刑停審特恩減等寬恤則書之。

一凡遣大臣按獄，大者書，小者不書。

一凡官員獲罪正法者，書其罪，最大者曰伏誅，賜死者曰以罪賜死。特恩赦免者，皆書之，其有前經被誣特恩賜雪者，書其主名。

一我國家制度典章，因時創建，其詳具於十四志，本紀止舉其要書之。

一外藩朝貢，順治以前無大小悉書，其在康熙以後，蒙古科爾沁五十旗，喀爾喀七十五旗，青海厄魯特、土魯番、哈密等三十四旗，俱係歸附本朝編入旗分，其循例朝正入貢不書，朝正賞賚，於歲首總書之，其朝鮮、安南、琉球、荷蘭等國朝貢，於歲終彙書，惟因事入貢及初入貢者，則書本日之下[47]。

前列五朝本紀凡例，共計四十九款，首列本紀為綱，志傳為目，是沿襲史書的傳統體例，依據實錄、寶訓、聖諭等官書，或舉大綱、或舉大要，或具載原文，其與志傳相關者，詳諸志傳，不敢略，亦不敢冗。國立故宮博物院典藏前五朝本紀包括初纂進呈本及黃綾定本。乾隆二十一年（1756）五月十九日，國史館總裁官傅恒等具奏稱：

為奏聞事，乾隆十八年十一月經臣等較閱粘簽更正之列聖本紀、宗室列傳、功臣列傳等書，另繕正本敬謹尊藏等因具奏，奉旨：知道了，欽此欽遵在案。臣等當經酌定限期上緊趕辦，所有遵旨另行繕寫太祖高皇帝本紀清漢各二卷，太宗文皇帝本紀清漢各四卷，世祖章皇帝本紀清漢各八卷、聖祖仁皇帝清漢各二十四卷、世宗憲皇帝本紀清漢各八卷，宗室列傳清漢各五卷、功臣列傳清漢各十九卷恭呈御覽，俟命下之日，移送內閣交皇史宬敬謹尊藏[48]。

黃綾定本就是國史館據初纂進呈本另行繕寫後移送內閣皇史宬敬謹尊藏的正本。前五朝本紀的正本，正本卷上或第一卷的卷首詳列凡例。為了便於比較，先將《大清太祖高皇帝本紀・凡例》照錄於下：

一太祖高皇帝事實從詳，諸臣諸國事從略，俱各詳具本傳，一切制度，第舉大綱，餘詳載於本紀體例。

一所垂寶訓，詳見實錄，本紀乃紀事之文，惟與事相關者，

---

47 〈大清五朝本紀凡例〉，《大清太祖高皇帝本紀》（臺北，國立故宮博物院，國史館檔），進呈本，卷上。

48 《清國史館奏稿》，第一冊，頁 79。乾隆二十一年五月十九日，總裁官傅恒等奏稿。

則類及之，餘則詳各志傳中。

一未即位以前，事屬創興，多不書日，即位後規模新定，然後書日者多，詳略一因呼時。

一年有闕者，悉照實錄，不為增改。

一明季政事，及所用邊將大吏，實錄所未詳載者，紀中補入之，蓋興亡成敗，兩兩相形，則得失之故瞭然矣。

一凡書貝勒台吉，先爵後名，諸國皆然，然不勝其繁。今惟於本朝貝勒台吉，每見必書其爵，他國初見一書，後則但書其名。本朝大臣，亦先爵後名，於初見一書，卒之時一書，餘但書名，凡賜號者，於初賜書，卒之時備書。

一本紀中大貝勒、二貝勒、三貝勒俱書名，惟太宗文皇帝稱四貝勒，不敢書名[49]。

《大清太祖高皇帝本紀》正本凡例，與《大清五朝本紀凡例》，大致雷同。太祖高皇帝事實從詳，一切制度，第舉大綱。諸臣藩國事實，寶訓聖諭，詳諸志傳。本紀體例，事必繫日，日則繫月，月則繫年，天命紀元以前，事屬創興，多不書日。天命元年以後，書日始多，或詳或略，一因乎時。其年有闕者，悉照實錄，不為增改。明季所用邊疆大吏，實錄未載者，紀中補入。大貝勒、二貝勒、三貝勒，俱書名，四貝勒為避名諱，則不書名。例如《大清太祖高皇帝本紀》紀載，天命元年（1616）正月初一日，「貝勒代善、貝勒阿敏、貝勒莽古爾泰、四貝勒率群臣尊上為覆育列國英明皇帝。」清文記載，「beile daišan、amin、mangūltai、duici beile geren ambasa be gaifi han be geren gurun be ujire genggiyen han tukiyehe.」意即「貝勒代善、阿敏、莽古爾泰、四貝勒率群臣尊汗

---

49 《大清太祖高皇帝本紀》（臺北，國立故宮博物院，國史館檔），正本，卷上，凡例。

為覆育列國英明汗。」皇太極不書名，改書四貝勒。

《大清太宗文皇帝本紀》黃綾正本一卷首列凡例如下：

一太宗文皇帝時，規模大定，凡建官錫爵，定制立法，其詳俱載於諸志。茲特書其大綱，而辭不敢繁，事不敢略，從本紀之體例也。

一朝賀祭祀典禮，係特舉者，悉書，其已載入太祖高皇帝紀中者，不復書。

一太宗文皇帝纘太祖高皇帝之緒，恭行天討，四征不庭，凡親歷行間者，具書其詳，其命將出師，但載廟謨指授及奏捷大略，其戰功之詳，分載各傳。

一太宗文皇帝詔諭，載在實錄甚詳，皆有關於立國之宏模，及恤民懷遠之至計，謹撮其切要者書之本紀，不敢遺漏。

一我朝誕膺天命，太宗文皇帝始改有天下之號曰大清，而實無利天下之心，與明議和諸書，一一載入，以昭盛德。

一太宗文皇帝恩禮臣下，陞賞之典甚多，本紀中惟錄其酬功勸善之大者，其餘分載各傳中。至於明罰敕法，著為定例者，皆載，餘詳刑法志中。

一各國朝賀，大小皆書，而朝鮮接壤興京，叛則伐之，服則懷之，恩威互用，並載紀中，其詳悉之朝鮮傳內。

以上凡例共七款，與《大清五朝本紀凡例》大致雷同。太宗文皇帝規模大定，恭行天討，四征不庭，其命將出師，但載廟謨指授及奏捷大略，戰功分載列傳。其中「我朝誕膺天命，太宗文皇帝始改有天下之號曰大清，而實無利天下之心，與明議和諸書，一一載入，以昭盛德」一款，《大清太宗文皇帝本紀》正本卷一凡例與《大清五朝本紀凡例》的內容，謹一字之異，五朝本紀「建有天下之號曰大清」，黃綾正本凡例清文作「emu hacin, musei gurun abkai hese be ambarame alifi, taidzung genggiyen šu hūwangdi teni gurun i gebu be halafi, daicing gurun sehe, yargiyan i abkai fejergi be bahaki sere gūnin akū bihe, tuttu ming gurun de acara jalin unggihe ele bithe be emke emken i dosimbume arafi, wesihun erdemu be iletulehe.」黃綾正本凡例清漢文的文意，彼此相合，俱作「改有天下之號曰大清」。由此可以說明《大清五朝本紀凡例》纂修在先，《大清太祖高皇帝本紀》、《大清太宗文皇帝本紀》黃綾正本卷首凡例纂修在後。《大清世祖章皇帝本紀》黃綾正本卷首所載凡例，與《大清五朝本紀凡例》亦頗雷同，為便於比較，亦將大清世祖章皇帝本紀》黃綾正本所載凡例逐款列舉如下：

一世祖章皇帝統壹寰區，撥亂致治，德盛功隆，事績炳蔚，謹舉大綱，登之本紀，餘各詳於志傳中，不敢略，亦不敢冗，從歷代史書體例也。

一凡詔誥敕諭，詳在實錄，不能備載，謹依體例節書，至順治元年，車駕未臨京師以前，攝政王諸諭，概不載入，祇撮其要者附書。

一凡戰功奏凱，實錄內有詳書其戰克之日者，即書於是日之下，否則據報捷之日書之。

一凡始封親王、郡王、貝勒、貝子、公、侯、伯俱書，襲封追封貝子以下不書，外藩襲封追封俱不書，其因事而見者特書。同姓諸王，每見並書其爵名，異姓止於初見時一書，其後書名不書爵，公以下如之。

一凡除授文武各官，如議政大臣、大學士、八旗都統、六部尚書、左都御史，及督撫提鎮俱書，餘不書。其罷免者，議政大臣、大學士、六部尚書、左都御史俱書，餘不書，其因事而見者俱特書，凡官皆不重書，止於初見時一書之。

一凡禋祀大典，親詣行禮書，遣官不書。其因事而見者特書。又每年定例，如元旦詣堂子之類，止於元年一書，特祭一書，餘皆不重書。

一凡賜宴賞賚，大者書，小者不書，其外藩朝貢，無大小俱書。

由前引凡例可知本紀體例，但舉大綱，其餘各詳其志傳中。詔誥敕諭，僅節書其要，貝子以下及外藩襲封追封俱不書。文武各官除授罷免都撫提鎮以上俱書，藩臬以下不書。禋祀大典，遣官行禮不書。對照《大清五朝本紀凡例》，舉凡統壹寰區，撥亂致治，文意雷同。其中「順治元年車駕未臨京師以前，攝政王諸諭不載入，其關於機要者附書」、「凡禋祀大典親詣行禮書，遣官不書。其因事而見者特書，元旦詣堂子，於元年一書，特祭書，餘不書」等款，文字尤其相近。《大清聖祖仁皇帝本紀》黃綾正本所載凡例較詳，其內容如下：

一本紀為綱，志傳為目，謹考歷代國史，於帝紀內但載大綱，其詳俱分見於各志傳，我聖祖仁皇帝神靈首出，功德大成，本紀一書，大綱燦舉，不敢略，亦不敢繁，以從國史體例也。

一正旦朝賀行禮宴賚俱不書，惟免朝及停止筵宴書。

一太皇太后、皇太后、上萬壽節，俱於元年一書，以下惟免朝賀書，上六十萬壽盛典仍書。

一詔令大者書，小者不書。

一巡幸駐蹕處所，有事則并書所駐之地，餘不書。

一凡增置及省改官員，其詳當見職官志，惟大學士七卿及督撫提鎮，其沿革仍書。

一凡陞授大學士八旗都統七卿督撫皆書，餘不書，其因事而見者特書。

一三朝本紀，當開國之初，設官甚少，總兵官皆著有戰功，是以其陞授皆書，我聖祖仁皇帝底定萬方，各省既設有總督提督制封疆，則總兵官應如藩臬之例不書，惟因事而見，顯有戰功者仍書。

一官員老病閒廢乞休者曰罷，有罪者曰免，罪甚者曰奪職。

一災免錢糧，皆於本月之下彙書，惟因事而免，及特恩蠲免者，並載詔書於本日之下。

一免錢糧，但書某府某縣，如數省所屬並免，及府縣名有兩省相同者，則各書省以冠其首。

一治河詔諭，詳見河渠志，惟河決某處，及遣官治某處，則書。

一國初凡逆賊投順，其屢戰不服而歸降，及以土地來歸者書，餘但有偽官名號，及渠帥已歸之後而相繼來歸者，不書。

一吳逆反叛日，凡諸將進剿，但於交兵之日書之，其用兵機宜，仰承廟算者，應分見各本傳。

一三藩叛逆時，江湘諸路，土賊蜂起，其非吳耿二賊下偽將攻戰事，土賊攻陷地方，旋即恢復者，亦不書。

一三逆叛時，所有歸附平定各賊，惟大者書，小者不書。

一凡殉難文武諸臣卹贈賜謚，俱應見本傳，其無事實不能立傳者，於本紀附見。

一凡卹贈陣亡官員，予世職書，祭葬不書。

一官員因奉使而為寇所戕害者曰死事，死於鋒鏑者曰陣歿，遇賊不屈者曰殉難。

一凡四十九旗係歸附本朝旗分，其循例入貢不書。

以上所列凡例共二十款，有助於了解傳統史書中本紀的體例。國史體例，本紀但載大綱，其詳分見於各志傳中。譬如增置及省改官員，其詳見於職官志。治河詔書，詳見河渠志。三藩之役，其仰承廟算用兵機宜，殉難諸臣卹贈賜諡，俱分見各本傳。本紀體例，大綱燦舉，固不可略，惟亦不可繁。正旦朝賀行禮宴賚，各省總兵藩臬設置，土賊攻陷地方旋即恢復，四十九旗循例入貢，俱不書。照令大者書，小者不書。歷史事件有關政要，大者書，小者不書，譬如三藩之役期間，其歸附將領，惟大者書，小者不書。對照《大清五朝本紀凡例》，其中「正旦朝賀行禮宴賚俱不書，惟免朝及停止筵宴書」、「萬壽節俱於元年一書，以下惟免朝賀書，上六十萬壽盛典仍書」、「巡幸駐蹕處所，有事則并書所駐之地，餘不書」、「治河詔諭，詳見河渠志，惟河決某處，及遣官治某處則書」、「免錢糧，但書某府某縣，如數省所屬並免，及府縣名有兩省相同者，則各書省以冠其首」、「國初凡逆賊投順，其屢戰不服而歸降，及以土地來歸者書，餘但有偽官名號，及渠帥已歸之後而相繼來歸者，不書」、「三藩叛逆時，江湘諸路，土賊蜂起，其非吳耿二賊下偽將攻戰事，土賊攻陷地方，旋即恢復者，亦不書」、「三逆叛時，所有歸附平定各賊，惟大者書，小者不書」等款，文字雷同，比較其詳略，可知《大清聖祖仁皇帝本紀》黃綾正本凡例即襲《大清五朝本紀凡例》原文而更加詳盡，亦可說明《大清五朝本紀凡例》纂修在先，《大清聖祖仁皇帝本紀》黃綾正本凡例纂修在後。《大清世宗憲皇帝本紀》進呈本未纂修凡例，其黃綾正本所載凡例可逐款列舉如下：

一本紀為綱，志傳為目，謹考歷代國史，於帝紀內，但載大綱，其詳俱分見於各志傳，我世宗憲皇帝聰明天亶，宵旰不遑，本紀一書，大綱燦舉，不敢過煩，以從國史體例，然校之列聖本紀，則已倍之，蓋化以時更，固不可得而略也。

一正旦朝賀行禮宴賚，及詣堂子行禮，止於初見時一書，餘不書，惟免朝及停止筵宴書。

一凡禋祀大典，親詣行禮書，遣官不書。其因事而見者特書。

一皇太后、上萬壽節，俱於元年一書，以下惟免朝賀書。

一舊例詔令大者書，小者不書。我世宗憲皇帝勵精圖治，凡訓飭臣工，剖晰事理，以及一切興建釐剔，恤下惠民，賞罰黜陟諸大政，皆有上諭，洋洋灑灑，多則數千言，少亦數百言，不可以大小區也。若盡行登載，則卷帙浩繁，恐失本紀之體，惟記動而不記言，凡諸大政皆用序事體，以數語括之，然亦不敢稍有遺漏，其頭緒繁多，不能括以數語者，仍載原文。至訓飭臣工，剖晰事理之旨，等擇其與時政相關涉者，載之，餘不載。

一元年元旦，訓飭各省文武官上諭，因其為第一次訓飭之旨，故節載數語，以見我世宗憲皇帝肅清吏治之意，餘不載。

一凡巡幸駐蹕處所，有事則并所駐之地書之，餘不書。

一圓明園為上駐蹕聽政之所，祇於初幸時一書，後不重書，其由巡幸還駐者，仍書。

一凡始封親王郡王貝勒貝子公侯伯，俱書，襲封追封貝子以下，不書，外藩襲封追封俱不書，同姓諸王，每見並書其爵名，異姓止於初見時一書，其後書名不書爵，公以下如之。

一凡生時無封，死後追封，令其子某襲爵者，則書，以其為始封也，與尋常襲封追封者不同。

一凡陞授議政大臣大學士領侍衛內大臣都統七卿督撫將軍提督皆書，餘不書。

一凡官員署理者，舊例不書，我世宗憲皇帝慎重官方，大都皆先署理而後實授，若一概不書，則或至數年之久，少此一官矣，故署理者書，惟署理未久即回原任者，仍不書。

一官員休致者，則書某人乞休，允之，以見優獎怡退之意。有勒令休致者，則曰罷，其緣事革職者，曰奪職，削封爵者，曰削爵。

一文武官休致罷免，惟議政大臣大學士六部尚書左都御史書，餘不書，其因事而見者特書。

一凡官皆不重書，止於初見時一書，但自康熙六十一年十一月世宗憲皇第即位之後，事隔兩朝，雖聖祖仁黃帝內已見者，概從初見例，書其官。

一凡由某官陞某官，止書以某人為某官，其原官不書。大學士則書命，以諸王管部務旗務者，曰管。

一凡災免錢糧，皆於本月之下彙書，惟因事而免，及特恩蠲免者，書於本日之下。

一凡免錢糧，必書某省某縣衛所某年額賦，其本年者則不書年。

一凡戰功，實錄書其戰之日某，於戰之日書之，否則於報捷之日書某人奏云云。

一凡文武諸臣休致及卒，皆書其官，以著其始終也，其卹贈賜諡，俱應見本傳，不書。

一凡卹贈官員，予世職書，予祭葬不書。

一凡官員死鋒鏑者，曰陣亡，遇賊不屈者，或曰殉難，或曰死之。

一凡蒙古部落科爾沁五十旗，喀爾喀七十五旗，青海、厄勒特、土魯番、哈密等三十四旗，俱係歸附本朝，編入旗分，其循例入貢不書。

一外藩朝貢，俱於歲底彙書，惟因事入貢，及初次入貢者，則書於本日之下。

以上凡例共二十四款，除舊例外，亦有數款不同於舊例者。雍正年間（1723-1735），清世宗訓飭臣工，剖晰事理的上諭，洋洋灑灑，多達數千言。本紀體例，但載大綱，舊例詔令大者書，小者不書。若將雍正年間的上諭盡行登載，則卷帙浩繁，恐失本紀體例，於是記動而不記言，將重要大政，採用序事體，以數言括之。其頭緒繁多，不能括以數語者，仍載原文。從增訂凡例，可以反映清世宗決心肅清吏治勵精圖治之意。本紀體例，以記事為主，亦即記載歷史事件。《大清世宗憲皇帝本紀》黃綾本正本所載體例已指出，「訓飭臣工，剖晰事理之旨，第擇其與時政相關涉者載之，餘不載。」符合本紀的體例。

三、清高宗黃綾本本紀的纂修體例

《大清高宗純皇帝本紀》黃綾正本所載凡例更加詳盡，可列舉如下：

一本紀為志傳之綱，體裁至簡，惟我高宗純皇帝六十年，久道化成，立法周備，本紀一書，大綱燦舉，皆足垂示萬禩，故按年逐次登載，惟期事無掛漏，而較之列聖本紀，卷帙倍多。至體例謹嚴，仍遵史書舊例。

一祀典有每年必書者，孟春祈穀，孟夏常雩，夏至祭方澤，冬至祭圜丘，春分朝日，秋分夕月，及春秋祭大社大稷，歲暮祫祭太廟，每季必書者，四孟享太廟，惟親詣行禮書，遣皇子書，遣親王恭代不書。其因事祭告遣官者亦書，餘遣官則不書。其祀典之特舉者，皆敬書。

一典禮惟經筵耕耤歲舉必書，其特舉者，如幸瀛臺筵宴宗室，改崇雅殿為惇敘殿，幸翰林院，舉千叟宴之類，特書。

一凡一書不再書者，即吉後，於元旦祭堂子，詣皇太后宮慶賀，御太和殿，朝賀筵宴，御乾清門，御勤政殿，駐蹕圓明園，萬壽節，受朝賀，皇太后聖壽節，受朝賀，皆於出舉行一書後不再書。遇免朝賀，停止筵宴，則書。如因事特舉行朝賀筵宴，及萬壽節，皇太后聖壽節，有大慶典，特書。

一詔令大者書，小者不書，本紀舊例，諭旨不全，皆節書。其關涉時政者，則用序事體書其事。

一謁陵巡幸行圍駐蹕處所，啟鑾迴鑾書，如有事於所駐之地則書。至駕還京師，或還宮，或還圓明園，仍照實錄所載書。

一御製詩文集，御書扁額頒發者，皆書。欽定諸書，及命儒臣纂輯諸書，皆書。

一加上列祖尊謚，上皇太后徽號，及奉皇太后懿旨，奉皇太后謁陵巡幸，皆書。晨夕問安侍膳，不書。尊封皇太妃及祝壽視疾，皆書。

一冊封皇后書，封妃嬪書，冊封皇太子，冊立皇太子妃書，冊封皇子書，皇子生書。高宗純皇帝一堂五代，前史所無，凡曾元初生，見於諭旨者，特書。

一封爵，其始封親王、郡王、貝勒、貝子、公、侯、伯、子、男皆書，特恩加封諸王子弟書。其生時無封，死後追封，令其子孫襲爵者，照始封例書，其祖父削爵，子孫追復原封者，特書。其襲封追封者，貝子以下不書，外藩襲封追封者皆不書，惟因事而見者特書。

一命官，議政大臣、大學士、領侍衛內大臣、八旗都統、六部尚書、左都御史、各省總督巡撫、漕河總督、將軍、都統、提督，及駐西藏等處大臣書，餘不書，命親王、大學士兼管部務書，其署理而有關時政者亦書。

一黜陟，王公等削爵書，議政大臣等或免或乞休或奪職書，館不書。其由侍郎、卿貳、藩司、臬司、總兵官陞授尚書督撫提督者，皆不書其原官，其侍郎以下等官，有因事而見者，雖小亦特書。

一卹典，王大臣卒皆書，並書其官爵，以著其終始。其贈公孤銜，賞內庫銀治喪，及視疾、輟朝、親臨喪次，賜入京師賢良祠者特書，官員死事者，大小皆書，予世職書，凡予祭葬賜謚，應分載於本傳，本紀例不書，賜入昭忠等祠者特書，特褒忠列節烈書。

一官制，滿漢文武內外各官員缺，及各地方建署，遇有添設更改裁併，惟大者書，正印官亦書。

一疆域，遇拓土開疆，設立邊鎮，安設屯軍，及外藩歸入版圖，編設佐領者皆書，其外夷內附，惟頭目及率眾來降者書。

一增定八旗官員兵民賞卹事例皆書。

一進獻，凡免各官進方物，免外藩朝貢書，特褒臣下進獻文史，有關經學、政治者書。

一興革，一切兵制刑律鹽榷等政，出自聖裁者，無鉅細皆特書，其由臣工條奏議定者，惟大者書。

一蠲除賑貸，惟水旱偏災蠲免額賦者，彙書於是日之下。其大慶典、大兵大災，特恩蠲免天下錢糧，通省錢糧，及例外豁免漕糧耗羨，與因謁陵巡幸等事免糧者，皆特書。其除賦稅寬免雜項，皆書於奉旨之日，又凡一省蠲賑數府州縣衛者皆併書，不分書。

一賞賚官員外藩及兵民人等皆書。

一武功，如命將出師獻俘郊勞皆書，戰討奏捷，惟書其大者，悉照實錄所載，書於奏到之日，其山海賊寇，地方勦撫平定亦書。

一水利，如河工海塘，各省河道，有大興改，則書，其歲修增修提壩各工，書其大者，惟河決某處，及遣官治某處皆書。

一工作，惟恭修壇廟陵寢書，修宮殿書。其城鎮關隘祠宇等工，非創建重建者不書。

一選舉，惟詔舉直言，御試博學鴻詞，保舉經學，薦舉賢良方正，廷試翰林及每科殿試，賜文武進士及第出身書，鄉會試正科不書，恩科特書。

一優禮高年，特恩賜賚者書，其因鄉會試賞給舉人進士，及錫職者皆不書。

一重農教學之事，有舉必書。

一恩詔內舉行常例不書，惟大赦天下書，特免官民罪犯書，遇水旱停決書。

一瑞應災異，如天象、瑞產、雲物、星變、地震皆書，月食例不書，日食於朔，及日食既者，照舊例書，餘不書。

一朝貢，如蒙古部落、科爾沁、喀爾喀、哈密等處，皆內附已久，編入旗分者，其循例入貢不書，惟朝鮮、暹羅等國入貢，彙書於是歲之末，其因事及初次來貢者特書。

一軍國重事，有後事當先為立案者，特書於前，前事當從後追敘者，彙書於後。

一凡事著為令者特書[50]。

清代歷朝本紀正本首卷皆載凡例，由各朝本紀凡例，可以了解本紀的體例。清高宗本紀卷帙浩繁，由前引凡例可知當書或不當書者，本紀但載大綱，其詳俱分見於各志傳。詔令大者書，小者不書。襲封追封者，貝子以下不書，外藩襲封追封者皆不書。都統、提督以下命官不書。官員死事者，凡予祭葬賜謚，應分載於本傳，本紀例不書。凡一省蠲賑數府州縣衛者皆併書，不分書。各省城鎮關隘寺宇整修工程，非創建或重建者不書。鄉會試恩科特書，正科不書。鄉會試賞給舉人、進士，及錫職者，俱不書。月食，例不書。科爾沁等部編入旗分者，其循例入貢，皆不書。外藩入貢，彙書於是歲之末。《大清仁宗睿皇帝本紀》正本凡例各款與《大清高宗純皇帝本紀•凡例》大同小異，授受典禮特書，《大清宣宗成皇帝本紀•凡例》增列「登極典禮書」、「舉行直省鄉試中式舉人覆試，停止各省駐防鄉試改試繙譯書，考選繙譯翰林，添設繙譯庶吉士皆書」等款。《大清文宗顯皇帝本紀•凡例》增列「大喪禮儀書，奉安地宮禮成書」、「纂輯實錄、聖訓、玉牒書」、「翰林入直南書房、上書房者書」、「廣鄉會試中額書，廣府州縣衛文武學額書」等款。《大清穆宗毅皇帝本紀•凡例》增列「御殿讀書書」、「親政典禮書」、「纂輯實錄、聖訓、玉牒、方略書」、「御前大臣書、軍機大臣亦書，入直弘德殿書，入直南書房，上書房者亦書」等款。

探討清朝黃綾本本紀凡例，有助於了解清朝國史館纂修歷朝本紀體例的沿襲與創新。清朝國史館遵從歷代正史體例，於本紀

---

50 《大清高宗純皇帝本紀》（臺北，國立故宮博物院，國史館檔），正本，卷一，凡例。

中僅舉大綱，事賅詞簡，體例嚴謹。由於體例嚴謹，體裁至簡，所載內容，只舉大綱，以致許多歷史事件，頗多疏漏。譬如戰討奏捷，悉照實錄，書於奏到之日，並非歷史事件日期。凡一省蠲賑數府州縣衛者，俱不分書。朝鮮、暹羅等國入貢，俱彙書於歲末，亦非歷史事件日期。傳統本紀體例，有所謂「記動而不記言」之說，蓋因諭旨詔令若盡行登載，則卷帙浩繁，有失本紀體例。

《大清世宗憲皇帝本紀•凡例》記載，凡官員署理者，舊例不書，因清世宗慎重官方，大都皆先署理而後實授。若一概不書，則或至數年之久，而少此一官，故雖署理亦書，惟署理未久及回原任者，仍舊不書，本紀舊例，詔令大者書，小者不書，諭旨不全載，用序事體，節書其關涉時政者，以數語括之。其頭緒繁多，不能括以數語者，仍載原文。至訓飭臣工，剖晰事理之旨，僅擇其與時政相關涉者載之，其餘不載。康熙六十一年（1722）十一月十三日，清聖祖崩殂，十一月二十日，四皇子胤禛入承大統，改翌年為雍正元年。雍正元年（1723）四月十八日，《大清世宗憲皇帝本紀》記載一道諭旨云：

> 諭滿漢文武大臣官員等，朋黨最為惡習，明季各立門戶，互相陷害，此風至今未息。惟我皇考，允執厥中，至仁在宥，各與保全，不曾戮及一人。爾諸大臣內，不無立黨營私者，即宗室中，亦或有之。爾等若以向蒙皇考寬大，幸免罪愆，仍蹈前轍，致干國法，昏昧極矣。豈但滿洲，即漢人亦與一家骨肉無異，何苦波累及之。夫人之性情，各有所向，豈有與通國之人，無不投契之理。但辦理公事，不可存私，今諸大臣俱在朕前，朕居藩邸，曾與爾等議及私事，密相往來乎？皇考之朕中立不倚，是以命朕纘承大統，朕自思之，亦惟賑方能不戮一人，無一人不保全耳。

朕非獨因皇考付託之重，實感皇考四十餘年教養深恩，委曲周至，言念弘慈，昊天罔極，此朋黨之習，爾諸大臣，有則痛改前非，無則永以為戒，爾等當思皇考數十年寬厚之恩，亦當共體朕委曲保全至意。若仍怙惡不悛，朕雖欲勉強仰體皇考聖衷，力為寬宥，豈可得乎？夫朕言是，即宜遵行；朕言非，即宜陳奏，朕未嘗拒也。朕屢詔求言，雖小臣欲進言者，咸得上達，每多召入，屏去左右，令其面陳，爾諸大臣非不得奏之人，乃隱匿不奏。退有後言，某人不當用，某事不當行，誠小人之惡習也。夫朕所用之人，所行之事，如有不當，爾等身為大臣，何難陳奏。所言果是，朕即用之，如不奏而但肆譏議，設有人詰以不奏之故，能無愧於心恥耶？賢者朕之所好，爾等即宜好之；不肖者朕之所惡，爾等即宜惡之。乃或其人，為朕所信任，盡心竭力於國家之事，則反謂其專擅作威。如此，人孰肯效其所為，自取誹謗乎？其或唯諾成風，諸事不問，但思自便其身，為己則得矣，於國何補？夫君親，大義也。譬若父之讐，則與之相愛，父之愛，則與之為讐，為人子者，有是理乎？要之以君之好惡為好惡，然後人人知改其惡而遷於善，君臣一心，國之福也，傳之萬世，亦有令名，爾等其祇承朕諭[51]。

引文內容，是清世宗即位之初，訓飭臣工，剖晰事理的一道諭旨。清世宗諭滿漢文武大臣官員痛改朋黨惡習，期盼君臣一心。對照《大清世宗憲皇帝實錄》，本紀照錄實錄原文，並無改動。因朋黨問題，關涉時政，雖然是諭旨，不能括以數語，所以全載原

[51] 《大清世宗憲皇帝本紀》（臺北，國立故宮博物院，國史館檔），正本，雍正元年四月丁卯，諭旨。

文。諭旨詔令，不能以大小區分，所謂「但書其大者，小者不書」云云，有得亦有失。清朝國史館纂修歷朝黃綾本本紀正本首卷雖有凡例，但本紀篇末不撰論贊，並不符合傳統正史的體例。

四、清德宗本紀稿本的纂修體例

《大清德宗景皇帝本紀》、《大清德宗景皇帝實錄》是在宣統年間先後纂修完成的。宣統元年（1909）二月初二日，《宣統政紀》記載，「以恭修德宗景皇帝實錄，派大學士世續為監修總裁官，大學士那桐、張之洞、尚書陸潤庠、溥良為總裁官，侍郎唐景崇、瑞良、郭曾炘、熙彥、署世郎王垿、內閣學士麒德為副總裁官，侍郎恩順為總裁官[52]。」同年六月二十九日，又諭：「恭纂德宗景皇帝實錄藁本，著陸潤庠謹專司勘辦[53]。」實錄館已於宣統元年（1909）奉命纂修《大清德宗景皇帝實錄》，其後，國史館又奉命纂修《大清德宗景皇帝本紀》。宣統二年（1910）七月二十五日，命大學士世續充國史館總裁官。史寶安撰〈大清宣統政紀前序〉有一段話說：

> 宣統紀元夏，寶安奉命恭纂德宗景皇帝實錄，越三年，辛亥冬，隆裕皇太后下禪位詔，改建共和。其時，全書尚未告成，乃由內廷遷翰林院書錄編輯處，賡續任職，逾年，繕黃綾正進呈[54]。

史寶安以翰林院編修充實錄館纂修官，他也是《大清德宗景皇帝本紀》纂修官。據宣統皇帝溥儀的內務府大臣耆齡著《賜硯

---

[52] 《大清宣統政紀實錄》（臺北，華聯出版社，民國五十三年一月），卷八，頁 2。

[53] 《大清宣統政紀實錄》，卷十六，頁 28。

[54] 《宣統政紀》（北京，中國書店，2001 年 4 月），第一冊，頁 3。

齋日記》記載，民國五年（1916），歲次丙辰，十月初九日，「德宗景皇帝本紀告成，陳師傅授為太保，郭曾炘賞頭品頂戴，世相從優議敘，並賞匾額，裕隆賞給乾清門二等侍衛，餘均加銜，並賞御書福壽字[55]。」民國十年（1921），歲次辛酉，十二月初十日，「德宗景皇帝實錄告成，恭進首函禮成，世相進太傅，陳師傅加太傅銜，寶、郭二總裁加太子少保銜，在事文武員均紀錄二次，在館提調均准奏保[56]。」寶、郭二總裁即指宗室寶熙和副掌院學士郭曾炘。同年十二月十六日，《大清德宗景皇帝實錄》入藏皇史宬。吳相湘撰〈清德宗本紀實錄的正本〉對德宗實錄、本紀的纂修等問題，說明頗詳，僅就其中涉及本紀正本的問題引述如下：

> 《學原》第一卷第八期刊有金靜庵氏清國史德宗本紀稿本解題一文，就其新購德宗本紀內容、體例等作一詳確介紹，有裨學人，誠非淺顯。金氏稿末記『三十六年十一月二十日稿』，是其在北平隆福寺書肆發現此書稿本，當在其前若干時日。又假定經過議價等手續，則此書之購歸國史館，約在十一月初旬。然即在此一時間，余偶過隆福寺某書肆亦曾發現清德宗本紀稿本殘卷四十餘冊，其中完整者祇有光緒二十六年全年份者，其餘均殘缺。余細閱一過，曾數處發現史某之字樣，查清史稿卷首纂修名錄，協修中有一史姓，故余頗疑此殘卷出自史家也。當時余並未見金氏之解題，亦不知有另一部完整者已為國史館購藏，至三十七年秋見金文始知之。然而其時余已得見故宮藏大黃綾本德宗本紀正本，於此稿本之鈔本究有幾種一問題，已不感興

55 耆齡著《賜硯齋日記》，見《中和月刊論文選集》，第五輯（臺北，臺聯國風出版社，民國六十三年九月），頁 77。
56 《中和月刊論文選集》，第五輯，頁 176。

趣矣[57]。

引文中所稱「故宮藏大黃綾本德宗本紀正本」，例應尊藏於皇史宬，惟臺北國立故宮博物院所藏者為《大清德宗景皇帝本紀》，是漢文本稿本，並非大黃綾正本。原文指出：

> 由此可知：本紀成書早於實錄之前，丙辰為民國五年，辛酉則民十年也。所謂成書當以完全寫定正本而言，實錄卷帙多於本紀，其寫成較遲，自在情理之中。金氏文中引王國維郭春榆包保七十壽序謂實『訖事於辛酉之冬』，與此日記正合，惟續謂『本紀一三七卷亦次第蕆事』，證之日記，則不免事實顛倒之誤矣[58]。

引文中所稱「本紀一三七卷」，與臺北國立故宮博物院典藏數量相合。金靜庵所稱本紀亦次第蕆事，或指正本而言。丙辰十月初九日告成的，似指《大清德宗景皇帝本紀》稿本，辛酉實錄訖事後，本紀正本亦次第蕆事。可將臺北國立故宮博物院典藏《大清德宗景皇帝本紀》稿本纂修暨總纂官列表如下：

《大清德宗景皇帝本紀》稿本纂輯人員一覽表

冊序	年分	四季	纂修官	總纂官	備註
1	同治十三年十二月		藍鈺	熊方燧	藍鈺係幫總纂官充纂修官
2	光緒元年	春季	藍鈺	熊方燧	藍鈺係幫總纂官
3		夏季	藍鈺	熊方燧	
4		秋季	藍鈺	熊方燧	
5		冬季	藍鈺	熊方燧	

---

57 吳相湘撰〈清德宗本紀實錄的正本〉，《大陸雜誌》，第二卷，第十二期，頁7。

58 《大陸雜誌》，第二卷，第十二期，頁7。

冊序	年分	四季	纂修官	總纂官	備註
6	光緒二年	春季	史寶安	錢駿祥	
7		夏季	史寶安	錢駿祥	
8		秋季	史寶安	錢駿祥	
9		冬季	史寶安	錢駿祥	
10	光緒三年	春季	袁勵準	程棫林	
11		夏季	袁勵準	程棫林	
12		秋季	袁勵準	程棫林	
13		冬季	袁勵準	錢駿祥	
14	光緒四年	春季	王大鈞	錢駿祥	
15		夏季	王大鈞	錢駿祥	
16		秋季	王大鈞	程棫林	
17		冬季	王大鈞	程棫林	
18	光緒五年	春季	吳懷清	錢駿祥	
19		夏季	吳懷清	錢駿祥	
20		秋季	吳懷清	錢駿祥	
21		冬季	吳懷清	熊方燧	
22	光緒六年	春季	金兆豐	錢駿祥	
23		夏季	金兆豐	錢駿祥	
24		秋季	金兆豐	錢駿祥	
25		冬季	金兆豐	錢駿祥	
26	光緒七年	春季	張書雲	錢駿祥	
27		夏季	張書雲	錢駿祥	
28		秋季	張書雲	錢駿祥	
29		冬季	張書雲	錢駿祥	
30	光緒八年	春季	黎湛枝	熊方燧	
31		夏季	黎湛枝	熊方燧	
32		秋季	黎湛枝	熊方燧	
33		冬季	黎湛枝	熊方燧	
34	光緒九年	春季	朱汝珍	錢駿祥	
35		夏季	朱汝珍	錢駿祥	
36		秋季	朱汝珍	程棫林	
37		冬季	朱汝珍	程棫林	
38	光緒十年	春季	歐家廉	熊方燧	
39		夏季	歐家廉	程棫林	
40		秋季	歐家廉	程棫林	
41		冬季	歐家廉	熊方燧	

冊序	年分	四季	纂修官	總纂官	備註
42	光緒十一年	春季	何國澧	熊方燧	
43		夏季	何國澧	熊方燧	
44		秋季	何國澧	熊方燧	
45		冬季	何國澧	熊方燧	
46	光緒十二年	春季	熊方燧	錢駿祥	
47		夏季	熊方燧	錢駿祥	
48		秋季	熊方燧	錢駿祥	
49		冬季	熊方燧	錢駿祥	
50	光緒十三年	春季	錢駿祥	熊方燧	
51		夏季	錢駿祥	熊方燧	
52		秋季	錢駿祥	熊方燧	
53		冬季	錢駿祥	熊方燧	
54	光緒十四年	春季	藍鈺	熊方燧	藍鈺係幫總纂官
55		夏季	藍鈺	熊方燧	
56		秋季	藍鈺	熊方燧	
57		冬季	藍鈺	熊方燧	
58	光緒十五年	春季	史寶安	程棫林	
59		夏季	史寶安	程棫林	
60		秋季	史寶安	程棫林	
61		冬季	史寶安	程棫林	
62	光緒十六年	春季	袁勵準	錢駿祥	
63		夏季	袁勵準	熊方燧	
64		秋季	袁勵準	熊方燧	
65		冬季	袁勵準	熊方燧	
66	光緒十七年	春季	王大鈞	錢駿祥	
67		夏季	王大鈞	錢駿祥	
68		秋季	王大鈞	錢駿祥	
69		冬季	王大鈞	錢駿祥	
70	光緒十八年	春季	吳懷清	錢駿祥	
71		夏季	吳懷清	錢駿祥	
72		秋季	吳懷清	錢駿祥	
73		冬季	吳懷清	熊方燧	
74	光緒十九年	春季	金兆豐	熊方燧	
75		夏季	金兆豐	錢駿祥	
76		秋季	金兆豐	熊方燧	
77		冬季	金兆豐	錢駿祥	

冊序	年分	四季	纂修官	總纂官	備註
78	光緒二十年	春季	張書雲	程棫林	
79		夏季	張書雲	錢駿祥	
80		秋季	張書雲	熊方燧	
81		冬季	張書雲	熊方燧	
82	光緒二十一年	春季	黎湛枝	熊方燧	
83		夏季	黎湛枝	熊方燧	
84		秋季	黎湛枝	熊方燧	
85		冬季	黎湛枝	錢駿祥	
86	光緒二十二年	春季	朱汝珍	程棫林	
87		夏季	朱汝珍	程棫林	
88		秋季	朱汝珍	程棫林	
89		冬季	朱汝珍	程棫林	
90	光緒二十三年	春季	歐家廉	錢駿祥	
91		夏季	歐家廉	程棫林	
92		秋季	歐家廉	程棫林	
93		冬季	歐家廉	程棫林	
94	光緒二十四年	春季	何國澧	錢駿祥	
95		夏季	何國澧	錢駿祥	
96		秋季	何國澧	錢駿祥	
97		冬季	何國澧	錢駿祥	
98	光緒二十五年	春季	藍鈺	熊方燧	藍鈺係幫總纂官
99		夏季	藍鈺	熊方燧	
100		秋季	藍鈺	熊方燧	
101		冬季	藍鈺	熊方燧	
102	光緒二十六年	春季	史寶安	程棫林	
103		夏季	史寶安	程棫林	
104		秋季	史寶安	程棫林	
105		冬季	史寶安	程棫林	
106	光緒二十七年	春季	袁勵準	熊方燧	
107		夏季	袁勵準	程棫林	
108		秋季	袁勵準	程棫林	
109		冬季	袁勵準	程棫林	
110	光緒二十八年	春季	王大鈞	熊方燧	
111		夏季	王大鈞	錢駿祥	
112		秋季	王大鈞	程棫林	
113		冬季	王大鈞	程棫林	

冊序	年分	四季	纂修官	總纂官	備註
114	光緒二十九年	春季	吳懷清	錢駿祥	
115		夏季	吳懷清	熊方燧	
116		秋季	吳懷清	錢駿祥	
117		冬季	吳懷清	錢駿祥	
118	光緒三十年	春季	金兆豐	熊方燧	
119		夏季	金兆豐	程棫林	
120		秋季	金兆豐	熊方燧	
121		冬季	金兆豐	程棫林	
122	光緒三十一年	春季	張書雲	程棫林	
123		夏季	張書雲	程棫林	
124		秋季	張書雲	程棫林	
125		冬季	張書雲	程棫林	
126	光緒三十二年	春季	黎湛枝	熊方燧	
127		夏季	黎湛枝	熊方燧	
128		秋季	黎湛枝	程棫林	
129		冬季	黎湛枝	程棫林	
130	光緒三十三年	春季	朱汝珍	程棫林	
131		夏季	朱汝珍	程棫林	
132		秋季	朱汝珍	程棫林	
133		冬季	朱汝珍	程棫林	
134	光緒三十四年	春季	歐家廉	程棫林	
135		夏季	歐家廉	熊方燧	
136		秋季	歐家廉	程棫林	
137		冬季	歐家廉	程棫林	

資料來源：《大清德宗景皇帝本紀》，稿本（臺北，國立故宮博物院，國史館檔），編號：201000445 至 201000478。

由一覽表中可知《大清德宗景皇帝本紀》稿本，共計一三七冊，同治十三年（1874）十二月分為第一冊，藍鈺以幫總纂官充纂修官。光緒元年（1875）至三十四年（1908），每年春、夏、秋、冬四季，每季一冊，共有一三六冊，由藍鈺、史寶安、袁勵準、王大鈞、吳懷清、金兆豐、張書雲、黎湛枝、朱汝珍、歐家廉、何國澧、熊方燧、錢駿祥等人為纂修官，其中熊方燧、錢駿祥等人兼充總纂官，程棫林充總纂官。藍鈺纂修的稿本包括同治十三年（1874）十二月分、光緒元年（1875）分、光緒十四年（1888）分、光緒二十五年（1899）分，共十三冊；史寶安纂修的稿本包括光緒二年（1876）分、光緒十五年（1889）分、光緒二十六年（1900）分，共十二冊；袁勵準纂修的稿本包括光緒三年（1877）分、光緒十六年（1890）分、光緒二十七年（1901）分，共十二冊；王大鈞纂修的稿本包括光緒四年（1878）分、光緒十七年（1891）分、光緒二十八年（1902）分，共十二冊；吳懷清纂修的稿本包括光緒五年（1879）分、光緒十八年（1892）分、光緒二十九年（1903）分，共十二冊；金兆豐纂修的稿本包括光緒六年（1880）分、光緒十九年（1893）分、光緒三十年（1904）分，共十二冊；張書雲纂修的稿本包括光緒七年（1881）分、光緒二十年（1984）分、光緒三十一年（1905）分，共十二冊；黎湛枝纂修的稿本包括光緒八年（1882）分、光緒二十一年（1895）分、光緒三十二年（1906）分，共十二冊；朱汝珍纂修的稿本包括光緒九年（1883）分、光緒二十二年（1896）分、光緒三十三年（1907）分，共十二冊；歐家廉纂修的稿本包括光緒十年（1884）分、光緒二十三年（1897）分、光緒三十四年（1908）分，共十二冊；何國澧纂修的稿本包括光緒十一年（1885）分、光緒二十四年（1898）分，共八冊；熊方燧纂修的稿本包括光緒十二年（1886）分，共四冊；錢駿祥纂修的稿本包括光緒十三年（1887）分，共四冊，以上合計一三七冊。

《大清德宗景皇帝本紀》稿本較黃綾本為小，是一種紅格本，半葉八行，多粘貼素簽修改，從簽條批注，有助於了解稿本的纂修過程及纂修本紀的體例。尋常事件，無關政要者，可以不載。譬如稿本同治十三年（1874）十月丁丑記載，「以殲除四川山匪，予總兵馮翊祥等優敘。」素簽批注云：「尋常殲匪之役，似可不載。」

同年十二月己卯記載，「奪任性妄為記名提督李考祥，褫黃馬褂。」素簽批注云：「記名提督甚多，褫革無關政要，此條似可刪。」此外，如常年慶賀萬壽聖節，凡例不書，本紀可以不載。勘審人犯解赴省城，屬尋常之事，可以不書。光緒元年（1875）七月辛酉，稿本記載，「派榮祿、成林督修城垣工程。」素簽批注云：「督修城垣係尋常工程，可刪。」年例加賞米石，賞宗室八旗錢糧、每年例奏南漕起運，都是年例之事，俱應刪略。尋常撥餉，催解欠餉，飭解協餉，撥解臺站歲餉，添撥京餉，撥河工銀兩，扣還借撥經費，籌撥倉廒銀兩，撥解河防銀兩，撥發槍械，解交內廷工程銀兩，俱可不書。光緒元年（1875）二月癸巳稿本記載，「諭湖南北籌解江南海防協款。」素簽批注云：「解海防協款，可刪。」同年三月戊申稿本記載，「諭直隸江西等省，籌解黑龍江、烏里雅蘇臺欠餉。」素簽批注云：「催欠餉，擬刪。」四月戊辰稿本記載，「諭山東等省，籌解烏魯木齊暨科布多協餉。」素簽批注云：「解協餉，可不書。」光緒六年（1880）四月丙午稿本記載，「諭粵海關解清南洋海防經費。」素簽批注云：「解南洋海防經費，可刪。」光緒八年（1882）七月己酉稿本記載，「諭各省迅解東北邊防經費。」素簽批注云：「催邊防經費，可不書。」

本紀內容，多取材於實錄，但本紀體例與實錄不同。實錄記載較詳，本紀不能備載，僅節書其切要，體裁至簡，其無關大政者，均可不書。舉凡侍郎起用，乾清門行走，守備移駐，添設防兵，任命守備千總等缺，藩臬褫革，佐貳移調，副將奪職，暫免釐稅，暫署提督，覈減衣料，派修行宮，督修陵工，賞賜朝馬，添設筆帖式，撫恤小災，互換繁簡，陣亡恤銀，公主金棺賜奠，整修貴妃墓園等等尋常無關大政事件，俱可不書。

微員建祠，或入祀昭忠祠，俱可不載。光緒元年（1875）三月甲寅稿本記載，「追予甘肅陣亡通判承順建祠。」素簽批注云：「承順建祠一條，擬不書。」光緒七年（1881）三月戊辰稿本記載，「追予江蘇殉難紳士附貢生徐泰青等建祠。」素簽批注云：「紳士建祠，可不書。」同年四月癸丑稿本記載，「予故貴州道員石燕山附祀湖南沅州楚軍昭忠祠暨貴州施硐　忠義總祠。」素簽批注云：「道員附祠，可不書。」已建之祠，列入祠典，例不應書。咸同軍興以後，建祠及入祀昭忠祠甚多，可以不書。光緒初年，建祠頗濫。其後，奉旨不准建祠。陣亡典史、知縣、遊擊、佐貳、監生、紳士等建祠，俱可不書。

條陳交議，並非議定事件，皆不應書。光緒元年（1875）正月工寅稿本記載，「諭各督撫及鹽政，毋以本地紳士充釐鹽局差使。」素簽批注云：「紳士充釐鹽局差，亦係據言官條奏，但此無關大政要，似可刪。」實錄據《現月檔》記載御史王立清奏陳辦理釐鹽各局請明定章程等語而頒降此道諭旨，既係據言官條陳，又無關大政要，故可不書。光緒二十三年（1897）二月庚辰稿本記載，「宋伯魯奏陳，河湟回匪善後辦法，首在遷徙，次則嚴查保甲。」宋伯魯是御史言官，言官條奏，並非議定案件。素簽批注云：「條陳事件，均可酌刪。」光緒二十七年（1901）十二月戊午稿本記載，「廣西桂林三點會滋事，諭丁振鐸擒渠散脅，勿致蔓延。」素簽批注云：「桂林三點會係言官陳奏，不能據為事實，可不書。」言官風聞陳奏，不宜書。

交議事件，或議定應辦而未辦事件，本紀俱可不書。光緒七年（1881）二月乙巳稿本記載，「崇綺奏，議定圍場應辦事宜章程。」素簽批注云：「圍場事係交部議，並非議定之件，可不必書。」臣工所擬章程係未定之件，不同於歷史事件，可以不書。光緒元年（1875）四月庚午稿本記載，「左宗棠以裁撤穆圖善所統諸軍，請飭酌度機宜，奏明辦理。」素簽批注云：「此條係尚未實行之事，擬全刪。」因未實行，不是歷史事件，不應書。

遵旨覆奏，泛論事件，本紀可以不書。光緒八年（1882）十二月壬戌稿本記載，「總理各國事務衙門奏，法越交涉，法人欲與中國會商，請飭豫籌善策。諭曰：法越一事，李鴻章既與法使寶海議商辦法三條，所擬滇粵分界保護，保勝借設商岸，南北劃分，以富良江為界，就入界處設立總口，均須規畫情形，豫為酌度，著曾國荃等將應籌各節，妥議以聞。」素簽批注云：「此條尚係泛論，可不書。」光緒三十年（1904）四月己亥稿本記載，「准增祺奏，添設札薩克圖王旗府縣各官，以應得地租充經費廉俸。」素簽批注云：「札薩克圖王旗設府縣各官詳見後卷，此係初次陳奏，尚未定議，可以不書。」初次陳奏，尚未定議，可併入後卷。本紀所載，俱節錄有關重要歷史事件，僅舉大綱，其餘詳見諸志、傳。本紀為志、傳之綱，體例謹嚴。從《大清德宗景皇帝本紀》稿本素簽批注內容，有助於了解本紀的體例，不同於實錄。

五、結　語

清太祖尚未即位以前，事屬創興，多不書日，惟事實從詳。即位以後多書日，惟其一切制度及大事，但舉大綱而已。清太宗在位期間，規模大定，恩禮臣下，陞賞之典甚多，本紀中惟錄其酬功勸善之大者，其餘分載各傳中，其明罰勅法，著為定例者皆載，餘詳刑法志。至於定制立法，則僅書其大綱，即所謂「辭不敢繁，事不敢略。」清聖祖本紀凡例載，凡殉難文武諸臣卹贈賜諡，俱應見本傳，其無事實不能立傳者，則於本紀附見。凡增置及省改官員，其詳則見職官志。清世宗本紀凡例載，凡官員署理者，舊例不書，因世宗慎重官方，大都皆先署理而後實授，若一概不書，則或至數年之久，而少此一官，故署理者亦書，惟署理未久即回原任者，仍舊不書。本紀舊例，詔令大者書，小者不書。諭旨不全載，皆用序事體，節書其關涉時政者。因世宗勵精圖治，凡訓飭臣工，剖晰事理，以及一切興建釐剔，恤下惠民，賞罰黜陟諸大政，皆有上諭，洋洋灑灑，多則數千言，少亦數百言，不可以大小區別。若盡行登載，則卷帙浩繁，而失本紀體例，所以僅記動而不記言，凡諸大政，皆用序事體，以數語括之。其頭緒繁多，不能括以數語者，仍載原文。至訓飭臣工，剖晰事理之旨，僅擇其與時政相關涉者載之，其餘不載。

清末宣統年間，纂修清德宗景皇帝本紀，僅成漢文稿本，從稿本粘簽刪改的注記，可以了解本紀的體例。大致而言，舉凡申明前旨，解協餉銀兩，知縣建祠，添練鎮兵，飭解捕盜銀兩，尋常撥餉，總兵撤降，非要需經費，閱兵大臣非實官，賞大臣馬，因病乞休，年例賞八旗錢糧，撥解槍藥，每年例行彙奏，非議定事件，交議始末事件，微員改要缺，未弁改要缺，紳民附祀等細事，俱可不書。至於空言，亦不當書。所謂空言，多係具文，舉凡誡諭，泛論，言官條陳，各抒所見，請旨不允，詔禁奢靡，未見事實，未見實行，制度未定等，俱屬空言，均不當書。本紀體例，僅載歷史事件，舉凡關涉國家治亂，政治得失，民生休戚等皆當詳書，使讀本紀，如讀通鑑，以見一代興衰關鍵。

諭滿漢文武大臣官員等。朋黨最為惡習。
明季各立門戶。互相陷害。此風至今未息。
惟我
皇考。允執厥中。至仁在宥。各與保全。不曾戮及一
人。爾諸大臣內。不無立黨營私者。即宗室
中。亦或有之。爾等若以向蒙
皇考寬大。幸免罪愆。仍蹈前轍。致干國法。昏昧極
矣。豈但滿洲。即漢人亦與一家骨肉無異。

何苦波累及之。夫人之性情。各有所向。豈
有與通國之人。無不投契之理。但辦理公
事。不可存私。令諸大臣俱在朕前。朕居藩

邸。曾與爾等議及私事。密相往來乎。
皇考知朕中立不倚。是以命朕纘承大統。朕自思
之。亦惟朕方能不戮一人。無一人不保全
耳。朕非獨因

皇考付託之重。實感

皇考四十餘年教養深恩。委曲周至。言念
弘慈。昊天罔極。此朋黨之習。爾諸大臣。有則痛改
前非。無則永以為戒。爾等當思
皇考數十年寬厚之恩。亦當共體朕委曲保全至
意。若仍怙惡不悛。朕雖欲勉強仰體
皇考聖衷。力為寬宥。豈可得乎。夫朕言是。即宜遵
行。朕言非。即宜陳奏。朕未嘗拒也。朕屢詔
求言。雖小臣欲進言者。咸得上達。每多召

入。屏去左右。令其面陳。爾諸大臣非不得
奏之人。乃隱匿不奏。退有後言。某人不當
用。某事不當行。誠小人之惡習也。夫朕所
用之人。所行之事。如有不當。爾等身為大
臣。何難陳奏。所言果是。朕即用之。如不奏
而但肆譏議。設有人詰以不奏之故。能無
愧於心耶。賢者朕之所好。爾等即宜好之
不肖者朕之所惡。爾等即宜惡之。乃或其

人。為朕所信任。盡心竭力於國家之事則
反謂其專擅作威。如此人孰肯效其所為
自取誹謗乎。其或唯諾成風。諸事不問但
思自便其身。為已則得矣。於國何補。夫君
親。大義也。譬若父之讐。則與之相愛。父之
愛。則與之為讐。為人子者。有是理乎。要之
以君之好惡為好惡。然後人人知改其惡
而還於善。君臣一心。國之福也。傳之萬世。
亦有令名。爾等其祇承朕諭。

西廂待月—《西廂記》滿文譯本導讀

唐元稹撰《鶯鶯傳》，在民間流傳甚廣。元王實甫撰《西廂記》，全名作《崔鶯鶯待月西廂記》，故事內容，出自《鶯鶯傳》。是書描寫書生張珙與崔相國之女鶯鶯的愛情故事，結構緊湊，文字精煉，藝術性極高，是我國古典戲劇中的優秀作品。清人金聖嘆（1608-1661）將《西廂記》與《莊子》、《離騷》、《史記》、《水滸傳》、《杜工部集》並列。嘗言天下才子之書有六：一《莊》，二《騷》，三《馬史》，四《杜律》，五《水滸》，六《西廂記》，《西廂記》被稱為第六才子書，並為《西廂記》作評。

明清以降，《西廂記》刊本多種，批注者絡繹。其中金聖嘆批注本最為流行。康熙年間（1662-1722），《西廂記》又被譯成滿文。因《西廂記》滿文譯本，並未署名譯者，所以譯者不詳。昭槤著《嘯亭續錄．翻書房》記載云：

> 崇德初，文皇帝患國人不識漢字，罔知治體，乃命達文成公海翻譯《國語》、《四書》及《三國志》各一部，頒賜耆舊，以為臨政規範。及定鼎後，設翻書房於太和門西廊下，揀擇旗員中諳習清文者充之，無定員。凡《資治通鑑》、《性理精義》、《古文淵鑒》諸書，皆翻譯清文以行。其深文奧義，無煩注釋，自能明晰，以為一時之盛。有戶曹郎中和素者翻譯絕精，其翻《西廂記》、《金瓶梅》諸書，疏櫛字句，咸中綮肯，人皆

爭誦焉。

康熙年間（1662-1722），和素充武英殿總監造。引文中指出，和素繙譯絕精，《西廂記》滿文本等書，即由和素所譯，人皆爭誦。姑且不論《西廂記》滿文譯本是否為和素所譯，然而《西廂記》因有滿文譯本，譯文生動，遂使《西廂記》更受後世的重視，流傳更廣。

明代王驥德校注本，首次將《西廂記》以兩字標目。清初金聖嘆批點本各章，亦以兩字標目。《西廂記》滿文譯本各章標目，與金聖嘆批點本《西廂記》標目相同，可列表如後。

天理圖書館藏本《滿漢西廂記》與金聖嘆批點《西廂記》標目對照表

版本 卷章		天理圖書館藏本《滿漢西廂記》		羅馬字轉寫	金聖嘆批點《西廂記》	備註
卷一	第一章	驚艷		hojo de nioroko	驚艷	
	第二章	借厢		tatara boo be baiha	借廂	

版本 卷章		天理圖書館藏本《滿漢西廂記》		羅馬字轉寫	金聖嘆批點《西廂記》	備註
卷一	第三章	酬韻		mudan de acabuha	酬韻	
	第四章	鬧齋		doocan be facuhūraha	鬧齋	
卷二	第五章	驚寺		sy be golobuha	寺警	
	第六章	請宴		sarilame soliha	請宴	
	第七章	賴婚		holbon be aifuha	賴婚	

卷章＼版本		天理圖書館藏本《滿漢西廂記》		羅馬字轉寫	金聖嘆批點《西廂記》	備註
卷三	第八章	琴心		kin i yarkiyaha	琴心	
	第九章	前候	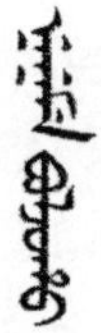	neneme boljoho	前候	
	第十章	鬧簡	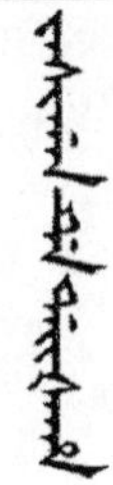	jasigan de daišaha	鬧簡	
	第十一章	賴簡	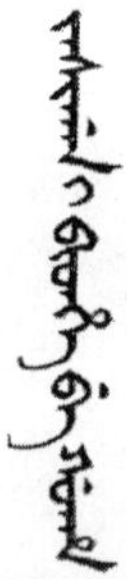	jasigan i bithe be goha	賴簡	
	第十二章	後候		amala boljoho	後候	

版本／卷章		天理圖書館藏本《滿漢西廂記》		羅馬字轉寫	金聖嘆批點《西廂記》	備註
卷四	第十三章	酬簡		bithe de karulaha	酬簡	
	第十四章	拷艷		hojo be beidehe	拷紅	
	第十五章	哭宴		sarin de songgoho	哭宴	
	第十六章	驚夢		tolgin de gūwacihiyalaha	驚夢	

資料來源：日本天理大學圖書館藏本《滿漢西廂記》、金聖嘆批點《西廂記》。

天理圖書館藏本《滿漢西廂記》(manju nikan si siyang gi bithe)，共四卷，十六出（juwan ninggun meyen），十六章（juwan ninggun fiyelen）。漢文「出」，同齣，滿文譯作“meyen”，意即「篇」。「章」，滿文譯作“fiyelen”。金聖嘆批點本《西廂記》，卷一至卷四，每卷各四章，共十六章。此外，有卷首、卷末，卷末含「泥金報捷」、「錦字緘愁」、「鄭恒求配」、「衣錦榮歸」四章，《滿漢西廂記》不含卷末各章。對照表中各章名目，俱以二字標目；除卷二、第五章「寺警」，《滿漢西廂記》目錄作「驚寺」，內文作「警寺」，及卷四第十四章「烤紅」，《滿漢西廂記》目錄作「烤艷」外，其餘各章標目俱相同，似可說明《滿漢西廂記》是依據金聖嘆批點本譯出滿文。

《西廂記》滿文譯本各種刊本多有序文，其作序年月，或作「康熙四十九年正月吉旦」(elhe taifin i dehi uyuci aniya, aniya biyai sain inenggi)，或作「乾隆叁十年春吉旦」(abkai wehiye i gūsici aniya niyengniyeri sain inenggi)，但其漢字序文多相同，可將其漢字序文照錄於下：

> 龍圖既啟，縹緗成千古之奇觀，鳥跡初分，翰墨繼百年之勝事。文稱漢魏，迺漸及乎風謠，詩備晉唐，爰遞通於詞曲。潘江陸海，筆有餘妍，宋艷班香，事傳奇態，遂以兒女之微情，寫崔張之故事。或離或合，結搆成左穀文章，為抑為揚，鼓吹比廟堂清奏，既出風而入雅，亦領異而標新，錦繡橫陳，膾炙騷人之口，珠璣錯落，流連學士之衷。而傳刻之文，祇從漢本，謳歌之子，未覩清書，謹將鄴架之陳編，翻作熙朝之別本，根柢于八法六書，字工而意盡，變化乎蝌文鳥篆，詞顯而意揚。此曲誠可謂銀鈎鐵畫，見龍虎于毫端，蜀紙麝煤，走鸞鳶于筆底。付之剞劂以壽棗梨，

既使三韓才子，展卷情怡，亦知海內名流，開函色喜云爾。

《西廂記》膾炙人口，但「傳刻之文，祇從漢本，謳歌之子，未覩清書，謹將鄴架之陳編，翻作熙朝之別本」。文中「清書」，滿文譯本作“manju bithe”，意即「滿書」；「翻作熙朝之別本」，滿文譯本作“wesihun jalan i gisun mudan i ubaliyambuha”，意即「繙譯成盛世語韻」。對照滿文，可知《西廂記》傳刻之本，只有漢文本，並無滿文本，於是將書架上的漢文舊本，譯出滿文，然後「使三韓才子，展卷情怡」。句中「三韓才子」，滿文譯本作“manju i erdemungge niyalma”，意即「滿洲才子」。《西廂記》因有滿文譯本而使滿洲子弟「展卷情怡」。

《西廂記》滿文譯本各種刊本或抄本的序文，彼此的出入在滿文，而不是漢文。譬如：「文稱漢魏」，東洋文化研究所藏本滿文作“wen jang de han̠ gurun, wei gurun be tukiyerengge”，句中“wen jang”，臺北國家圖書館藏本作“šu fiyelen”；「詩備晉唐」，句中「詩」（ši），國家圖書館藏本作“irgebun”；「鼓吹比廟堂清奏」，句中「廟」（miyoo），國家圖書館藏本作“juktehen”；「既出風而入雅」，句中「風」（guwe fung）、「雅」（ya sung），國家圖書館藏本「風」，作“gurun i tacinun”，「雅」，作“šunggiya tukiyecun”，多將漢字音譯的滿文改為意譯。「蝌文鳥篆」（koki hergen gashai bithe），國家圖書館藏本滿文作“kokingga hergen gashangga bithe”，譯文較佳，更加規範。

除序文外，《西廂記》滿文譯本各章內容，國家圖書館藏本的滿文，亦將漢字音譯改為意譯，可列表如後。

《滿漢西廂記》滿文詞彙對照表

漢文	日本天理圖書館藏本		臺北國家圖書館藏本	
	滿文	羅馬拼音	滿文	羅馬拼音
女工	ᡤᠠᠯᠠᡳ ᠸᡝᡳᠯᡝ	galai weile	ᡤᠠᠯᠠᡳ ᠸᡝᡳᠯᡝᠨ	galai weilen
詩詞	ᡧᡳ ᡮᡟ	ši ts'y	ᡳᡵᡤᡝᠪᡠᠨ ᡠᠴᡠᠯᡝᠨ	irgebun uculen
尚書	ᡧᠠᠩᡧᡠ ᡥᠠᡶᠠᠨ	šangšu hafan	ᠠᠯᡳᡥᠠ ᠠᠮᠪᠠᠨ	aliha amban
緣故	ᡨᡠᡵᡤᡠᠨ ᡩᡝ	turgun de	ᡨᡠᡵᡤᡠᠨᡩᡝ	turgunde
院	ᠮᡳᠶᠣᠣ	miyoo	ᠵᡠᡴᡨᡝᡥᡝᠨ	juktehen
京師	ᡤᡳᠩ ᡥᡝᠴᡝᠨ	ging hecen	ᡤᡝᠮᡠᠨ ᡥᡝᠴᡝᠨ	gemun hecen
杜鵑	ᡩᡠ ᡤᡳᠣᠸᠠᠨ ᡤᠠᠰᡥᠠ	du giowan gasha	ᠰᡝᠩᡤᡳᡵᡳ ᡤᠠᠰᡥᠠ	senggiri gasha
寺	ᠮᡳᠶᠣᠣ	miyoo	ᠵᡠᡴᡨᡝᡥᡝᠨ	juktehen
功名	ᡤᡠᠩ ᡤᡝᠪᡠ	gung gebu	ᡤᡠᠩᡤᡝ ᡤᡝᠪᡠ	gungge gebu

漢文	日本天理圖書館藏本		臺北國家圖書館藏本	
	滿文	羅馬拼音	滿文	羅馬拼音
武舉狀元	ᠴᠣᠣᡥᠠᡳ ᠵᡠᠸᠠᠩ ᠶᡠᠸᠠᠨ	coohai juwang yuwan	ᠴᠣᠣᡥᠠᡳ ᠪᠣᠩᡤᠣ ᠰᠣᠨᠵᠣᠰᡳ	coohai bonggo sonjosi
征西大元帥	ᠸᠠᡵᡤᡳ ᠪᡝ ᡩᠠᡳᠯᠠᡵᠠ ᠠᠮᠪᠠ ᠶᡠᠸᠠᠨ ᡧᡠᠸᠠᡳ	wargi be dailara amba yuwan šuwai	ᠸᠠᡵᡤᡳ ᠪᡝ ᡩᠠᡳᠯᠠᡵᠠ ᠠᠮᠪᠠ ᠵᡳᠶᠠᠩᡤᡳᠶᡡᠨ	wargi be dailara amba jiyanggiyūn
文章	ᠸᡝᠨ ᠵᠠᠩ	wen jang	ᡧᡠ ᡶᡳᠶᡝᠯᡝᠨ	šu fiyelen
詩書經傳	ᡧᡳ ᡧᡠ ᡤᡳᠩ ᠵᡠᠸᠠᠨ	ši šu ging juwan̲	ᡳᡵᡤᡝᠪᡠᠨ ᠪᡳᡨᡥᡝ ᠨᠣᠮᡠᠨ ᡠᠯᠠᠪᡠᠨ	irgebun bithe nomun ulabun
鵬程	ᡦᡠᠩ ᠨᡳ ᠣᠨ	pung ni on	ᡩᠠᡳᡦᡠᠨ ᡳ ᠣᠨ	daipun i on

漢文	日本天理圖書館藏本		臺北國家圖書館藏本	
	滿文	羅馬拼音	滿文	羅馬拼音
雪浪	ᡧᠠᠩᡤᡳᠶᠠᠨ ᠪᠣᠯᠵᠣᠨ	šanggiyan boljon	ᡧᠠᠨᠶᠠᠨ ᠪᠣᠯᠵᠣᠨ	šanyan boljon
浮橋	ᡩᡝᡴᡩᡝᡴᡠ ᡴᡳᠶᠣᠣ	dekdeku kiyoo	ᡩᡝᡴᡩᡝᡴᡠ ᡩᠣᠣᡥᠠᠨ	dekdeku doohan
歸舟	ᠮᠠᡵᡳᡵᡝ ᠴᡠᠸᠠᠨ	marire cuwan	ᠮᠠᡵᡳᡵᡝ ᠵᠠᡥᡡᡩᠠᡳ	marire jahūdai
弩箭	ᠨᡠ ᠰᡳᡵᡩᠠᠨ	nu sirdan	ᠰᡝᠯᠮᡳᠨ ᠨᡳᡵᡠ	selmin niru
洛陽	ᠯᠣ ᠶᠠᠩ	lo yang	ᠯᡠ ᠶᠠᠩ	lu yang
頭房	ᡠᠵᡠᡳ ᡤᡳᠶᠠᠨ	ujui giyan	ᡠᠵᡠᡳ ᡤᡳᠶᠠᠯᠠᠨ	ujui giyalan
功德	ᡤᡠᠩ ᡝᡵᡩᡝᠮᡠ	gung erdemu	ᡤᡠᠩᡤᡝ ᡝᡵᡩᡝᠮᡠ	gungge erdemu

漢文	日本天理圖書館藏本		臺北國家圖書館藏本	
	滿文	羅馬拼音	滿文	羅馬拼音
山門	ᠮᡳᠶᠣᠣ ᡳ ᡩᡠᡴᠠ	miyoo i duka	ᠵᡠᡴᡨᡝᡥᡝᠨ ᡳ ᡩᡠᡴᠠ	juktehen i duka
禪房	ᠴᠠᠨ ᡨᡝᡵᡝ ᠪᠣᠣ	can tere boo	ᠰᠠᠮᠠᡩᡳ ᠪᠣᠣ	samadi boo
佛殿	ᡶᡠᠴᡳᡥᡳ ᡩᡳᠶᠠᠨ	fucihi diyan	ᡶᡠᠴᡳᡥᡳ ᡩᡝᠶᡝᠨ	fucihi deyen
鐘鼓	ᠵᡠᠩ ᡨᡠᠩᡴᡝᠨ	jung tungken	ᠵᡠᠩᡴᡝᠨ ᡨᡠᠩᡴᡝᠨ	jungken tungken
菩薩	ᡦᡠ ᠰᠠ	pu sa	ᡶᡠᠰᠠ	fusa
眼花撩亂	ᠶᠠᠰᠠ ᡳᠯᡤᠠᠨᠠᠮᡝ	yasa ilganame	ᠶᠠᠰᠠ ᡳᠯᡥᠠᠨᠠᠮᡝ	yasa ilhaname
宮	ᡤᡠᠩ	gung	ᡤᡠᡵᡠᠩ	gurung

<table>
<tr><th rowspan="2">漢文</th><th colspan="2">日本天理圖書館藏本</th><th colspan="2">臺北國家圖書館藏本</th></tr>
<tr><th>滿文</th><th>羅馬拼音</th><th>滿文</th><th>羅馬拼音</th></tr>
<tr><td>只有那一步遠</td><td></td><td>arkan emu okson i ufihi bi</td><td></td><td>arkan emu okson i ufuhi bi</td></tr>
<tr><td>解元</td><td>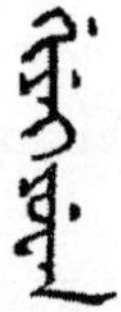</td><td>giyei yuwan</td><td>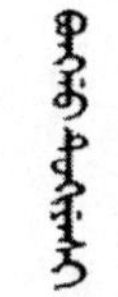</td><td>bonggo tukiyesi</td></tr>
<tr><td>粉墻兒</td><td></td><td>šanggiyan fu</td><td></td><td>šanyan fu</td></tr>
<tr><td>蘭麝香</td><td></td><td>lan ilhai jarin i wa</td><td>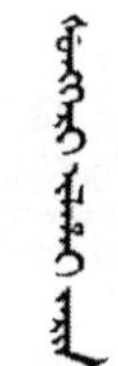</td><td>šungkeri ilhai jarin i wa</td></tr>
<tr><td>桃花片</td><td>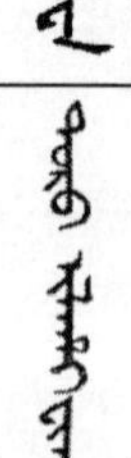</td><td>toro ilhai fintehe</td><td>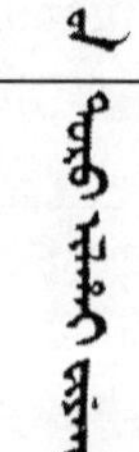</td><td>toro ilhai fiyentehe</td></tr>
</table>

漢文	日本天理圖書館藏本		臺北國家圖書館藏本	
	滿文	羅馬拼音	滿文	羅馬拼音
半間	ᡥᠣᠨᡨᠣᡥᠣ ᡤᡳᠶᠠᠨ	hontoho giyan	ᡥᠣᠨᡨᠣᡥᠣ ᡤᡳᠶᠠᠯᠠᠨ	hontoho giyalan
傅粉的	ᡶᡠᠨ ᡳᠵᡠᡥᠠᠩᡤᡝ	fun ijuhangge	ᡶᡳᠶᡝᠨ ᡳᠵᡠᡥᠠᠩᡤᡝ	fiyen ijuhangge
渾俗和光	ᠶᠠᠶᠠ ᡩᡝ, ᡠᡥᡝᡳ ᡩᠠᡴᡡ	yaya de, uhei dakū	ᠵᠠᠯᠠᠨ ᡩᡝ ᡠᡥᡝ ᡩᠠᡴᡡ	jalan de uhe dakū
笑留	ᡳᠨᠵᡝᠮᡝ ᡤᠠᡳᠵᠠᡵᡝᠣ	injeme gaijareo	ᡳᠨᠵᡝᠮᡝ ᡤᠠᡳᠵᠠᡵᠠᠣ	injeme gaijarao
掂斤播兩	ᡤᡳᠨ ᠶᠠᠨ ᡳ ᡨᠣᠨ ᠪᡝ ᡩᡝᠮᠨᡳᠶᡝᡵᡝ	gin yan i ton be demniyere	ᡤᡳᠩᡤᡝᠨ ᠶᠠᠨ ᡳ ᡨᠣᠨ ᠪᡝ ᡩᡝᠮᠨᡳᠶᡝᡵᡝ	ginggen yan i ton be demniyere

漢文	日本天理圖書館藏本		臺北國家圖書館藏本	
	滿文	羅馬拼音	滿文	羅馬拼音
經史	ᡤᡳᠩ ᠰᡠᡩᡠᡵᡳ	ging suduri	ᠨᠣᠮᡠᠨ ᠰᡠᡩᡠᡵᡳ	nomun suduri
二十三歲	ᠣᡵᡳᠨ ᡳᠯᠠᠰᡝ	orin ilase	ᠣᡵᡳᠨ ᡳᠯᠠᠨ ᠰᡝ	orin ilan se
今後	ᡝᡵᡝᠴᡳ ᠠᠮᠠᠰᡳ	ereci amasi	ᡝᡵᡝᠴᡳ ᠵᡠᠯᡝᠰᡳ	ereci julesi
牢染在肝腸	ᡩᡠᡥᠠ ᡩᠣ ᡩᡝ ᠰᡳᠩᡤᡝᠯᡨᡝᡳ ᡳᠴᡝᠪᡠᡥᡝ	duha do de singgeltei icebuhe	ᡩᡠᡥᠠ ᡩᠣ ᡩᡝ ᠰᡳᠩᡤᡝᡨᡝᡳ ᡳᠴᡝᠪᡠᡥᡝ	duha do de singgetei icebuhe
男才女貌	ᡥᠠᡥᠠ ᡝᡵᡩᡝᠮᡠᠩᡤᡝ᠈ ᡥᡝᡥᡝ ᡥᠣᠴᡳᡴᠣᠨ	haha erdemungge, hehe hocikon	ᡥᠠᡥᠠ ᡝᡵᡩᡝᠮᡠᠩᡤᡝ᠈ ᡤᡝᡤᡝ ᡥᠣᠴᡳᡴᠣᠨ	haha erdemungge, gege hocikon

漢文	日本天理圖書館藏本		臺北國家圖書館藏本	
	滿文	羅馬拼音	滿文	羅馬拼音
眉兒淺淡	ᡶᠠᡳᡨᠠᠨ ᠰᡠᡥᡠᠨ ᠪᡳᠶᠠᠨᠴᡳᡥᡳᠶᠠᠨ	faitan suhun biyancihiyan	ᡶᠠᡳᡨᠠᠨ ᠰᡠᡥᡠᠨ ᠪᡳᠶᠠᠪᡳᠶᠠᡥᡡᠨ	faitan suhun biyabiyahūn
子時	ᠰᡳᠩᡤᡝᡵᡳ ᡝᡵᡳᠨ ᡩᡝ	singgeri erin de	ᠰᡳᠩᡤᡝᡵᡳ ᡝᡵᡳᠨᡩᡝ	singgeri erinde
羅袂生寒	ᠯᠣ ᡳ ᡠᠯᡥᡳ ᡧᠠᡥᡡᡵᠠᠮᡝ	lo i ulhi šahūrame	ᠯᡠ ᡳ ᡠᠯᡥᡳ ᡧᠠᡥᡡᡵᠠᠮᡝ	lu i ulhi šahūrame
賦	ᡶᡠ	fu	ᡶᡠᠵᡠᡵᡠᠨ	fujurun
吟詩	ᡧᡳ ᡳᡵᡤᡝᠪᡠᠮᠪᡳ	ši irgebumbi	ᡳᡵᡤᡝᠪᡠᠨ ᡳᡵᡤᡝᠪᡠᠮᠪᡳ	irgebun irgebumbi
直到天明	ᡤᡝᡵᡨᡝᠯᡝ	gertele	ᡤᡝᡵᡝᡨᡝᠯᡝ	geretele

漢文	日本天理圖書館藏本		臺北國家圖書館藏本	
	滿文	羅馬拼音	滿文	羅馬拼音
斗柄		deo usihai fesin		demtu usihai fesin
四星		juwan fun		juwan fuwen
鳴		guwederengge		guwenderengge
畫堂		niruha yamun		niruha tanggin
宮殿	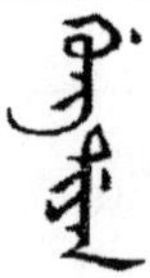	gung diyan		gurung deyen
雲蓋	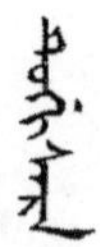	tugi sara		tugi sahara
幡影		fangse helmen		girdan helmen

漢文	日本天理圖書館藏本		臺北國家圖書館藏本	
	滿文	羅馬拼音	滿文	羅馬拼音
鐘聲	ᠵᡠᠩ ᡶᠣᡵᡳᡵᡝ	jung forire	ᠵᡠᠩᡴᡝᠨ ᡶᠣᡵᡳᡵᡝ	jungken forire
紗窗	ᡧᠠ ᡳ ᡶᠠ	ša i fa	ᠴᡝᠴᡝ ᡳ ᡶᠠ	cece i fa
粉鼻	ᡶᡠᠨ ᡳ ᡤᡝᠰᡝ ᠣᡶᠣᡵᠣ	fun i gese oforo	ᡶᡳᠶᠠᠨ ᡳ ᡤᡝᠰᡝ ᠣᡶᠣᡵᠣ	fiyan i gese oforo
追薦父母	ᠠᠮᠠ ᠠᠵᠠ ᠵᠠᠯᡳᠨ ᠠᠮᠴᠠᠮᡝ ᡴᠠᡵᡠᠯᠠᡵᠠ	ama aja jalin amcame karulara	ᠠᠮᠠ ᠠᠵᠠᡳ ᠵᠠᠯᡳᠨ ᠠᠮᠴᠠᠮᡝ ᡴᠠᡵᡠᠯᠠᡵᠠ	ama ajai jalin amcame karulara
磬	ᡴᡳᠩ	king	ᡴᡳᠩᡴᡝᠨ	kingken
琴	ᡴᡳᠨ	kin	ᡴᡳᡨᡠᡥᠠᠨ	kituhan
旗	ᡨᡠ	tu	ᡨᡠᡵᡠᠨ	turun

漢文	日本天理圖書館藏本		臺北國家圖書館藏本	
	滿文	羅馬拼音	滿文	羅馬拼音
黃昏	ᡶᠠᡵᡥᡡᠨ ᡤᡝᡵᡤᡳᠨ	farhūn gergin	ᡶᠠᡵᡥᡡᠨ ᡤᡝᡵᡥᡝᠨ	farhūn gerhen
落紅	ᠰᡳᡤᠠᡥᠠ ᡶᡠᠯᡤᡳᠶᠠᠨ	sigaha fulgiyan	ᠰᡳᡥᠠᡥᠠ ᡶᡠᠯᡤᡳᠶᠠᠨ	sihaha fulgiyan
夢曉	ᡨᠣᠯᡥᡳᡴᠠᡳ ᡤᡝᡵᡝᡴᡝ	tolhikai gereke	ᡨᠣᠯᡤᡳᡴᠠᡳ ᡤᡝᡵᡝᡴᡝ	tolgikai gereke
金粉	ᠠᡳᠰᡳᠨ ᡶᡠᠨ	aisin fun	ᠠᡳᠰᡳᠨ ᡶᡳᠶᡝᠨ	aisin fiyen
錦囊	ᡤᡝᠴᡠᡥᡝᡵᡳ ᡶᠠᡩᡠ	gecuheri fadu	ᡤᡝᠴᡠᡥᡝᡵᡳ ᡶᠠᡶᡠ	gecuheri fafu
胡云	ᠪᠠᡥᠠᡳ ᡥᡝᠨᡩᡠᡵᡝᠩᡤᡝ	bahai hendurengge	ᠪᠠᠯᠠᡳ ᡥᡝᠨᡩᡠᡵᡝᠩᡤᡝ	balai hendurengge

漢文	日本天理圖書館藏本		臺北國家圖書館藏本	
	滿文	羅馬拼音	滿文	羅馬拼音
便	ᡳᠨᡝ ᠮᡝᠨᡝ	ine mene	ᡳᠨᡝᠮᡝᠨᡝ	inemene
法華經	ᡶᠠ ᡥᡡᠸᠠ ᡤᡳᠩ	fa hūwa ging	ᡶᠠ ᡥᡡᠸᠠ ᠨᠣᠮᡠᠨ	fa hūwa nomun
狀元	ᠵᡠᠸᠠᠩ ᠶᡠᠸᠠᠨ	juwang yuwan	ᠪᠣᠩᡤᠣ ᠰᠣᠨᠵᠣᠰᡳ	bonggo sonjosi
奸細	ᡤᡳᠶᠠᠨᠰᡳ	giyansi	ᡤᡡᠯᡩᡠᠰᡳ	gūldusi
麾下	ᡨᡠ ᡳ ᡶᡝᠵᡳᠯᡝ	tu i fejile	ᡨᡠᡵᡠᠨ ᡳ ᡶᡝᠵᡳᠯᡝ	turun i fejile
寒暄再隔	ᡥᠠᠯᡥᡡᠨ ᡧᠠᡥᡡᡵᡠᠨ ᠪᡝ ᠵᡠᠸᡝᠩᡤᡝᡵᡳ ᡥᡝᡨᡠᡥᡝ	halhūn šahūrun be juwenggeri hetuhe	ᡥᠠᠯᡥᡡᠨ ᡧᠠᡥᡡᡵᡠᠨ ᠵᡠᠸᡝᠩᡤᡝᡵᡳ ᡥᡝᡨᡠᡥᡝ	halhūn šahūrun juwenggeri hetuhe

漢文	日本天理圖書館藏本		臺北國家圖書館藏本	
	滿文	羅馬拼音	滿文	羅馬拼音
風雨之夕	ᡝᡩᡠᠨ ᠠᡤᠠᡳ ᠶᠠᠮᠵᡳ	edun agai yamji	ᡝᡩᡠᠨ ᠠᡤᠠ ᡳ ᠶᠠᠮᠵᡳ	edun aga i yamji
西江	ᠸᠠᡵᡤᡳ ᡤᡳᠶᠠᠩ	wargi giyang	ᠸᠠᡵᡤᡳ ᡠᠯᠠ	wargi ula
中營	ᡩᡠᠯᡳᠮᠪᠠᡳ ᡳᠩ	dulimbai ing	ᡩᡠᠯᡳᠮᠪᠠᡳ ᡴᡡᠸᠠᡵᠠᠨ	dulimbai kūwaran
夢	ᡨᠣᠯᡥᡳᠨ	tolhin	ᡨᠣᠯᡤᡳᠨ	tolgin
怨悲	ᡤᡳᠯᠵᠠᠮᡝ ᡤᠠᠮᠠᡵᡝᠣ	giljame gamareo	ᡤᡳᠯᠵᠠᠮᡝ ᡤᠠᠮᠠᡵᠠᠣ	giljame gamarao
明日	ᠴᡳᠮᠠᡥᠠ	cimaha	ᠴᡳᠮᠠᡵᡳ	cimari
東閣	ᡩᡝᡵᡤᡳ ᠯᡝᠣᠰᡝ	dergi leose	ᡩᡝᡵᡤᡳ ᡨᠠᡴᡨᡠ	dergi taktu

漢文	日本天理圖書館藏本		臺北國家圖書館藏本	
	滿文	羅馬拼音	滿文	羅馬拼音
白露	ᡧᠠᠩᡤᡳᠶᠠᠨ ᠰᡳᠯᡝᠩᡤᡳ	šanggiyan silenggi	ᡧᠠᠨᠶᠠᠨ ᠰᡳᠯᡝᠩᡤᡳ	šanyan silenggi
烏紗	ᠶᠠᠴᡳᠨ ᡧᠠ	yacin ša	ᠶᠠᠴᡳᠨ ᠴᡝᠴᡝ	yacin cece
角帶	ᠸᡝᡳᡥᡝᡳ ᡨᠣᡥᠠᠨ	weihei tohan	ᠸᡝᡳᡥᡝᡳ ᡨᠣᠣᡥᠠᠨ	weihei toohan
不請街坊	ᠠᡩᠠᡴᡳ ᠪᠣᠣ ᠪᡝ ᡥᡝᠯᠨᡝᡥᡝᡴᡡ	adaki boo be helnehekū	ᠠᡩᠠᡴᡳ ᠪᠣᠣ ᠪᡝ ᠰᠣᠯᡳᡥᠠᡴᡡ	adaki boo be solihakū
落紅	ᠰᡳᡤᠠᡥᠠ ᡳᠯᡥᠠ	sigaha ilha	ᠰᡳᡥᠠᡥᠠ ᡳᠯᡥᠠ	sihaha ilha

漢文	日本天理圖書館藏本		臺北國家圖書館藏本	
	滿文	羅馬拼音	滿文	羅馬拼音
鳳簫	ᡶᡠᠩᡥᡡᠸᠠᠩ ᠨᡳ ᡶᡳᠴᠠᡴᡡ	funghūwang ni ficakū	ᡤᠠᡵᡠᡩᠠᡳ ᡳ ᡶᡳᠴᠠᡴᡡ	garudai i ficakū
鸞	ᠯᡠᠸᠠᠨ ᡤᠠᠰᡥᠠ	luwan gasha	ᡤᠠᡵᡠᠩᡤᡡ	garunggū
牽牛織女星	ᠨᡳᠣ ᠯᠠᠩ, ᠵᡟ ᠨᡳᠣᡳ ᡠᠰᡳᡥᠠ	nio lang, jy nioi usiha	ᡳᡤᡝᡵᡳ ᡠᠰᡳᡥᠠ ᠵᠣᡩᠣᡵᡤᠠᠨ ᡠᠰᡳᡥᠠ	igeri usiha jodorgan usiha
同行	ᠰᠠᠰᠠ ᠶᠣᠣᡴᡳ	sasa yooki	ᠰᠠᠰᠠ ᠶᠣᡴᡳ	sasa yoki
恐怕	ᡝᡴᠰᡝᠮᠪᡳ	eksembi	ᡝᡴ ᠰᡝᠮᠪᡳ	ek sembi

漢文	日本天理圖書館藏本		臺北國家圖書館藏本	
	滿文	羅馬拼音	滿文	羅馬拼音
瞧破		feciteme		sereme
因何		ainuni		ainu ni
玻璃		bo li		bolosu
咫尺		cy urhun	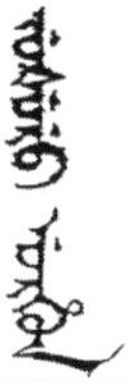	jušuru urhun
從今後		ereci amasi		ereci julesi
伯勞		be loo gasha	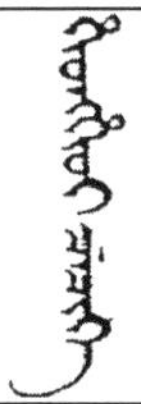	hionghioi cecike
凰		hūwang gasha		gerudei

漢文	日本天理圖書館藏本		臺北國家圖書館藏本	
	滿文	羅馬拼音	滿文	羅馬拼音
麟	ᡴᡳᠯᡳᠨ	kilin	ᠰᠠᠪᡳᠨᡨᡠ	sabintu
角	ᠸᡝᡳᡥᡝ	weihe	ᡠᡳᡥᡝ	uihe
十分	ᠵᡠᠸᠠᠨ ᡶᡠᠨ	juwan fun	ᠵᡠᠸᠠᠨ ᡶᡠᠸᡝᠨ	juwan fuwen
張殿試	ᠵᠠᠩ ᡩᡳᠶᠠᠨ ᡧᡳ	jang diyan ši	ᠵᠠᠩ ᡩᡝᠶᡝᠨ ᡩᡝ ᠰᡳᠮᠨᡝᠮᠪᡳ	jang deyen de simnembi
詞	ᡮᡟ	ts'y	ᡠᠴᡠᠯᡝᠨ	uculen
百次	ᡨᠠᠩᡤᡡᡤᡝᡵᡳ	tanggūgeri	ᡨᠠᠩᡤᡡᠩᡤᡝᡵᡳ	tanggūnggeri
鴛鴦	ᠶᡠᠸᠠᠨ ᠶᠠᠩ	yuwan yang	ᡳᠵᡳᡶᡠᠨ ᠨᡳᠶᡝᡥᡝ	ijifun niyehe
學士	ᡥᡳᠶᠣ ᡧᡳ	hiyo ši	ᠠᠰᡥᠠᠨ ᡳ ᠪᡳᡨᡥᡝᡳ ᡩᠠ	ashan i bithei da

漢文	日本天理圖書館藏本		臺北國家圖書館藏本	
	滿文	羅馬拼音	滿文	羅馬拼音
桂枝	ᡤᡠᡳ ᡤᠠᡵᡤᠠᠨ	gui gargan	ᡧᡠᠩᡤᠠ ᡤᠠᡵᡤᠠᠨ	šungga gargan
好賦	ᠰᠠᡳᠨ ᡶᡠ	sain fu	ᠰᠠᡳᠨ ᡶᡠᠵᡠᡵᡠᠨ	sain fujurun
微	ᠸᡝᡳ	wei	ᠯᠠᠩᠵᡠ	langju
粧盒	ᡳᠵᡳᡶᡠᠨ ᡥᡳᠶᠠᠰᡝ	ijifun hiyase	ᡳᠵᡳᡶᡠᠨ ᠰᡳᡨᡥᡝᠨ	ijifun sithen
爬行	ᠮᡳᠵᡳᡵᡝᠪᡠᠮᡝ	mijirebume	ᠮᡳᠵᡠᡵᠠᠪᡠᠮᡝ	mijurabume
好太醫	ᠰᠠᡳᠨ ᡩᠠᡳᡶᡠ	sain daifu	ᠰᠠᡳᠨ ᠣᡴᡨᠣᠰᡳ	sain oktosi
黃昏	ᡤᡝᡵᡤᡝᠨ ᠮᡠᡴᡳᠶᡝᠮᡝ	gergen mukiyeme	ᡤᡝᡵᡥᡝᠨ ᠮᡠᡴᡳᠶᡝᠮᡝ	gerhen mukiyeme

漢文	日本天理圖書館藏本		臺北國家圖書館藏本	
	滿文	羅馬拼音	滿文	羅馬拼音
五更寒	ᠰᡠᠨᠵᠠᠴᡳ ᡤᡳᠩ ᡩᡝ ᠨᡳᡴᡧᡝᡥᡝ	sunjaci ging de nikšehe	ᠰᡠᠨᠵᠠᠴᡳ ᡤᡳᠩ ᡩᡝ ᠨᡳᡴᠰᡳᡥᠠ	sunjaci ging de niksiha
符籙	ᡶᡠ ᡨᠠᡵᠨᡳ	fu tarni	ᡴᠠᡵᠮᠠᠨᡳ ᡨᠠᡵᠨᡳ	karmani tarni
樓閣	ᡨᠠᡴᡨᡠ ᠯᡝᠣᠰᡝ	taktu leose	ᡨᠠᡴᡨᡠ ᠠᠰᠠᡵᡳ	taktu asari
襪	ᠸᠠᠰᡝ	wase	ᡶᠣᠮᠣᠴᡳ	fomoci
一刻	ᡝᠮᡠ ᡴᡝ	emu ke	ᡝᠮᡠ ᡴᡝᠮᡠ	emu kemu
槐	ᡥᡡᠸᠠᡳᠰᡝ ᠮᠣᠣ	hūwaise moo	ᡥᠣᡥᠣᠩᡤᠣ ᠮᠣᠣ	hohonggo moo

漢文	日本天理圖書館藏本		臺北國家圖書館藏本	
	滿文	羅馬拼音	滿文	羅馬拼音
桂	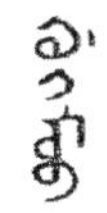	gu i moo		šungga moo
藥方	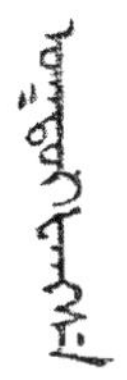	oktoi fangse		oktoi dasargan
海棠	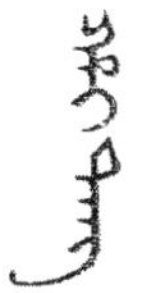	hai tang		fulana ilha
酸醋		jušuhun ts'u		jušuhun jušun
一服		emu fu		emu jemin
翰林		han̲ lin		bithei šungsi

漢文	日本天理圖書館藏本		臺北國家圖書館藏本	
	滿文	羅馬拼音	滿文	羅馬拼音
三尺	ᡳᠯᠠᠨ ᡱᡟ	ilan cy	ᡳᠯᠠᠨ ᠵᡠᡧᡠᡵᡠ	ilan jušuru
我睡去	ᠪᡳ ᠠᠮᡥᠠᠨᠠᠮᠪᡳ	bi amhanambi	ᠪᡳ ᠠᠮᡤᠠᠨᠠᠮᠪᡳ	bi amganambi
放刁	ᠴᠠᡥᡡᡩᠠᠮᡝ	cahūdame	ᠴᠠᡥᡡᡧᠠᠮᡝ	cahūšame
畫閣	ᠨᡳᡵᡠᡥᠠ ᠯᡝᠣᠰᡝ	niruha leose	ᠨᡳᡵᡠᡥᠠ ᠠᠰᠠᡵᡳ	niruha asari
眼欲穿	ᠶᠠᠰᠠ ᠵᡠᠯᡳᡵᡝ ᡳᠰᡳᡴᠠ	yasa julire isika	ᠶᠠᠰᠠ ᡠᠯᡳᡵᡝ ᡳᠰᡳᡴᠠ	yasa ulire isika
勞	ᠰᡠᡳᠯᠠᠪᡠᠮᡝ	suilabume	ᠰᡠᠯᠠᠪᡠᠮᡝ	sulabume

漢文	日本天理圖書館藏本		臺北國家圖書館藏本	
	滿文	羅馬拼音	滿文	羅馬拼音
鬏髻	ᡩᡳ ᡤᡳ	di gi	ᡧᠣᡧᠣᡴᡡ	šošokū
花心	ᡳᠯᡥᠠᡳ ᠵᡳᠯᡤᠠ	ilhai jilga	ᡳᠯᡥᠠᡳ ᠵᡳᠯᡥᠠ	ilhai jilha
堦	ᡨᡝᡵᡴᡳ	terki	ᡨᡝᡵᡴᡳᠨ	terkin
早些來	ᡝᡵᡩᡝᡴᡝᠨ ᠵᡳᡩᡝᡵᡝᠣ	erdeken jidereo	ᡝᡵᡩᡝᡴᡝᠨ ᡳ ᠵᡳᡩᡝᡵᡝᠣ	erdeken i jidereo
先王	ᠨᡝᠨᡝᡥᡝ ᠸᠠᠩ	nenehe wang	ᠨᡝᠨᡝᡥᡝ ᡥᠠᠨ	nenehe han
菓盒	ᡨᡠᠪᡳᡥᡝ ᡥᠣᠰᡝ	tubihe hose	ᡨᡠᠪᡳᡥᡝ ᡥᠣᠰᡝᡵᡳ	tubihe hoseri
明日	ᠴᡳᠮᠠᡤᠠ	cimaga	ᠴᡳᠮᠠᡥᠠ	cimaha

漢文	日本天理圖書館藏本		臺北國家圖書館藏本	
	滿文	羅馬拼音	滿文	羅馬拼音
道路拗折	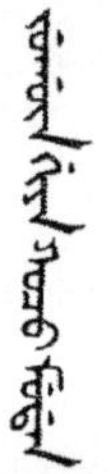	jugūn giya koco mudan	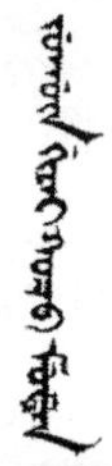	jugūn giyai koco mudan
醢醬		dzu misun		jušun misun

資料來源：日本天理大學圖書館、臺北國家圖書館藏本《滿漢西廂記》。

表中將滿文詞彙的異同，舉例說明，有助於了解《西廂記》不同滿文譯本的特色。滿文“weilen”，與“weile”，應分別清楚，不能混淆。漢語中「工作」、「工程」、「造作」，滿文讀作“weilen”;「罪行」、「罪」、「罪過」，滿文讀作“weile”。表中「女工」，國家圖書館藏本滿文作“galai weilen”，滿漢文義相合。天理圖書館藏本滿文作“galai weile”，句中“weile”，誤，當作“weilen”。表中「緣故」，天理圖書館藏本滿文作“turgun de”，國家圖書館藏本滿文連寫作“turgunde”。表中「雪浪」，天理圖書館藏本滿文作“šanggiyan boljon”，國家圖書館藏本滿文作“šanyan boljon”，意即「白浪」，滿文讀音略異。表中「佛殿」，天理圖書館藏本滿文作“fucihi diyan”，國家圖書館藏本滿文作“fucihi deyen”。表中「宮」，天理圖書館藏本滿文作“gung”，國家圖書館藏本滿文作“gurung”。表中「粉墻兒」，天理圖書館藏本滿文作“šanggiyan fu”，國家圖書館藏本滿文作“šanyan fu”，讀音略異。表中「桃花片」，國家圖書館藏本滿文作“toro ilhai fiyentehe”，句中“fiyentehe”，意即「瓣」，天理圖書館藏本滿文作“fintehe”，誤。表中「二十三歲」，天理圖書館藏本滿文作“orin ilase”，國家圖書館藏本滿文作“orin ilan se”。滿文“ereci amasi”與“ereci julesi”，文義相同，意即「以後」、「嗣後」。表中「今後」，天理圖書館藏本滿文作“ereci amasi”，國家圖書館藏本滿文作“ereci julesi”。表中「子時」，天理圖書館藏本滿文作“singgeri erin de”，國家圖書館藏本滿文作“singgeri erinde”。表中「直到天明」，國家圖書館藏本滿文作“geretele”，天理圖書館藏本滿文作“gertele”，異。表中「嗚」，國家圖書館藏本滿文作“guwenderengge”，天理圖書館藏本滿文作“guwederengge”，誤。表中「宮殿」，天理圖書館藏本滿文作“gung diyan”，國家圖書館藏本滿文作“gurung deyen”。表中「雲蓋」，天理圖書館藏本滿文作“tugi sara”，國家圖書館藏本滿文作“tugi sahara”，異。表中「黃昏」，舊清語作“farhūn gerhen”，滿文又作“gerhen mukiyembi”，意即「入暮」，國家圖書館藏本滿文作“farhūn gerhen”，天理圖書館藏本滿文作“farhūn gergin”，異。

表中「落紅」，國家圖書館藏本滿文作“sihaha fulgiyan”，又作“sihaha ilha”，意即「落花」，天理圖書館藏本滿文分別作“sigaha fulgiyan”、“sigaha ilha”，異。表中「夢曉」，國家圖書館藏本滿文作“tolgikai gereke”，天理圖書館藏本滿文作“tolhikai gereke”，異。表中「便」，天理圖書館藏本滿文作“ine mene”，國家圖書館藏本滿文連寫作“inemene”。表中「夢」，國家圖書館藏本滿文作“tolgin”，天理圖書館藏本滿文作“tolhin”，異。表中「恕悲」，國家圖書館藏本滿文作“giljame gamarao”，天理圖書館藏本滿文作“giljame gamareo”，異。滿文“cimaha”與“cimari”，詞義相同。表中「明日」，天理圖書館藏本滿文作“cimaha”，又作“cimaga”，國家圖書館藏本滿文作“cimari”，又作“cimaha”。表中「白露」，天理圖書館藏本滿文作“šanggiyan silenggi”，國家圖書館藏本滿文作“šanyan silenggi”。滿文“yoki”，動詞原形作“yombi”，意即「行走」。表中「同行」，國家圖書館藏本滿文作“sasa yoki”，天理圖書館藏本滿文作“sasa yooki”，異。表中「恐怕」，國家圖書館藏本滿文作“ek sembi”，天理圖書館藏本滿文連寫作“cksembi”，異。表中「因何」，國家圖書館藏本滿文作“ainu ni”，天理圖書館藏本滿文連寫作“ainuni”。表中「從今後」，天理圖書館藏本滿文作“ereci amasi”，國家圖書館藏本滿文作“ereci julesi”。表中「角」，天理圖書館藏本滿文作“weihe”，是舊清語；國家圖書館藏本滿文作“uihe”，為規範語。表中「百次」，國家圖書館藏本滿文作“tanggūnggeri”，天理圖書館藏本滿文作“tanggūgeri”，異。表中「爬行」，國家圖書館藏本滿文作“mijurabume”，天理圖書館藏本滿文作“mijirebume”，異。表中「五更寒」，國家圖書館藏本滿文作“sunjaci ging de niksiha”，句中“niksiha”，意即「打寒噤」、「打冷戰」，天理圖書館藏本滿文作“nikšehe”，異。表中「我睡去」，國家圖書館藏本滿文作“bi amganambi”，天理圖書館藏本滿文作“bi amhanambi”，異。

表中「眼欲穿」，國家圖書館藏本滿文作“yasa ulire isika”，天理圖書館藏本滿文作“yasa julire isika”，異。表中「勞」，天理圖書館藏本滿文作“suilabume”，國家圖書館藏本滿文作“sulabume”，異。表中「花心」，國家圖書館藏本滿文作“ilhai jilha”，意即「花蕊」，天理圖書館藏本滿文作“ilhai jilga”，異。表中「堦」，國家圖書館藏本滿文作“terkin”，意即「臺階」，天理圖書館藏本滿文作“terki”，異。表中「早些來」，國家圖書館藏本滿文作“erdeken i jidereo”，天理圖書館藏本滿文作“erdeken jidereo”，省略“i”。漢語「盒子」，滿文讀作“hose”，又作“hoseri”。表中「菓盒」，天理圖書館藏本滿文作“tubihe hose”，國家圖書館藏本滿文作“tubihe hoseri”。表中「道路拗折」，國家圖書館藏本滿文作“jugūn giyai koco mudan”，句中“giyai”，意即「街道」，天理圖書館藏本滿文作“giya”，異。

天理圖書館藏本的滿文詞彙，多據漢文音譯。表中「詩詞」，天理圖書館藏本滿文讀作“ši ts'y”，國家圖書館藏本據漢文詞義譯出滿文作“irgebun uculen”。表中「尚書」，天理圖書館藏本滿文據漢文讀音譯作“šangšu hafan”，意即「尚書官」，國家圖書館藏本據漢文詞義譯出滿文作“aliha amban”。表中「京師」，天理圖書館藏本滿文作“ging hecen”，國家圖書館藏本滿文作“gemun hecen”，是乾隆十四年（1749）十二月新定滿名。表中「杜鵑」，國家圖書館藏本滿文作“senggiri gasha”，天理圖書館藏本滿文據漢文音譯作“du giowan gasha”。表中「功名」，國家圖書館藏本滿文作“gungge gebu”，天理圖書館藏本滿文作“gung gebu”。表中「武舉狀元」，句中「狀元」，國家圖書館藏本滿文作“bonggo sonjosi”，天理圖書館藏本滿文作“juwang yuwan”，據漢文音譯。表中「征西大元帥」，句中「元帥」，國家圖書館藏本滿文作“jiyanggiyūn”，意即「將軍」，天理圖書館藏本滿文據漢文音譯作“yuwan šuwai”。表中「文章」，國家圖書館藏本滿文作“šu fiyelen”，天理圖書館藏本滿文據漢文音譯作“wen jang”。表中「詩書經傳」，國家圖書館藏本滿文作“irgebun bithe nomun ulabun”，天理圖書館藏本滿文據漢文音譯作“ši šu ging juwan”。表中「鵬程」，句中「鵬」，國家圖書館藏本滿文作“daipun”，天理圖書館藏本滿文音譯作“pung”。表中「浮橋」，國家圖書館藏本滿文作“dekdeku doohan”，句中“doohan”，天理圖書館藏本據漢文音譯作“kiyoo”。表中「歸舟」，國家圖書館藏本滿文作“marire jahūdai”，句中“jahūdai”，天理圖書館藏本滿文音譯作“cuwan”。表中「弩箭」，國家圖書館藏本滿文作“selmin niru”，天理圖書館藏本滿文作“nu sirdan”，句中“nu”，據漢文音譯。表中「洛陽」，國家圖書館藏本滿文作“lu yang”，句中“lu”，天理圖書館藏本滿文作“lo”，是漢文「洛」的音譯。表中「頭房」，國家圖書館藏本滿文作“ujui giyalan”，句中“giyalan”，意即「房間」，天理圖書館藏本滿文作“giyan”，是漢文「間」的音譯。表中「功德」的「功」，國家圖書館藏本滿文作“gungge”，天理圖書館藏本滿文音譯作“gung”。表中「禪房」，國家圖書館藏本滿文作“samadi boo”，句中“samadi”，天理圖書館藏本滿文據漢文音譯作“can”。表中「鐘」，國家圖書館藏本滿文作“jungken tungken”，句中“jungken”，天理圖書館藏本滿文音譯作“jung”。表中「菩薩」，國家圖書館藏本滿文作“fusa”，天理圖書館藏本滿文作“pu sa”。表中「宮」，國家圖書館藏本滿文作“gurung”，天理圖書館藏本滿文音譯作“gung”。表中「解元」，國家圖書館藏本滿文作“bonggo tukiyesi”，句中“tukiyesi”，意即「舉人」。清代鄉試中試者，稱為舉人，第一名舉人，稱為解元，天理圖書館藏本滿文據漢文音譯作“giyei yuwan”。

表中「蘭麝香」，國家圖書館藏本滿文作“šungkeri ilhai jarin i wa”，意即「蘭花的麝香」。句中「蘭」，天理圖書館藏本滿文據漢文音譯作“lan”。表中「半間」，國家圖書館藏本滿文作“hontoho giyalan”，句中“giyalan”，天理圖書館藏本滿文據漢文音譯作“giyan”。表中「傅粉的」，國家圖書館藏本滿文作“fiyen ijuhangge”，句中“fiyen”，天理圖書館藏本滿文據漢文「粉」音譯作“fun”。表中「掂斤播兩」，國家圖書館藏本滿文作“ginggen yan i ton be demniyere”，句中“ginggen”，天理圖書館藏本滿文據漢文「斤」音譯作“gin”。表中「經史」，國家圖書館藏本滿文作“nomun suduri”，句中“nomun”，天理圖書館藏本滿文據漢文「經」音譯作“ging”。表中「賦」，國家圖書館藏本滿文作“fujurun”，天理圖書館藏本滿文據漢文「賦」音譯作“fu”。表中「吟詩」，國家圖書館藏本滿文作“irgebun irgebumbi”，句中“irgebun”，天理圖書館藏本滿文據漢文「詩」音譯作“ši”。表中「斗柄」，國家圖書館藏本滿文作“demtu usihai fesin”，句中“demtu”，天理圖書館藏本滿文據漢文「斗」音譯作“deo”。表中「四星」，國家圖書館藏本滿文作“juwan fuwen”，意即「十分」，句中“fuwen”，天理圖書館藏本滿文據漢文「分」音譯作“fun”。表中「幡影」，國家圖書館藏本滿文作“girdan helmen”，句中“girdan”，意即「幡」，天理圖書館藏本滿文據漢文「幡」音譯作“fangse”，意即「幡子」，易與「紡絲」（fangse）混淆。表中「紗窗」，國家圖書館藏本滿文作“cece i fa”，句中“cece”，天理圖書館藏本滿文據漢文「紗」音譯作“ša”。表中「粉鼻」，國家圖書館藏本滿文作“fiyan i gese oforo”，句中“fiyan”，天理圖書館藏本滿文據漢文「粉」音譯作“fun”。表中「磬」，國家圖書館藏本滿文作“kingken”，天理圖書館藏本滿文據漢文「磬」音譯作“king”。表中「琴」，國家圖書館藏本滿文作“kituhan”，天理圖書館藏本滿文據漢文「琴」音譯作“kin”。表中「奸細」，國家圖書館藏本滿文作“gūldusi”，天理圖書館藏本滿文據漢文「奸細」音譯作“giyansi”。表中「西江」，國家圖書館藏本滿文作“wargi ula”，句中“ula”，天理圖書館藏本滿文據漢文「江」音譯作“giyang”。表中「中營」，國家圖書館藏本滿文作“dulimbai kūwaran”，句中“kūwaran”，天理圖書館藏本滿文據漢文「營」音譯作“ing”。表中「鳳簫」，句中「鳳」，國家圖書館藏本滿文作“garudai”，天理圖書館藏本滿文據漢文「鳳凰」音譯作“funghūwang”。表中「鵉」，國家圖書館藏本滿文作“garunggū”，天理圖書館藏本滿文據漢文「鵉」音譯作“luwan gasha”。表中「牽牛織女星」，國家圖書館藏本滿文作“igeri usiha jodorgan usiha”，句中“igeri usiha”，意即「牽牛星」，又稱「牛郎星」；“jodorgan usiha”，意即「織女星」。天理圖書館藏本滿文據漢文「牛郎」音譯作“nio lang”，據漢文「織女」音譯作“jy nioi”。表中「玻璃」，國家圖書館藏本滿文作“bolosu”，天理圖書館藏本滿文據漢文「玻璃」音譯作“bo li”。表中「咫尺」，國家圖書館藏本滿文作“jušuru urhun”，句中“jušuru”，意即「尺」，天理圖書館藏本滿文據漢文「尺」音譯作“cy”。表中「伯勞」，國家圖書館藏本滿文作“hionghioi cecike”，天理圖書館藏本滿文據漢文「伯勞」音譯作“be loo gasha”。表中「凰」，國家圖書館藏本滿文作“gerudei”，天理圖書館藏本滿文音譯作“hūwang gasha”。表中「麟」，國家圖書館藏本滿文作“sabintu”，意即「瑞獸」，天理圖書館藏本滿文據漢文「麒麟」音譯作“kilin”。

表中「張殿試」，國家圖書館藏本滿文作“jang deyen de simnembi”，天理圖書館藏本滿文據漢文音譯作“jang diyan ši”。表中「詞」，國家圖書館藏本滿文作“uculen”，天理圖書館藏本滿文據漢文音譯作“ts'y”。表中「鴛鴦」，國家圖書館藏本滿文作“ijifun niyehe”，天理圖書館藏本滿文據漢文音譯作“yuwan yang”。表中「學士」，國家圖書館藏本滿文作“ashan i bithei da”，意即「內閣學士」，天理圖書館藏本滿文據漢文「學士」音譯作“hiyo ši”。表中「桂枝」，國家圖書館藏本滿文作“šungga gargan”，句中“šungga”，天理圖書館藏本滿文據漢文「桂」音譯作“gui”。表中「好賦」，國家圖書館藏本滿文作“sain fujurun”，句中“fujurun”，天理圖書館藏本滿文據漢文「賦」音譯作“fu”。表中「微」，天理圖書館藏本滿文據漢文音譯作“wei”，國家圖書館藏本滿文作“langju”，亦作

“langjeo”，可作量詞或時位解，十微相當於一忽，六十微為一秒。表中「符籙」，國家圖書館藏本滿文作“karmani tarni”，意即「符咒」，句中「符」，天理圖書館藏本滿文據漢文音譯作“fu”。表中「襪」，國家圖書館藏本滿文作“fomoci”，天理圖書館藏本滿文據漢文音譯作“wase”，易與「瓦」（wase）混淆。表中「一刻」，國家圖書館藏本滿文作“emu kemu”，句中“kemu”，天理圖書館藏本滿文據漢文音譯作“ke”。表中「槐」，國家圖書館藏本滿文作“hohonggo moo”，意即「槐樹」，天理圖書館藏本滿文音譯作“hūwaise moo”。表中「桂」，國家圖書館藏本滿文作“šungga moo”，天理圖書館藏本滿文音譯作“gu i moo”。表中「藥方」，國家圖書館藏本滿文作“oktoi dasargan”，句中“dasargan”，天理圖書館藏本滿文音譯作“fangse”，意即「方子」。表中「海棠」，國家圖書館藏本滿文作“fulana ilha”，意即「海棠花」，天理圖書館藏本滿文音譯作“hai tang”。表中「酸醋」，國家圖書館藏本滿文作“jušuhun jušun”，句中“jušun”，天理圖書館藏本滿文音譯作“ts'u”。表中「一服」，國家圖書館藏本滿文作“emu jemin”，意指一服藥，句中“jemin”，天理圖書館藏本滿文音譯作“fu”。表中「翰林」，國家圖書館藏本滿文作“bithei šungsi”，天理圖書館藏本滿文音譯作“han lin”。表中「三尺」，國家圖書館藏本滿文作“ilan jušuru”，句中“jušuru”，天理圖書館藏本滿文音譯作“cy”。表中「鬏髻」，國家圖書館藏本滿文作“šošokū”，天理圖書館藏本滿文音譯作“di gi”。表中「先王」，國家圖書館藏本滿文作“nenehe han”，意指先皇帝，或先帝，天理圖書館藏本滿文作“nenehe wang”。表中「醢醬」，國家圖書館藏本滿文作“jušun misun”，意即「醋醬」，句中“jušun”，天理圖書館藏本滿文據漢文「醋」音譯作“dzu”。

表中「院」、「寺」，國家圖書館藏本滿文俱作“juktehen”，天理圖書館藏本滿文據漢文「廟」音譯俱作“miyoo”。表中「山門」，國家圖書館藏本滿文作“juktehen i duka”，天理圖書館藏本滿文作“miyoo i duka”，意即「廟門」。表中「只有那一步遠」，國家圖書館藏本滿文作“arkan emu okson i ufuhi bi”，句中“ufuhi”，意指分兒，天理圖書館藏本滿文作“ufihi”，異。表中「渾俗和光」，國家圖書館藏本滿文作“jalan de uhe dakū”，天理圖書館藏本滿文作“yaya de, uhei dakū”，句中「渾俗」，國家圖書館藏本滿文作“jalan de”，意即「世上」，天理圖書館藏本滿文作“yaya de”，意即「諸凡」。句中「和光」，國家圖書館藏本滿文作“uhe dakū”，意即「不分彼此」。表中「牢染在肝腸」，國家圖書館藏本滿文作“duha do de singgetei icebuhe”，句中“singgetei”，意即「浸透」，天理圖書館藏本滿文作“singgeltei”，異。表中「男才女貌」，國家圖書館藏本滿文作“haha erdemungge, gege hocikon”，句中“gege”，意即「姊姊」，天理圖書館藏本滿文作“hehe”，意即「女人」。表中「眉兒淺淡」，國家圖書館藏本滿文作“faitan suhun biyabiyahūn”，句中“biyabiyahūn”，天理圖書館藏本滿文作“biyancihiyan”，異。表中「羅袂生寒」，句中「羅」，天理圖書館藏本滿文作“lo”，國家圖書館藏本滿文作“lu”，異。表中「畫堂」，國家圖書館藏本滿文作“niruha tanggin”，天理圖書館藏本滿文作“niruha yamun”，意即「畫院」。表中「追薦父母」，國家圖書館藏本滿文作“ama ajai jalin amcame karulara”，天理圖書館藏本滿文作“ama aja jalin amcame karulara”，句中脫落“i”，當作“i jalin”。表中「旗」，天理圖書館藏本滿文作“tu”，意即「纛」，國家圖書館藏本滿文作“turun”。表中「錦囊」，天理圖書館藏本滿文作“gecuheri fadu”，國家圖書館藏本滿文作“gecuheri fafu”。表中「胡云」，國家圖書館藏本滿文作“balai hendurengge”，天理圖書館藏本滿文作“bahai hendurengge”。表中「麾下」，天理圖書館藏本滿文作“tu i fejile”，國家圖書館藏本滿文作“turun i fejile”，意即「軍旗下」，乃對武官之敬稱。表中「寒暄再隔」，意即「兩易寒暑」，國家圖書館藏本滿文作“halhūn šahūrun be juwenggeri hetuhe”，天理圖書館藏本滿文作“halhūn šahūrun juwenggeri hetuhe”，句中脫落“be”。表中「東閣」，國家圖書館藏本滿文作“dergi taktu”句中「閣」，滿文作“taktu”，天理圖書館藏本滿文音譯作“leose”；「樓閣」，天理圖書館藏本滿文作“taktu leose”，句中「閣」，滿文音譯作“leose”；國家圖書館藏本滿文作“asari”，異。表中「角帶」，國家圖書館藏本滿文作“weihei toohan”，意即「腰帶兩頭串用獸角的飾件」，句中“toohan”，天理圖書館藏本滿文作“tohan”，異。表中「不請街坊」，國家圖書館藏本滿文作“adaki boo be solihakū”，句中“solihakū”，意即「不請」，天理圖書館藏本滿文作“helnehekū”，意即「不邀」。表中「瞧破」，國家圖書館藏本滿文作“sereme”，意即「發覺」，天理圖書館藏本滿文作“feciteme”，意即「發覺異樣」，異。表中「粧盒」，國家圖書館藏本滿文作“ijifun sithen”，句中“sithen”，意即「盒子」，天理圖書館藏本滿文據漢文「匣子」音譯作“hiyase”。表中「放刁」，國家圖書館藏本滿文作“cahūšame”，意即「撒潑」、「胡攪蠻纏」，天理圖書館藏本滿文作“cahūdame”，異。

錫伯文《滿漢合璧西廂記》的滿文譯本烏魯木齊新疆人民出版社出版校訂本與天理圖書館藏本，頗為相近，可列簡表如下。

天理圖書館藏本與烏魯木齊校訂本滿漢詞彙對照表

標目	漢文	天理圖書館藏本	羅馬拼音	烏魯木齊校訂本	羅馬拼音
驚艷第一章	夫主姓崔	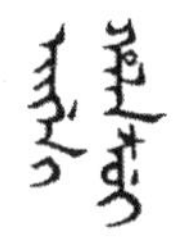	eigen i hala ts'ui	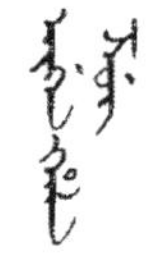	eigen hala dzui
	祇生這個女兒	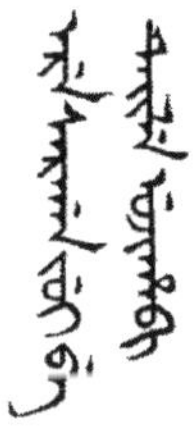	ere sargan jui be teile ujihabi	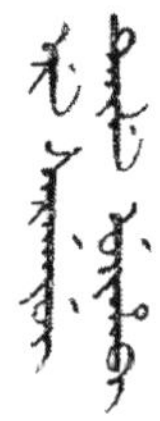	ere sarganjui teile ujihabi
	遊藝中原	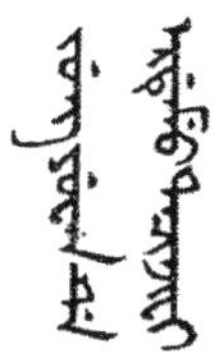	jung yuwan de erdemu tacinjifi	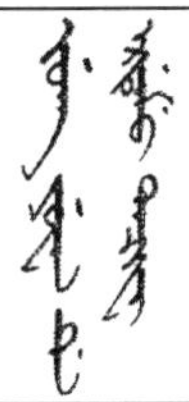	jung yuwan de erdemu tacifi
	棘圍呵守煖	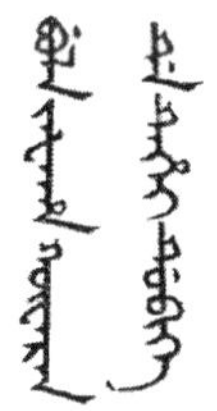	bula jafaha kūwaran de tehei dubike	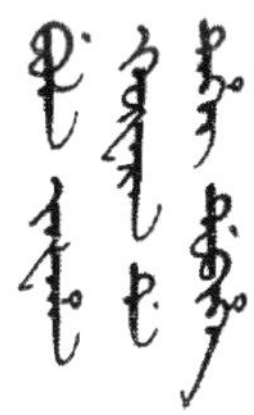	bula jafaha kūwaran de tehei dubihe
	這裡好一座店兒	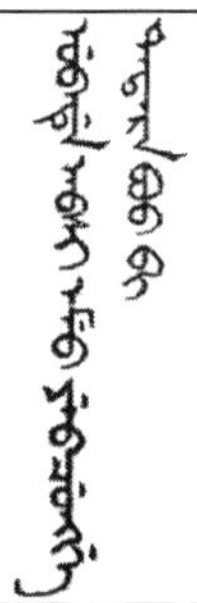	ubade absi emu yebcungge tatara boo bi	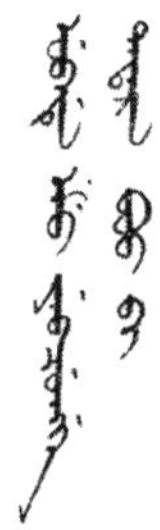	ubade emu yebcungge tatara boo bi

標目	漢文	天理圖書館藏本	羅馬拼音	烏魯木齊校訂本	羅馬拼音
驚艷第一章	小僧法聰	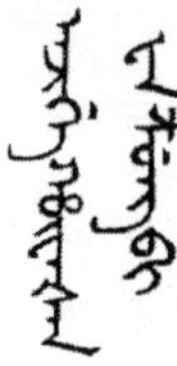	ajige hūwašan fa ts'ung bi	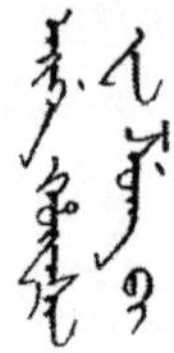	ajige hūwašan fa dzung bi
	着我在寺中	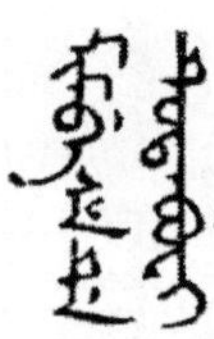	mimbe sy de tutabufi	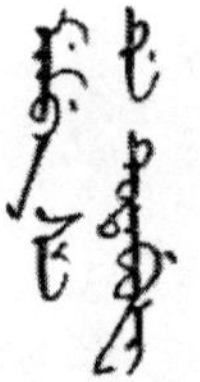	membe sy de tutabufi
	偏宜貼翠花鈿	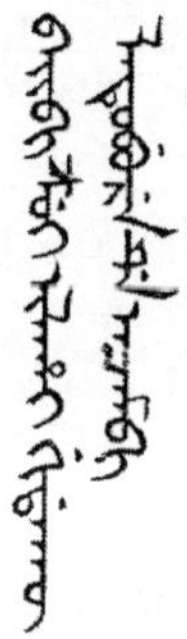	baibi ts'ui ilhai gidakū latubure de acambi	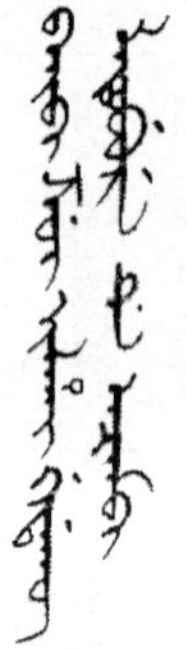	baibi dzui ilhai gidakū latubure de acambi
	侵入鬢雲邊	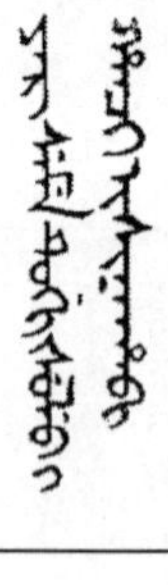	yar seme tugi šulu i hanci isinahabi	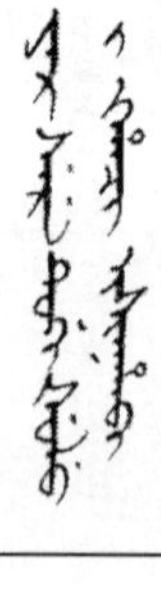	yar sere tugi šulu i hanci isinahabi
	後	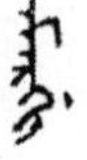	amargi		mudan i amargi

標目	漢文	天理圖書館藏本	羅馬拼音	烏魯木齊校訂本	羅馬拼音
驚艷第一章	休題眼角留情處	ᠶᠠᠰᠠᡳ ᡥᠣᡧᠣᡳ ᡩᡝᡵᡳ ᠨᠠᡵᠠᡧᠠᡥᠠ ᠪᡝ ᠠᡳᠰᡝᡥᡝ	yasai hošoi deri narašaha be aisehe	ᠶᠠᠰᠠᡳ ᡥᠣᡧᠣ ᡩᡝᡵᡳ ᠨᠠᡵᠠᡧᠠᡥᠠ ᠪᡝ ᠠᡳᠰᡝᡥᡝ	yasai hošo deri narašaha be aisehe
	只有那一步遠	ᠠᡵᡴᠠᠨ ᡝᠮᡠ ᠣᡴᠰᠣᠨ ᡳ ᡠᡶᡳᡥᡳ ᠪᡳ	arkan emu okson i ufihi bi	ᠠᡵᡴᠠᠨ ᡝᠮᡠ ᠣᡴᠰᠣᠨ ᡳ ᡠᡶᡠᡥᡳ ᠪᡳ	arkan emu okson i ufuhi bi
	粉墻兒高似青天	ᡧᠠᠩᡤᡳᠶᠠᠨ ᡶᡠ ᡳ ᡩᡝᠨ, ᠨᡳᠣᡥᠣᠨ ᠠᠪᡴᠠᡳ ᠠᡩᠠᠯᡳ	šanggiyan fu i den, niohon abkai adali	ᡧᠠᠩᡤᡳᠶᠠᠨ ᡶᡠ ᡳ ᡩᡝᠨ, ᠨᡳᠣᡥᠣᠨ ᠠᠪᡴᠠᡳ ᠠᡩᠠᠯᡳ	šanggiyan fu i den, niohon abkai adali
	恨天不與人方便	ᡴᠣᡵᠣ, ᠠᠪᡴᠠ ᠨᡳᠶᠠᠯᠮᠠ ᡩᡝ ᠠᡳᠨᡠ ᡨᡠᠰᠠ ᠠᡵᠠᡵᠠᡴᡡ ᠨᡳ	koro, abka niyalma de ainu tusa ararakū ni	ᡤᠣᡵᠣ ᠠᠪᡴᠠ ᠨᡳᠶᠠᠯᠮᠠ ᡩᡝ ᠠᡳᠨᡠ ᡨᡠᠰᠠ ᠠᡵᠠᡵᠠᡴᡡ ᠨᡳ	goro abka niyalma de ainu tusa ararakū ni

標目	漢文	天理圖書館藏本	羅馬拼音	烏魯木齊校訂本	羅馬拼音
驚艷第一章	蘭麝香仍在	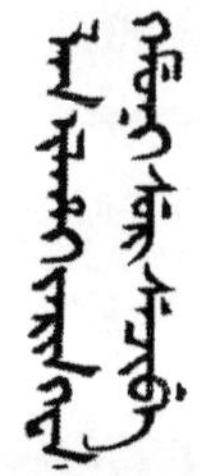	lan ilhai jarin i wa, kemuni sur secibe	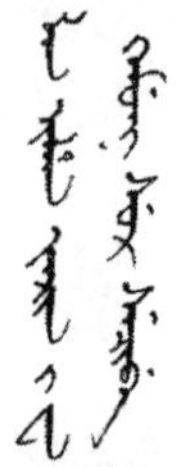	lan ilha jarin i wa kemuni sur secibe
借廂第二章	夜來有一秀才自西洛而來	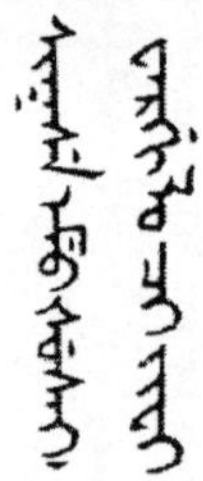	sikse emu šusai, wargi lo ci jifi	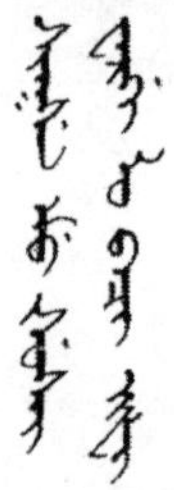	sikse emu šusai wargi lo baci jifi
	自夜來見了那小姐		sikse tere siyoo jiyei be sabuha ci		sikse tere siyoo giyei be sabuha ci
	與我那可憎才居止處	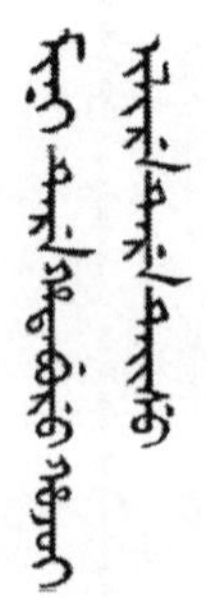	mini tere hataburu hojoi ilire tere teisu	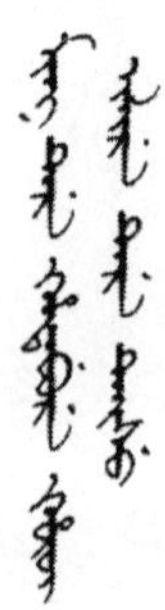	mini tere hatabure hojoi ilire tere teisu

標目	漢文	天理圖書館藏本	羅馬拼音	烏魯木齊校訂本	羅馬拼音
借廂第二章	任憑人說短論長	ᠨᡳᠶᠠᠯᠮᠠᡳ ᠴᡳᡥᠠᡳ ᡥᠣᡳ ᡤᠣᠯᠮᡳᠨ ᡶᠣᡥᠣᠯᠣᠨ ᠪᡝ ᠵᡠᠪᡠᡧᡝᡴᡳᠨᡳ	niyalmai cihai hoi golmin foholon be jubušekini	ᠨᡳᠶᠠᠯᠮᠠᡳ ᠴᡳᡥᠠᡳ ᡥᠣᡳ ᡤᠣᠯᠮᡳᠨ ᡶᠣᡥᠣᠯᠣᠨ ᠪᡝ ᠵᡠᠪᡝᡧᡝᡴᡳᠨᡳ	niyalmai cihai hoi golmin foholon be jubešekini
	鶻伶淥老不尋常	ᡴᡳᠶᠠᠪ ᡴᡳᠪ ᠰᡝᠮᡝ᠈ ᠰᡝᡴᡨᡠ ᠰᡝᡩᡝᡥᡝᡵᡳ ᠵᠠ ᠠᡴᡡ	kiyab kib seme, sektu sedeheri ja akū	ᡴᡳᠶᠣᠣ ᡴᡳᠣ ᠰᡝᠮᡝ ᠰᡝᡴᡨᡠ ᠰᡝᡩᡝᡥᡝᡵᡳ ᠵᠠ ᠠᡴᡡ	kiyoo kio seme sektu sedeheri ja akū
	本云使得	ᡶᠠ ᠪᡝᠨ ᡥᡝᠨᡩᡠᠮᡝ᠈ ᡝᠰᡳ ᠣᠴᡳ	fa ben hendume, esi oci	ᡶᠠ ᠪᡝᠨ ᡥᡝᠨᡩᡠᠮᡝ᠉ ᡝᠰᡳ ᠣᠮᠪᡳ	fa ben hendume: esi ombi
	崔家女艷妝莫不演撒上老潔郎	ᡮᡠᡳ ᡥᠠᠯᠠᡳ ᠰᠠᡵᡤᠠᠨ ᠵᡠᡳ ᡴᠣᡳᡨᠣᠨ᠈ ᠠᡳᡴᠠ ᠰᠠᡴᡩᠠ ᡤᡳᠨᠴᡳᡥᡳᠶᠠᠨ ᠠᡤᡠ ᠪᡝ ᠴᡳᡥᠠᠯᠠᠮᠪᡳ ᠠᠶᠣᠣ	ts'ui halai sargan jui koiton, aika sakda gincihiyan agu be cihalambi ayoo	ᡯᡠᡳ ᡥᠠᠯᠠᡳ ᠰᠠᡵᡤᠠᠨ ᠵᡠᡳ ᡴᠣᡳᡨᠣᠨ ᠰᠠᡳᡴᠠᠨ ᠰᠠᡴᡩᠠ ᡤᡳᠨᠴᡳᡥᡳᠶᠠᠨ ᠠᡤᡠ ᠪᡝ ᠴᡳᡥᠠᠯᠠᠮᠪᡳ ᠠᠶᠣᠣ	dzui halai sargan jui koiton saikan sakda gincihiyan agu be cihalambi ayoo

標目	漢文	天理圖書館藏本	羅馬拼音	烏魯木齊校訂本	羅馬拼音
借廂第二章	這是崔相國小姐孝心	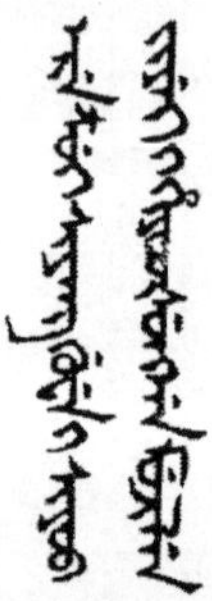	ere ts'ui siyang guwe i siyoo jiyei i hiyoošungga mujilen		ere dzui siyang guwe i siyoo jiyei hiyoošungga mujilen
	休言偎傍	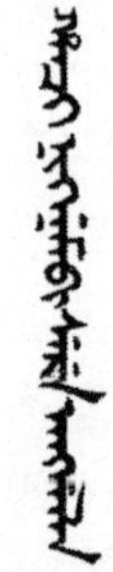	hanci nikenembi sere anggala	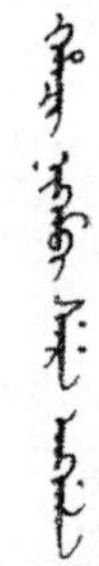	hanci nikembi sere anggala
	張生迎揖云	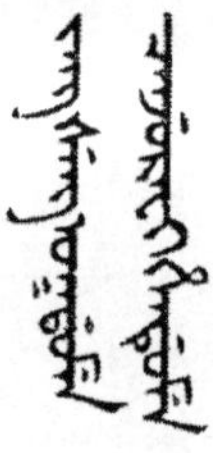	jang šeng okdome canjurafi hendume		jang šeng okdome cacurafi hendume
	正月十七日子時建生	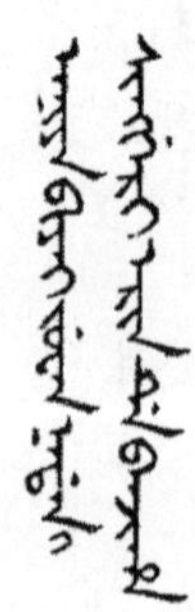	aniya biyai juwan nadan i singgeri erin de banjiha	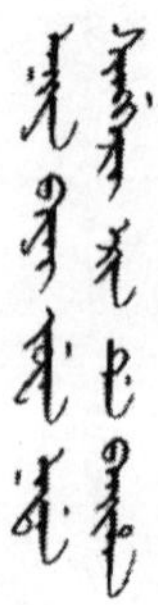	aniya biyai juwan nadan singgeri erin de banjiha

標目	漢文	天理圖書館藏本	羅馬拼音	烏魯木齊校訂本	羅馬拼音
借廂第二章	非禮無動		dorolon waka aššarakū serakū		dorolon waka aššarakū serkū
	俺老夫人治家嚴肅凜若冰霜	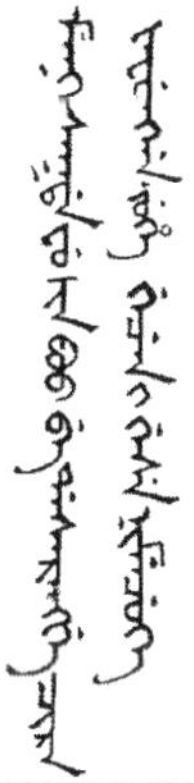	meni sakda fu žin boo be dasarangge cira fafungga, juhe gecen i gese nimecuke	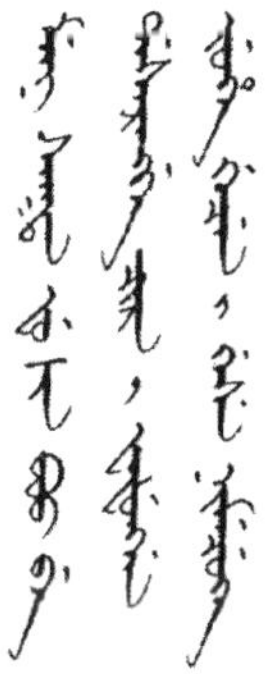	meni sakda fu žin boo be dasarangge cira, fafungga juhe gecen i gese nimecuke
	非奉呼喚不敢輒入中堂	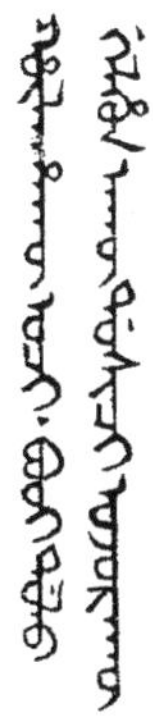	hūlahakū oci, booi dolo gelhun akū dosici ojorakū		hūlahakū oci, boo dolo gelhun akū dosici ojorakū

標目	漢文	天理圖書館藏本	烏魯木齊校羅馬拼音	訂本	羅馬拼音
借廂第二章	豈便干休	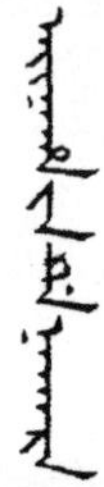	ainaha ja de nakara		ainaha ja i nakara
	心懷悒怏	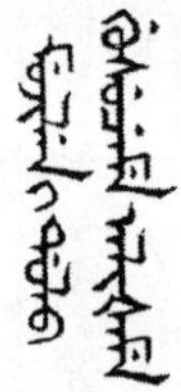	mujilen i dolo gusuceme ališame	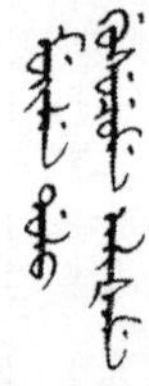	mujilen dolo gusucume ališame
	你不合臨去也回頭望	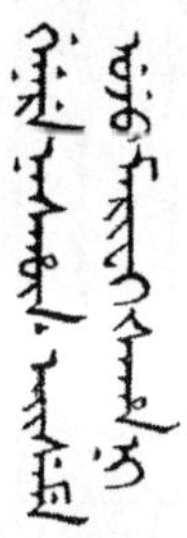	genere nashūn, aiseme uju marifi šaha ni	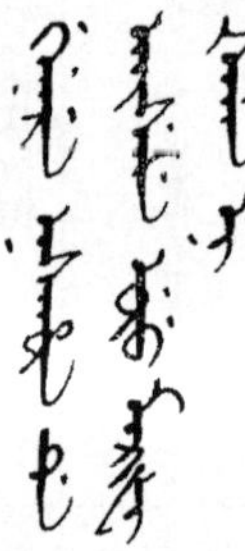	genere nashūn de aiseme uju marifi šaha ni
	也只怕是漏洩春光與乃堂	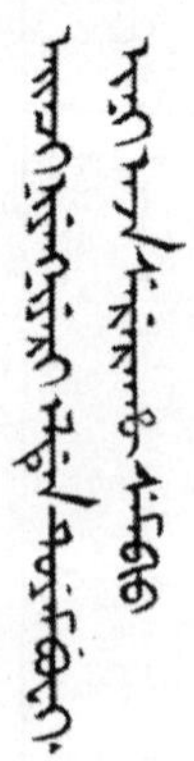	ainci niyengniyeri elden tuyembufi, ini aja sererahū sembio		ainci niyengniyeri elden tuyembufi, ini aja sererhakū sembio

標目	漢文	天理圖書館藏本	羅馬拼音	烏魯木齊校訂本	羅馬拼音
借廂第二章	小生正恭儉溫良	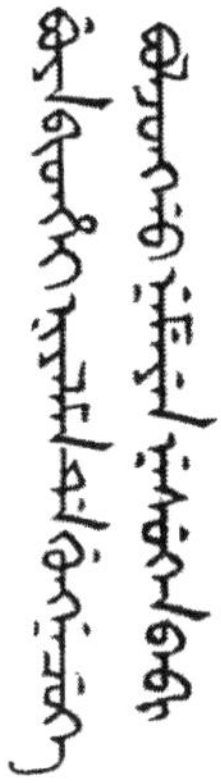	buya bithei niyalma de gungnecuke boljonggo nemeyen nesuken babi	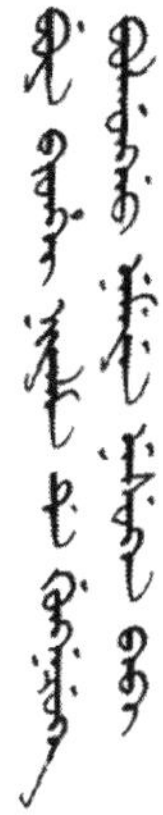	buya bithei niyalma de gungnecuke bolgonggo nemeyen nesuken babi
	紅娘他眉兒是淺淺描	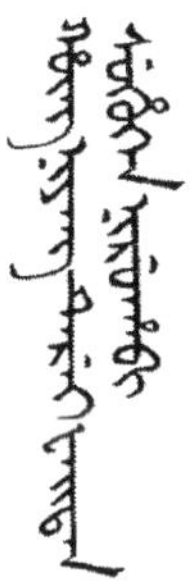	hūng niyang terei faitan suhuken niruhabi	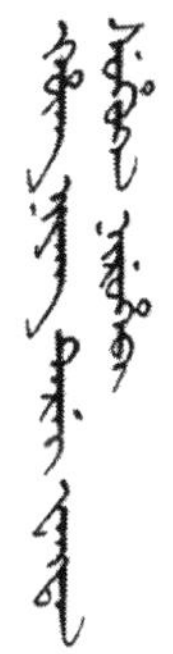	hūng niyang terei faitan suhuken niruhebi
	他粉香膩玉搓咽項	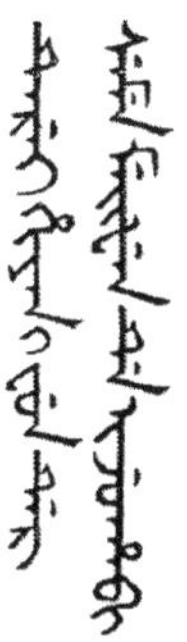	terei hiyan i fun der seme meifen de ijuhabi	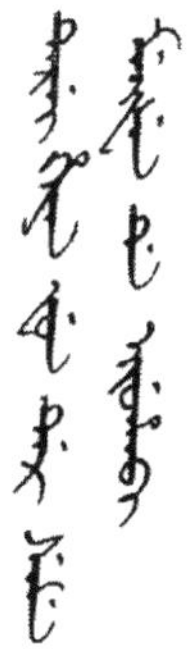	terei hiyan fun der seme meifen de ijuhabi

標目	漢文	天理圖書館藏本	羅馬拼音	烏魯木齊校訂本	羅馬拼音
借廂第二章	張生轉身		jang šeng beye marifi		jang šeng beye marinjifi
	紅娘我院宇深	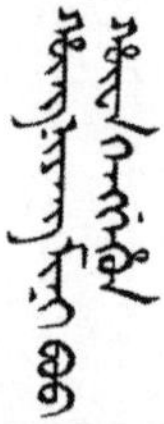	hūng niyang mini boo hūwa kenggehun	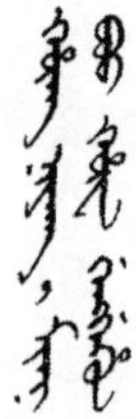	hūng niyang, mini boo hūwa genggehun
	着甚支吾此夜長	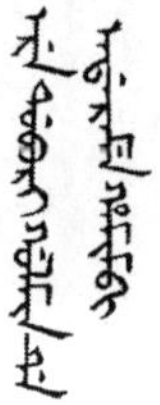	ere dobori golmin de adarame hamimbi	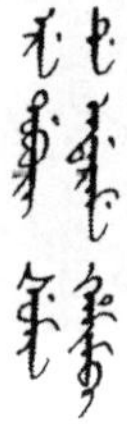	ere dobori šumin de adarame hamimbi
酬韻第三章	母親使紅娘問長老修齋日期去了多時	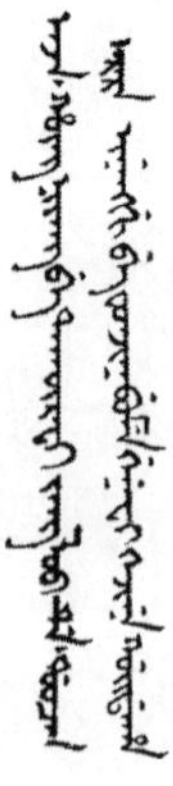	aja, hūng niyang be takūrafi jang loo de, doocan arara inenggi be fonjinabume genefi kejine goidaha	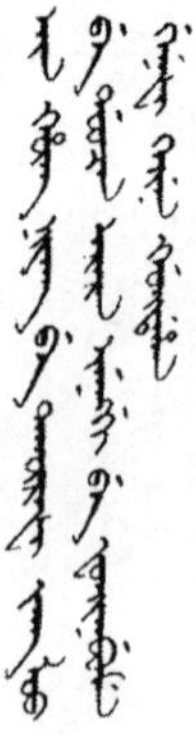	aja hūng niyang be takūrafi jang loo be doocan arara inenggi be fonjinabume genefi kejine goidaha

標目	漢文	天理圖書館藏本	羅馬拼音	烏魯木齊校訂本	羅馬拼音
酬韻第三章	小娘子莫非鶯鶯小姐侍妾紅娘乎	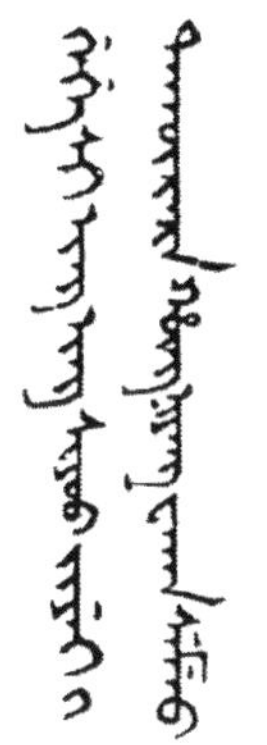	gege si ing ing siyoo jiyei i takūrara hūng niyang waka semeo		gege si ing ing siyoo jiyei i takūrara hūng niyang waka semao
	等閒飛出廣寒宮	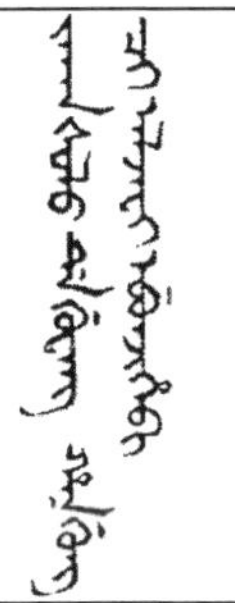	jaka šolo de guwang han̠ gung ci aljafi ebunjihebi	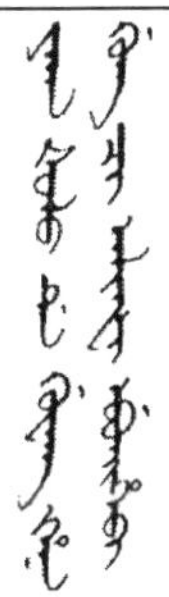	yaka šolo de guwang han̠ gung ci aljafi ebunjihebi
	如洛水神人欲入陳王麗賦	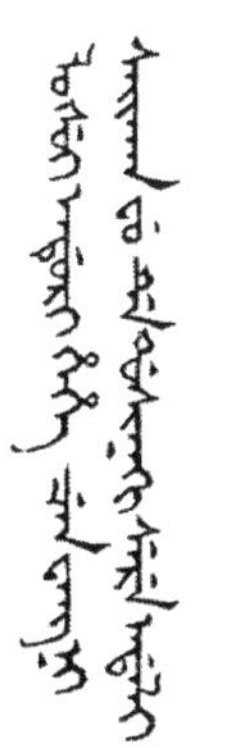	lo šui enduri hehe cen wang ni saikan fu de dosinaki sere adali	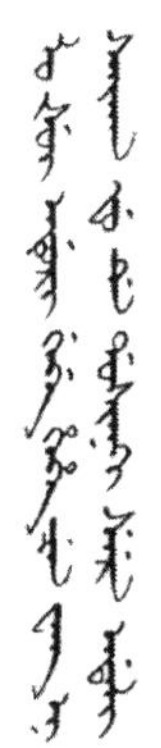	lo šui enduri gege hehe cen wang ni saikan fu de dosinaki sere adali

標目	漢文	天理圖書館藏本	羅馬拼音	烏魯木齊校訂本	羅馬拼音
酬韻第三章	願亡過父早生天界	ᠠᡴᡡ ᠣᡥᠣ ᠠᠮᠠ ᠪᡝ ᡥᡡᡩᡠᠨ ᠠᠪᡴᠠᡳ ᠵᡝᠴᡝᠨ ᡩᡝ ᠪᠠᠨᠵᡳᠨᠠᠪᡠᡵᡝᠣ	akū oho ama be hūdun abkai jecen de banjinabureo	ᠠᡴᡡ ᠣᡥᠣ ᠠᠮᠠ ᠪᡝ ᡥᡡᡩᡠᠨ ᠠᠪᡴᠠᡳ ᠵᡝᠴᡝᠨ ᡩᡝ ᠪᠠᠨᠵᡳᠪᡠᡵᡝᠣ	akū oho ama be hūdun abkai jecen de banjibureo
	願中堂老母百年長壽	ᠪᠣᠣᡳ ᠰᠠᡴᡩᠠ ᠠᠵᠠ ᠪᡝ ᠵᠠᠯᠠᡶᡠᠨ ᡤᠣᠯᠮᡳᠨ ᠣᠪᡠᡵᡝᠣ	booi sakda aja be jalafun golmin obureo	ᠰᠠᡴᡩᠠ ᠠᠵᠠ ᠪᡝ ᠵᠠᠯᠠᡶᡠᠨ ᡤᠣᠯᠮᡳᠨ ᠣᠪᡠᡵᡝᠣ	sakda aja be jalafun golmin obureo
	碧熒熒是短檠燈	ᡤᡝᡥᡠᠨ ᡤᡝᡵᡳᠯᠠᡵᠠᠩᡤᡝ ᡶᠠᠩᡴᠠᠯᠠ ᡥᡳᠶᠠᠪᡠᠯᠠᡴᡡᡳ ᡩᡝᠩᠵᠠᠨ	gehun gerilarangge fangkala hiyabulakūi dengjan	ᡤᡝᡥᡠᠨ ᡤᡝᡵᡳᠯᠠᡵᠠᠩᡤᡝ ᡶᠠᠩᡴᠠᠯᠠᠨ ᡥᡳᠶᠠᠪᡠᠯᠠᡴᡡᡳ ᡩᡝᠩᠵᠠᠨ	gehun gerilarangge fangkalan hiyabulakūi dengjan
鬧齋第四章	犬兒休惡	ᡳᠨᡩᠠᡥᡡᠨ ᡴᡝᡵᡴᡳᡵᠠᡴᡡ ᠣᡴᡳᠨᡳ	indahūn kerkirakū okini	ᡳᠨᡩᠠᡥᡡᠨ ᡤᠣᠯᠣᡵᡴᡡ ᠣᡴᡳᠨᡳ	indahūn golorkū okini

標目	漢文	天理圖書館藏本	羅馬拼音	烏魯木齊校訂本	羅馬拼音
鬧齋第四章	成就了幽期密約	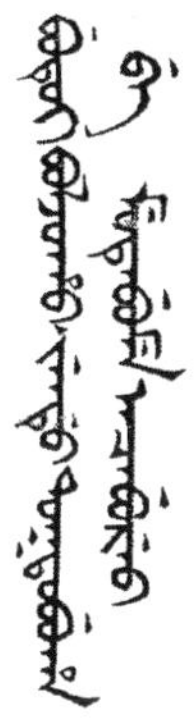	butui boljoho, jendu toktobuha be mutebume acabureo	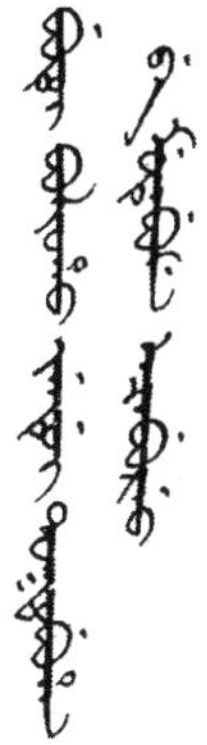	butui boljoho jendui toktobuha be mutebume acabureo
	父母亡後無可相報	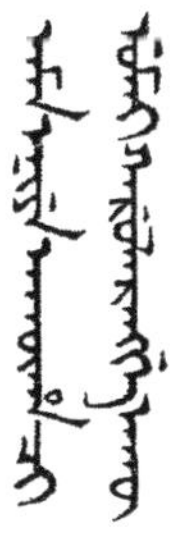	ama eniye akūha ci, umai karularangge akū	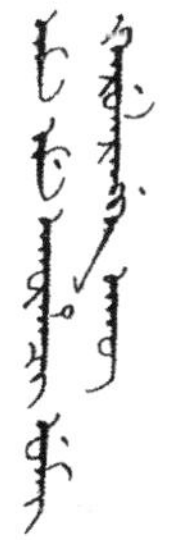	ama eme akūhaci umai karularangge akū
警寺第五章	探知		urahilame donjici	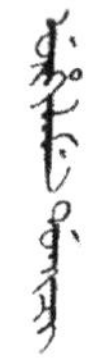	urhilame donjici
	多曾有人看見		kejine niyalma sabuha bihe		kejine niyalma sabuha

標目	漢文	天理圖書館藏本	羅馬拼音	烏魯木齊校訂本	羅馬拼音
警寺第五章	慍的早嗔	ᡩᡠᠯᡝ ᠮᠠᠩᡤᠠᡧᠠᡥᠠᡳ ᡠᡨᡥᠠᡳ ᡶᠣᠰᡴᡳᠶᠠᠮᠪᡳᡥᡝ	dule manggašahai uthai foskiyambihe	ᡩᡠᠯᡝ ᠮᠠᠩᡤᠠᡧᠠᡥᠠᡳ ᡠᡨᡥᠠᡳ ᡶᠣᠰᠣᡴᡳᠶᠠᠮᠪᡳᡥᡝ	dule manggašahai uthai fosokiyambihe
	我前夜詩依前韻	ᠮᡳᠨᡳ ᠴᠠᠨᠠᠩᡤᡳ ᠶᠠᠮᠵᡳ ᡧᡳ᠈ ᠵᡠᠯᡝᡵᡤᡳ ᠮᡠᡩᠠᠨ ᠪᡝ ᡩᠠᡥᠠᠮᡝ	mini cananggi yamji ši, julergi mudan be dahame	ᠮᡳᠨᡳ ᠴᠠᠨᠠᠩᡤᡳ ᠶᠠᠮᠵᡳ ᡧᡳ ᡳ ᠵᡠᠯᡝᡵᡤᡳ ᠮᡠᡩᠠᠨ ᠪᡝ ᡩᠠᡥᠠᠮᡝ	mini cananggi yamji ši i julergi mudan be dahame
	風聞胡云道我	ᡠᡵᠠᡥᡳᠯᠠᠮᡝ ᡩᠣᠨᠵᡳᠴᡳ᠈ ᠪᠠᡥᠠᡳ ᡥᡝᠨᡩᡠᡵᡝᠩᡤᡝ ᠮᡳᠮᠪᡝᠨᠠ	urahilame donjici, bahai hendurengge mimbena	ᡠᡵᠠᡥᡳᠯᠠᠮᡝ ᡩᠣᠨᠵᡳᠴᡳ᠈ ᠪᠠᠯᠠᡳ ᡥᡝᠨᡩᡠᡵᡝᠩᡤᡝ ᠮᡳᠮᠪᡝ	urahilame donjici, balai hendurengge mimbe
	等三日功德圓滿	ᡳᠯᠠᠨ ᡳᠨᡝᠩᡤᡳ ᡩᠣᠣᠴᠠᠨ ᡳ ᠪᠠᡳᡨᠠ ᠵᠠᠯᡠᡶᡳ	ilan inenggi doocan i baita jalufi	ᡳᠯᠠᠨ ᡳᠨᡝᠩᡤᡳ ᡩᠣᠣᠴᠠᠨ ᠪᠠᡳᡨᠠ ᠵᠠᠯᡠᡶᡳ	ilan inenggi doocan baita jalufi

標目	漢文	天理圖書館藏本	羅馬拼音	烏魯木齊校訂本	羅馬拼音
警寺第五章	也自防玉石俱焚	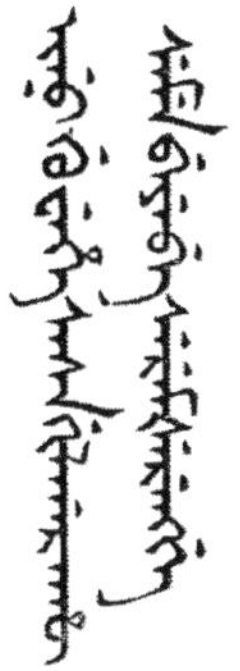	inu gu wehe sasa gilgarahū seme beyebe seremšerengge	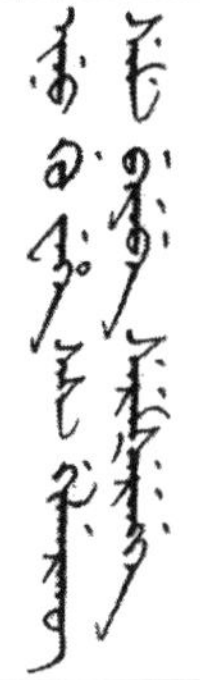	inu gu wehe sasa gilgarakū seme beyebe seremšerengge
	我有書送與白馬將軍	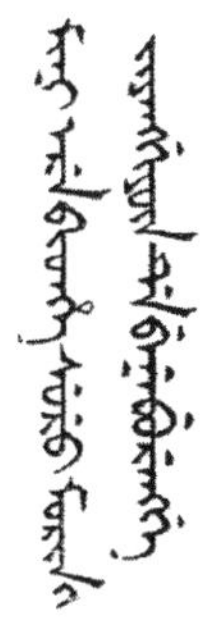	mini ere bithe suru morin i jiyanggiyūn de beneburengge	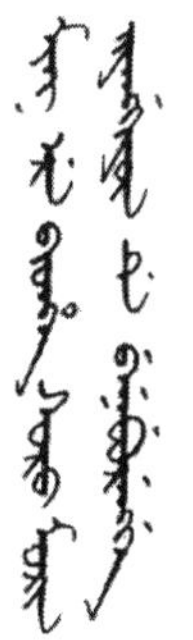	mini ere bithe soro morin jiyanggiyūn de beneburengge
	這些時吃菜饅頭	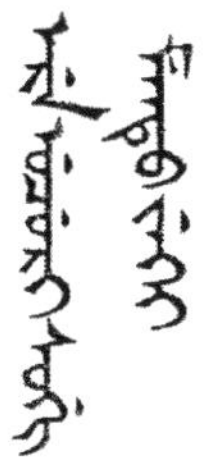	ere ucuri sogi mentu jekei	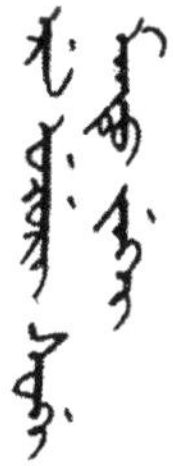	ere ucuri sogi mantu jekei
	我撞釘子	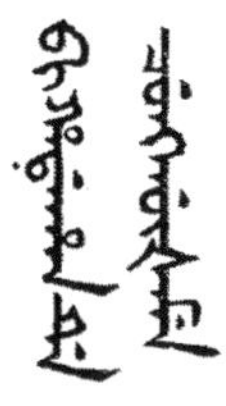	bi hadahan de cunggūšame	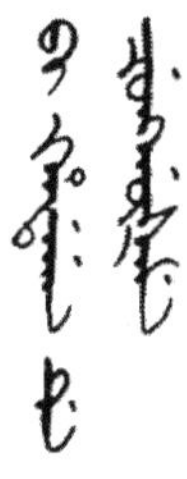	bi hadagan de cunggūšame

標目	漢文	天理圖書館藏本	羅馬拼音	烏魯木齊校訂本	羅馬拼音
警寺第五章	救我兄弟走一遭		mini deo be aitubuki	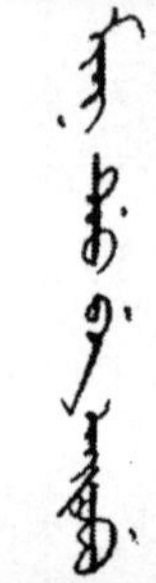	mini deo be aitubu
	你指望我饒你們也		suwembe guwebure be erembi dere	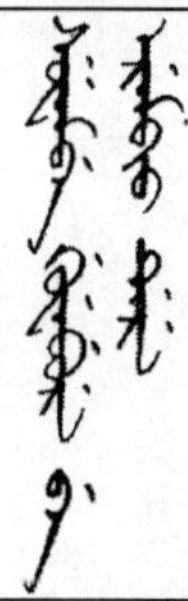	suwembe guwebure be erembio dere
	小弟賤恙		buya deo i fusihūn nimeku	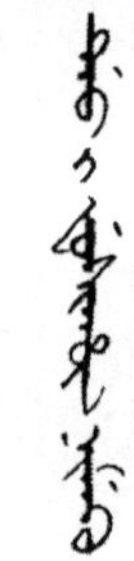	deo i fusihūn nimeku
	來請先生	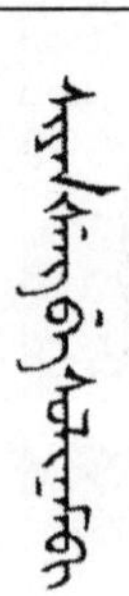	siyan šeng be solinambi	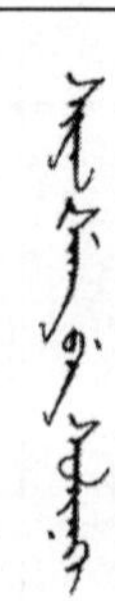	siyan šeng be solinaki

標目	漢文	天理圖書館藏本	羅馬拼音	烏魯木齊校訂本	羅馬拼音
請宴第六章	光油油		elden gilmarjara de		elden gelmerjere de
	一霎時		tartai andande		dartai andande
	新婚燕爾	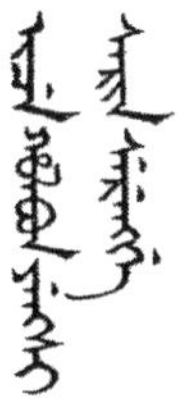	ice holbon yengsi sarin serengge	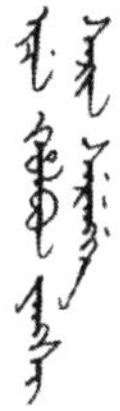	ice holbon yangsi sarin serengge
	真幽靜		yargiyan i bokšokon bolho		yargiyan i boksokon bolgo
	張生你來了也		jang šeng si jihebio		jang šeng si jiheo

標目	漢文	天理圖書館藏本	羅馬拼音	烏魯木齊校訂本	羅馬拼音
賴婚第七章	焉敢與夫人對坐	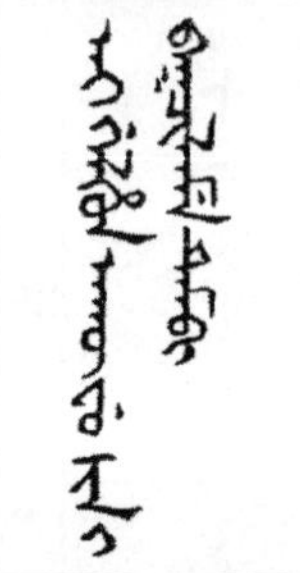	ai gelhun akū fu žin i bakcilame tembi	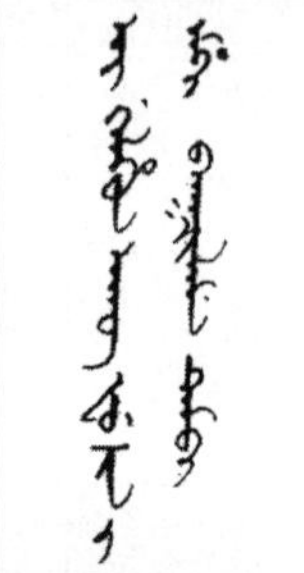	ai gelhun akū fu žin i emgi bakcilame tembi
	捲起東風簾幙	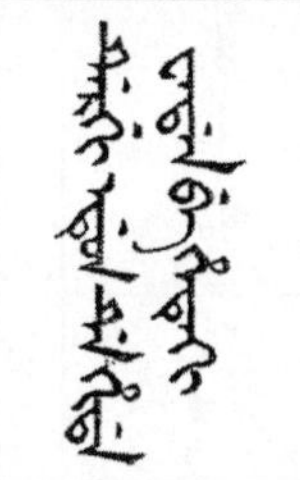	dergi edun de hida wadan be heteki	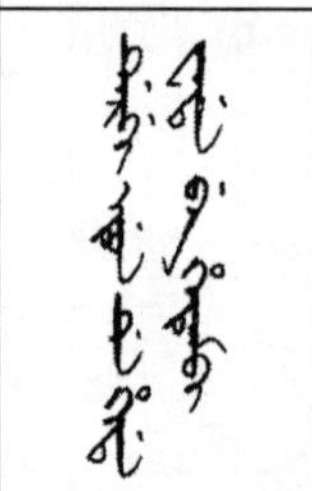	dergi edun de hida wada be hetembi
	吹彈得破	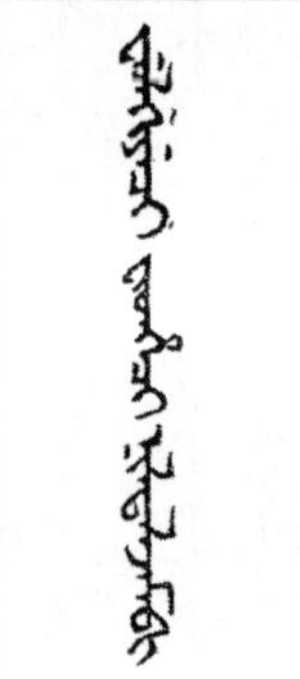	fulgiyeci fitheci niltaljambi	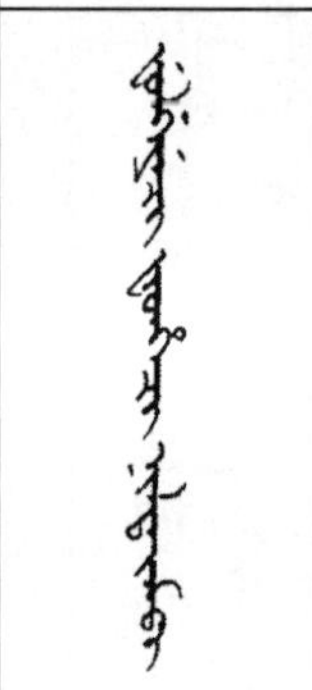	fulgiyeci fitheci niltajambi
	道我宜梳粧的臉兒	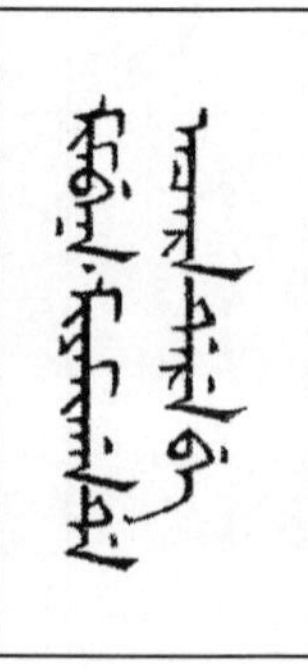	mimbena, miyamigan de acara dere be	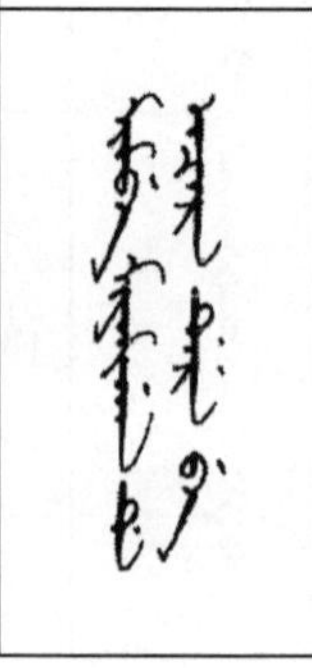	mimbe miyamigan de acara dere be

標目	漢文	天理圖書館藏本	羅馬拼音	烏魯木齊校訂本	羅馬拼音
賴婚第七章	恐怕張羅	ᡩᠠᠮᡠ ᠠᠰᠠᡥᠠ ᡶᠠᠰᠠᡥᠠ ᡩᡝ ᡝᡴᠰᡝᠮᠪᡳ	damu asaha fasaha de eksembi	ᡩᠠᠮᡠ ᠠᠰᠠᡥᠠ ᡶᠠᠰᠠᡥᠠ ᡩᡝ ᡝᡴᡧᡝᠮᠪᡳ	damu asaha fasaha de ekšembi
	撲騰騰	ᡥᡡᡵ ᠰᡝᠮᡝ ᡨᠠᠶᠠᡶᡳ	hūr seme tayafi	ᡥᡡᡵ ᠰᡝᠮᡝ ᡩᠠᠶᠠᡶᡳ	hūr seme dayafi
	你久後思量怎奈何	ᠰᡳ ᠠᠮᠠᡤᠠ ᡳᠨᡝᠩᡤᡳ ᡴᡳᡩᡠᡵᡝ ᠪᡝ ᠠᡳᠨᠠᠴᡳ ᠣᠵᠣᡵᠣ	si amaga ineggi kidure be ainaci ojoro	ᠰᡳ ᠠᠮᡤᠠ ᡳᠨᡝᠩᡤᡳ ᡴᡳᡩᡠᡵᡝ ᠪᡝ ᠠᡳᠨᠠᠴᡳ ᠣᠵᠣᡵᠣ	si amga inenggi kidure be ainaci ojoro
	啞謎兒早已怎猜破	ᠪᡝᠵᡳᠯᡝᡵᡝ ᡤᡳᠰᡠᠨ ᠪᡝ᠈ ᠨᡳᠶᠠᠯᠮᠠ ᠠᡳᡶᡳᠨᡳ ᡨᡠᠯᠪᡳᠮᡝ ᠪᠠᡥᠠᠨᠠᡥᠠ	bejilere gisun be, niyalma aifini tulbime bahanaha	ᠪᡝᠵᡳᠯᡝᡵᡝ ᡤᡳᠰᡠᠨ ᠪᡝ᠈ ᠨᡳᠶᠠᠯᠮᠠ ᠠᡳᡶᡳᠨᡳ ᡨᡠᠯᠪᡳᠮᡝ ᠪᠠᡥᠠᡥᠠ	bejilere gisun be, niyalma aifini tulbime bahaha

標目	漢文	天理圖書館藏本	羅馬拼音	烏魯木齊校訂本	羅馬拼音
賴婚第七章	還要把甜話兒將人和	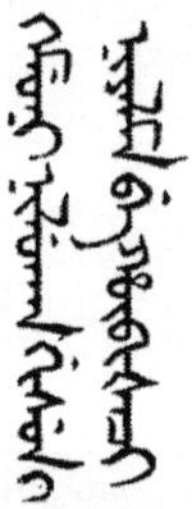	kemuni nilukan gisun i niyalma be hūbišaci	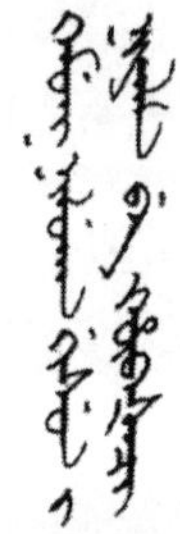	kemuni nilukan gisun i niyalma be hūbašaci
	淺淡櫻桃顆	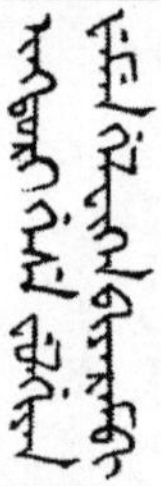	ingtori gese fulgiyan femen gelfiken biyarambi	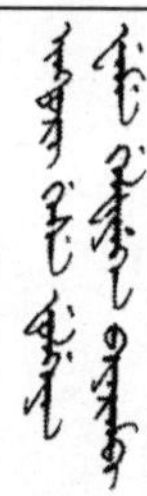	ingtori gese fulgiyan femen gelfiyeken biyarambi
	昏鄧鄧黑海來深	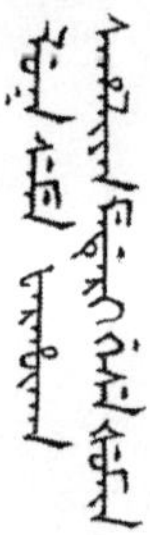	luk seme farhūkan sahaliyan mederi gese šumin	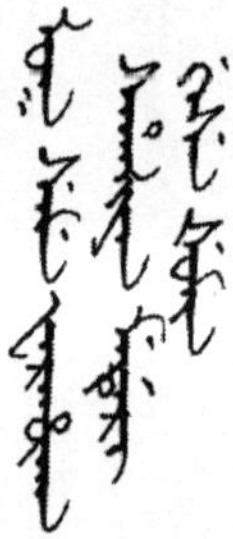	lok seme farhūkan sahaliyan mederi gese šumin
	把嫩巍巍雙頭花蕋搓	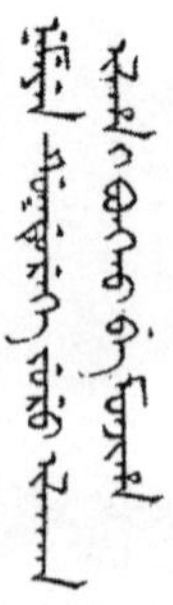	nemeyen dukdureke juru ilakan ilha i bongko be monjiha	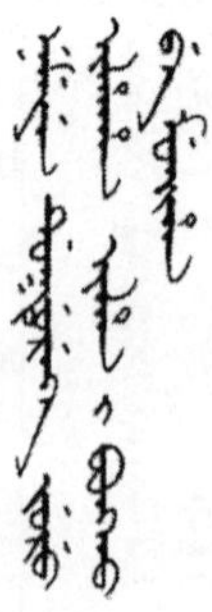	nemeyen dukdureke juru ilhaha ilha i bongko be munjiha

標目	漢文	天理圖書館藏本	羅馬拼音	烏魯木齊校訂本	羅馬拼音
賴婚第七章	不知夫人何見	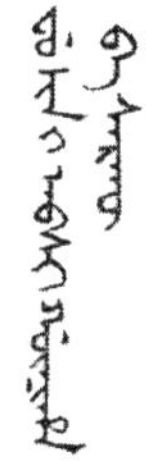	fu žin i absi gūniha be sarkū		fu žin i absi gūniha be sarakū
	紅娘扶張生		hūng niyang, jang šeng be wahiyame		hūng niyang jang šeng be weliyeme
	張先生少吃一杯却不是好	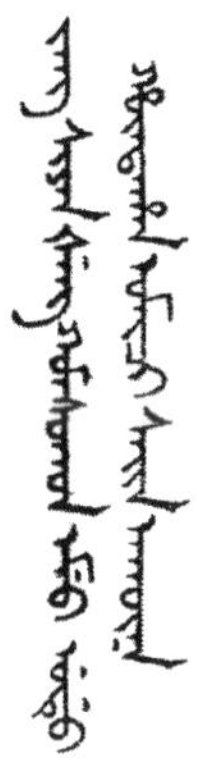	jang siyan šeng komsokon emu udu hūntahan omici sain akūna		jang siyan šeng komsokon emu udu hūntahan omici sain akūn
	兩廊下無數僧俗	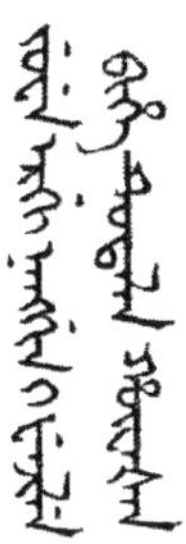	juwe ergi nanggin i fejile bihe tutala hūwašan	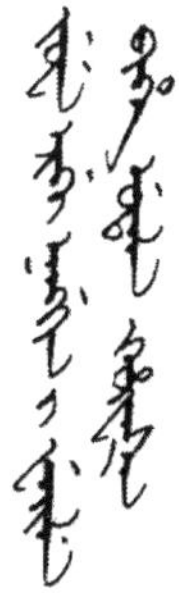	juwe ergi nanggin i fejile bihe utala hūwašan

標目	漢文	天理圖書館藏本	羅馬拼音	烏魯木齊校訂本	羅馬拼音
琴心第八章	花園		ilha yafan		ilhai yafan
	小姐燒香去來	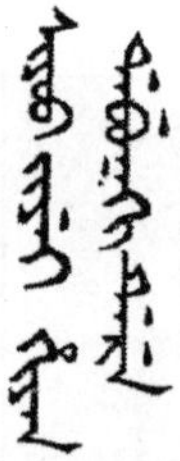	siyoo jiyei hiyan dabunaki dere		siyoo jiyei hiyan dabuki dere
	是裙拖得環珮玎玲		hūsihan ušarade, ashaha gu kalar kilir sere jilgon	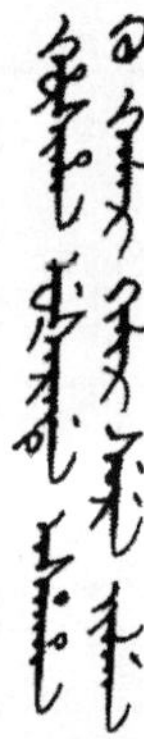	hūsihan ušarade ashaha gu kalar kilir sere jilgan
	是鐵馬兒簷前驟風	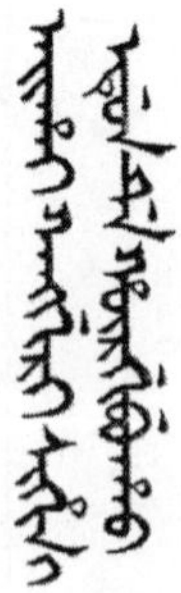	aihai kanggiri sihin i edun de hūrgibuhao		ainci kanggiri sihin i edun de hūrgibuhao

標目	漢文	天理圖書館藏本	羅馬拼音	烏魯木齊校訂本	羅馬拼音
琴心第八章	疎竹	ᡤᠠᠷᡤᡳᠶᠠᠨ ᠴᡠᠰᡝ ᠮᠣᠣ	gargiyan cuse moo	ᡤᠠᠷᡤᡳᠶᠠ ᠴᡠᠰᡝ ᠮᠣᠣ	gargiya cuse moo
	似落花流水溶溶	ᠰᡳᡥᠠᡥᠠ ᡳᠯᡥᠠ ᡝᠶᡝᠷᡝ ᠮᡠᡴᡝ ᡩᡝ ᠯᡠᠮᠪᡠᠷ ᠯᡠᠮᠪᡠᠷᠵᠠᠷᠠ ᡤᡝᠰᡝ	sihaha ilha, eyere muke de, lumbur lumburjara gese	ᠰᡳᡥᠠᡥᠠ ᡳᠯᡥᠠ ᡝᠶᡝᠷᡝ ᠮᡠᡴᡝ ᡩᡝ ᠯᡠᠮᠪᡠᠷ ᠯᡠᠮᠪᡠᠷᠵᡝᠷᡝ ᡤᡝᠰᡝ	sihaha ilha eyere muke de lumbur lumburjere gese
	不是知你自己情衷	ᠰᡳᠨᡳ ᠪᡝᠶᡝᡳ ᡤᡡᠨᡳᠨ ᡳ ᡩᠣᠷᡤᡳ ᠪᡝ ᠰᠠᠷᠠᠩᡤᡝ ᠸᠠᡴᠠ	sini beyei gūnin i dorgi be sarangge waka	ᠰᡳᠨᡳ ᠪᡝᠶᡝᡳ ᡤᡡᠨᡳᠨ ᡩᠣᠷᡤᡳ ᠪᡝ ᠰᠠᠷᠠᠩᡤᡝ ᠸᠠᡴᠠ	sini beyei gūnin dorgi be sarangge waka
	斷腸悲痛	ᡩᡠᡥᠠ ᠯᠠᡴᠴᠠᠮᡝ ᠠᡴᠠᠮᡝ ᡤᠣᠰᡳᡥᠣᠯᠣᠮᠪᡳ	duha lakcame akame gosiholombi	ᡩᡠᡥᠠ ᠯᠠᡴᠴᠠᠮᡝ ᡤᠣᠰᡳᡥᠣᠯᠣᠮᠪᡳ	duha lakcame gosiholombi

標目	漢文	天理圖書館藏本	羅馬拼音	烏魯木齊校訂本	羅馬拼音
琴心第八章	不得于飛兮		emgi yorakū oci		emgi jurarkū oci
	你便遲不得一步兒	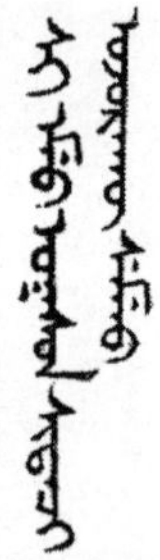	si emu okson sitaci ojorakū semeo		si emu okson sitaci ojorakū semu
前候第九章	相國行祠	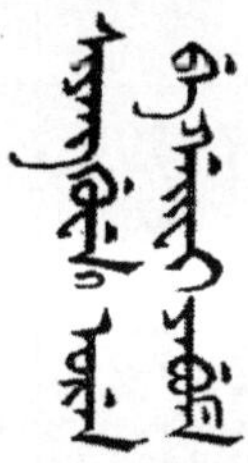	siyang guwe i oren be gaifi yabume	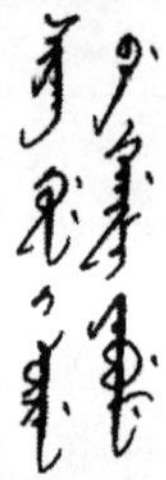	siyang guwe i ūren be gaifi yabume
	一個淹漬了臉上胭脂	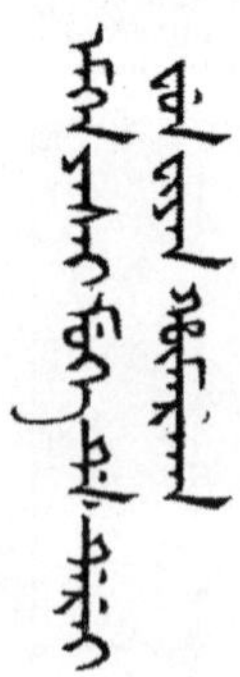	emken yasai muke de, derei fun fiyan hūmaraka	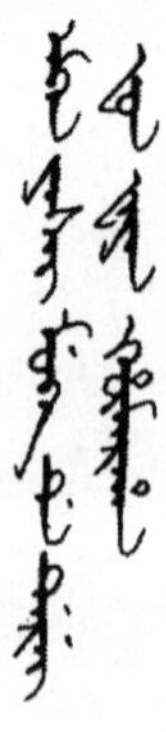	emken yasai muke de derei fon fiyan hūmaraha

標目	漢文	天理圖書館藏本	羅馬拼音	烏魯木齊校訂本	羅馬拼音
前候第九章	弦上的心事	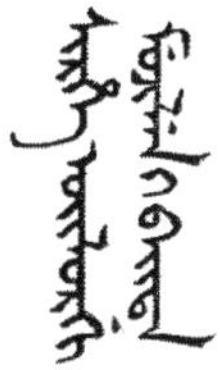	sirhe oilorgi mujilen i baita	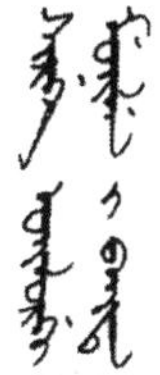	sirge oilorgi mujilen i baita
	可曾有甚言語只是不知小姐	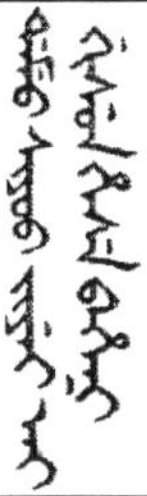	damu siyoo jiyei ai gisun hese baheni	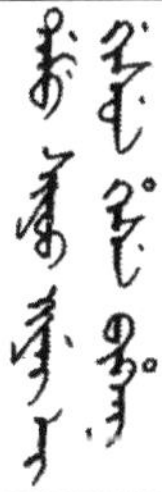	damu siyoo jiyei ai gisun hese biheni
	這簡帖兒我與你將去	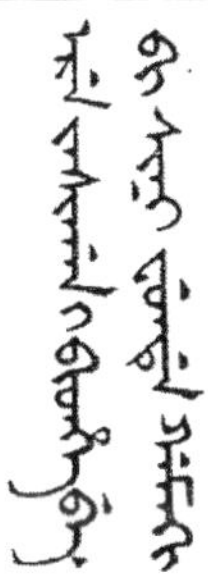	ere jasigan i bithe be, bi sini funde gamaki	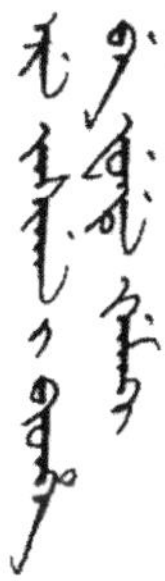	ere jasigan i bithe be funde gamaki
	休墮了志氣也	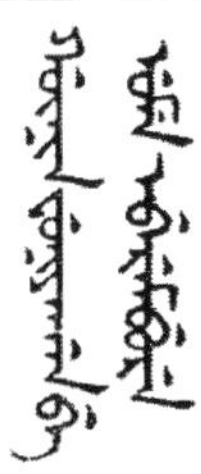	gūnin funiyagan be ume eberembure	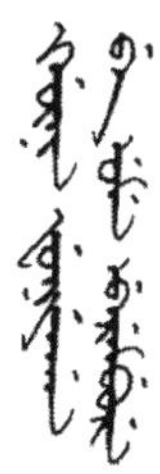	gūnin funiyegan be ume eberembure
鬧簡第十章	風靜簾間		hida i jaka i edun nakame	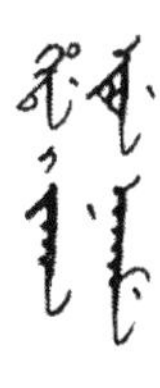	hida i jaka edun nakame

標目	漢文	天理圖書館藏本	羅馬拼音	烏魯木齊校訂本	羅馬拼音
鬧簡第十章	日高猶自不明眸		šun mukdentele kemuni yasa neirakūngge	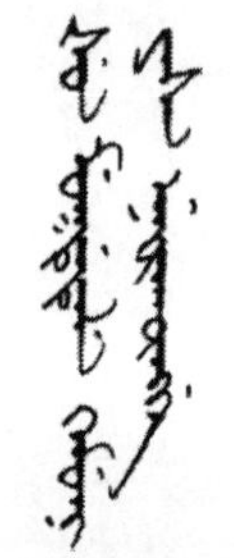	šun mukdetele kemuni yasa neirakūngge
	只見他俺厭的扢皺了黛眉	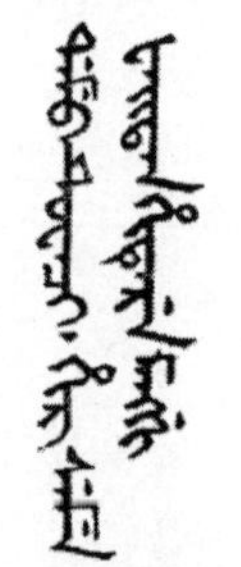	damu tuwaci, hir seme faitan hitere manggi	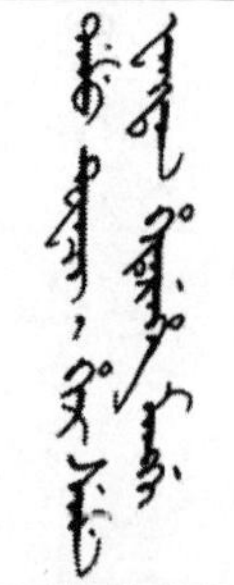	damu tuwaci, hir seme faitan hiterehe manggi
	你不慣誰曾慣	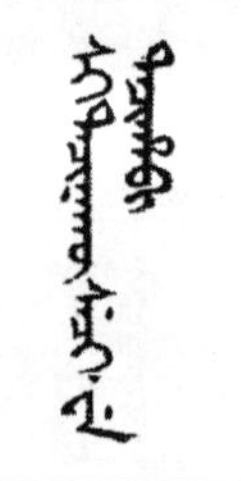	si tacinakū seci, we tacihabi	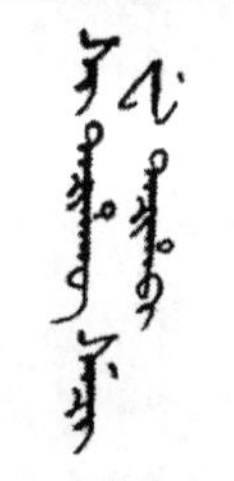	si tacihakū seci we tacihabi
	他向筵席頭上整扮	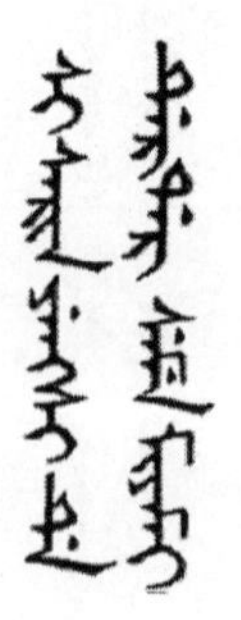	si sarin yengsi de der dar seme miyami	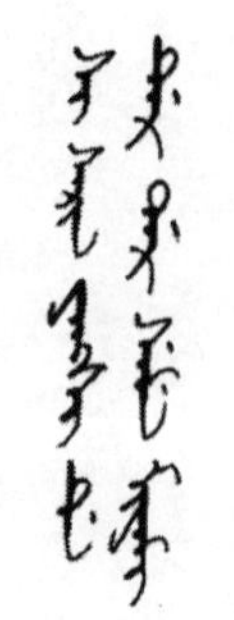	si sarin yangsi de der dar seme miyami

標目	漢文	天理圖書館藏本	羅馬拼音	烏魯木齊校訂本	羅馬拼音
鬧簡第十章	他只少手掿提兒	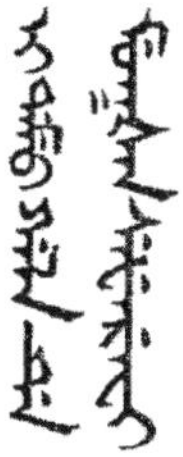	i damu gala de mukšan seferefi	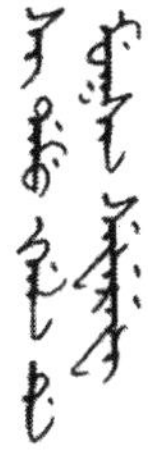	si damu gala de muksan seferefi
	送暖偷寒	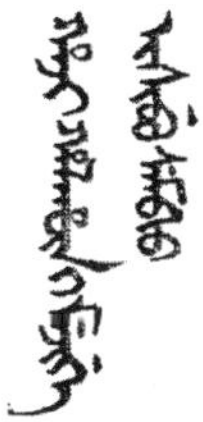	haji halhūn i mejige isibu scmbio	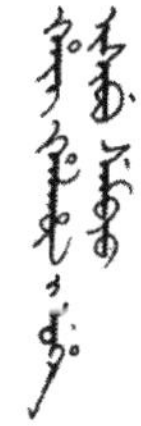	haji halhūn i uhe isibu sembio
	四句哩是五言詩	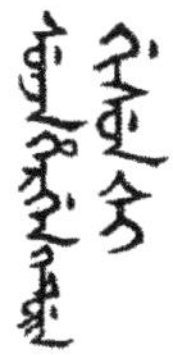	sunja hergen i duin gisun ši	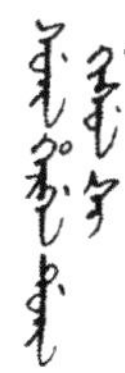	sunja hergen duin gisun ši
	待月西廂下	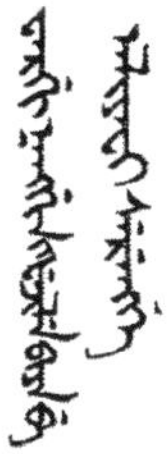	wargi nanggin i fejile biya be aliyafi serengge	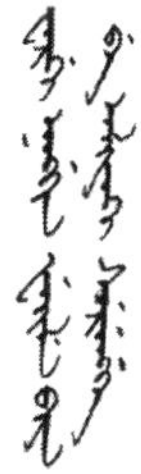	wargi nanggin fejile biya be aliyaki serengge
	他開門等我	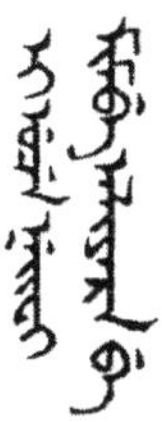	i uce neifi mimbe aliyara be		i uce neifi mimbe aliyara ba

標目	漢文	天理圖書館藏本	羅馬拼音	烏魯木齊校訂本	羅馬拼音
鬧簡第十章	女子邊干 教你跳東墻	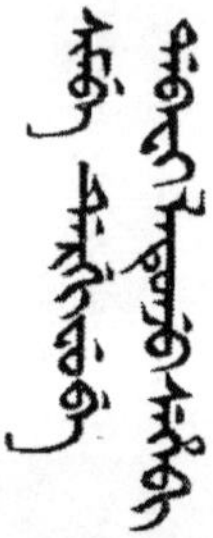	simbe dergi fu be dabafi latunju sehebi	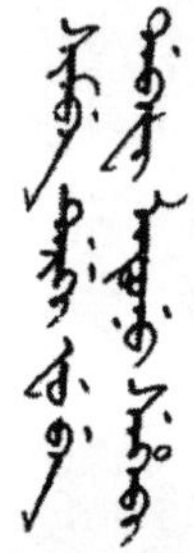	simbe dergi fu be dabafi latunu sehebi
	放着個玉堂學士	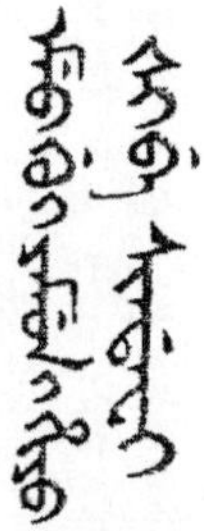	emu gu i yamun i hiyo ši be sindafi	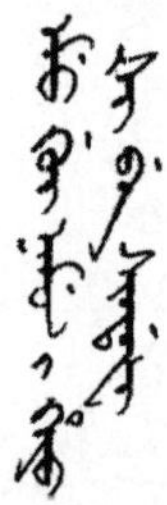	emu gui namun i hiyo ši be sindafi
	惡語傷人	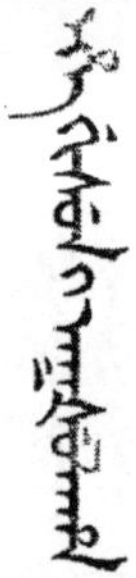	ehe gisun i akšulaha	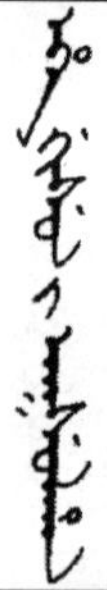	ehe gisun i aksulaha
	怎把龍門跳	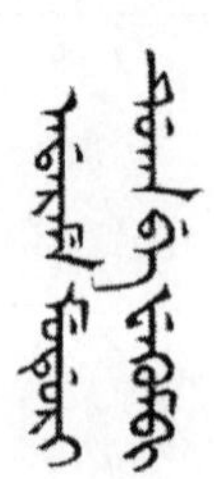	adarame muduri duka be fekumbi		adarame muduri duka be fekume

標目	漢文	天理圖書館藏本	羅馬拼音	烏魯木齊校訂本	羅馬拼音
鬧簡第十章	望穿他盈盈秋水	ᡨᡝᡵᡝ ᡳᡵᡤᠠᡧᠠᡵᠠ ᠪᠣᠯᠣᡵᡳ ᠮᡠᡴᡝᡳ ᡤᡝᠰᡝ ᠶᠠᠰᠠ ᡥᠠᡵᡤᠠᡧᠠᡥᠠᡳ ᠵᡠᠯᡳᡥᠠ	tere irgašara bolori mukei gese yasa hargašahai juliha	ᡨᡝᡵᡝ ᡳᡵᡤᠠᡧᠠᡵᠠ ᠪᠣᠯᠣᡵᡳ ᠮᡠᡴᡝᡳ ᡤᡝᠰᡝ ᠶᠠᠰᠠ ᡥᠠᡵᡤᠠᡧᠠᡥᠠᡳ ᡠᠯᡳᡥᠠ	tere irgašara bolori mukei gese yasa hargašahai uliha
	小生方好去	ᠪᡠᠶᠠ ᠪᡳᡨᡥᡝᡳ ᠨᡳᠶᠠᠯᠮᠠ ᡤᡝᠨᡝᠴᡳ ᠵᡳᠩ ᠰᠠᡳᠨ ᠰᡝᡥᡝᠩᡤᡝ ᡴᠠᡳ	buya bithei niyalma gencci jing sain sehengge kai	ᠪᡠᠶᠠ ᠪᡳᡨᡥᡝᡳ ᠨᡳᠶᠠᠯᠮᠠ ᡤᡝᠨᡝᠴᡳ ᠵᡳᠩ ᠰᠠᡳᠨ ᠰᡝᡥᡝᠩᡤᡝ	buya bithei niyalma geneci jing sain sehengge
	快書快友快談論	ᠰᡝᠪᠵᡝᠯᡝᠮᡝ ᠪᡳᡨᡥᡝ ᡨᡠᠸᠠᡵᠠ᠈ ᡤᡠᠴᡠ ᠠᠴᠠᡵᠠ᠈ ᡤᡳᠶᠠᠩᠨᠠᡵᠠ ᠯᡝᠣᠯᡝᡵᡝᡩᡝ	sebjeleme bithe tuwara, gucu acara, giyangnara leolerede	ᠰᡝᠪᠵᡝᠯᡝᠮᡝ ᠪᡳᡨᡥᡝ ᡨᡠᠸᠠᡵᠠ ᡤᡠᠴᡠ ᠠᠴᠠᡵᠠ ᡤᡳᠶᠠᠩᠨᠠᡵᠠ᠈ ᠯᡝᠣᠯᡝᡵᡝ	sebjeleme bithe tuwara gucu acara giyangnara, leolere
	不覺開西立又昏	ᡥᡝᡵᠴᡠᠨ ᠠᡴᡡ ᠸᠠᠰᡳᡥᡡᠨ ᡩᠠᠪᠰᡳᡶᡳ ᡤᠣᡳᡩᠠᡵᠠᡴᡡ ᡶᠠᡵᡥᡡᠨ ᠣᠮᠪᡳ	hercun akū wasihūn dabsifi goidarakū farhūn ombi	ᡥᡝᡵᠴᡠᠨ ᠠᡴᡡ ᠸᠠᠰᡳᠮᡝ ᡩᠠᠪᠰᡳᡶᡳ ᡤᠣᡳᡩᠠᡵᠠᡴᡡ ᡶᠠᡵᡥᡡᠨ ᠣᠮᠪᡳ	hercun akū wasime dabsifi goidarakū farhūn ombi

標目	漢文	天理圖書館藏本	羅馬拼音	烏魯木齊校訂本	羅馬拼音
鬧簡第十章	手挽着垂楊滴溜撲碌跳過墻去	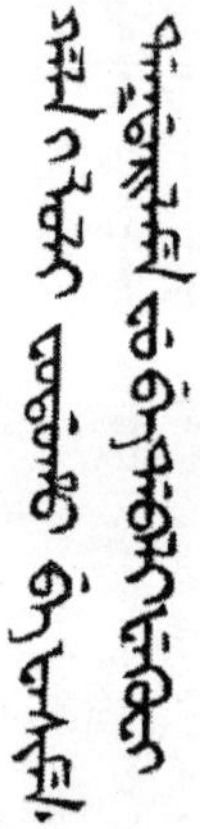	gala i loli fodoho be fasime, dakdarilame fu be dabali fekufi	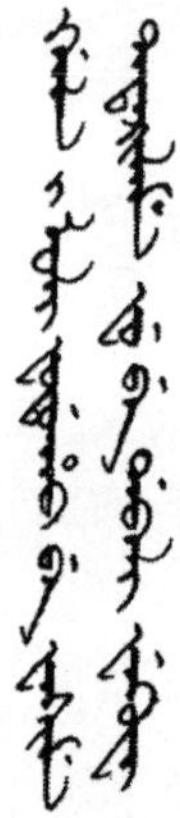	gala i loli fodoho be fasime tatarilame fu be dabali fekufi
賴簡第十一章	金蓮蹔損牡丹芽	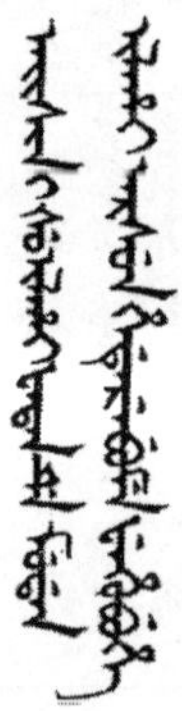	aisin i šu ilhai fatan de mudan ilhai arsun hederebume fehubuhe	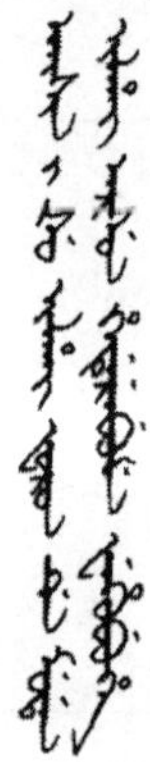	aisin i šu ilhai foron de mudan ilhai arsun hederebume fehubuhe
	玉簪抓住荼蘼架	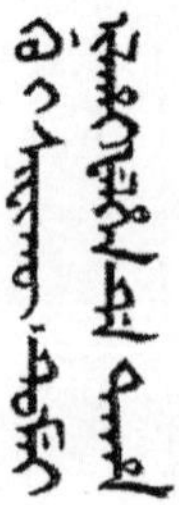	gu i sifikū, tu mei ilhai felhen de taha	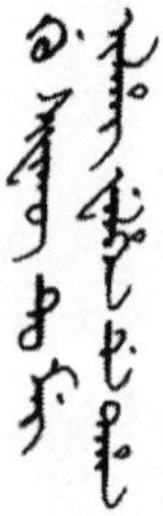	gu sifikū tu mei ilhai felhen de taha

標目	漢文	天理圖書館藏本	羅馬拼音	烏魯木齊校訂本	羅馬拼音
賴簡第十一章	見柳梢斜日遲遲下	ᡶᠣᡩᠣᡥᠣ ᠰᡠᠪᡝᡥᡝᡩᡝᡵᡳ ᡴᡝᠯᡶᡳᡴᡝ ᡧᡠᠨ᠈ ᡝᠯᡥᡝᡴᡝᠨ ᡳ ᠸᠠᠰᡳᡵᡝ ᠪᡝ ᠰᠠᠪᡠᠮᡝ	fodoho subehederi kelfike šun, elheken i wasire be sabume	ᡶᠣᡩᠣᡥᠣ ᠰᡠᠪᡝᡥᡝᡩᡝᡵᡳ ᡴᡝᠯᡶᡳᡥᡝ ᡧᡠᠨ ᡝᠯᡥᡝᡴᡝᠨ ᡳ ᠸᠠᠰᡳᡵᡝ ᠪᡝ ᠰᠠᠪᡠᠮᡝ	fodoho subehederi kelfihe šun elheken i wasire be sabume
	真假	ᡠᠨᡝᠩᡤᡳᠣ ᡨᠠᡧᠣᠨ	unenggio tašon	ᡠᠨᡝᠩᡤᡳᠣ ᡨᠠᡧᠠᠨ	unenggio tašan
	我一地胡拿	ᠪᡳ ᠪᠠᠪᠠᡩᡝ ᠪᠠᠯᠠᡳ ᡥᡝᡦᡝᡵᡝᠮᠪᡳ	bi babade balai heperembi	ᠪᡳ ᠪᠠᠪᠠᡩᡝ ᠪᠠᡥᠠᡳ ᡥᡝᡦᡝᡵᡝᠮᠪᡳ	bi babade bahai heperembi
	准定扢扎幫便倒他	ᡨᠣᡴᡨᠣᡶᡳ ᡴᠠᡶᡠᡵ ᠰᡝᠮᡝ ᠠᡩᠠᠨᠠᠴᡳ᠈ ᠮᡳᠨᡩᡝ ᠨᠠᠮᠪᡠᡵᡝ ᡩᠠᠪᠠᠯᠠ	toktofi kafur seme adanaci, minde nambure dabala	ᡨᠣᡴᡨᠣᡶᡳ ᡴᠠᡶᡠᡵ ᠰᡝᠮᡝ ᠯᠠᡨᠠᡴᠠ ᠮᡳᠨᡩᡝ ᠨᠠᠮᠪᡠᡵᡝ ᡩᠠᠪᠠᠯᠠ	toktofi kafur seme lataka minde nambure dabala

標目	漢文	天理圖書館藏本	羅馬拼音	烏魯木齊校訂本	羅馬拼音
賴簡第十一章	你却休從門裏去	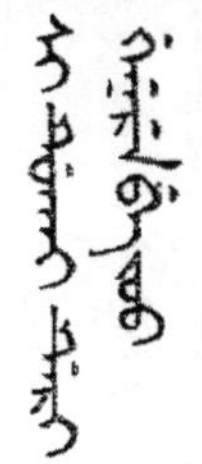	si dukai deri genere be joo	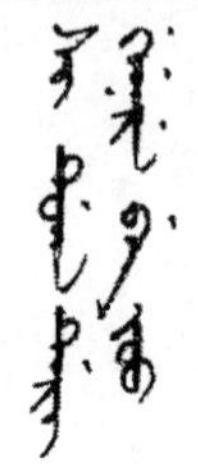	si duka deri genere be joo
	花枝又低亞	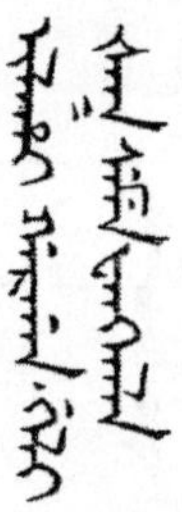	ilhai gargan, geli šak seme fangkala	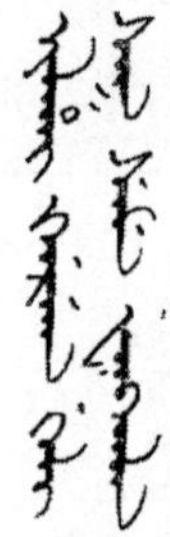	ilhai gargan geli sak seme fangkalan
	你索意兒溫存	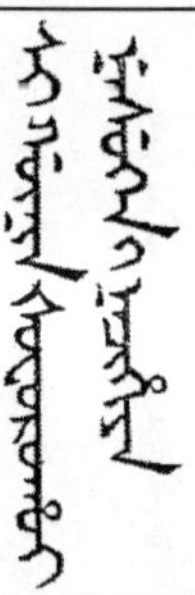	si gūnin šoforohoi nesuken i nacihiya	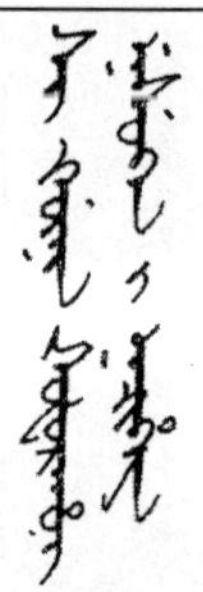	si gūnin šoforhoi nesuken i nacihiya
	你無人處且會閒嗑牙	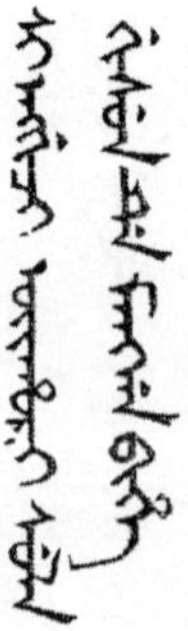	si enggici oihori sula gisun de mangga bihe	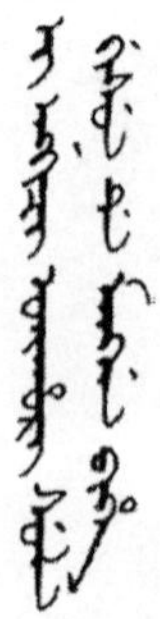	i enggici oihori sula gisun de mangga bihe

標目	漢文	天理圖書館藏本	羅馬拼音	烏魯木齊校訂本	羅馬拼音
賴簡第十一章	你來此有甚麼勾當		si ai baita ubade jihe		si ai baita ubade jiheo
	不是一家兒喬作衙		meni emu boo ofi jortai camanggadarangge waka	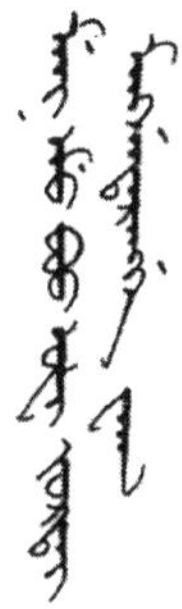	meni emu boo ofi jortai manggatarangge waka
	不去跳龍門	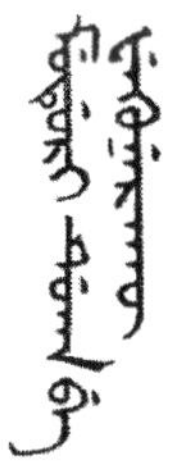	muduri duka be fekunerakū	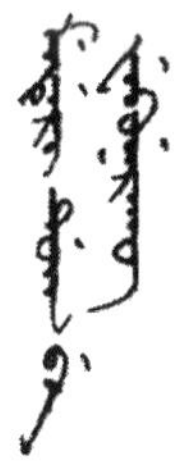	mederi duka be fekunerakū
	既為兄妹	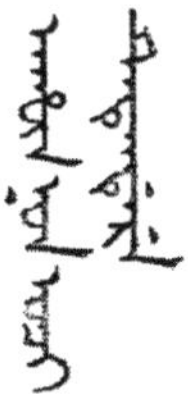	ahūn non oci tetendere	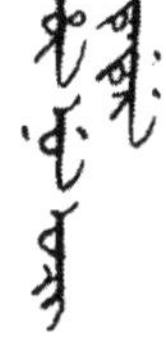	ahūn nun oci tetendere

標目	漢文	天理圖書館藏本	羅馬拼音	烏魯木齊校訂本	羅馬拼音
後候第十二章	早間長老使人來說	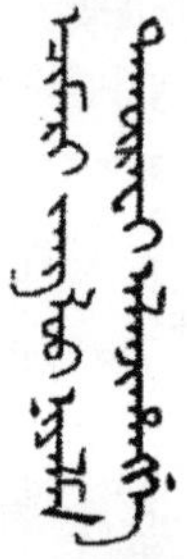	ecimari jang loo niyalma takūrafi alanjihangge		cimari jang loo niyalma takūrafi alanjihangge
	張生病重	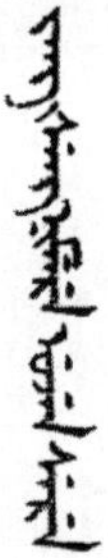	jang šeng nimere ujen sere		jang šeng nimere de ujen sere
	除非小姐有甚好藥方這病便可了	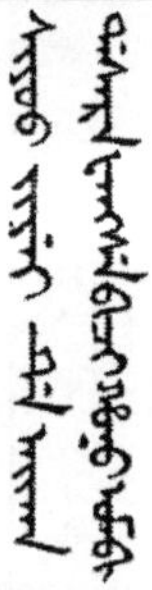	siyoo jiyei de aika dasara fangse bici hono ombi		siyoo jiyei de dasara fangse bici hono ombi
	先是你彩筆題詩	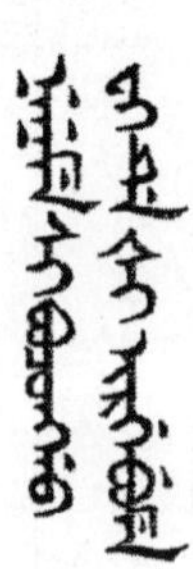	neneme si boconggo fi de ši irgebume	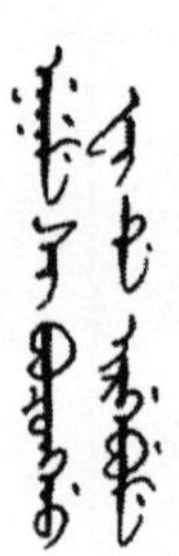	neneme si boconggo fi de irgebume

標目	漢文	天理圖書館藏本	羅馬拼音	烏魯木齊校訂本	羅馬拼音
後候第十二章	倒教我似線腳兒般	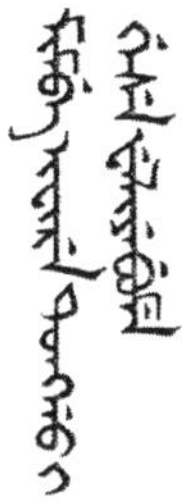	mimbe ifire tonggo i gese feliyebume	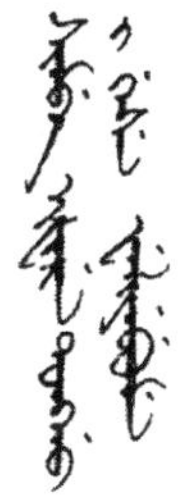	simbe ifire tonggo i gese feliyebume
	你今日病體如何		si te nimerengge antaka		si ne nimerengge antaka
	我見你海棠開想到如今	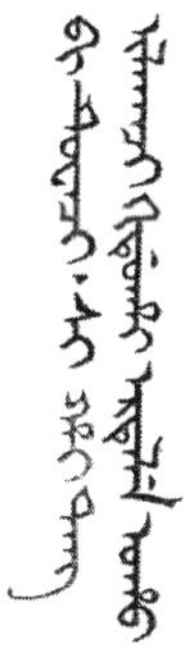	bi tuwaci, si hai tang ilakaci kiduhai ertele oho	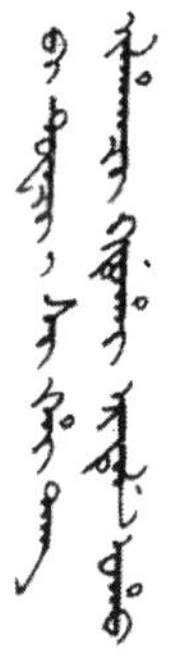	bi tuwaci, si hai tang ilhakaci kiduhai ertele oho
	便道秀才們從來恁		gelina šusaise daci uttu sembi	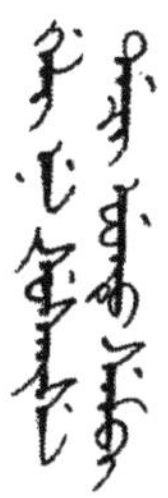	geli ne šusaise daci uttu sembi

標目	漢文	天理圖書館藏本	羅馬拼音	烏魯木齊校訂本	羅馬拼音
後候第十二章	紅娘授簡云，在這裡	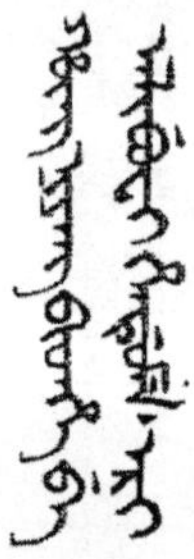	hūng niyang bithe be alibufi hendume, eri		hūng niyang bithe be alibufi hendume, ere
	揖云		canjurafi hendume	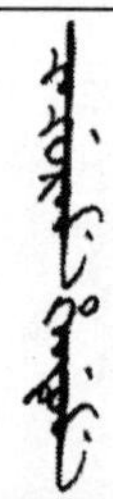	cacurame hendume
	怕的是紅娘撒沁	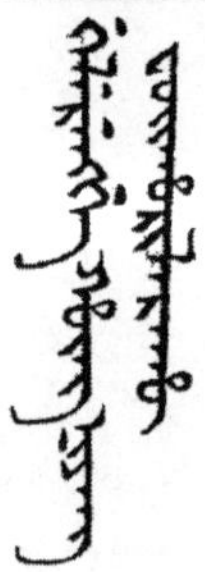	gelerengge hūng niyang foihorilarahū	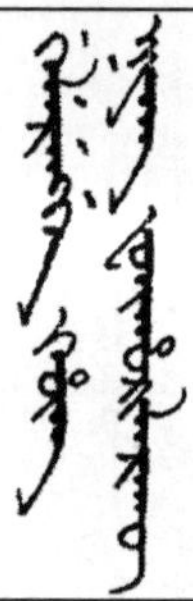	gelerengge hūng niyang foihorilarakū
	無投處問佳音	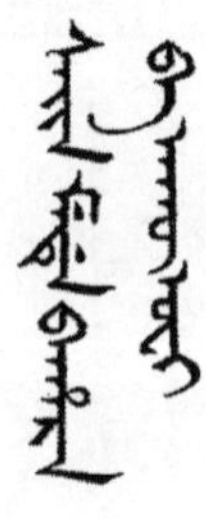	sain mede bahara ba akū ofi	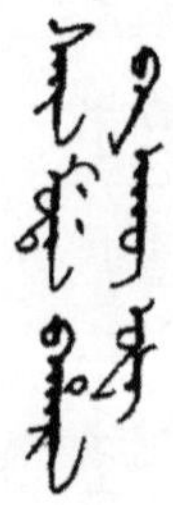	sain mudan bahara ba akū ofi

標目	漢文	天理圖書館藏本	羅馬拼音	烏魯木齊校訂本	羅馬拼音
後候第十二章	得了個紙條兒		emu justan hoošan bahafi	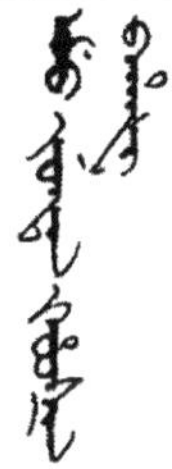	emu juntan hoošan bahafi
	他不用法灸神鍼	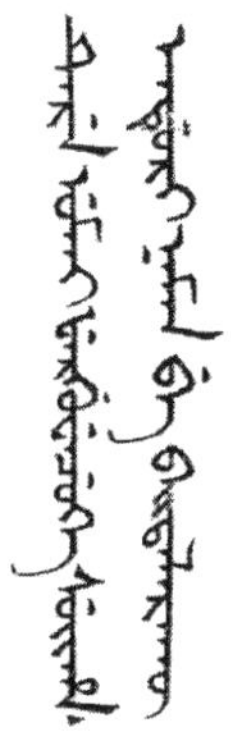	tere umai ferguwecuke suiha, enduri naman be baitalarakū	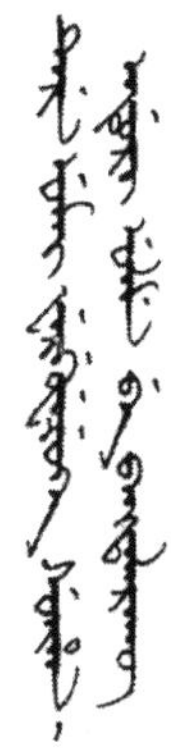	tere umai ferguwecuke suiha, enduri ulme be baitalarakū
	我謾沉吟		bi elheken i seoleki		bi elheken i šeoleki
酬簡第十三章	我睡去		bi amhanambi		bi amganambi

標目	漢文	天理圖書館藏本	羅馬拼音	烏魯木齊校訂本	羅馬拼音
酬簡第十三章	人間良夜靜復靜	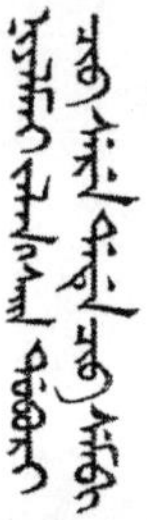	niyalmai jalan i sain dobori cib sere dade cib sembi	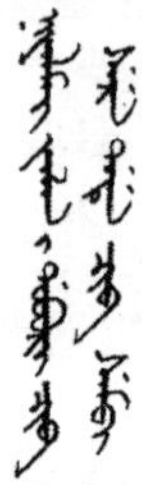	niyalmai jalan i dobori cib sere dade cib sembi
	鈕釦		tohon fešen		tohon fesen
	猶是疑猜	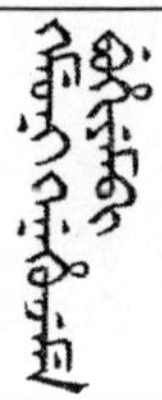	kemuni kenehunjeme buhiyembi	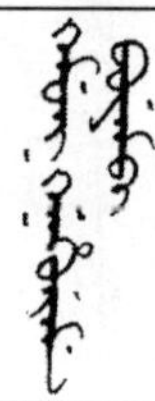	kemuni kenehunjeme buyembi
	下堦來		terki ci wasika	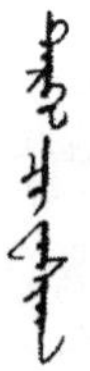	terkin ci wasika
	今夜早些來		ere yamji erdeken jidereo		ere yamji erdeken jidureo

標目	漢文	天理圖書館藏本	羅馬拼音	烏魯木齊校訂本	羅馬拼音
拷艷第十四章	誰許你停眠整宿		we simbe hiri amga, dobonio dedu seheni	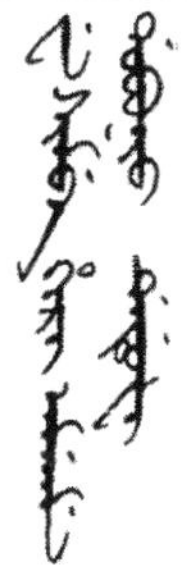	we simbe hiri amgame dobonio dedufi
	誰叫你迤逗他胡行亂走	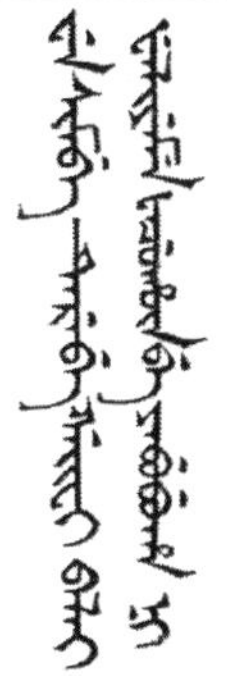	we simbe terebe gaifi balai feliyeme facuhūn be yabubuha ni	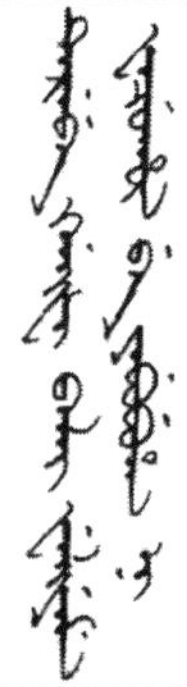	terebe gaifi balai feliyeme facuhūn be yabubuha ni
	紅娘不知罪		hūng niyang bi weile be sarkū		hūng niyang bi weile be sarakū
	和小姐閒窮究	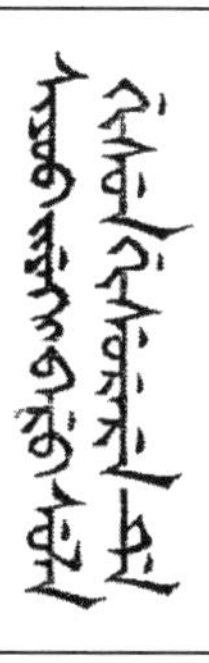	siyoo jiyei i baru sula gisun gisurere de		siyoo jiyei i baru sula gisurere de

標目	漢文	天理圖書館藏本	羅馬拼音	烏魯木齊校訂本	羅馬拼音
拷艷第十四章	退得軍者	ᡥᡡᠯᡥᠠ ᠪᡝ ᠪᡝᡩᡝᡵᡝᠪᡠᠮᡝ ᠮᡠᡨᡝᡵᡝᠩᡤᡝ ᠪᡳᠴᡳ	hūlha be bederebume muterengge bici	ᡥᡡᠯᡥᠠ ᠪᡝ ᠪᡝᡩᡝᡵᡝᠪᡠᠮᡝ ᠮᡠᡨᡝᡥᡝᠩᡤᡝ ᠪᡳᠴᡳ	hūlha be bederebume mutehengge bici
	一個是仕女班頭	ᡝᠮᡴᡝ ᠰᡝᠴᡳ ᠰᠠᡵᡤᠠᠨ ᠵᡠᠰᡝᡳ ᡩᠣᡵᡤᡳ ᠨᡳᠣᠩᠨᡳᠣ	emke seci sargan jusei dorgi niongnio	ᡝᠮᡴᡝ ᠰᡝᠴᡳ ᠵᡠᠰᡝᡳ ᡩᠣᡵᡤᡳ ᠨᡳᠣᠩᠨᡳᠣ	emke seci jusei dorgi niongnio
	紅娘先與我喚那小賤人過來	ᡥᡡᠩ ᠨᡳᠶᠠᠩ ᠰᡳ ᡨᡝᡵᡝ ᡶᡠᠰᡳᠯᠠᡵᡠ ᠪᡝ ᡥᡡᠯᠠᡶᡳ ᡤᠠᠵᡠ	hūng niyang si tere fusilaru be hūlafi gaju	ᡥᡡᠩ ᠨᡳᠶᠠᠩ ᠰᡳ ᡨᡝᡵᡝ ᡶᠣᠰᡳᠯᠠᡵᡠ ᠪᡝ ᡥᡡᠯᠠᡶᡳ ᡤᠠᠵᡠ	hūng niyang si tere fosilaru be hūlafi gaju
	紅娘你扶住小姐	ᡥᡡᠩ ᠨᡳᠶᠠᠩ ᠰᡳ ᠰᡳᠶᠣᠣ ᠵᡳᠶᡝᡳ ᠪᡝ ᠸᠠᡥᡳᠶᠠᠮᡝ ᠵᠠᡶᠠ	hūng niyang si siyoo jiyei be wahiyame jafa	ᡥᡡᠩ ᠨᡳᠶᠠᠩ ᠰᡳ ᠰᡳᠶᠣᠣ ᠵᡳᠶᡝᡳ ᠪᡝ ᠸᡝᡥᡳᠶᡝᠮᡝ ᠵᠠᡶᠠ	hūng niyang si siyoo jiyei be wehiyeme jafa

標目	漢文	天理圖書館藏本	羅馬拼音	烏魯木齊校訂本	羅馬拼音
拷艷第十四章	何須約定通媒媾	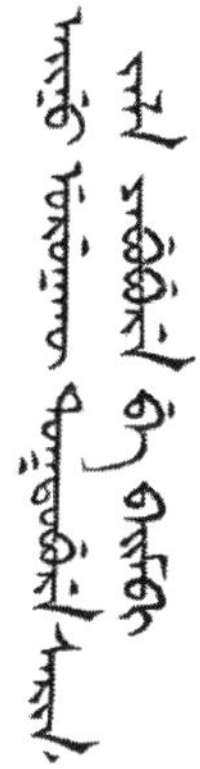	ainu urunakū toktobure sarin, jala yabubure be baimbi	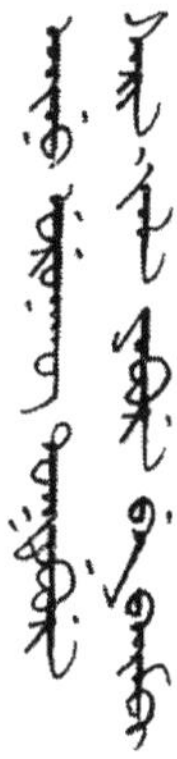	ainu urunakū toktobure sarin, jala yabure be baimbi
	豈不聞非先王之德行不敢行	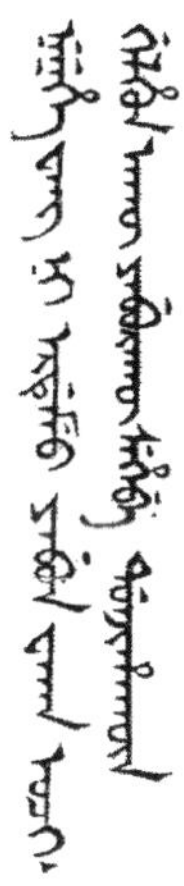	nenehe wang ni erdemu yabun waka oci, gelhun akū yaburakū sehebe donjihakūn	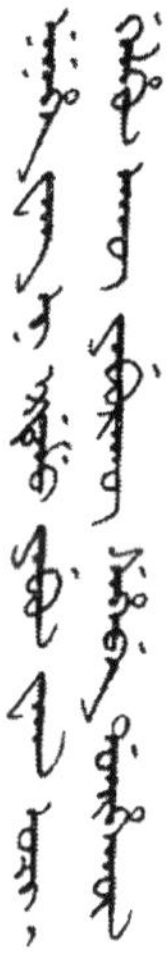	nenehe wang ni erdemu yabun waka oci, gelhun akū yaburakū sehebe donjihekūn
哭宴第十五章	怨分去得疾	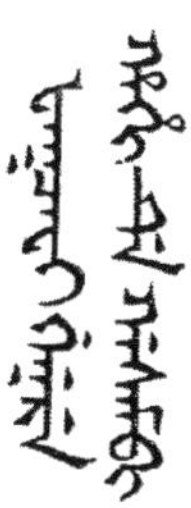	fakcafi genere hahi de gasambi	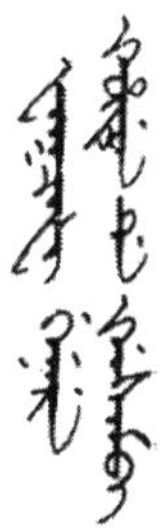	fakcafi genere hūdun de gasambi

標目	漢文	天理圖書館藏本	羅馬拼音	烏魯木齊校訂本	羅馬拼音
哭宴第十五章	見安排車兒馬兒	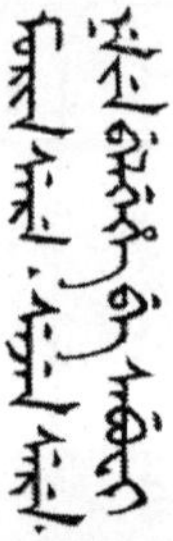	morin sere, sejen sere, ne je belgehe be sabufi	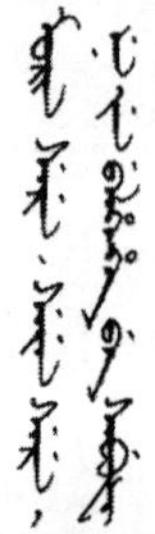	morin sere, sejen sere, ne je belhehe be sabufi
	還望他恓恓	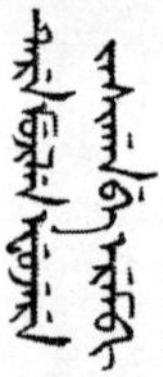	tere mujilen efujere jasigan be erembi	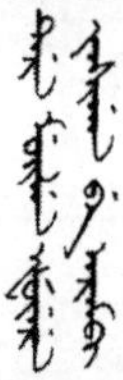	tere mujilen efujere jasigan be arambi
	憑仗先相國及老夫人恩蔭	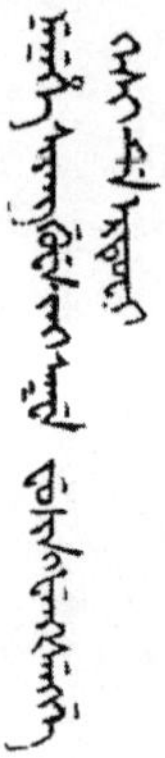	nenehe siyang guwe, jai sakda fu žin i fengšengge kesi de ertufi	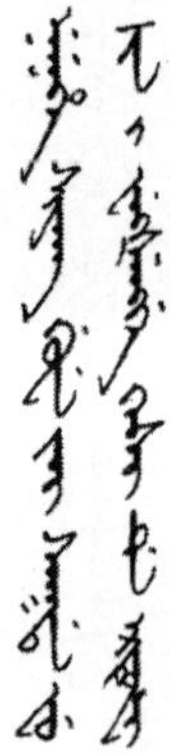	nenehe siyang guwe jai sakda fu žin i fekšengge kesi de ertufi
	重入席科吁科		dasame sarin de dosifi tehe, sejilembi	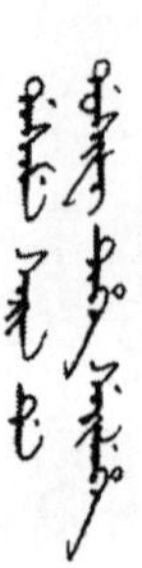	dasame sarin de dosifi tehe sejilehe

標目	漢文	天理圖書館藏本	羅馬拼音	烏魯木齊校訂本	羅馬拼音
哭宴第十五章	各起身科		gemu ilicaha		gemu ilinjaha
	懶上車兒內	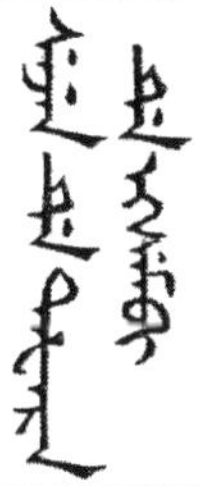	sejen de tafara de eksembi	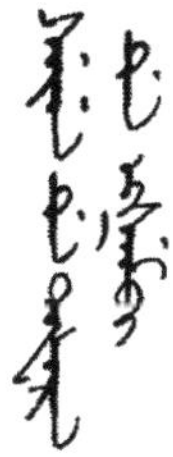	sejen de tafara de ekšembi
	紅娘你看他在那里		hūng niyang si tuwa, teri		hūng niyang si tuwa tere
驚夢第十六章	暮雲遮	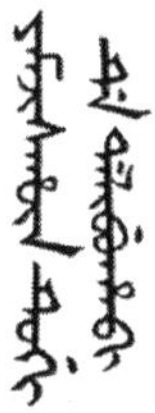	yamjishūn tugi de dalibuhabi	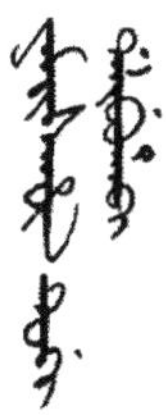	yamjishūn tugi dalibuhabi

標目	漢文	天理圖書館藏本	羅馬拼音	烏魯木齊校訂本	羅馬拼音
驚夢第十六章	就在床前打鋪	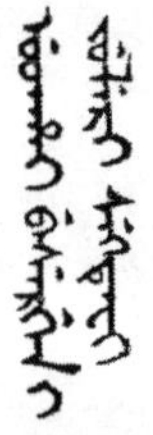	uthai besergen i juleri sektefi	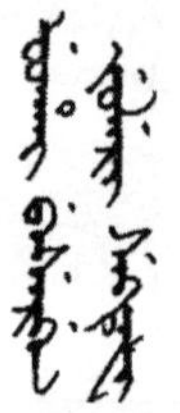	uthai besergen juleri sektefi
	睡熟科		hiri amgaha		hir amgaha
	怕便是瓶墜簪折	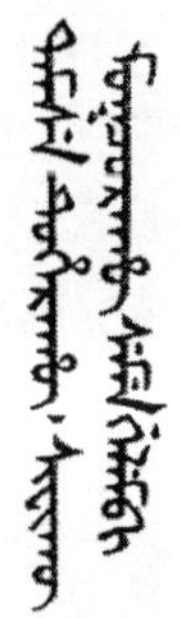	tamse tuherahū, sifikū mokcorahū seme gelembi	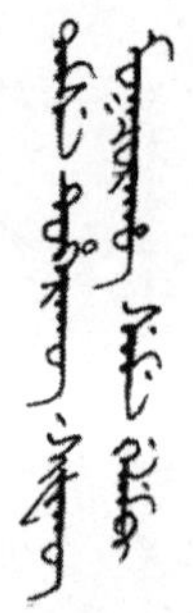	tamse tuherakū, sifikū mokcorahū seme gelembi
	騎著白馬來也	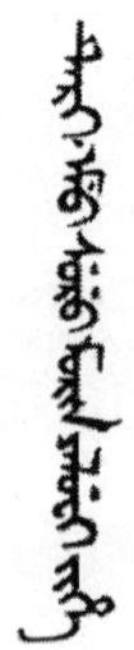	teri, emu suru morin yalufi jihe	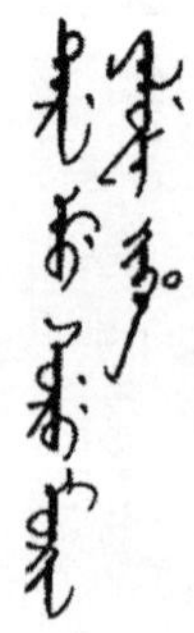	tere emu suru morin yalufi jihe

標目	漢文	天理圖書館藏本	羅馬拼音	烏魯木齊校訂本	羅馬拼音
驚夢第十六章	蹀刺刺林梢落葉風	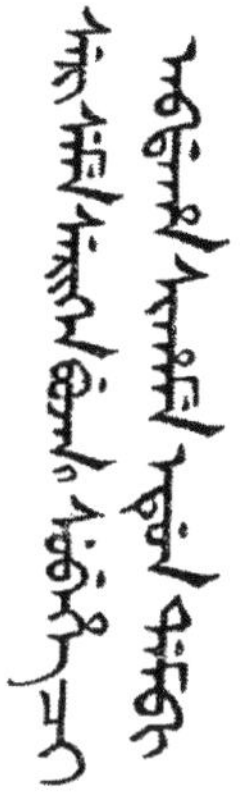	ser seme seriken bujan i subehe ci abdaha sihame edun dambi	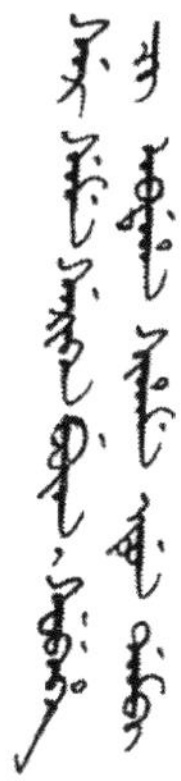	ser seme seriken bujan, subehe ci abdaha sihame edun dambi
	慘離離雲際	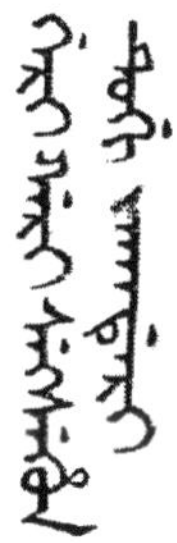	geri gari seksehun tugi jakaderi		geri gari sengsehun tugi jakaderi

資料來源：日本天理大學圖書館藏本《滿漢西廂記》、新疆錫伯文《滿漢合璧西廂記》。

永志堅先生整理錫伯文《滿漢合璧西廂記》，一冊，於一九九一年五月由新疆人民出版社出版發行。對照日本天理圖書館藏本《滿漢西廂記》，版本相同，或因抄寫疏漏，或經校訂，以致其文字間有出入。校訂本頁七，“eigen hala dzui”（夫主姓崔）。天理圖書館藏本作“eigen i hala ts'ui”，校訂本脫落“i”；“dzui”，當作“ts'ui”。“ere sarganjui teile ujihabi”（祇生這個女兒）。天理圖書館藏本作“ere sargan jui be teile ujihabi”，校訂本脫落“be”；“sargan jui”，並不連寫。校訂本頁一五，“jung yuwan de erdemu tacifi”（遊藝中原）。天理圖書館藏本作“jung yuwan de erdemu tacinjifi”，句中“tacifi”，當作“tacinjifi”。校訂本頁一六，“bula jafaha kūwaran de tehei dubihe”（棘圍呵守煖），句中“dubihe”，天理圖書館藏本作“dubike”。校訂本頁二〇，“ubade emu yebcungge tatara boo bi”（這裡好一座店兒）。天理圖書館藏本作“ubade absi emu yebcungge tatara boo bi”，校訂本脫落“absi”。校訂本頁二二，“ajige hūwašan fa dzung bi”（小僧法聰）。天理圖書館藏本作“ajige hūwašan fa ts'ung bi”，句中“fa dzung”，當作“fa ts'ung”。校訂本“membe sy de tutabufi”（着我在寺中），滿文意即「留我們在寺中」，滿漢文義不合。天理圖書館藏本作“mimbe sy de tutabufi”，“membe”，當作“mimbe”。校訂本頁二七，“baibi dzui ilhai gidakū latubure de acambi”（偏宜貼翠花鈿）。天理圖書館藏本作“baibi ts'ui ilhai gidakū latubure de acambi”。句中“dzui”，當作“ts'ui”。校訂本“yar sere tugi šulu i hanci isinahabi”（侵入鬢雲邊）。天理圖書館藏本作“yar seme tugi šulu i hanci isinahabi”，句中“sere”，天理圖書館藏本作“seme”。校訂本頁二八，“mudan i amargi”（後，曲牌名）。天理圖書館藏本作“amargi”。校訂本頁三〇，“yasai hošo deri narašaha be aisehe”（休題眼角留情處）。天理圖書館藏本作“yasai hošoi deri narašaha be aisehe”，句中“hošo”，當作“hošoi”。校訂本“arkan emu okson i ufuhi bi”（只有那一步遠）。天理圖書館藏本作“arkan emu okson i ufihi bi”，句

中“ufihi”，經校訂本改作“ufuhi”。校訂本頁三一，“šanggiyan fu i den, niohon abkai adali goro, abka niyalma de ainu tusa ararakū ni”（粉墻兒高似青天，恨天不與人方便）。天理圖書館藏本作“šanggiyan fu i den, niohon abkai adali, koro, abka niyalma de ainu tusa ararakū ni”，校訂本斷句有誤，句中“goro”，誤，當作“koro”。校訂本頁三二，“lan ilha jarin i wa kemuni sur secibe”（蘭麝香仍在）。天理圖書館藏本作“lan ilhai jarin i wa, kemuni sur secibe”，句中“ilha”，當作“ilhai”。校訂本頁三五，“sikse emu šusai wargi lo baci jifi”（夜來有一秀才自西洛而來）。天理圖書館藏本作“sikse emu šusai, wargi lo ci jifi”，句中“lo ci”，校訂本作“lo baci”，異。校訂本頁三六，“sikse tere siyoo giyei be sabuha ci”（自夜來見了那小姐）。天理圖書館藏本作“sikse tere siyoo jiyei be sabuha ci”，句中“siyoo jiyei”，校訂本作“siyoo giyei”。校訂本頁三八，“mini tere hatabure hojoi ilire tere teisu”（與我那可憎才居止處。）。句中“hatabure”，天理圖書館藏本作“hataburu”。校訂本頁四四，“niyalmai cihai hoi golmin foholon be jubešekini”（任憑人說短論長）。天理圖書館藏本作“niyalmai cihai hoi golmin foholon be jubušekini”，句中“jubušekini”，校訂本校訂作“jubešekini”，意即「令人背後毀謗」。校訂本頁四九，“kiyoo kio seme sektu sedeheri ja akū”（鶻伶淥老不尋常），天理圖書館藏本作“kiyab kib seme, sektu sedeheri ja akū”，句中“kiyab kib”，意即「行動靈便」，又作「恰好」，校訂本作“kiyoo kio”，異。校訂本頁五一，“fa ben hendume: esi ombi”（本云：使得）。天理圖書館藏本作“fa ben hendume, esi oci”，句中“esi oci”，校訂本作“esi ombi”。校訂本“dzui halai sargan jui koiton saikan, sakda gincihiyan agu be cihalambi ayoo?”（崔家女艷妝，莫不演撒上老潔郎）。天理圖書館藏本作“ts'ui halai sargan jui koiton, aika sakda gincihiyan agu be cihalambi ayoo”，句中“aika”，意即「莫非」，校訂本作“saikan”，誤。校訂本頁五三，“ere dzui siyang guwe i siyoo jiyei hiyoošungga mujilen”（這是崔相國小姐孝心）。天理圖書館藏本作“ere ts'ui siyang guwe i siyoo jiyei i hiyoošungga mujilen”，句中“siyoo jiyei”，校訂本或作“siyoo giyei”，或作“siyoo jiyei”，不一致。句中“siyoo jiyei i hiyoošungga mujilen”，校訂本脫落“i”。校訂本頁五五，“hanci nikembi sere anggala”（休言偎傍）。天理圖書館藏本作“hanci nikenembi sere anggala”，句中“nikenembi”，校訂本作“nikembi”，異。校訂本五六，“jang šeng okdome cacurafi hendume”（張生迎揖云）。天理圖書館藏本作“jang šeng okdome canjurafi hendume”，句中“canjurafi”，意即「作揖」，校訂本作“cacurafi”，誤。校訂本頁五八，“aniya biyai juwan nadan singgeri erin de banjiha”（正月十七日子時建生）。天理圖書館藏本作“aniya biyai juwan nadan i singgeri erin de banjiha”，校訂本脫落“i”。校訂本“dorolon waka aššarakū serkū”（非禮無動），天理圖書館藏本作“dorolon waka aššarakū serakū”，句中“serakū”，校訂本作“serkū”。校訂本“meni sakda fu žin boo be dasarangge cira, fafungga juhe gecen i gese nimecuke”（俺老夫人治家嚴肅，凜若冰霜）。天理圖書館藏本作“meni sakda fu žin boo be dasarangge cira fafungga, juhe gecen i gese nimecuke”，句中“cira fafungga"，校訂本作"cira, fafungga"，標點有誤。校訂本頁五九，"hūlahakū oci, boo dolo gelhun akū dosici ojorakū"（非奉呼喚，不敢輙入中堂）。天理圖書館藏本作"hūlahakū oci, booi dolo gelhun akū dosici ojorakū"，句中"booi dolo"，校訂本脫落"i"。校訂本"ainaha ja i nakara"（豈便干休），天理圖書館藏本作"ainaha ja de nakara"，句中"ja de"，校訂本作"ja i"，異。

校訂本頁六〇，"mujilen dolo gusucume ališame"（心懷悒怏），天理圖書館藏本作"mujilen i dolo gusuceme ališame"，句中"mujilen i dolo"，校訂本作"mujilen dolo"，脫落"i"。校訂本頁六〇，"genere nashūn de aiseme uju marifi šaha ni"（你不合臨去也回頭望），天理圖書館藏本作"genere nashūn, aiseme uju marifi šaha ni"，句中"nashūn"，校訂本作"nashūn de"，異。校訂本頁六三，"ainci niyengniyeri elden tuyembufi, ini aja sererhakū sembio"（也只怕是漏洩春光與乃堂），天理圖書館藏本作"ainci niyengniyeri elden tuyembufi, ini aja sererahū sembio"，句中"sererahū"，校訂本作"sererhakū"，誤。校訂本頁六五，"buya bithei niyalma de gungnecuke bolgonggo nemeyen nesuken babi"（小生正恭儉溫良），天理圖書館藏本作"buya bithei niyalma de gungnecuke boljonggo nemeyen nesuken babi"，句中"boljonggo"，意即「簡約」，或作「儉」，校訂本作"bolgonggo"，意即「清潔」，滿漢文義不合。校訂本"hūng niyang terei faitan suhuken niruhebi"（紅娘他眉兒是淺淺描），天理圖書館藏本作"hūng niyang terei faitan suhuken niruhabi"，句中"niruhabi"，校訂本作

“niruhebi”，異。校訂本“terei hiyan fun der seme meifen de ijuhabi”（他粉香膩玉搓咽項），天理圖書館藏本作“terei hiyan i fun der seme meifen de ijuhabi”，句中“hiyan i fun”，校訂本脫落“i”。校訂本頁六七，“jang šeng beye marinjifi fa ben de acafi hendume”（張生轉身見本云），天理圖書館藏本作“jang šeng beye marifi, fa ben de acafi hendume”，句中“marifi”，校訂本作“marinjifi”，異。校訂本頁六八，“hūng niyang, mini boo hūwa genggehun”（紅娘，我院宇深），天理圖書館藏本作“hūng niyang mini boo hūwa kenggehun”，句中“kenggehun”，意即「室內空蕩蕩的」，校訂本作“genggehun”，誤。校訂本“ere dobori šumin de adarame hamimbi”（着甚支吾此夜長），天理圖書館藏本作“ere dobori golmin de adarame hamimbi”，句中“golmin”，意即「長」，校訂本作“šumin”，意即「深」，異。

校訂本頁七〇，“aja hūng niyang be takūrafi jang loo be doocan arara inenggi be fonjinabume genefi kejine goidaha”（母親使紅娘問長老修齋日期，去了多時），天理圖書館藏本作“aja, hūng niyang be takūrafi jang loo de, doocan arara inenggi be fonjinabume genefi kejine goidaha”，句中“jang loo de”，校訂本作“jang loo be”，異。校訂本頁七一，“gege si ing ing siyoo jiyei i takūrara hūng niyang waka semao?”（小娘子莫非鶯鶯小姐侍妾紅娘乎？），天理圖書館藏本作“gege si ing ing siyoo jiyei i takūrara hūng niyang waka semeo”，句中“semeo”，校訂本作“semao”，誤。校訂本頁七八，“yaka šolo de guwang haṉ gung ci aljafi ebunjihebi”（等閒飛出廣寒宮），天理圖書館藏本作“jaka šolo de guwang haṉ gung ci aljafi ebunjihebi”，句中“jaka šolo”，意即「閑暇」，校訂本作“yaka šolo”，誤。校訂本頁七九，“lo šui enduri gege hehe cen wang ni saikan fu de dosinaki sere adali”（如洛水神人欲入陳王麗賦），天理圖書館藏本作“lo šui enduri hehe cen wang ni saikan fu de dosinaki sere adali”，句中“hehe”，校訂本作“gege hehe”，異。校訂本頁八〇，“akū oho ama be hūdun abkai jecen de banjibureo”（願亡過父早生天界），天理圖書館藏本作“akū oho ama be hūdun abkai jecen de banjinabureo”，句中“banjinabureo”，校訂本作“banjibureo”，誤。校訂本“sakda aja be jalafun golmin obureo”（願中堂老母百年長壽），天理圖書館藏本作“booi sakda aja be, jalafun golmin obureo”，句中“booi sakda aja”，意即「中堂老母」，校訂本作“sakda aja”，脫落“booi”。

校訂本頁九〇，“〔jo lu su（拙魯速）〕gehun gerilarangge fangkalan hiyabulakūi dengjan（碧熒熒是短檠燈），ya emu inenggi fodoho de daniyalame ilha de teisulebume（有一日柳遮花映），talman de dalibure tugi de elbebure（霧幛雲屏），dobori šumin niyalma cib serede（夜闌人靜），mederi alin be jorime gashūfi（海誓山盟），yebcungge ildamu i urgun de sebjelere oci（風流嘉慶），junggin farsi gese julergi on（錦片前程），haji halhūn keb seme elere be dahame（美滿恩情），muse juwe nofi niruha yamun de ini cisui niyengniyeri isinjiha adali ombi（咱兩個畫堂春自生）. šahūrukan simacukangge fe wei ping（冷清清是舊圍屏）. dengjan oci genggiyen akū（燈兒是不明），tolgin oci šanggarakū（夢兒是不成）；šeo seme darangge edun fa i duthe be dosika（淅泠泠是風透疎櫺），hasak seme guwenderengge hoošan i justan i asuki（忒楞楞是紙條兒鳴）；cirku seci emteli encu（枕頭是孤另）, jibehun seci cib simeli（被窩是寂靜）. uthai sele wehe niyalma seme gūnin aššarakū nio（便是鐵〔石〕人也動情）。〔mudan i amargi（後）〕teci dosorakū amgaci amu jiderakū（也坐不成，睡不能）”，天理圖書館藏本作“gehun gerilarangge fangkala hiyabulakūi dengjan”（碧熒熒是短檠燈）, šahūrukan simacukangge fereke wei ping（冷清清是舊圍屏）, dengjan oci genggiyen akū（燈兒是不明）, tolgin oci šanggarakū（夢兒是不成）；šeo seme darangge, edun fa i duthe be dosika（淅泠泠是風透疎櫺）, hasak seme guwederengge, hoošan i justan i asuki（忒楞楞是帋條兒鳴）； cirku seci emteli encu（枕頭是孤另）, jibehun seci cib simeli（被窩是寂靜）. uthai sele wehe niyalma seme, gūnin aššarakū nio（便是鐵人也動情）。〔mudan i amargi（後）〕teci dosorakū, amgaci amu jiderakū（也坐不成睡不能）, ya emu inenggi fodoho de daniyalame, ilha de teisulebume（有一日柳遮花映）, talman de dalibure, tugi de elbebure（霧幛雲屏）, dobori šumin niyalma cib serede（夜闌人靜）, mederi alin be jorime gashūfi（海誓山盟）, yebcungge ildamu i urgun de sebjelere oci（風流嘉慶）, junggin farsi gese julergi on（錦片前程）, haji halhūn keb seme elere be dahame（美滿恩情）, muse juwe nofi, niruha yamun de, ini cisui niyengniyeri isinjiha adali ombi（咱兩個畫堂春自生）。校訂本自「冷清清是舊圍屏」至「也坐不成睡不能」計九句，文句錯亂，句中“fangkalan”，天理圖書館藏本作“fangkala”，異。

校訂本頁九八，“indahūn golorkū okini”（犬兒休惡），天理圖書館藏本作“indahūn kerkirakū okini”，句中

“kerkirakū”，意即「休咆哮」，原意係指犬兒休兇惡咆哮，校訂本作「犬兒休厭惡」，頗有出入。校訂本“butui boljoho jendui toktobuha be mutebume acabureo”（成就了幽期密約），天理圖書館藏本作“butui boljoho, jendu toktobuha be mutebume acabureo”，句中“jendu”，校訂本作“jendui”，異。校訂本頁一〇一，“ama eme akūhaci umai karularangge akū”（父母亡後，無可相報），天理圖書館藏本作“ama eniye akūha ci, umai karularangge akū”，句中“eniye”，校訂本作“eme”，異。校訂本頁一〇八，“urhilame donjici”（探知），天理圖書館藏本作“urahilame donjici”，句中“urahilame”，意即「探聽」，校訂本作“urhilame”，誤。校訂本頁一〇九，“kejine niyalma sabuha”（多曾有人看見），天理圖書館藏本作“kejine niyalma sabuha bihe”，校訂本脫落“bihe”。天理圖書館藏本“dule manggašahai uthai foskiyambihe”（慍的早嗔），句中“foskiyambihe”，校訂本修改為“fosokiyambihe”，意即「氣惱」。校訂本“mini cananggi yamji ši i julergi mudan be dahame”（我前夜詩，依前韻），天理圖書館藏本作“mini cananggi yamji ši, julergi mudan be dahame”，校訂本標點有誤，句中逗號，校訂本誤作“i”。校訂本頁一二二，“urahilame donjici, balai hendurengge mimbe”（風聞胡云，道我），天理圖書館藏本作“urahilame donjici, bahai hendurengge mimbena”，句中“bahai”、“mimbena”，校訂本作“balai”、“mimbe”。校訂本頁一三三，“ilan inenggi doocan baita jalufi”（等三日功德圓滿），天理圖書館藏本作“ilan inenggi doocan i baita jalufi”，句中“doocan i baita”，校訂本作“doocan baita”，脫落“i”。校訂本頁一三六，“inu gu wehe sasa gilgarakū seme beyebe seremšerengge”（也自防玉石俱焚），天理圖書館藏本作“inu gu wehe sasa gilgarahū seme beyebe seremšerengge”，句中“gilgarahū”，意即「恐化為灰燼」，校訂本作“gilgarakū”，意即「不化為灰燼」，誤。校訂本頁一三九，“mini ere bithe soro morin jiyanggiyūn de beneburengge”（我有書送與白馬將軍），天理圖書館藏本作“mini ere bithe suru morin i jiyanggiyūn de beneburengge”，句中“suru morin i”，意即「白馬的」，校訂本作“soro morin”，誤，又脫落“i”。校訂本頁一四一，“ere ucuri sogi mantu jekei”（這些時吃菜饅頭），天理圖書館藏本作“ere ucuri sogi mentu jekei”，句中“mentu”，意即「饅頭」，校訂本作“mantu”，異。

校訂本頁一四五，“bi ging giyangnara be aksambi”（我經文怕談），天理圖書館藏本作“bi ging giyangnara be eksembi”，句中“eksembi”，誤，校訂本改正作“aksambi”，意即「害怕躲避」。校訂本頁一四七，“bi hadagan de cunggūšame”（我撞釘子），天理圖書館藏本作“bi hadahan de cunggūšame”，句中“hadahan”，意即「釘子」，校訂本作“hadagan”，異。校訂本頁一六一，“mini deo be aitubu”（救我兄弟走一遭），天理圖書館藏本作“mini deo be aitubuki”，句中“aitubuki”，校訂本作“aitubu”，異。校訂本頁一六二，“suwembe guwebure be erembio dere”（你指望我饒你們也），天理圖書館藏本作“suwembe guwebure be erembi dere”，句中“erembi”，校訂本作“erembio”，誤。校訂本頁一六四，“deo i fusihūn nimeku holkonde fukderere jakade”（小弟賤恙偶作），天理圖書館藏本作“buya deo i fusihūn nimeku holkonde fukderere jakade”，句中“buya deo”，校訂本作“deo”，脫落“buya”。校訂本頁一六七，“hūng niyang be unggifi siyan šeng be solinaki”（着紅娘來請先生），天理圖書館藏本作“hūng niyang be unggifi, siyan šeng be solinambi”，句中“solinambi”，校訂本作“solinaki”，異。校訂本頁一七三，“terei giru ele saikan”（那更龐兒），天理圖書館藏本作“derei giru ele saikan”，句中“derei giru”，意即「臉龐」，校訂本作“terei giru”，誤。校訂本頁一七七，“elden gelmerjere de”（光油油），天理圖書館藏本作“elden gilmarjara de”，意即「光明細淨」，句中“gilmarjara”，意即「閃耀」，校訂本作“gelmerjere”，異。校訂本頁一八一，“dartai andande”（一霎時），天理圖書館藏本作“tartai andande”，句中“tartai”，誤，當作“dartai”。校訂本頁一八二，“ice holbon yangsi sarin serengge”（新婚燕爾），天理圖書館藏本作“ice holbon yengsi sarin serengge”，句中“yengsi”，意即「筵席」，校訂本作“yangsi”，誤。校訂本頁一八六，“jang šeng si jiheo”（張生你來了也），天理圖書館藏本作“jang šeng si jihebio”，句中“jihebio”，校訂本作“jiheo”，異。

校訂本頁一八九，“ai gelhun akū fu zin i emgi bakcilame tembi”（焉敢與夫人對坐），天理圖書館藏本作“ai gelhun akū fu žin i bakcilame tembi”，句中“bakcilame”，校訂本作“emgi bakcilame”，異。校訂本頁一九一，“dergi edun de hida wada be hetembi”（捲起東風簾幙），天理圖書館藏本作“dergi edun de hida wadan be heteki”，句中“wadan”，意

即「蓋布」，校訂本作“wada”，誤；“heteki”，校訂本作“hetembi”，異。校訂本頁一九三，“fulgiyeci fitheci niltajambi”（吹彈得破），天理圖書館藏本作“fulgiyeci fitheci niltaljambi”，句中“niltaljambi”，校訂本作“niltajambi”，異。校訂本“mimbe miyamigan de acara dere be”（道我宜梳妝的臉兒），天理圖書館藏本作“mimbena, miyamigan de acara dere be”，句中“mimbena”，校訂本作“mimbe”，異。校訂本頁一九五，“damu asaha fasaha de ekšembi”（恐怕張羅），天理圖書館藏本作“damu asaha fasaha de eksembi”，句中“eksembi”，校訂本作“ekšembi”，意即「急忙」。校訂本頁一九八，“hūr seme dayafi”（撲騰騰），天理圖書館藏本作“hūr seme tayafi”，句中“tayafi”，意即「燃熾」，校訂本作“dayafi”，意即「附和」，誤。校訂本頁二〇三，“si amga inenggi kidure be ainaci ojoro”（你久後思量怎奈何），天理圖書館藏本作“si amaga inenggi kidure be ainaci ojoro”，句中“amaga”，意即「後來的」，校訂本作“amga”，誤。校訂本頁二〇四，“bejilere gisun be niyalma aifini tulbime bahaha”（啞謎兒早已怎猜破），天理圖書館藏本作“bejilere gisun be, niyalma aifini tulbime bahanaha”，句中“bahanaha”，校訂本作“bahaha”，異。校訂本“kemuni nilukan gisun i niyalma be hūbašaci”（還要把甜話兒將人和），天理圖書館藏本作“kemuni nilukan gisun i niyalma be hūbišaci”，句中“hūbišaci”，意即「若使設圈套」，校訂本作“hūbašaci”，異。校訂本頁二〇七，“ingtori gese fulgiyan femen gelfiyeken biyarambi”（淺淡櫻桃顆），天理圖書館藏本作“ingtori gese fulgiyan femen gelfiken biyarambi"，句中"gelfiken"，意即「淺淡色」，校訂本作"gelfiyeken"，異。校訂本"lok seme farhūkan sahaliyan mederi gese šumin"（昏鄧鄧黑海來深），天理圖書館藏本作"luk seme farhūkan sahaliyan mederi gese šumin"，句中"luk seme"，意即「昏黑」，校訂本作"lok seme"，意即「忽然間」，誤。校訂本頁二〇八，"nemeyen dukdureke juru ilhaha ilha i bongko be munjiha"（把嫩巍巍雙頭花蕋搓），天理圖書館藏本作"nemeyen dukdureke juru ilakan ilha i bongko be monjiha"，句中"ilakan"，校訂本作"ilhaha"；"monjiha"，意即「搓揉了」，校訂本作"munjiha"，誤。校訂本頁二一一，"fu žin i absi gūniha be sarakū"（不知夫人何見），天理圖書館藏本作"fu žin i absi gūniha be sarkū"，句中"sarkū"，意即「不知」，校訂本作"sarakū"，誤。校訂本頁二一三，"hūng niyang jang šeng be wehiyeme"（紅娘扶張生），天理圖書館藏本作"hūng niyang, jang šeng be wahiyame"，句中"wahiyame"，校訂本作"wehiyeme"，異。校訂本"jang siyan šeng komsokon emu udu hūntahan omici sain akūn"（張先生少吃一杯却不是好），天理圖書館藏本作"jang siyan šeng komsokon emu udu hūntahan omici sain akūna"，句中"akūna"，校訂本作"akūn"，異。校訂本頁二一四，"juwe ergi nanggin i fejile bihe utala hūwašan"（兩廊下無數僧俗），天理圖書館藏本作"juwe ergi nanggin i fejile bihe tutala hūwašan"，句中"tutala"，意即「許多」，校訂本作"utala"，意即「這些」，異。

校訂本頁二一八，"hūng niyang mimbe ere yamji siyoo jiyei ilhai yafan de hiyan dabure erin be aliyafi"（紅娘叫我今夜

花園中待小姐燒香時），天理圖書館藏本作“hūng niyang mimbe ere yamji siyoo jiyei ilha yafan de, hiyan dabure erin be aliyafi”，句中“ilha yafan”，校訂本作“ilhai yafan”。校訂本頁二一九，“siyoo jiyei hiyan dabuki dere”（小姐燒香去來），天理圖書館藏本作“siyoo jiyei hiyan dabunaki dere”，句中“dabunaki”，校訂本作“dabuki”，異。校訂本頁二二四，“hūsihan ušarade ashaha gu kalar kilir sere jilgan”（是裙拖得環珮玎玲），天理圖書館藏本作“hūsihan ušarade, ashaha gu kalar kilir sere jilgon”，句中“jilgon”，誤，校訂本改正作“jilgan”，意即「聲音」。校訂本“ainci kanggiri sihin i edun de hūrgibuhao”（是鐵馬兒簷前驟風），天理圖書館藏本作“aihai kanggiri sihin i edun de hūrgibuhao”，句中“aihai”，校訂本作“ainci”，意即「想必」。校訂本頁二二五，“eici gargiya cuse moo mudangga jerguwen i dolo šalar serenggeo”（是疎竹瀟瀟曲檻中），天理圖書館藏本作“eici gargiyan cuse moo mudangga jerguwen i dolo šalarserenggeo”，句中“gargiyan”，意即「稀疏」，校訂本作“gargiya”，誤。校訂本頁二二六，“sihaha ilha eyere muke de lumbur lumburjere gese”（似落花流水溶溶），天理圖書館藏本作“sihaha ilha, eyere muke de, lumbur lumburjara gese”，句中“lumburjara”，意即「抖動」，校訂本作“lumburjere”，異。校訂本頁二二八，“sini beyei gūnin dorgi be sarangge waka”（不是知你自己情衷），天理圖書館藏本作“sini beyei gūnin i dorgi be sarangge waka”，句中“gūnin i dorgi”，校訂本作“gūnin dorgi”，脫落“i”。校訂本“duha lakcame gosiholombi”（斷腸悲痛），天理圖書館藏本作

“duha lakcame akame gosiholombi”，句中“akame”，意即「悲傷」，校訂本脫落“akame”。校訂本頁二三〇，“emgi jurarkū oci”（不得于飛兮），天理圖書館藏本作“emgi yorakū oci”，句中“yorakū”，意即「不走」，校訂本作“jurarkū”，意即「不出發」，異。校訂本頁二三七，“si emu okson sitaci ojorakū semu”（你便遲不得一步兒），天理圖書館藏本作“si emu okson sitaci ojorakū semeo”，句中“semeo”，意即「豈乎」，校訂本作“semu”，誤。校訂本頁二四二，“siyang guwe i ūren be gaifi yabume”（相國行祠），天理圖書館藏本作“siyang guwe i oren be gaifi yabume”，句中“oren”，誤，校訂本改正作“ūren”，意即「塑像」，又作「尸位」。校訂本頁二四四，“emken yasai muke de derei fon fiyan hūmaraha”（一個淹漬了臉上胭脂），天理圖書館藏本作“emken yasai muke de, derei fun fiyan hūmaraka”，句中“fun”、“hūmaraka”，校訂本作“fon”、“hūmaraha”，異。樂器的「弦」，滿文作“sirge”，天理圖書館藏本作“sirhe”，校訂本頁二四五，“sirge oilorgi mujilen i baita”（弦上的心事），句中「弦」，滿文作“sirge”，滿漢文義相合。校訂本頁二四九，“damu siyoo jiyei ai gisun hese biheni”（只是不知小姐可曾有甚言語），天理圖書館藏本作“damu siyoo jiyei ai gisun hese baheni”，句中“baheni”，誤，校訂本改正作“biheni”。校訂本頁二五八，“ere jasigan i bithe be funde gamaki”（這簡帖兒，我與你將去），天理圖書館藏本作“ere jasigan i bithe be, bi sini funde gamaki”，句中“bi sini funde”，意即「我替你」，校訂本作“funde”，脫落“bi sini”。校訂本頁二五九，“gūnin funiyegan be ume eberembure”（休墮了志氣也），天理圖書館藏本作“gūnin funiyagan be ume eberembure”，句中“funiyagan”，意即「志氣」，校訂本作“funiyegan”，誤。校訂本頁二六五，“hida i jaka edun nakame”（風靜簾間），天理圖書館藏本作“hida i jaka i edun nakame”，句中“jaka i edun”，校訂本作“jaka edun”，脫落“i”。校訂本頁二六六，“šun mukdetele kemuni yasa neirakūngge”（日高猶自不明眸），天理圖書館藏本作“šun mukdentele kemuni yasa neirakūngge”，句中“mukdentele”，意即「漸漸升起」，校訂本作“mukdetele”，誤。校訂本頁二六八，“damu tuwaci, hir seme faitan hiterehe manggi”（只見他俺厭的扢皺了黛眉），天理圖書館藏本作“damu tuwaci, hir seme faitan hitere manggi”，句中“hitere”，意即「皺眉」，校訂本作“hiterehe”，異。校訂本頁二七〇，“si tacihakū seci we tacihabi”（你不慣誰曾慣），天理圖書館藏本作“si tacinakū seci, we tacihabi”，句中“tacinakū”，校訂本作“tacihakū”，異。

校訂本頁二七八，“si sarin yangsi de der dar seme miyami”（他向筵席頭上整扮），天理圖書館藏本作“si sarin yengsi de der dar seme miyami”，句中“yengsi”，意即「筵席」，校訂本作“yangsi”，誤。校訂本頁二八六，“si damu gala de muksan seferefi”（他只少手搭提兒），天理圖書館藏本作“i damu gala de mukšan seferefi”，句中“i”，校訂本作“si”，異；句中“mukšan”，意即「棍棒」，校訂本作“muksan”，誤。校訂本“haji halhūn i uhe isibu sembio”（送暖偷寒），天理圖書館藏本作“haji halhūn i mejige isibu sembio”，句中“mejige”，意即「信息」，校訂本作“uhe”，

意即「相契合」，異。校訂本頁二九〇，“wargi nanggin fejile biya be aliyaki serengge”（待月西廂下），天理圖書館藏本作“wargi nanggin i fejile biya be aliyafi serengge”，句中“nanggin i fejile”，校訂本作“nanggin fejile”，脫落“i”；句中“aliyafi”，校訂本作“aliyaki”，異。校訂本頁二九一，“i uce neifi mimbe aliyara ba”（他開門等我），天理圖書館藏本作“i uce neifi mimbe aliyara be”，句中“be”，校訂本作“ba”，誤。校訂本頁二九三，“simbe dergi fu be dabafi latunu sehebi”（教你跳東墻女子邊干），天理圖書館藏本作“simbe dergi fu be dabafi latunju sehebi”，句中“latunju”，校訂本作“latunu”，異。校訂本頁二九五，“emu gui namun i hiyo ši be sindafi”（放着個玉堂學士），天理圖書館藏本作“emu gu i yamun i hiyo ši be sindafi”，句中“gu i yamun”，意即「玉衙門」，校訂本作“gui namun”，意即「玉庫」。校訂本頁二九六，“ehe gisun i aksulaha”（惡語傷人），天理圖書館藏本作“ehe gisun i akšulaha”，句中“akšulaha”意即「挖苦」、「嘲弄」，校訂本作“aksulaha”，誤。校訂本頁二九七，“adarame muduri duka be fekume”（怎把龍門跳），天理圖書館藏本作“adarame muduri duka be fekumbi”，句中“fekumbi”，校訂本作“fekume”，異。校訂本“tere irgašara bolori mukei gese yasa hargašahai uliha”（望穿他盈盈秋水），天理圖書館藏本作“tere irgašara bolori mukei gese yasa hargašahai juliha”，句中“juliha”，校訂本作“uliha”，意即「穿珠」。校訂本頁三〇〇，“buya bithei niyalma geneci jing sain sehengge”（小生去好也），天理圖書館藏本作“buya bithei niyalma geneci jing sain sehengge kai”（小生方好去），校訂本脫落“kai”。校訂本“sebjeleme bithe tuwara gucu acara giyangnara, leolere”（快書快友快談論），天理圖書館藏本作“sebjeleme bithe tuwara, gucu acara, giyangnara leolerede”，句中“leolerede”，意即「談論時」，校訂本作“leolere”，脫落“de”。校訂本“hercun akū wasime dabsifi goidarakū farhūn ombi”（不覺開西立又昏），天理圖書館藏本作“hercun akū wasihūn dabsifi goidarakū farhūn ombi”，句中“wasihūn”，校訂本作“wasime”，異。校訂本頁三〇二，“gala i loli fodoho be fasime tatarilame fu be dabali fekufi”（手挽着垂楊滴溜撲碌跳過墻去），天理圖書館藏本作“gala i loli fodoho be fasime, dakdarilame fu be dabali fekufi”，句中“dakdarilame”，意即「躥跳」，校訂本作“tatarilame”，誤。

校訂本頁三〇六，“aisin i šu ilhai foron de mudan ilhai arsun hederebume fehubuhe”（金蓮蹙損牡丹芽），天理圖書館藏本作“aisin i šu ilhai fatan de mudan ilhai arsun hederebume fehubuhe”，句中“fatan”（底），校訂本作“foron”（頂），異。校訂本“gu sifikū tu mei ilhai felhen de taha”（玉簪抓住荼蘼架），天理圖書館藏本作“gu i sifikū, tu mei ilhai felhen de taha”，句中“gu i sifikū”，意即「玉簪」，校訂本作“gu sifikū”，脫落“i”。校訂本頁三〇七，“fodoho subehederi kelfihe šun elheken i wasire be sabume”（見柳梢斜日遲遲下），天理圖書館藏本作“fodoho subehederi kelfike šun, elheken i wasire be sabume”，句中“kelfike”，意即「偏斜」，校訂本作“kelfihe”，異。校訂本頁三〇八，“unenggio tašan”（真假），天理圖書館藏本作“unenggio tašon”，句

中“tašon”，意即「假麼」，校訂本作“tašan”，意即「虛假」，異。校訂本頁三〇九，“bi babade bahai heperembi”（我一地胡拿），天理圖書館藏本作“bi babade balai heperembi”，句中“balai”，意即「胡妄」，校訂本作“bahai”，異。

校訂本頁三一一，“toktofi kafur seme lataka minde nambure dabala”（准定扢扎幫便倒他），天理圖書館藏本作“toktofi kafur seme adanaci, minde nambure dabala”，句中“adanaci”，意即「加入」，校訂本作“lataka”，異。校訂本頁三一二，“si duka deri genere be joo”（你却休從門裏去），天理圖書館藏本作“si dukai deri genere be joo”，句中“dukai”，意即「門的」，校訂本作“duka”，意即「門」。校訂本頁三一三，“ilhai gargan geli sak seme fangkalan”（花枝又低亞），天理圖書館藏本作“ilhai gargan, geli šak seme fangkala”，句中“šak seme fangkala”，校訂本作“sak seme fangkalan”，異。校訂本“si gūnin šoforhoi nesuken i nacihiya”（你索意兒溫存），天理圖書館藏本作“si gūnin šoforohoi nesuken i nacihiya”，句中“šoforohoi”，意即「抓」、「撓」，校訂本作“šoforhoi”，異。校訂本頁三一七，“i enggici oihori sula gisun de mangga bihe”（你無人處且會閒嗑牙），天理圖書館藏本作“si enggici oihori sula gisun de mangga bihe”，句中“si”，意即「你」，校訂本作“i”（他），滿漢文義不合。校訂本頁三一八，“si ai baita ubade jiheo”（你來此有甚麼勾當），天理圖書館藏本作“si ai baita ubade jihe”，句中“jihe”，校訂本作“jiheo”，異。校訂本頁三二〇，“meni emu boo ofi jortai manggatarangge waka”（不

是一家兒喬作衙），天理圖書館藏本作“meni emu boo ofi jortai camanggadarangge waka”，句中“camanggadarangge”，校訂本作“manggatarangge”，異。校訂本頁三二一，“mederi duka be fekunerakū”（不去跳龍門），天理圖書館藏本作“muduri duka be fekunerakū”，句中“muduri duka”，意即「龍門」，校訂本作“mederi duka”，意即「海門」，誤。校訂本“ahūn nun oci tetendere”（既為兄妹），天理圖書館藏本作“ahūn non oci tetendere”，句中“non”，意即「妹子」，校訂本作“nun”，讀音異。

校訂本頁三二七，“cimari jang loo niyalma takūrafi alanjihangge”（早間長老使人來說），天理圖書館藏本作“ecimari jang loo niyalma takūrafi alanjihangge”，句中“ecimari”，意即「今早」，校訂本作“cimari”，異。校訂本頁三二九，“siyoo jiyei de dasara fangse bici hono ombi”（除非小姐有甚好藥方，這病便可了），天理圖書館藏本作“siyoo jiyei de aika dasara fangse bici hono ombi”，句中“aika dasara fangse”，校訂本作“dasara fangse”，脫落“aika”。校訂本頁三三〇，“neneme si boconggo fi de irgebume”（先是你彩筆題詩），天理圖書館藏本作“neneme si boconggo fi de ši irgebume”，句中“ši irgebume”，意即「題詩」，校訂本脫落“ši”。校訂本頁三三三，“simbe ifire tonggo i gese feliyebume”（倒教我似綫腳心般），天理圖書館藏本作“mimbe ifire tonggo i gese feliyebume”（倒教我似線腳兒般），句中“mimbe”，校訂本作“simbe”，滿漢文義不合。校訂本頁三三四，“si ne nimerengge antaka”（你

今日病體如何），天理圖書館藏本作“si te nimerengge antaka”，句中“te”，意即「如今」，校訂本作“ne”，意即「現今」。校訂本頁三三五，“bi tuwaci, si hai tang ilhakaci kiduhai ertele oho”（我見你海棠開想到如今），天理圖書館藏本作“bi tuwaci, si hai tang ilakaci kiduhai ertele oho”，句中“ilakaci”，意即「開花」，校訂本作“ilhakaci”，異。校訂本頁三三七，“geli ne šusaise daci uttu sembi”（便道秀才們從來恁），天理圖書館藏本作“gelina šusaise daci uttu sembi”，句中“gelina”（便道），校訂本作“geli ne”，異。校訂本頁三三八，“hūng niyang bithe be alibufi hendume, ere”（紅娘授簡云，在這裡），天理圖書館藏本作“hūng niyang bithe be alibufi hendume, eri”，句中“eri”，意即「這裡呢」，又作「這不是嗎」，校訂本作“ere”，意即「這」，異。校訂本“cacurame hendume, siyoo jiyei ši jihe be saha bi”（揖云，早知小姐詩來），天理圖書館藏本作“canjurafi hendume, siyoo jiyei ši jihe be saha bici”，句中“canjurafi”，意即「作揖」，校訂本作“cacurame”（潑灑），誤。校訂本頁三四二，“gelerengge hūng niyang foihorilarakū”（怕的是紅娘撒沁），天理圖書館藏本作“gelerengge hūng niyang foihorilarahū”，句中“foihorilarahū”，意即「恐怕怠慢」，校訂本作“foihorilarakū”，誤。校訂本“sain mudan bahara ba akū ofi”（無投處問佳音），天理圖書館藏本作“sain mede bahara ba akū ofi”，句中“mede”，意即「信息」，校訂本作“mudan”，意即「音」，異。校訂本“emu juntan hoošan bahafi”（得了個紙條兒），天理圖書館藏本作“emu justan hoošan bahafi”，句中“justan”，校訂本作“juntan”，異。校訂本頁三四七，“tere umai ferguwecuke suiha, enduri ulme be baitalarakū”（他不用法灸神鍼），天理圖書館藏本作“tere umai ferguwecuke suiha, enduri naman be baitalarakū”，句中“naman”，意即針灸的「針」，校訂本作“ulme”，異。校訂本頁三四八，“bi elheken i šeoleki”（我謾沉吟），天理圖書館藏本作“bi elheken i seoleki”，句中“seoleki”，意即「思索」，校訂本作“šeoleki”（刺繡），誤。

校訂本頁三五二，“hūng niyang dedure boo be icihiya, bi amganambi”（紅娘，收拾臥房，我睡去），天理圖書館藏本作“hūng niyang dedure boo be icihiya, bi amhanambi”，句中“amhanambi”，校訂本作“amganambi”，意即「睡覺」。校訂本頁三五七，“niyalmai jalan i dobori cib sere dade cib sembi”（人間良夜靜復靜），天理圖書館藏本作“niyalmai jalan i sain dobori cib sere dade cib sembi”，句中“sain dobori”，意即「良夜」，校訂本作“dobori”，脫落“sain”。校訂本頁三六九，“bi sini tohon fesen be uksalafi”（我將你鈕釦兒鬆），天理圖書館藏本作“bi sini tohon fešen be uksalafi”，句中“tohon fešen”，意即「鈕釦」，校訂本作“tohon fesen”，異。校訂本頁三七四，“kemuni kenehunjeme buyembi”（猶是疑猜），天理圖書館藏本作“kemuni kenehunjeme buhiyembi”，句中“buhiyembi”，意即「猜測」，校訂本作“buyembi”，意即「愛慕」，誤。校訂本頁三七六，“terkin ci wasika”（下堦來），天理圖書館藏本作“terki ci wasika”，句中“terki”，校訂本作“terkin”，意

即「臺階」。校訂本頁三七八，“ere yamji erdeken jidureo”（今夜早些來），天理圖書館藏本作“ere yamji erdeken jidereo”，句中“jidereo”，意即「請來」，校訂本作“jidureo”，誤。校訂本〈拷艷第十四〉，校訂本脫落〔紫花兒序〕、〔金蕉葉〕等曲牌文句。校訂本頁三八一，“we simbe hiri amgame dobonio dedufi”（誰許你停眠整宿），天理圖書館藏本作“we simbe hiri amga, dobonio dedu seheni”，句中“hiri amga”，意即「酣睡」，校訂本作“hiri amgame”，異。校訂本頁三八二，“terebe gaifi balai feliyeme facuhūn be yabubuha ni”（誰叫你迤逗他胡行亂走），天理圖書館藏本作“we simbe terebe gaifi balai feliyeme facuhūn be yabubuha ni”，句中“we simbe”，意即「誰教你」，校訂本脫落“we simbe”字樣，滿漢文義不合。校訂本頁三八四，“hūng niyang bi weile be sarakū”（紅娘不知罪），天理圖書館藏本作“hūng niyang bi weile be sarkū”，句中“sarkū”，意即「不知」，校訂本作“sarakū”，誤。校訂本頁三八六，“siyoo jiyei i baru sula gisurere de”（和小姐閒窮究），天理圖書館藏本作“siyoo jiyei i baru sula gisun gisurere de”，句中“sula gisun gisurere de”，意即「閒談時」，校訂本作“sula gisurere de”，脫落“gisun”。校訂本頁三八九，“hūlha be bederebume mutehengge bici”（退得軍者），天理圖書館藏本作“hūlha be bederebume muterengge bici”，句中“muterengge”，意即「能者」，校訂本作“mutehengge”，異。校訂本頁三九二，“emke seci jusei dorgi niongnio”（一個是仕女班頭），天理圖書館藏本作“emke seci sargan jusei dorgi niongnio”，句中

“sargan jusei”，意即「仕女」，校訂本作“jusei”，脫落“sargan”。校訂本頁三九四，“hūng niyang si tere fosilaru be hūlafi gaju”（紅娘先與我喚那小賤人過來），天理圖書館藏本作“hūng niyang si tere fusilaru be hūlafi gaju”，句中“fusilaru”，意即「賤種」，校訂本作“fosilaru”，誤。校訂本頁三九七，“hūng niyang si siyoo jiyei be wehiyeme jafa”（紅娘你扶住小姐），天理圖書館藏本作“hūng niyang si siyoo jiyei be wahiyame jafa”，句中“wahiyame”，意即「攙扶」，校訂本作“wehiyeme”，異。校訂本頁三九九，“ainu urunakū toktobure sarin, jala yabure be baimbi”（何須約定通媒媾），天理圖書館藏本作“ainu urunakū toktobure sarin, jala yabubure be baimbi”，句中“yabubure”，意即「使行」，校訂本作“yabure”，異。校訂本頁四○○，“nenehe wang ni erdemu yabun waka oci, gelhun akū yaburakū sehebe donjihekūn”（豈不聞非先王之德行不敢行），天理圖書館藏本作“nenehe wang ni erdemu yabun waka oci, gelhun akū yaburakū sehebe donjihakūn”，句中“donjihakūn”，意即「豈不聞」，校訂本作“donjihekūn”，異。

校訂本頁四○七，“fakcafi genere hūdun de gasambi”（怨分去得疾），天理圖書館藏本作“fakcafi genere hahi de gasambi”，句中“hahi”，意即「快速」，校訂本作“hūdun”，異。校訂本頁四○九，“morin sere, sejen sere, ne je belhehe be sabufi”（見安排車兒馬兒），天理圖書館藏本作“morin sere, sejen sere, ne je belgehe be sabufi”，句中“belgehe”，意即「用梢繩繫物」，校訂本作“belhehe”，

意即「預備」，異。校訂本頁四一〇，“tere mujilen efujere jasigan be arambi”（還望他恓恓惶惶的寄），天理圖書館藏本作“tere mujilen efujere jasigan be erembi”，句中“erembi”，意即「指望」，校訂本作“arambi”，誤。校訂本頁四一二，“nenehe siyang guwe jai sakda fu žin i fekšengge kesi de ertufi”（憑仗先相國及老夫人恩蔭），天理圖書館藏本作“nenehe siyang guwe, jai sakda fu žin i fengšengge kesi de ertufi”，句中“fengšengge”，意即「有福祉的」，校訂本作“fekšengge”，誤。校訂本頁四一七，“dasame sarin de dosifi tehe sejilehe”（重入席科，吁科），天理圖書館藏本作“dasame sarin de dosifi tehe, sejilembi”，句中“sejilembi”，意即「嘆息」，校訂本作“sejilehe”，異。校訂本頁四二二，“gemu ilinjaha”（各起身科），天理圖書館藏本作“gemu ilicaha”，句中“ilicaha”，意即「暫停」，校訂本作“ilinjaha”，異。校訂本頁四三二，“sejen de tafara de ekšembi”（懶上車兒內），天理圖書館藏本作“sejen de tafara de eksembi”，句中“eksembi”，誤，校訂本改正作“ekšembi”，意即「急忙」。校訂本頁四三三，“hūng niyang si tuwa tere”（紅娘你看他在那里），天理圖書館藏本作“hūng niyang si tuwa, teri”，句中“teri”，意即「那裡」，校訂本作“tere”，意即「那」，異。

校訂本頁四三六，“yamjishūn tugi dalibuhabi”（暮雲遮），天理圖書館藏本作“yamjishūn tugi de dalibuhabi”，句中“tugi de”，意即「雲裡」，校訂本作“tugi”，脫落“de”。校訂本頁四三八，“uthai besergen juleri sektefi”（就在床前

打鋪），天理圖書館藏本作“uthai besergen i juleri sektefi”，句中“besergen i juleri”，意即「床的前面」，校訂本作“besergen juleri”，脫落“i”。校訂本頁四三九，“hir amgaha”（睡熟科），天理圖書館藏本作“hiri amgaha”，意即「熟睡」，句中“hiri”，校訂本作“hir”，誤。校訂本頁四五〇，“tamse tuherakū, sifikū mokcorahū seme gelembi”（怕便是瓶墜簪折），天理圖書館藏本作“tamse tuherahū, sifikū mokcorahū seme gelembi”，句中“tuherahū”，意即「恐墜落」，校訂本作“tuherakū”，意即「不墜落」，誤。校訂本頁四五三，“tere emu suru morin yalufi jihe”（騎著白馬來也），天理圖書館藏本作“teri, emu suru morin yalufi jihe”，句中“teri”，校訂本作“tere”，異。校訂本頁四五五，“ser seme seriken bujan, subehe ci abdaha sihame edun dambi”（踈刺刺林梢落葉風），天理圖書館藏本作“ser seme seriken bujan i subehe ci abdaha sihame edun dambi”，句中“bujan i subehe”，意即「林梢」，校訂本作“bujan, subehe”，句中逗點當作“i”。

日本天理大學圖書館藏本與美國國會圖書館抄本《滿漢西廂記》滿文詞彙對照表

標目	漢文	天理圖書館藏本	羅馬拼音	美國國會圖書館抄本	羅馬拼音
驚艷第一章	相公在日		siyang gung ni bisire fonde	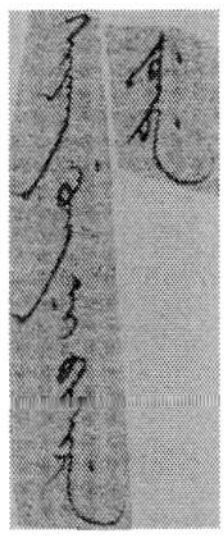	siyang gung ni bisire funde
	一座另造宅子		encu weilehe ere emu falga boo bi	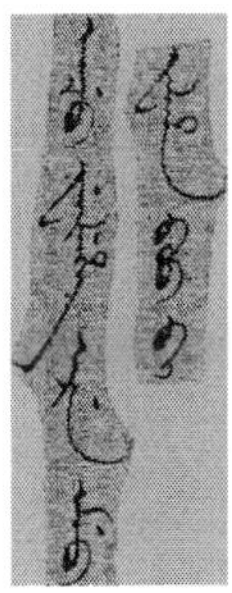	encu weilehe ere emu falha boo bi
	俺想相公在日	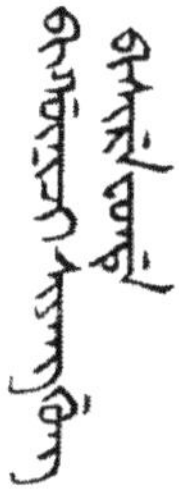	bi gūnici siyang gung bisire fonde		bi gūnici siyang gung bisire funde

標目	漢文	天理圖書館藏本	羅馬拼音	美國國會圖書館抄本	羅馬拼音
驚艷第一章	螢牕雪案	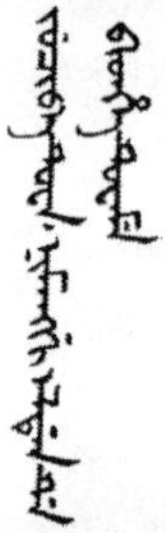	juciba tuwa, nimanggi elden de bithe tuwame	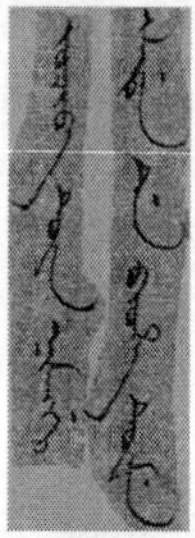	jociba tuwa nimanggi elden de bithe tuwame
	萬金寶劍	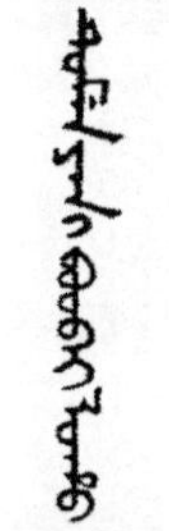	tumen yan i boobai loho		tumen yan i boobei loho
	鐵硯呵磨穿		selei yuwan be, suihei fondojoho		sele i yuwan be suihei fodoho
	天際秋雲捲	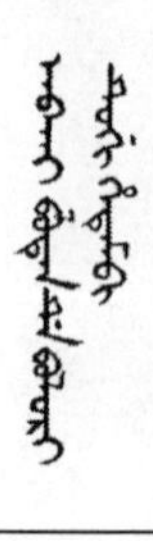	abkai buten de bolori tugi hetembi		abkai bute de bolori tugi hetembi

標目	漢文	天理圖書館藏本	羅馬拼音	美國國會圖書館抄本	羅馬拼音
驚艷第一章	天冊金輪		tiyan ce gin luwen		tiyan ce gin luwan
	又來到下方僧院		geli fejergi ergi hūwašan i hūwa de isinjiha		geli fejergi hūwašan i hūwa de isinjiha
	寶塔		boobai subargan		boobei subargan
	分明打個照面		ilekesaka ishun emgeri šaha	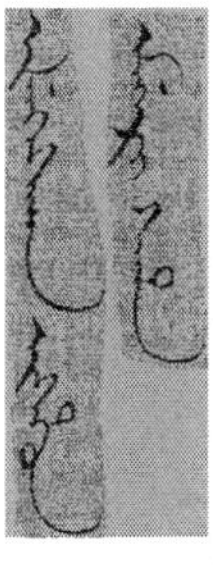	ilekesaka ishun emgeri saha

標目	漢文	天理圖書館藏本	羅馬拼音	美國國會圖書館抄本	羅馬拼音
驚艷第一章	一座梵王宮		emu falga fan wang gung	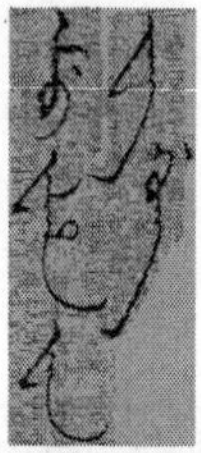	emu falha fan wang gung
借廂第二章	望先生恕罪	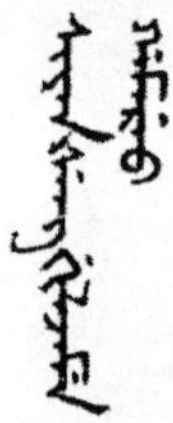	siyan šeng giljame gamareo	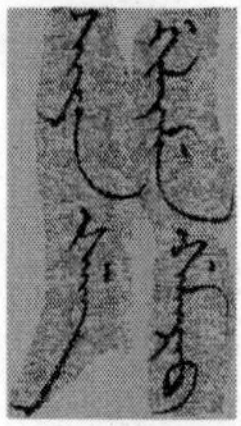	siyan šeng giljame gamarao
	有心聽講	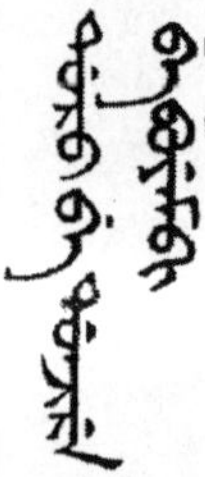	doro be donjire be buyembi	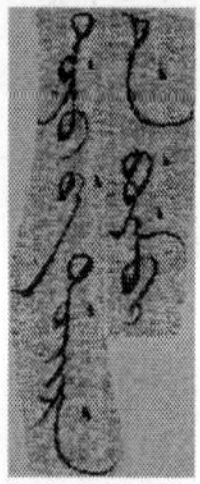	doro be donjire de buyembi
	任憑人說短論長	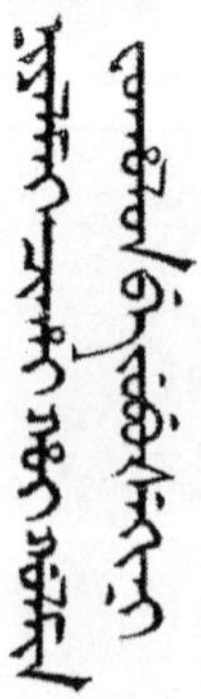	niyalmai cihai hoi golmin foholon be jubušekini	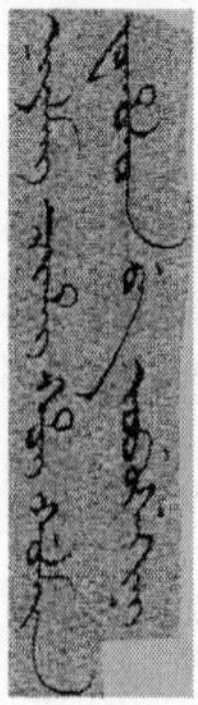	niyalmai cihai hoi golmin foholon be jobušekini

標目	漢文	天理圖書館藏本	羅馬拼音	美國國會圖書館抄本	羅馬拼音
借廂第二章	着小娘子先行我靠後些	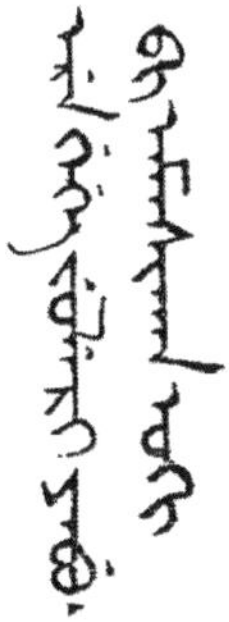	ere gege juleri yabu, bi amasikan oki	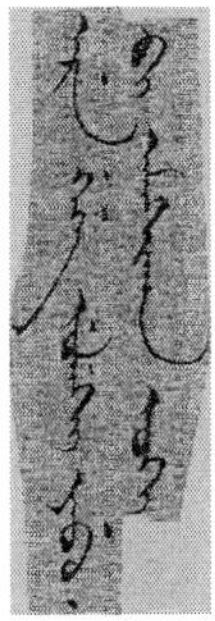	ere gege julesi yabu, bi amasikan oki
	你在我行口強		si minde ofi angga mangga dere	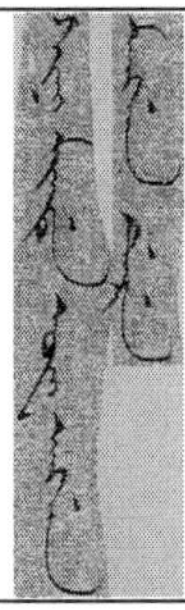	sini minde ofi angga mangga dere
	小生亦備錢五千	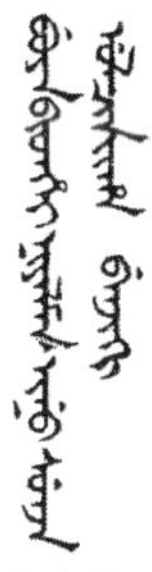	buya bithei niyalma inu sunja ulcin jiha benjiki	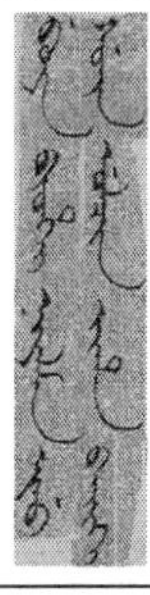	buya bithei niyalma inu sunja ulcin jiha banjiki
	小姐是他父親的事		siyoo jiyei amai jalin kai	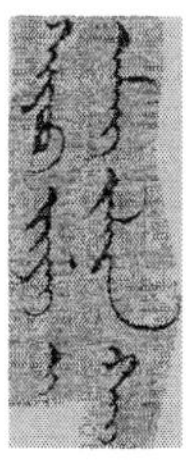	siyoo jiyei i amai jalin kai

標目	漢文	天理圖書館藏本	羅馬拼音	美國國會圖書館抄本	羅馬拼音
借廂第二章	言出如箭	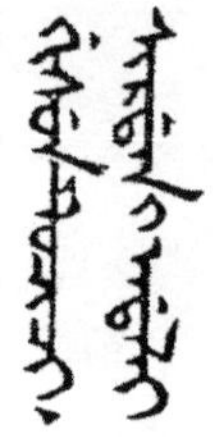	gisun tucici, sirdan i adali	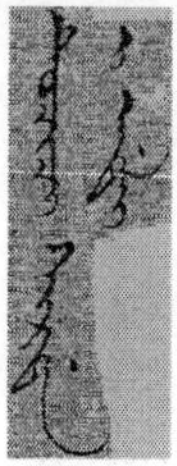	tucici sirdan i adali
	先生是讀書君子	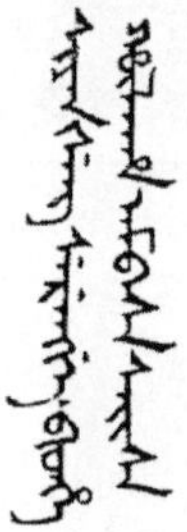	siyan šeng serengge, bithe hūlaha ambasa saisa		siyan šeng serengge, bithe hūlara ambasa saisa
	把一天愁都撮在眉尖上		abkanakū jobocun, yooni faitan i solmin de isanjiha	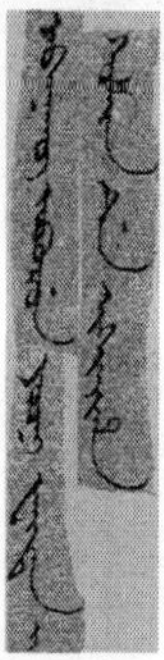	abkanakū jobocun, yooni faitan i solmin de isinjiha
	小生便回店中		buya bithei niyalma tataha boode bederefi		buya bithei niyalma tatara boode bederefi

標目	漢文	天理圖書館藏本	羅馬拼音	美國國會圖書館抄本	羅馬拼音
酬韻第三章	年方二十三歲		orin ilase		orin ilan se
	正得西廂居住		tob seme wargi ashan i boode bahafi tehe		tob seme wargi ashan i boo de bahafi tehe
	容分一臉	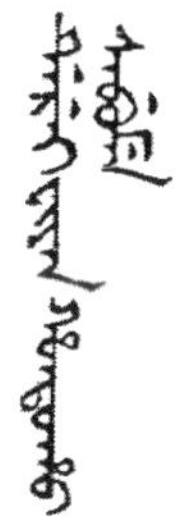	derei fiyan hontoho sabume	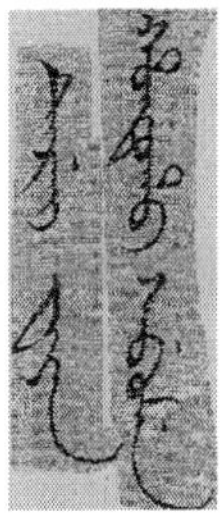	terei fiyan hontoho sabume
鬧齋第四章	大眾動法器者	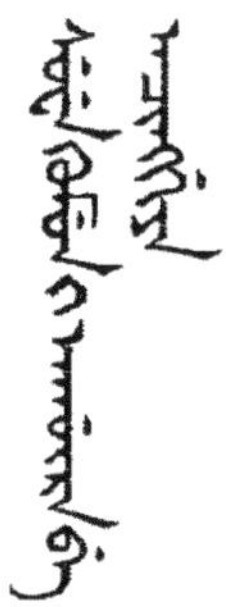	suwe kumun i agūra be acinggiya	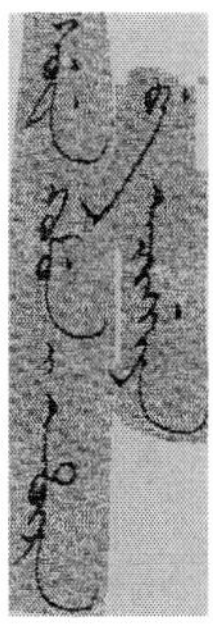	suwe kumun i ahūra be acinggiya

標目	漢文	天理圖書館藏本	羅馬拼音	美國國會圖書館抄本	羅馬拼音
鬧齋第四章	諷咒		tarni tarnilaci	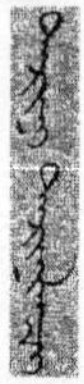	tarini tarinilaci
警寺第五章	鳴鑼擊鼓	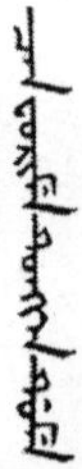	can forime tungken dume	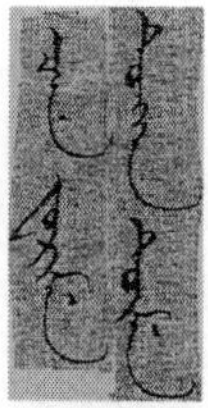	can forime tungken tūme
	落花無語		ilha sihafi umaiserakū		ilha sigafi umaiserakū
	壓寨夫人		šancin i boigoji		šancin i boihoji
	博望燒屯	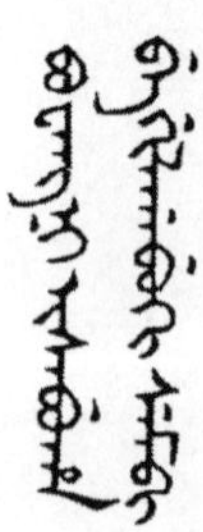	bo wang ni isabuha be gilgabuki sembi	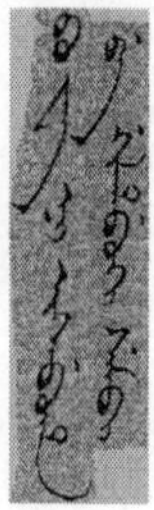	bo wang ni isabuha be gilhabuki sembi

標目	漢文	天理圖書館藏本	羅馬拼音	美國國會圖書館抄本	羅馬拼音
警寺第五章	後代兒孫	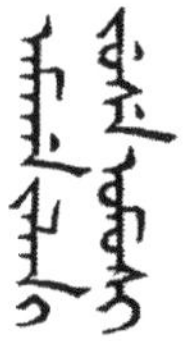	amaga jalan i juse omosi	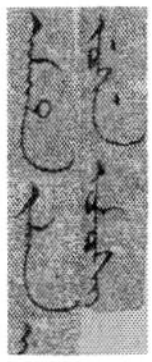	amaha jalan i juse omosi
	如今兩廊下	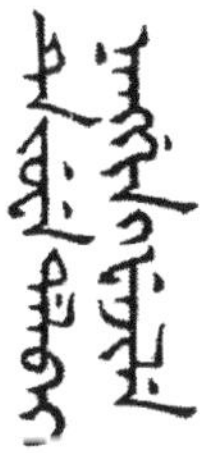	te juwe dalbai nanggin i fejile	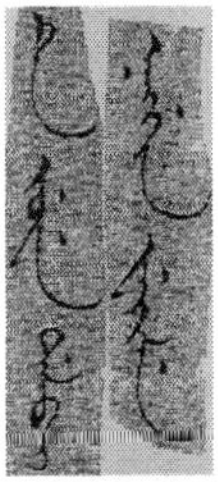	te juwe dalbai nanggin fejile
	請先生別換一個		bairengge siyan šeng encu emke halareo	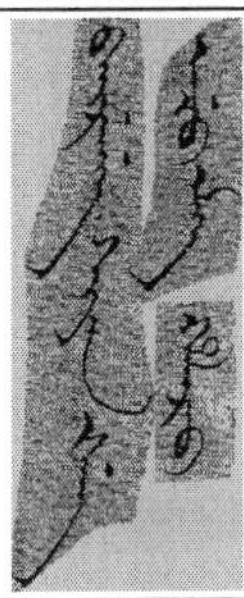	bairengge siyan šeng encu emke halarao
	〔賺煞尾〕諸僧伴	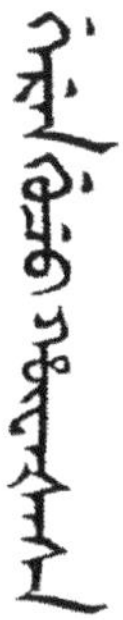	geren gucu hūwašasa	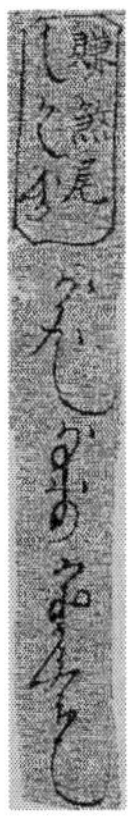	jan ša wei geren gucu hūwašasa

標目	漢文	天理圖書館藏本	羅馬拼音	美國國會圖書館抄本	羅馬拼音
警寺第五章	俺這廚房下有一個徒弟	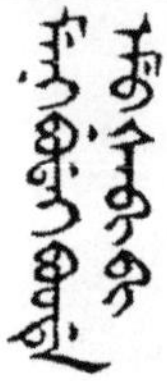	meni budai boode emu šabi bi	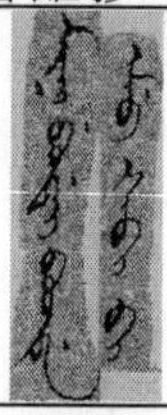	mini budai boode emu šabi bi
	菜饅頭	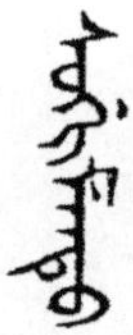	sogi mentu		sogi mantu
	安排茶飯者	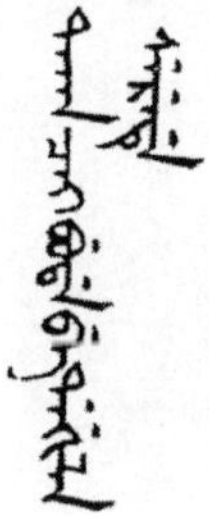	taka cai buda be dagila serede	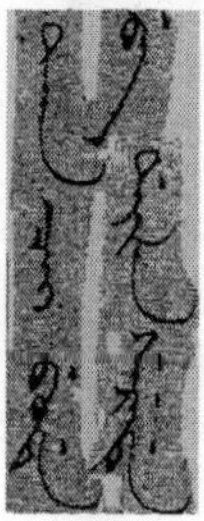	taka cai buda be dajila serede
請宴第六章	須索早去者	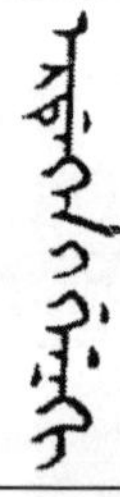	erdeken i geneki		erdeken i genembi
	那更龐兒整	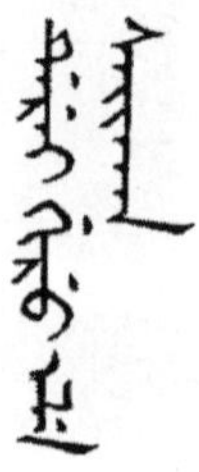	derei giru ele saikan		terei giru ele saikan

標目	漢文	天理圖書館藏本	羅馬拼音	美國國會圖書館抄本	羅馬拼音
請宴第六章	〔四煞〕聘不見爭		jafan nemšerakū	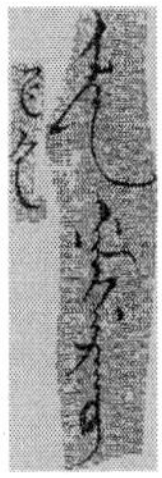	〔sy ša〕jafan nemšerakū
	〔二煞〕夫人只一家	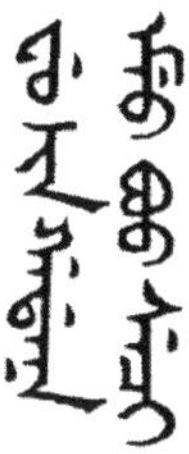	fu žin gadana emu boo seci	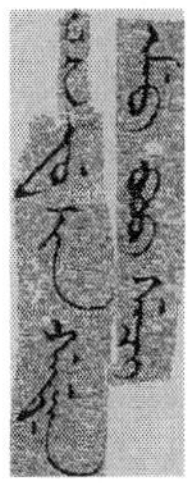	〔el ša〕 fu žin gadana emu boo seci
	真幽靜	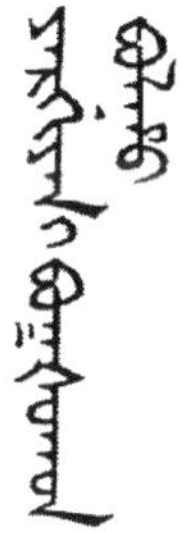	yargiyan i bokšokon bolho	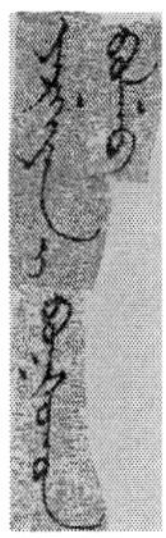	yargiyan i bokšokon bolgo
賴婚第七章	〔後〕你看		si tuwa	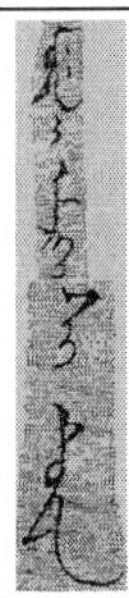	〔mudan i amargi〕 si tuwa

標目	漢文	天理圖書館藏本	羅馬拼音	美國國會圖書館抄本	羅馬拼音
賴婚第七章	便消得你家緣過活	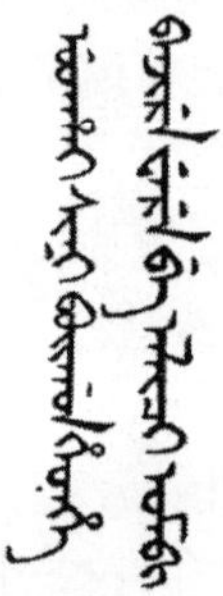	uthai sini boigon hethe banjire were be alici ombi		uthai sini boigon hethe banjire were be ilici ombi
	門外簾前	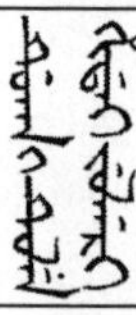	duka i tule hidai juleri		duka tule hidai juleri
	這聲息不好也	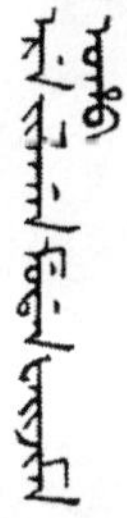	ere jilgan mudan faijima oho	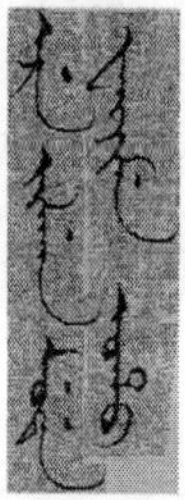	ere jilgan mudan faijime oho
	青春		se asihan		se asigan
	各諧秦晉		cin jin i adali holboci		cin gin i adali holboci

標目	漢文	天理圖書館藏本	羅馬拼音	美國國會圖書館抄本	羅馬拼音
賴婚第七章	紅娘扶張生云		hūng niyang, jang šeng be wahiyame hendume		hūng niyang jang šeng be wehiyeme hendume
琴心第八章	不是知你自己情衷	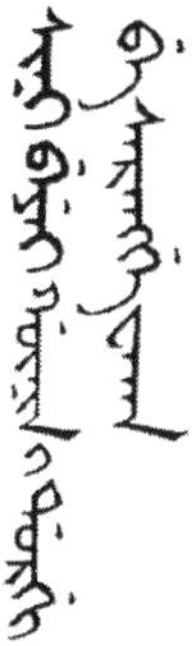	sini beyei gūnin i dorgi be sarangge waka	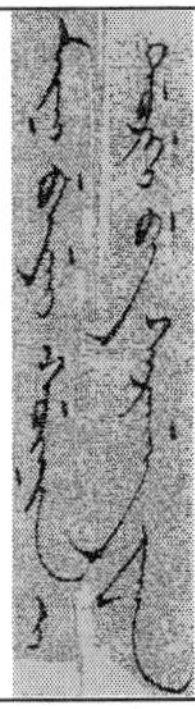	mini beyei gūnin i dorgi be sarangge waka
	中間一層紅紙	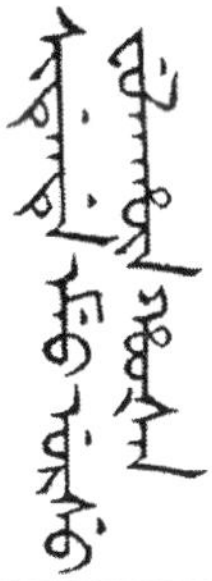	sidende emu ursu fulahūn hoošan		sidende emu orsu fulahūn hoošan
前候第九章	鶯鶯下		ing ing wasika	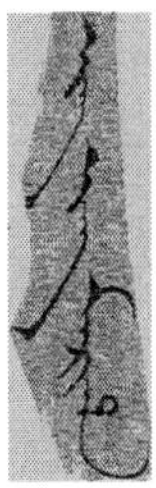	ing ing mariha

標目	漢文	天理圖書館藏本	羅馬拼音	美國國會圖書館抄本	羅馬拼音
前候第九章	夫人失信推拖別辭	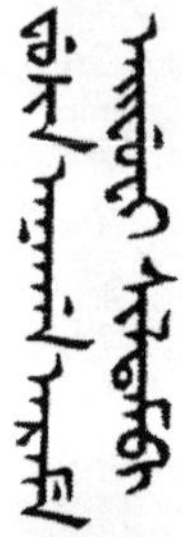	fu žin anagan arame aifufi siltambi		fu žin anagan arame aifini siltambi
	一個憔悴潘郎	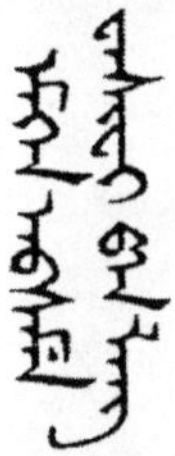	emken absame wasifi pan lang	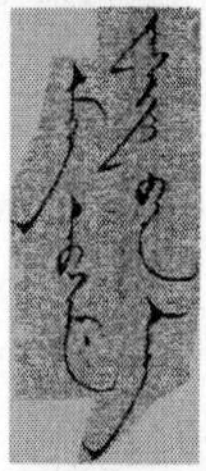	emke absame wasifi pan lang
	一個意懸懸懶去拈針指		emken gūnin geri fari ulme tonggo jafašara be bambi	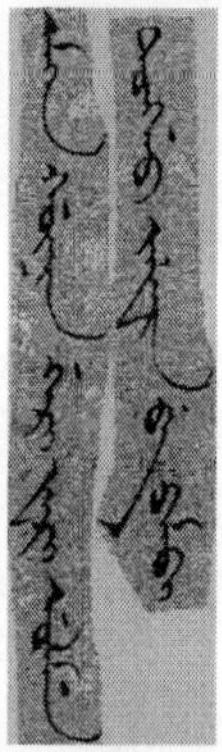	emken gūnin geri fari ulme tonggo jafara be bambi
	弦上的心事	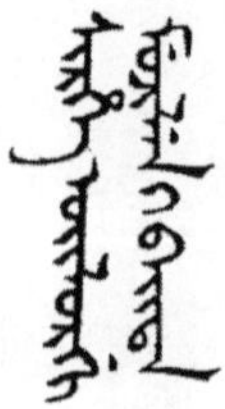	sirhe oilorgi mujilen i baita		sirge oilorgi mujilen i baita

標目	漢文	天理圖書館藏本	羅馬拼音	美國國會圖書館抄本	羅馬拼音
前候第九章	一樣是相思		emu adali gemu ishunde kidumbi		emu adali geli ishunde kidumbi
	紅娘姐帶回	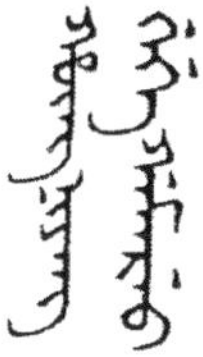	hūng niyang gege gamareo		hūng niyang gege gamarao
	他若見這詩	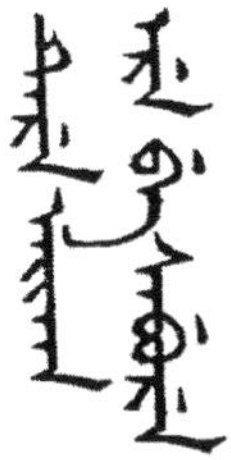	tere aika ere be sabure	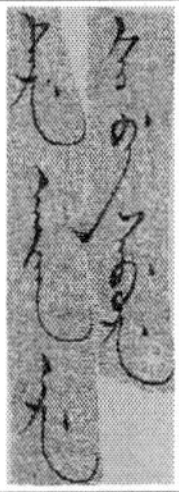	tere aika ere ši be sabure
鬧簡第十章	海紅羅軟簾		fulgiyan lo i haihūngga mengse	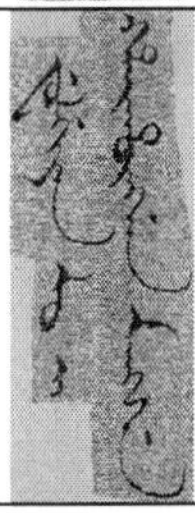	fulgiyan lo i haihūngga mangse
	只見他釵鶉	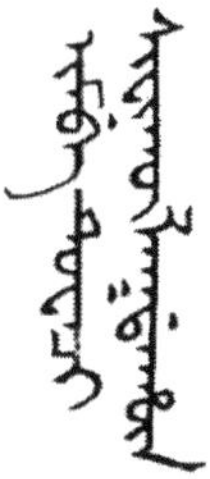	imbe tuwaci sifikū lakdahūn		inbe tuwaci, sifikū lanadahūn

標目	漢文	天理圖書館藏本	羅馬拼音	美國國會圖書館抄本	羅馬拼音
鬧簡第十章	早是你口穩來	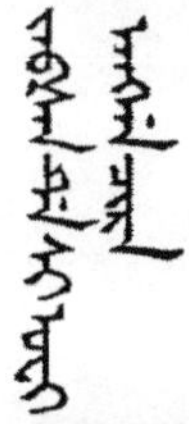	jabšan de si ofi angga cira	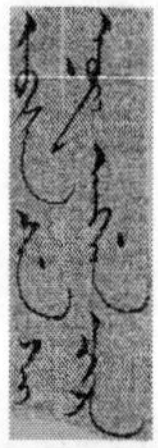	jabšan de si nofi angga cira
	着他下次休得這般	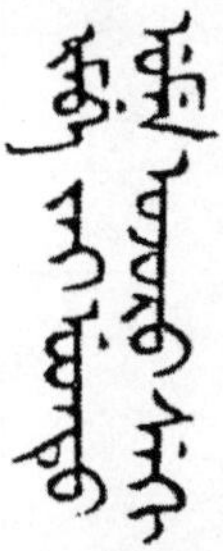	imbe jai uttu ume ojoro seki	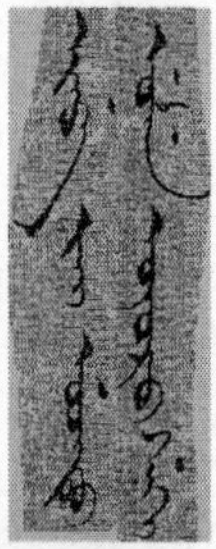	inbe jai uttu ume ojoro seki
	紅娘姐來了		hūng gege jiheo		hūng niyang gege jiheo
	是我不用心	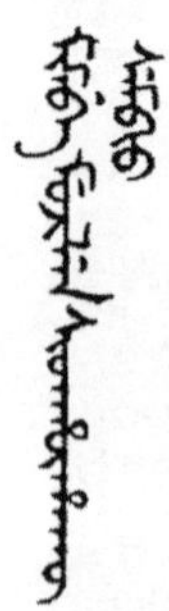	mimbe mujilen sithūhakū sembio	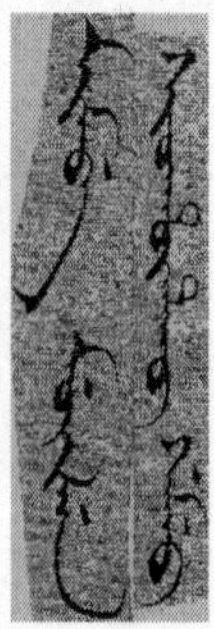	mimbe mujilen sithūhakū semeo

標目	漢文	天理圖書館藏本	羅馬拼音	美國國會圖書館抄本	羅馬拼音
鬧簡第十章	便如鳳去秦樓	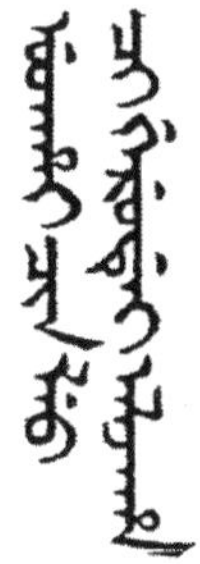	uthai cin leo ci gerudei aljaha		uthai kin leo ci gerudei aljaha
	何百般的難下去呵	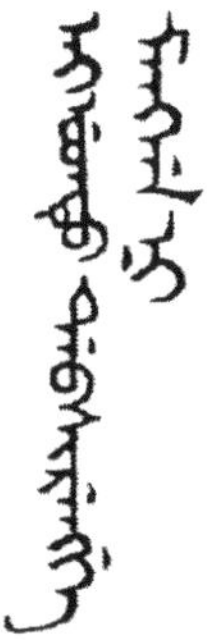	ai uttu dabsirengge mangga ni	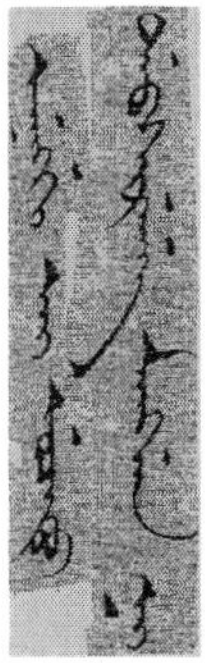	enenggi ai uttu dabsirengge mangga ni
賴簡第十一章	我與小姐處分罷		bi siyoo jiyei funde beceki	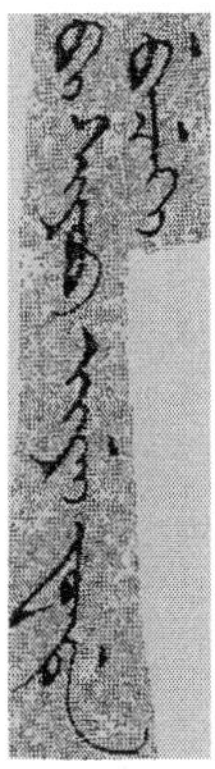	bi siyoo jiyei fonde beceki

標目	漢文	天理圖書館藏本	羅馬拼音	美國國會圖書館抄本	羅馬拼音
賴簡第十一章	處分花木瓜中看不中吃	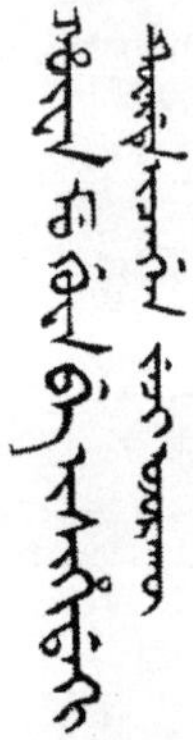	hūwa mu guwa be isihidaki, tuwarade icangga jeci ojorakū	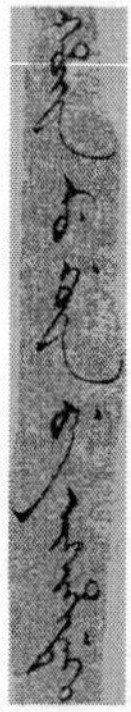	hūwa mu guwa be isihidaki
	不去跳龍門	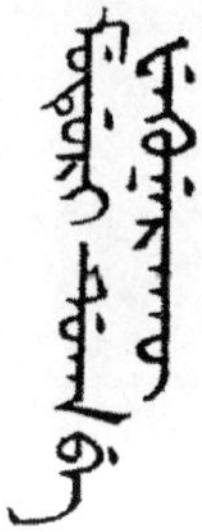	muduri duka be fekunerakū	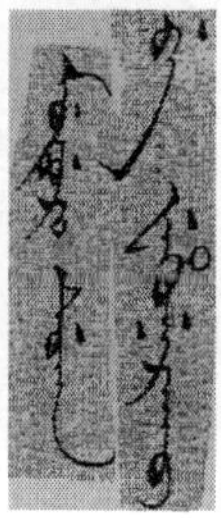	muduri duka be fehunerakū
	猶古自參不透風流調法	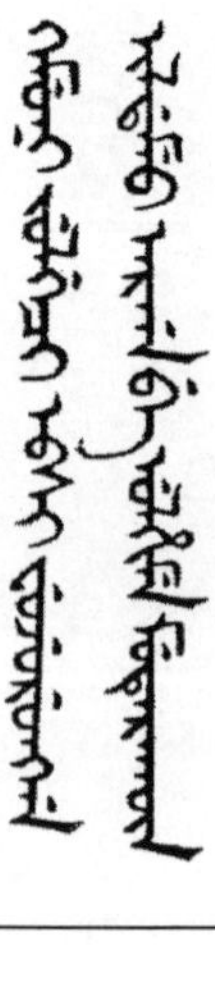	kemuni julgeci ebsi fujurungga ildamu arga be ulhime muterakūn		kemuni julgeci ebsi fujurungga ildamu arga be ulhime muterakara

標目	漢文	天理圖書館藏本	羅馬拼音	美國國會圖書館抄本	羅馬拼音
後候第十二章	你成親已大福蔭	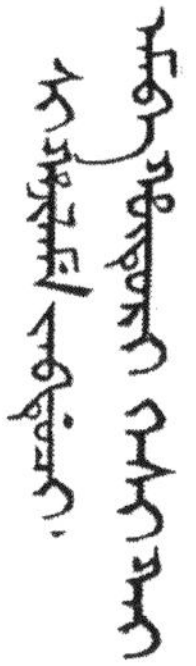	si hajilame jabduci, amba hūturi kesi kai	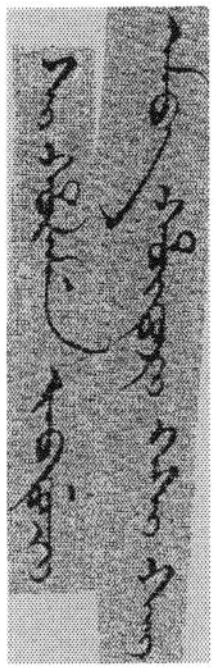	si hūlame jabduci amba hūturi kesi kai
酬簡第十三章	我睡去		bi amhanambi	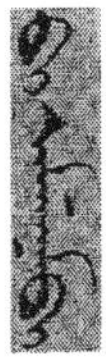	bi amganambi
	青鸞信杳	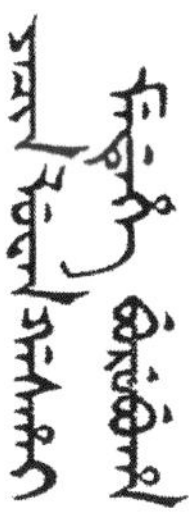	yacin luwan gashai medehe burubuha	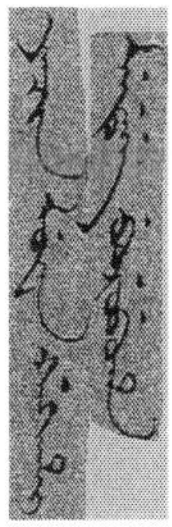	yacin luwan gashai medege burubuha
拷艷第十四章	咳小姐我過去呵	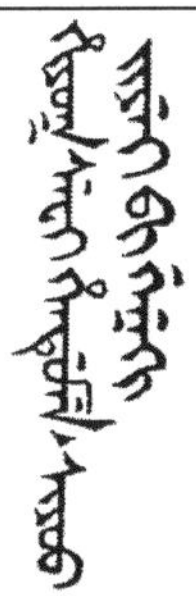	hiyok sefi hendume, siyoo jiyei bi geneki		hiyok seme hendume, siyoo jiyei bi geneki

標目	漢文	天理圖書館藏本	羅馬拼音	美國國會圖書館抄本	羅馬拼音
拷艷第十四章	明日		cimaga		cimaha
哭宴第十五章	一面去請張生	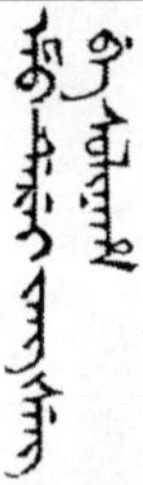	emu derei jang šeng be solinaha	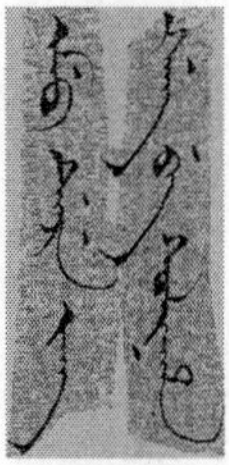	emu dere jang šeng be solinaha
	隨意飲一口湯波	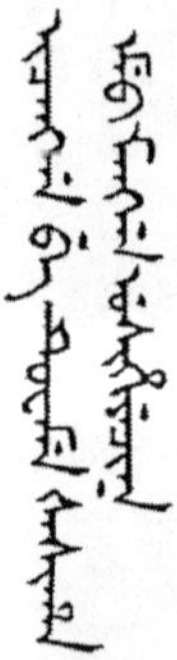	icangga be tuwame šasihan emu mangga usihiyecina	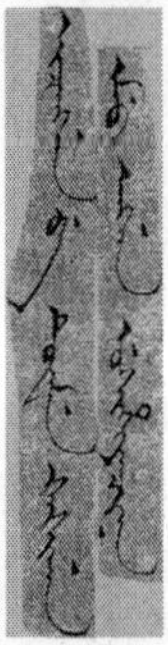	icangga be tuwame šasigan emu angga usihiyacina
	也有些土氣息泥滋味	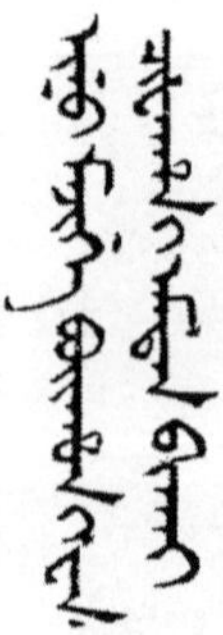	inu majige boihon i wa, cifahan i amtan bikai	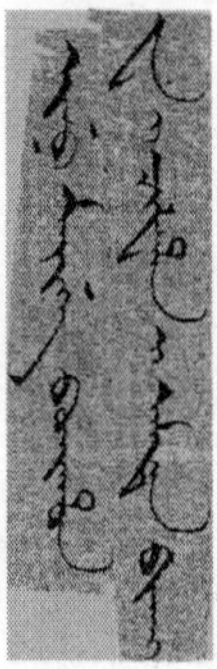	inu majige boihon wa i cifahan i amtan bikai

標目	漢文	天理圖書館藏本	羅馬拼音	美國國會圖書館抄本	羅馬拼音
哭宴第十五章	是誰家的		wei booingge	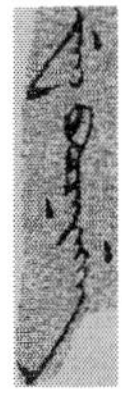	wei booningge
驚夢第十六章	明日早行		cimaga erde juraki	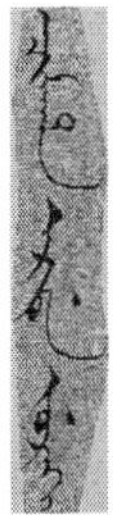	cimaha erde juraki
	恰纔較些		teni majige tohorocibe		teni tohorocibe
	這里却是那里		uba yala yabani	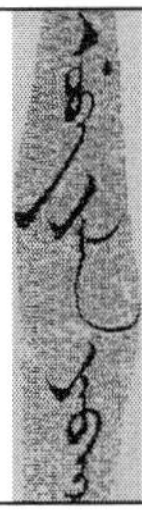	uba yala yabai

標目	漢文	天理圖書館藏本	羅馬拼音	美國國會圖書館抄本	羅馬拼音
驚夢第十六章	原來是一場大夢	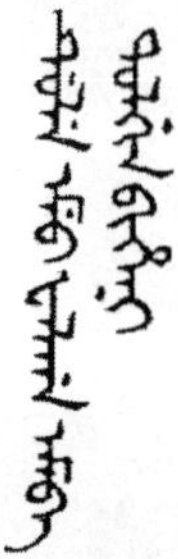	dule emu falga amba tolgin biheni	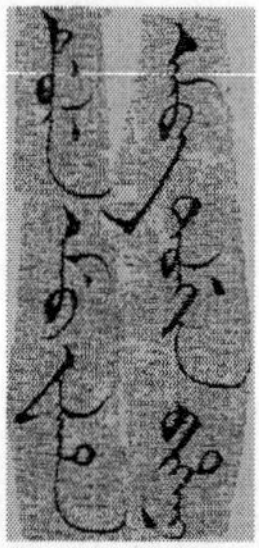	dule emu falha amba tolgin biheni

資料來源：日本天理大學圖書館《滿漢西廂記》、美國國會圖書館抄本《滿漢西廂記》。

前表列舉漢文詞彙，並將日本天理大學圖書館藏本《滿漢西廂記》滿文、美國國會圖書館《滿漢西廂記》抄本滿文分別列舉，探討譯文的差異。表中「相公在日」，天理圖書館藏本滿文作“siyang gung ni bisire fonde”，句中“fonde”，意即「時候」，國會圖書館抄本作“funde”，意即「代替」，滿漢文義不合，“funde”，誤，當作“fonde”。表中「一座另造宅子」，天理圖書館藏本滿文作“encu weilehe ere emu falga boo bi”，句中“emu falga”，意即「一座」，國會圖書館抄本滿文作“emu falha”。滿文“falha”與“falga”，詞義相同。表中「俺想相公在日」，天理圖書館藏本滿文作“bi gūnici siyang gung bisire fonde”，句中“fonde”，國會圖書館藏本滿文作“funde”，誤，當作“fonde”。表中「螢牕雪案」，天理圖書館藏本滿文作“juciba tuwa, nimanggi elden de bithe tuwame”，句中“juciba tuwa”，意即「螢火」，國會圖書館抄本作“jociba tuwa”，誤，句中“jociba”，當作“juciba”。表中「萬金寶劍」，天理圖書館藏本滿文作“tumen yan i boobai loho”，句中“boobai”，國會圖書館抄本滿文作“boobei”，異。表中「鐵硯呵磨穿」，天理圖書館藏本滿文作“selei yuwan be, suihei fondojoho”，句中“fondojoho”，意即「穿孔」。國會圖書館抄本滿文作“fodoho”（柳樹），誤，當作“fondojoho”。

表中「天際秋雲捲」，天理圖書館藏本滿文作“abkai buten de bolori tugi hetembi”，句中“abkai buten”，意即「天涯」，國會圖書館抄本滿文作“abkai bute”，句中“bute”，誤，當作“buten”。表中「天冊金輪」，天理圖書館藏本滿文作“tiyan ce gin luwen”，句中“luwen”，國會圖書館抄本作“luwan”，誤，當作“luwen”。表中「又來到下方僧院」，天理圖書館藏本滿文作“geli fejergi ergi hūwašan i hūwa de isinjiha”，國會圖書館抄本作“geli fejergi hūwašan i hūwa de isinjiha”，句中脫落“ergi”。表中「寶塔」，天理圖書館藏本滿文作“boobai subargan”，句中“boobai”，國會圖書館抄本滿文作“boobei”，異。表中「分明打個照面」，天理圖書館藏本滿文作“ilekesaka ishun emgeri šaha”，句中“šaha”，意即「盯著瞧」，國會圖書館抄本滿文作“saha”，意即「知道了」，誤，當作“šaha”。表中「一座梵王宮」，天理圖書館藏本滿文作“emu falga fan wang gung”，句中“falga”，意即「座」，國會圖書館抄本作“falha”，異。表中「望先生恕罪」，天理圖書館藏本滿文作“siyan šeng giljame gamareo”，句中“gamareo”，國會圖書館抄本滿文作“gamarao”，異。表中「有心聽講」，國會圖書館抄本滿文作“doro be donjire de buyembi”，句中“de”，天理圖書館藏本滿文作“be”。

漢文「背後毀謗」，滿文讀作“jubešembi”。表中「任憑人說短論長」，天理圖書館藏本滿文作“niyalmai cihai hoi golmin foholon be jubušekini”，句中“jubušekini”，意即「任憑人背後毀謗」，國會圖書館抄本滿文作“jobušekini”，異。表中「着小娘子先行我靠後些」，天理圖書館藏本滿文作“ere gege juleri yabu, bi amasikan oki”，句中“juleri”，國會圖書館抄本滿文作“julesi”，異。表中「你在我行口強」，天理圖書館藏本滿文作“si minde ofi angga mangga dere”，句中“si”，國會圖書館抄本滿文作“sini”，異。表中「小生亦備錢五千」，天理圖書館藏本滿文作“buya bithei niyalma inu sunja ulcin jiha benjiki”，句中“benjiki”，意即「送來」，國會圖書館抄本滿文作“banjiki”（欲生），誤，當作“benjiki”。表中「小姐是他父親的事」，天理圖書館藏本滿文作“siyoo jiyei amai jalin kai”，國會圖書館抄本滿文作“siyoo jiyei i amai jalin kai”，異。表中「言出如箭」，天理圖書館藏本滿文作“gisun tucici, sirdan i adali”，國會圖書館抄本滿文作“tucici sirdan i adali”，句中脫落“gisun”。表中「先生是讀書君子」，天理圖書館藏本滿文作“siyan šeng serengge, bithe hūlaha ambasa saisa”，句中“hūlaha”，國會圖書館抄本滿文作“hūlara”，異。表中「把一天愁都撮在眉尖上」，天理圖書館藏本滿文作“abkanakū jobocun, yooni faitan i solmin de isanjiha”，句中“isanjiha”，意即「聚集」，滿漢文義相合，國會圖書館抄本滿文作“isinjiha”（到來），文義不合。表中「小生便回店中」，天理圖書館藏本滿文作“buya bithei niyalma tataha boode bederefi”，句中

“tataha”，國會圖書館抄本滿文作“tatara”，異。表中「年方二十三歲」，天理圖書館藏本滿文作“orin ilase”，國會圖書館抄本滿文作“orin ilan se”，異。表中「容分一臉」，天理圖書館藏本滿文作“derei fiyan hontoho sabume”，句中“derei fiyan”，意即「容顏」、「臉面」，國會圖書館抄本滿文作“terei fiyan”，誤。表中「大眾動法器者」，天理圖書館藏本滿文作“suwe kumun i agūra be acinggiya”，句中“kumun i agūra”，意即「樂器」，國會圖書館抄本作“kumun i ahūra”，異。表中「諷咒」，天理圖書館藏本滿文作“tarni tarnilaci”，國會圖書館抄本滿文作“tarini tarinilaci”，異。

表中「鳴鑼擊鼓」，天理圖書館藏本滿文作“can forime tungken dume”，句中“tungken dume”，國會圖書館抄本滿文作“tungken tūme”，意即「擊鼓」，句中“tūme”，天理圖書館藏本滿文作“dume”，異。表中「落花無語」，天理圖書館藏本滿文作“ilha sihafi, umaiserakū”，句中“sihafi”，意即「花謝」，國會圖書館抄本滿文作“sigafi”，異。表中「壓寨夫人」，天理圖書館藏本滿文作“šancin i boigoji”，句中“boigoji”，意即「主人」、「妻室」，國會圖書館抄本滿文作“boihoji”，異。表中「博望燒屯」，天理圖書館藏本滿文作“bo wang ni isabuha be gilgabuki sembi”，句中“gilgabuki sembi”，意即「欲化為灰燼」，國會圖書館抄本滿文作“gilhabuki sembi”，異。表中「後代兒孫」，天理圖書館藏本滿文作“amaga jalan i juse omosi”，句中“amaga”，國會圖書館抄本滿文作“amaha”，異。表中「如今兩廊下」，天理圖書館藏本滿文作“te juwe dalbai nanggin i fejile”，句中“nanggin i fejile”，國會圖書館抄本滿文省略

“i” 。表中「請先生別換一個」，天理圖書館藏本滿文作“bairengge siyan šeng encu emke halareo”，句中“halareo”，國會圖書館抄本滿文作“halarao”，異。表中國會圖書館抄本「〔賺煞尾〕（jan ša wei）諸僧伴」，天理圖書館藏本脫落「〔賺煞尾〕（jan ša wei）」曲牌名。表中「俺這廚房下有一個徒弟」，天理圖書館藏本滿文作“meni budai boode emu šabi bi”，句中“meni”，國會圖書館抄本滿文作“mini”，異。表中「菜饅頭」，天理圖書館藏本滿文作“sogi mentu”，句中“mentu”，國會圖書館抄本滿文作“mantu”，異。表中「安排茶飯者」，天理圖書館藏本滿文作“taka cai buda be dagila serede”，句中“dagila”，意即「令預備」，國會圖書館抄本滿文作“dajila”，誤。表中「須索早去者」，天理圖書館藏本滿文作“erdeken i geneki”，句中“geneki”，國會圖書館抄本滿文作“genembi”，異。表中「那更龐兒整」，天理圖書館藏本滿文作“derei giru ele saikan”，句中“derei giru”，意即「容貌」，國會圖書館抄本滿文作“terei giru”，誤。表中「〔四煞〕聘不見爭」，國會圖書館抄本滿文作“〔sy ša〕 jafan nemšerakū”，天理圖書館藏本滿文作“jafan nemšerakū”，脫落“〔sy ša〕”曲牌名。表中「〔二煞〕夫人只一家」，國會圖書館抄本滿文作“〔el ša〕 fu žin gadana emu boo seci”，天理圖書館藏本滿文作“fu žin gadana emu boo seci”，脫落“el ša”曲牌名。表中「真幽靜」，天理圖書館藏本滿文作“yargiyan i bokšokon bolho”，句中“bolho”，國會圖書館抄本滿文作“bolgo”，異。

表中「〔後〕你看」，天理圖書館藏本滿文作“si tuwa”，國會圖書館抄本滿文作“〔mudan i amargi〕 si tuwa”，天理圖書館藏本滿文脫落“〔mudan i amargi〕”曲牌名。表中「便消得你家緣過活」，天理圖書館藏本滿文作“uthai sini boigon hethe banjire were be alici ombi”，句中“alici ombi”，國會圖書館抄本滿文作“ilici ombi”，異。表中「門外簾前」，天理圖書館藏本滿文作“duka i tule hidai juleri”，國會圖書館抄本滿文作“duka tule hidai juleri”，脫落“i”。表中「這聲息不好也」，天理圖書館藏本滿文作“ere jilgan mudan faijima oho”，意即「這聲調怪異」。句中“faijima”，國會圖書館抄本滿文作“faijime”，誤。

表中「青春」，天理圖書館藏本滿文作“se asihan”，國會圖書館抄本滿文作“se asigan，異。表中「各諧秦晉」，天理圖書館藏本滿文作“cin jin i adali holboci”，句中“jin”，國會圖書館抄本滿文作“gin”，異。表中「紅娘扶張生云」，天理圖書館藏本滿文作“hūng niyang, jang šeng be wahiyame hendume”，句中“wahiyame”，國會圖書館抄本滿文作“wehiyeme”，異。表中「不是知你自己情衷」，天理圖書館藏本滿文作“sini beyei gūnin i dorgi be sarangge waka”，句中“sini”，國會圖書館抄本滿文作“mini”，滿漢文義不合。表中「中間一層紅紙」，天理圖書館藏本滿文作“sidende emu ursu fulahūn hoošan”，句中“ursu”，意即「層」，國會圖書館抄本作“orsu”，誤。表中「鶯鶯下」，天理圖書館藏本滿文作“ing ing wasika”，句中“wasika”，國會圖書館抄本滿文作“mariha”，異。表中「夫人失信推拖別辭」，天理圖書館藏本滿文作“fu žin anagan arame aifufi siltambi”，句中“aifufi”，意即「反悔」，國會圖書館抄本滿文作“aifini”（早已），誤。表中「一個憔悴潘郎」，天理圖書館藏本滿文作“emken absame wasifi pan lang”，句中“emken”，國會圖書館抄本滿文作“emke”，異。表中「一個意懸懸懶去拈針指」，天理圖書館藏本滿文作“emken gūnin geri fari ulme tonggo jafašara be bambi”，句中“jafašara”，國會圖書館抄本滿文作“jafara”，異。表中「弦上的心事」，天理圖書館藏本滿文作“sirhe oilorgi mujilen i baita”，句中“sirhe”，國會圖書館抄本滿文作“sirge”，異。表中「一樣是相思」，天理圖書館藏本滿文作“emu adali gemu ishunde kidumbi”，句中“gemu”，意即「皆」，國會圖書館抄本滿文作“geli”，意即「又」，異。表中「紅娘姐帶回」，天理圖書館藏本滿文作“hūng niyang gege gamareo”，句中“gamareo”，國會圖書館抄本滿文作“gamarao”，異。表中「他若見這詩」，國會圖書館藏本滿文作“tere aika ere ši be sabure”，天理圖書館藏本滿文作“tere aika ere be sabure”，句中脫落“ši（詩）。

表中「海紅羅軟簾」，天理圖書館藏本滿文作“fulgiyan lo i haihūngga mengse”，句中“mengse”，意即「帳幔」，國會圖書館抄本滿文作“mangse”，異。表中「只見他釵鶉」，天理圖書館藏本滿文作“imbe tuwaci sifikū lakdahūn”，句中“imbe”、“lakdahūn”，國會圖書館抄本滿文作“inbe”，“lanadahūn”，俱誤。表中「早是你口穩來」，天理圖書館藏本滿文作“jabšan de si ofi angga cira”，句中“ofi”，國會圖書館抄本滿文作“nofi”，異。表中「着他下次休得這般」，天理圖書館藏本滿文作“imbe jai uttu ume ojoro seki”，句中“imbe”，國會圖書館抄本滿文作“inbe”，誤。表中「紅娘姐來了」，天理圖書館藏本滿文作“hūng gege jiheo”，脫落“niyang”，國會圖書館抄本滿文作“hūng niyang gege jiheo”。表中「是我不用心」，天理圖書館藏本滿文作“mimbe mujilen sithūhakū sembio”，句中“sembio”，國會圖書館抄本滿文作“semeo”，異。表中「便如鳳去秦樓」，天理圖書館藏本滿文作“uthai cin leo ci gerudei aljaha”，句中“cin leo”，國會圖書館抄本滿文作“kin leo”，異。表中「何百般的難下去呵」，天理圖書館藏本滿文作“ai uttu dabsirengge mangga ni”，國會圖書館抄本滿文作“enenggi ai uttu dabsirengge mangga ni”，異。表中「我與小姐處分罷」，天理圖書館藏本滿文作“bi siyoo jiyei funde beceki”，句中“funde”，意即「代替」，國會圖書館抄本滿文作“fonde”，意即「時候」，誤。表中「處分花木瓜，中看不中吃」，天理圖書館藏本滿文作“hūwa mu guwa be isihidaki, tuwarade icangga jeci ojorakū”，國會圖書館抄本滿文作“hūwa mu guwa be isihidaki”，異。表中「不去跳龍門」，天理圖書館藏本滿文作“muduri duka be fekunerakū”，句中“fekunerakū”，國會圖書館抄本滿文作“fehunerakū”，異。表中「猶古自參不透風流調法」，天理圖書館藏本滿文作“kemuni julgeci ebsi fujurungga ildamu arga be ulhime muterakūn”，句中“muterakūn”，國會圖書館抄本滿文作“muterakara”，異。

表中「你成親已大福廕」，天理圖書館藏本滿文作“si hajilame jabduci, amba hūturi kesi kai”，句中“hajilame”，國會圖書館抄本滿文作“hūlame”，誤。表中「我睡去」，天理圖書館藏本滿文作“bi amhanambi”，國會圖書館抄本滿文作“bi amganambi”，異。表中「青鸞信杳」，天理圖書館藏本滿文作“yacin luwan gashai medehe burubuha”，句中“medehe”，意即「信息」，國會圖書館抄本滿文作“medege”，異。表中「咳小姐我過去呵」，天理圖書館藏本滿文作“hiyok sefi hendume, siyoo jiyei bi geneki”，句中“sefi”，國會圖書館抄本滿文作“seme”，異。表中「明日」，天理圖書館藏本滿文作“cimaga”，國會圖書館抄本滿文作“cimaha”，異。表中「一面去請張生」，天理圖書館藏本滿文作“emu derei jang šeng be solinaha”，句中“emu derei”，意即「一面」，國會圖書館抄本滿文作“emu dere”，異。表中「隨意飲一口湯波」，天理圖書館藏本滿文作“icangga be tuwame šasihan emu mangga usihiyecina”，句中“mangga”，誤，國會圖書館抄本滿文改正作“angga”，意即「口」；“usihiyecina”，作“usihiyacina”，異。表中「也有些土氣息泥滋味」，天理圖書館藏本滿文作“inu majige boihon i wa, cifahan i amtan bikai”，國會圖書館抄本滿文作“inu majige boihon wa i cifahan i amtan bikai”，稍有出入。表中「是誰家的」，天理圖書館藏本滿文作“wei booingge”，國會圖書館抄本滿文作“wei booningge”，異。

表中「明日早行」，天理圖書館藏本滿文作“cimaga erde juraki”，句中“cimaga”，國會圖書館抄本滿文作“cimaha”，異。表中「恰纔較些」，天理圖書館藏本滿文作“teni majige tohorocibe”，國會圖書館抄本滿文作“teni tohorocibe”，脫落“majige”字樣。表中「這里却是那里」，天理圖書館藏本滿文作“uba yala yabani”，句中“yabani”，國會圖書館抄本滿文作“yabai”，異。表中「原來是一場大夢」，天理圖書館藏本滿文作“dule emu falga amba tolgin biheni”，句中“falga”，國會圖書館抄本滿文作“falha”，異。由前列詞句可知，國會圖書館抄本滿文，或因所據版本不同，或因抄寫疏漏，以致彼此頗有出入。

探討《西廂記》滿文譯本，有助於了解清初考證學的新動向，通過滿文的繙譯，也有助於了解漢文的詞義。由於滿文淺顯易解，而使《西廂記》滿文譯本成為滿洲社會膾炙人口的戲曲作品。滿漢合璧《西廂記．序》已指出，「傳刻之文，祇從漢本，謳歌之子，未覩清書，謹將鄴架之陳編，翻作熙朝之別本。」句中「漢本」，滿文作“nikan hergen”，意即「漢字」;「清書」，滿文作“manju bithe”，意即「滿文」，或「滿書」;「熙朝之別本」，滿文作“wesihun jalan i gisun mudan”，意即「盛世語韻」，康熙年間，《西廂記》開始有滿文譯本了。「既使三韓才子展卷情怡，亦知海內名流開函色喜云爾」。句中「三韓」，後世用為朝鮮的代稱，漢時，朝鮮南部分為馬韓、辰韓、弁辰。至晉，弁辰亦稱弁韓，合稱三韓，此處「三韓」，係清代對居住遼東之人的代稱。序文中「三韓」滿文作“manju”，意即「滿洲」，三韓才子，就是指滿洲子弟。

第一章標目「驚艷」，滿文作“hojo de nioroko”，意即「為美麗而心情激蕩」。文中「雪浪拍長空」，句中「雪浪」，滿文作“šanggiyan boljon”，意即「白浪」。「官人要下呵」，滿文作“guwan žin tataki seci”，意即「即官人若想要下榻時」，句中「下」，即「下榻」，就是住宿。「蓋造非常」，句中「非常」，滿文作“encu hacin”，意即「異常」、「異樣」。「撒和了馬」，句中「撒和」，滿文作“ulebu”，意即「餵食」。「今日師父赴齋去了」，滿文作“enenggi sefu doocan arara bade genehe”，意即「今日師父到做道場的地方去了」。「山門下立地看」，滿文作“miyoo i duka de ilifi tuwaki”，意即「站在廟門口看」。「隨喜了上方佛殿」，滿文作“dergi ergi fucihi diyan be tuwaha”，意即「看了上方佛殿」。「隨喜」，是佛家語，佛家以行善布施可生歡喜心，隨人為善稱為隨喜。後世所謂遊覽佛寺，亦稱隨喜。《西廂記》滿文譯本將「隨喜」譯作“tuwaha”，意思就是遊覽佛寺，看了佛殿。「顛不剌的見了萬千」，句中「顛不剌」，滿文作“halai goiman”，意即「風流放蕩」。「粉墻兒高似青天」，滿文作“šanggiyan fu i den, niohon abkai adali”，句中「粉墻」，滿文作“šanggiyan fu”，意即「白墻」;「青天」，滿文作“niohon abkai”，意即「淺綠的天」。滿文“niowanggiyan muduri”，意即「蒼龍」。在滿文詞彙中，青（niohon）與蒼（niowanggiyan），是有分別的。

第二章標目「借廂」，滿文作“tatara boo be baiha”，意即「尋找下榻的旅店」。「聊具白金一兩與常住公用」，句中「白金」，滿文作“menggun”，意即「銀」;「常住」，滿文作“geren”，意即「眾人」、「大家」。僧道寺舍、什物等統稱為「常住」。道觀、寺院中的主事者，亦稱「常住」，如住持「常住」。滿文譯作“geren”，文義相合。「你若有主張」，句中「主張」，滿文作“arga”，意即「計策」、「方法」。「這相思索是害殺我也」，滿文作“ere kidurengge yala minde yamtun ofi bucembikan”，句中「索是」，滿文作“yala”，意即「果真」。「教人怎颺」，滿文作“niyalma be adarame andubu sembi”，句中「颺」，滿文作“andubu”，意即「使人忘却」。「粉蝶成雙」，句中「粉蝶」，滿文作“šanggiyan gefehe”，意即「白蝶」。「上邊是紅袖鸞銷玉笋長」，滿文作“dele luwan gashai jodoho fulgiyan ulhi ci, tucike gu i gese šuwai sere simhun golmin”，意即「上邊是從織鸞紅袖出來似玉筆直的長指」。

第三章標目「酬韻」，文中「呀今夜淒涼有四星」，滿文作“ara, ere dobori simacuka juwan fun bidere”，句中「四星」，滿文作“juwan fun”，意即「十分」。北斗七星，四星象斗，三星象柄，古人以二分半為一星，四星為十分。漢文「四星」，滿文作“juwan fun”，文義相合。

第四章標目「鬧齋」，文中「只願紅娘休劣」，滿文作“damu hūng niyang hatarakū”，句中「休劣」，滿文作“hatarakū”，意即「不嫌棄」。「犬兒休惡」，滿文作“indahūn kekirakū okini”，句中「休惡」，滿文作“kekirakū”，意即「不吼叫」。「我只道玉天仙離碧霄」，句中「碧霄」，滿文作“niohon tugi”，意即「青雲」。「你看檀口點櫻桃」，句中「檀口」，滿文作“hiyan i angga”，意即「香口」，是指美人的香唇淺紅色如檀，滿漢文義相合。「老的少的村的俏的」，句中「村的」，滿文作“albatu ningge”，意即「村俗的」、「粗野的」。「哭聲而似鶯囀喬林」，句中「喬林」，滿文作“den bujan”，意即「高大的樹林」。「玉人兒歸去得疾」，句中「疾」，滿文作“hahi”，意即「快速的」。

第五章標目「警寺」，文中「五千人也不索炙呼煇」，句中「炙呼煇」，滿文作“šoloro bolara, hakšara, colara”，意即「燒、烙、炸、炒」。「你休只因親事胡撲掩」，滿文作“si ume damu niyaman i baita turgunde, balai mimbe fasire”，句中「胡撲掩」，滿文作“balai mimbe fasire”，意即「胡亂攀撲俺」，漢文「掩」，誤，當作「俺」。「便是言詞賺」，滿文作“uthai faksi gisun i holtokini”，意即「便是以巧言誆騙」。「你看」，滿文作“suwe tuwa”，意即「你們看」。「自違犀表」，句中「犀表」，滿文作“wesihun cira”，意即「尊顏」，書札中多稱武將儀表為犀表。「自別台顏」，滿文作“wesihun cira be fakcaha ci”，句中「台顏」，滿文作“wesihun cira”，意即「尊顏」。「忽搆採薪」，滿文作“gaitai nimeku tušafi”，意即「忽遭疾病」。「採薪」，又作「采薪」，語出《孟子·公孫丑》「采薪之憂」，後世引伸為有疾病的謙詞，滿文作“nimeku”（疾病），文義相合。「不敢仰勞仁兄執柯」，句中「執柯」，滿文作“jala”；「下官自當作伐」，句中「作伐」，滿文作“jala”。「執柯」、「作伐」，語出《詩・豳風》「伐柯如何？匪斧不克。取妻如何？匪媒不得。」後世因稱為人作媒為「執柯」，又變為「作伐」。滿文“jala”，意即「媒人」，滿漢文義相合。

第八章標目「琴心」，文中「如何妾身脫空」，句中「脫空」，滿文作“holtombi”，意即「哄騙」、「說謊」。文中「只是小姐你却不宜說謊呵」，滿文作“siyoo jiyei si aiseme inu holtombi”，句中“holtombi”，意即「說謊」，漢文「脫空」，意即「說謊」。第九章標目「前候」，滿文作“neneme boljoho”，意即「前約」。「紅娘上云：奉小姐言語，着我看張生，須索走一遭」，句中「須索走一遭」，滿文作“eici emgeri tuwanaki”，意即「或許去看一次」。滿語“eicibe”，意即「總得」，又作「或許」。「一納頭只去憔悴死」，滿文作“emu curhūn i damu absame wasikai bucembi”，句中「一納頭」，滿文作“emu curhūn”，意即「一口氣」、「一股勁兒」。「孤眠況味」，滿文作“emhun deduhe arbun”，句中「況味」，原指情狀意味，滿文作“arbun”，意即「情況」、「形相」、「狀態」、「姿態」。「紅娘云：兀的不是也」，滿文作“je, ere teni inu kai”，意即「曉得，這才是啊」。「忒煞思」，滿文作“jaci sektu ulhesu”，意即「甚屬機敏」。

第十章標目「鬧簡」，文中「呀決撒了也」，滿文作“ara faijima oho kai”，句中“faijima”，又作“faijuma”，意即「怪異」、「不妥」、「不巧」。漢文「決撒」，原指「決裂」，或「敗露」，滿文作“faijima”，滿漢文義，頗有出入。「紅娘也罷，直饒他這一次」，滿文作“hūng niyang joo, ere mudan i teile tere be guwebu”，句中「直」，意即「僅僅」。《孟子・梁惠王》「直不百步耳，是亦走也」。《西廂記》「直饒他這一次」，句中「直」，滿文作“i teile”，意即「僅僅」，滿漢文義相合。「紅娘早是你口穩來」，滿文作“hūng niyang jabšan de si ofi angga cira”，句中「早是」，滿文作“jabšan de”，意即「幸虧」；「口穩」，滿文作“angga cira”，意即「嘴嚴」。

第十一章標目「賴簡」，滿文作“jasigan i bithe be goha”，漢字「賴」，滿文作“goha”，意即「反悔」、「食言」。文中「打扮得身子乍」，滿文作“beyebe miyamihangge goiman”，句中「乍」，形容俏麗，滿文作“goiman”，意即「嬌美的」、「俏麗的」。「我一地胡拿」，滿文作“bi babade balai heperembi”，句中「一地」，原指「總是」，滿文作“babade”，意即「處處」；「胡拿」，或作「胡鬧」解，滿文作“balai heperembi”，意即「胡摟」。「他今背立在湖山下」，句中「湖山」，滿文作“araha alin”，是指造作的「假山」。「我與小姐處分罷」，滿文作“bi siyoo jiyei funde beceki”，意即「我替小姐責備吧」。「不去跳龍門，來學騙馬」，句中「騙馬」，滿文作“morin fiyelere de”，意即「跳上馬」，借喻跳墻。

第十二章標目「後候」，文中「怕的是紅娘撒沁」，句中「撒沁」，滿文作“foihorilarahū”，意即「恐疏忽」、「恐怠慢」。第十三章標目「酬簡」，文中「這小妮子倒會放刁」，滿文作“ere ajige nehü absi cahūdame bahanambi”，意即「這小婢女倒會胡攪蠻纏」。第十六章標目「驚夢」，文中「張生云：琴童撒和了馬者，點上燈來」，句中「撒和了馬」，滿文作“morin be suwangkiyabufi”，意即「秣馬」、「餵秣草」。

《西廂記》滿文譯本，譯文生動傳神，貼切精當，淺顯易解。古典戲曲通行的許多漢文方言俗語，通過滿文的繙譯，有助於了解各種特殊詞彙的文義。譬如，「夫人行」、「你行」、「他行」等句中的「行」，滿文作“jakade”，意即「跟前」。

在通行的俗語裡，「夫人行」與「夫人那裡」，文義相近，例如第二章標目「借廂」，「魂靈兒實在他行」，滿文作“fayangga yargiyan i terei jakade genehe”，意即「魂靈兒實在他的跟前去了」，句中「行」，滿文作“jakade”，意即「跟前」。第六章標目「請宴」，文中「早飛去鶯鶯跟前」，滿文作“aifini ing ing ni jakade deyeme genefi”，句中「跟前」，滿文作“jakade”。「比及我到得夫人那里」，滿文作“bodoci, bi fu žin i jakade isinaha manggi”，句中「那里」，滿文作“jakade”，意即「跟前」。第八章標目「琴心」，文中「怕他去夫人行把人葬送」，句中「夫人行」，滿文作“fu žin i jakade”，意即「夫人跟前」。第九章標目「前候」，文中「管教那人來探你一遭兒」，滿文作“urunakū tere niyalma be sini jakade emgeri tuwanjibumbi”，意即「必然教那人來你跟前探一遭兒」。第十章標目「鬧簡」，文中「小姐休鬧，比及你對夫人說科，我將這簡兒先到夫人行出首去」，句中「夫人行」，滿文作“fu žin i jakade”，意即「夫人的跟前」。「鶯鶯怒云：你到夫人行却出首誰來？」，句中「夫人行」，滿文作“fu žin i jakade”，意即「夫人的跟前」。「早晚怕夫人行破綻」，滿文作“yamji cimari fu žin sereci”，意即「早晚夫人發覺」，滿漢文義頗有出入。第十一章標目「賴簡」，「快扯去夫人那里」，滿文作“hasa fu žin i jakade ušame gama”；「扯去夫人那里變壞了他行止」，滿文作“fu žin i jakade ušame gamaci, erei dere wajimbi”，句中「那里」，滿文作“jakade”，意即「跟前」。第十二章標目「後候」，文中「你行我敢說謊」，滿文作“sini jakade, bi ai gelhun akū holtombi”，意即「在你的跟前我怎敢說謊」。對照滿漢文，可知「那裡」、「行」，滿文俱作“jakade”，《西廂記》滿文譯本也成為滿洲社會流行的古典戲曲作品，對研究滿洲語文的發展，具有重要價值。

錫伯族西遷與滿洲語文的傳承

——以《錫漢會話》為中心導讀

我國歷代以來，就是一個多民族的國家，各兄弟民族多有自己的民族語言和文字。滿洲先世，出自女眞，蒙古滅金後，女眞遺族散居於混同江流域，開元城以北，東濱海，西接兀良哈，南鄰朝鮮。由於元朝蒙古對東北女眞的長期統治，以及地緣的便利，在滿洲崛起以前，女眞與蒙古的接觸，已極密切，蒙古文化對女眞產生了很大的影響，女眞地區除了使用漢文外，同時也使用蒙古語言文字。明代後期，滿族的經濟與文化，進入迅速發展階段，但在滿洲居住的地區，仍然沒有自己的文字，其文移往來，主要使用蒙古文字，必須「習蒙古書，譯蒙古語通之。」使用女眞語的滿族書寫蒙古文字，未習蒙古語的滿族則無從了解，這種現象實在不能適應新興滿族共同體的需要。明神宗萬曆二十七年（1599）二月，清太祖努爾哈齊命巴克什額爾德尼等人創造滿文。滿文本《清太祖武皇帝實錄》記載清太祖努爾哈齊與巴克什額爾德尼等人的對話，先將滿文影印如後，並轉寫羅馬拼音，照錄漢文內容。

<table>
<tr><th colspan="2">《清太祖武皇帝實錄》滿文</th></tr>
<tr><td colspan="2"></td></tr>
<tr><td>羅馬拼音</td><td>juwe biyade. taidzu sure beile monggo bithe be kūbulime, manju gisun i araki seci, erdeni baksi, g'ag'ai jargūci hendume, be monggoi bithe be taciha dahame sambi dere. julgeci jihe bithe be te adarame kūbulibumbi seme marame gisureci. taidzu sure beile hendume： nikan gurun i bithe be hūlaci, nikan bithe sara niyalma, sarkū niyalma gemu ulhimbi. monggo gurun i bithe be hūlaci, bithe sarkū niyalma inu gemu ulhimbikai. musei bithe be monggorome hūlaci musei gurun i bithe sarkū niyalma ulhirakū kai. musei gurun i gisun i araci adarame mangga. encu monggo gurun i gisun adarame ja seme henduci. g'ag'ai jargūci, erdeni baksi jabume： musei gurun i gisun i araci sain mujangga. kūbulime arara be meni dolo bahanarakū ofi marambi dere. taidzu sure beile hendume, a sere hergen ara. a i fejile ma sindaci ama wakao. e sere hergen ara. e i fejile me sindaci eme wakao. mini dolo gūnime wajiha. suwe arame tuwa ombikai seme emhun marame monggorome hūlara bithe be manju gisun i kūbulibuha. tereci taidzu sure beile manju bithe be fukjin deribufi manju gurun de selgiyehe[1].</td></tr>
</table>

1 《清太祖武皇帝實錄》，滿文本（北京，民族出版社，2016 年 4 月），卷二，頁 1-3。

譯漢內容	二月，太祖欲以蒙古字編成國語，榜識厄兒得溺、剛蓋對曰：「我等習蒙古字，始知蒙古語，若以我國語編創譯書，我等實不能。」太祖曰：「漢人念漢字，學與不學者皆知；蒙古之人念蒙古字，學與不學者亦皆知。我國之言，寫蒙古之字，則不習蒙古語者，
譯漢內容	不能知矣，何汝等以本國言語編字爲難，以習他國之言爲易耶？」剛蓋、厄兒得溺對曰：「以我國之言編成文字最善，但因翻編成句，吾等不能，故難耳。」太祖曰：「寫阿字下合一媽字，此非阿媽乎（阿媽，父也）？厄字下合一脉字，此非厄脉乎（厄脉，母也）？吾意決矣，爾等試寫可也。」于是自將蒙古字編成國語頒行，創製滿洲文字，自太祖始[2]。

前引「國語」，即滿洲語；榜識厄兒得溺，即巴克什額爾德尼；剛蓋，即扎爾固齊噶蓋。清太祖，滿文作"taidzu sure beile"，漢字音譯作「太祖淑勒貝勒」。清太祖努爾哈齊爲了文移往來及記注政事的需要，即命巴克什額爾德尼等仿照老蒙文創製滿文，亦即以老蒙文字母爲基礎，拼寫女眞語音，聯綴成句。例如將蒙古字母的「」（a）字下接「」（ma）字就成「」（ama），意即父親。將老蒙文字母的「」（e）字下接「」（me），就成「」（eme），意即母親。這種由畏兀兒體老蒙文脫胎而來的初期滿文，在字旁未加圈點，僅稍改變老蒙文的字母形體。這種未加圈點的滿文，習稱老滿文，使用老滿文記注的檔案，稱為無圈點檔。臺北國立故宮博物院典藏無圈點檔最早的記事，始自明神宗萬曆三十五年（1607），影印二頁如下。

2 《清太祖武皇帝實錄》，漢文本，（臺北，國立故宮博物院），卷二，頁1。

無圈點老滿文檔	丁未年（1607）

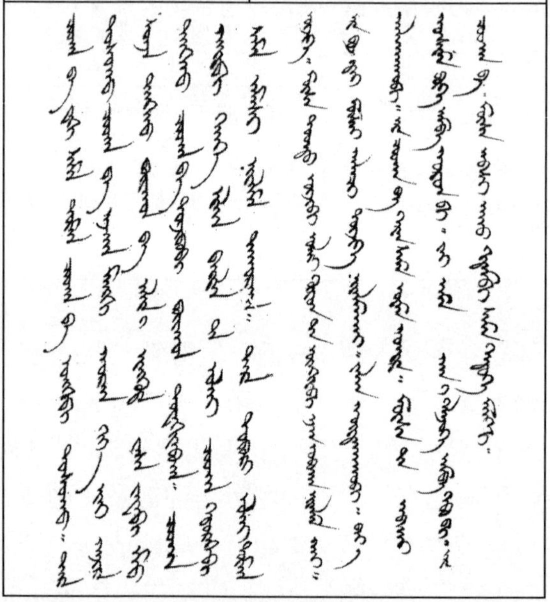

由老蒙文脫胎而來的無圈點老滿文，是一種拼音系統的文字，用來拼寫女真語音，有其實用性，學習容易。但因其未加圈點，不能充分表達女真語音，而且因滿洲和蒙古的語言，彼此不同，所借用的老蒙文字母，無從區別人名、地名的讀音，往往彼此雷同。天聰六年（1632）三月，清太宗皇太極命巴克什達海將無圈點滿文在字旁加置圈點，使其音義分明。《清太宗文皇帝實錄》記載諭旨云：

> 上諭巴克什達海曰：「國書十二頭字，向無圈點，上下字雷同無別，幼學習之，遇書中尋常語言，視其文義，易於通曉。若至人名地名，必致錯誤，爾可酌加圈點，以分析之，則音義明曉，於字學更有裨益矣[3]。

[3] 《清太宗文皇帝實錄》，卷十一，頁 13。天聰六年三月戊戌，上諭。

引文中「國書十二頭字」，即指滿文十二字頭。達海是滿洲正藍旗人，九歲即通滿、漢文義，曾奉命繙譯《大明會典》、《素書》、《三略》等書。達海遵旨將十二字頭酌加圈點於字旁，又將滿文與漢字對音，補所未備。舊有十二字頭為正字，新補為外字，其未盡協者，則以兩字合音為一字，至此滿文始大備[4]。達海奉命改進的滿文，稱為加圈點滿文，習稱新滿文。

滿洲文字的創製，是清朝文化的重要特色。滿洲文，清朝稱爲清文，滿洲語稱爲國語。民初清史館曾經纂修《國語志稿》，共一百冊，第一冊卷首有奎善撰〈滿文源流〉一文，略謂：

> 滿洲初無文字，太祖己亥年二月，始命巴克什（師也）額爾德尼、噶蓋，以蒙古字改制國文，二人以難辭。上曰，無難也，以蒙古字合我國語音，即可因文見義焉，遂定國書，頒行傳布。其字直讀與漢文無異，但自左而右，適與漢文相反。案文字所以代結繩，無論何國文字，其糾結屈曲，無不含有結繩遺意。然體制不一，則又以地勢而殊。歐洲多水，故英法諸國文字橫行，如風浪，如水紋。滿洲故里多山林，故文字矗立高聳，如古樹，如孤峯。蓋制造文字，本乎人心，人心之靈，實根於天地自然之理，非偶然也。其字分真行二種，其字母共十二頭，每頭約百餘字，然以第一頭為主要，餘則形異音差，讀之亦簡單易學。其拼音有用二字者，有用四、五字者，極合音籟之自然，最為正確，不在四聲賅備也。至其意蘊閎深，包孕富有，不惟漢文所到之處，滿文無不能到，即漢文所不能到之處，滿文亦能曲傳而代達之，宜乎皇王制作行之數百年而流傳未艾也。

---

4 《清史稿校註・達海傳》（臺北，國史館，1988 年 8 月），第十冊，頁 8001。

又考自入關定鼎以來，執政臣工或有未曉者，歷朝俱優容之，未嘗施以強迫。至乾隆朝雖有新科庶常均令入館學習國文之舉，因年長舌強，誦讀稍差，行之未久，而議遂寢，亦美猶有憾者爾。茲編纂清史伊始，竊以清書為一朝創製國粹，未便闕而不錄，謹首述源流大略，次述字母，次分類繙譯，庶使後世徵文者有所考焉[5]。

滿文的創製，有其文化、地理背景，的確不是偶然的。滿文義蘊閎深，漢文所到之處，滿文無不能到，都具有「文以載道」的能力。滿洲入關後，滿洲語文一躍而成為清朝政府的清文國語，對外代表國家，對內而言，滿文的使用，更加普遍，儒家經典，歷代古籍，多譯成滿文。各種文書，或以滿文書寫，或滿漢兼書。繙譯考試，也考滿文。皇帝召見八旗人員，多使用滿語。滿洲語文在清朝的歷史舞臺上扮演了重要的角色。

語言文字是思維的工具，也是表達思想的交流媒介。康熙年間，入京供職的西洋傳教士，大都精通滿洲語文，說寫純熟流利。因此，滿洲語文在中西文化交流舞臺上也扮演了十分重要的角色。

耶穌會傳教士巴多明神父致法蘭西科學院書信中，討論滿洲語文的內容，佔了很大篇幅。他指出，滿洲文字中每個字都有一筆自字首垂直貫通至字末的主筆畫，這一畫左側是表示元音「a、e、i、o」的鋸齒狀符號，由放在這一畫右側的附點的不同位置決定其發音。如在一個鋸齒對面放一個附點，就發元音「e」；如省略附點，則發元音「a」，如在字左側鋸齒旁放一附點，這一附點就充當了字母「n」，因而要讀作「na」。此外，字右側不是附點，

---

5 奎善撰〈滿文源流〉，《國語志稿》（臺北，國立故宮博物院，清史館檔），第一冊，頁1。

耶穌會傳教士巴多明像，見杜赫德編、鄭德弟譯《耶穌會士中國書簡集》第二卷

而是放圈，這便是發送氣音的符號。書寫漢文，人們通常用毛筆書寫。巴多明神父指出，有些滿人使用一種竹製的，削成歐洲羽毛狀的筆。巴多明神父用了不到一年時間，就像一個上了年歲的滿人熟練地使用這種竹筆寫出好字。

康熙皇帝喜愛西學，即或臨幸暢春園，或巡幸塞外，必諭令張誠等隨行。或每日，或間日講授西學。巴多明神父在信中指出，康熙皇帝學習歐洲的科學，他自己選擇了算學、幾何學與哲學等等。康熙二十八年（1689）十二月二十五日，康熙皇帝召徐日昇、張誠、白晉、安多等至內廷，諭以自後每日輪班至養心殿，以滿語講授量法等西學，並將所講授的西學，繙譯滿文成書。神父們固然以滿語講解西學，同時也將天主教的祈禱詞譯出滿文。巴多明神父在書信中指出，天主教徒中的福晉們很少認得漢字，她們希望聽得懂祈禱詞的內容，而由巴多明神父負責將祈禱詞精華部分譯出滿文。《在華耶穌會士列傳》所載巴多明遺著目錄中第八種就是巴多明神父將法文〈教會祈禱文〉所譯出的滿文本，以供蘇努家中信教婦女閱讀，在中西文化交流的過程中，滿洲語文扮演了舉足輕重的角色。

清太祖、太宗時期，滿洲記注政事及抄錄往來文書的檔冊，主要是以無圈點老滿文及加圈點新滿文記載的老檔，可以稱之爲《滿文原檔》。滿洲入關後，《滿文原檔》由盛京移至北京，由內閣掌管，內閣檔案中有老檔出納簿，備載閣僚借出卷冊時日，及繳還後塗銷的圖記。

乾隆六年（1741），清高宗鑒於內閣大庫所藏無圈點檔冊，年久黯舊，所載字畫，與乾隆年間通行的新滿文不同，諭令大學士鄂爾泰等人按照新滿文，編纂《無圈點字書》，書首附有奏摺，其內容如下：

> 內閣大學士太保三等伯臣鄂爾泰等謹奏，為遵旨事。乾隆六年七月二十一日奉上諭：「無圈點字原係滿文之本，今若不編製成書貯藏，日後失據，人將不知滿文肇端於無圈點字。著交鄂爾泰、徐元夢按照無圈點檔，依照十二字頭之順序，編製成書，繕寫一部。並令宗室覺羅學及國子監各學各鈔一部貯藏。欽此。」臣等詳閱內閣庫存無圈點檔，現今雖不用此體，而滿洲文字實肇基於是。且八旗牛彔之淵源，賞給世職之緣由，均著於斯。檔內之字，不僅無圈點，復有假借者，若不融會上下文字之意義，誠屬不易辨識。今奉聖旨編書貯藏，實為注重滿洲文字之根本，不失其考據之至意。臣謹遵聖旨，將檔內之字，加設圈點讀之。除可認識者外，其有與今之字體不同，及難於辨識者，均行檢出，附註現今字體，依據十二字頭編製成書，謹呈御覽。俟聖裁後，除內閣貯藏一部外，並令宗室覺羅學及國子監等學各鈔一部貯存，以示後人知滿洲文字肇端於此。再查此檔因年久殘闕，既期垂之永久，似應逐頁托裱裝訂，為此謹奏請旨。乾隆六年十一月十一日，大學士

> 太保三等伯鄂爾泰、尚書銜太子少保徐元夢奏。本日奉旨：「將此摺錄於書首，照繕三帙呈進，餘依議[6]。」

由鄂爾泰、徐元夢奏摺可知清高宗對《滿文原檔》的重視。內閣大庫所存《無圈點檔》就是《滿文原檔》中使用無圈點老滿文書寫的檔冊，記錄了八旗牛彔的淵源，及賞給世職的緣由等等。但因《無圈點檔》年久殘闕，所以鄂爾泰等人奏請逐頁托裱裝訂。鄂爾泰等人遵旨編纂的無圈點十二字頭，就是所謂《無圈點字書》（tongki fuka akū hergen i bithe）。

乾隆四十年（1775）二月十二日，軍機大臣具摺奏稱：「內閣大庫恭藏無圈點老檔，年久摺舊，所載字畫，與現行清字不同。乾隆六年奉旨照現行清字纂成無圈點十二字頭，以備稽考。但以字頭釐正字蹟，未免逐卷翻閱，且老檔止此一分，日久或致擦損，應請照現在清字，另行音出一分，同原本恭藏。」奉旨：「是，應如此辦理[7]。」所謂《無圈點老檔》，就是內閣大庫保存的原本，亦即《滿文原檔》。軍機大臣奏准依照通行新滿文另行音出一分後，即交國史館纂修等官，加置圈點，陸續進呈。惟其重抄工作進行緩慢，同年三月二十日，大學士舒赫德等又奏稱：「查老檔原頁共計三千餘篇，今分頁繕錄，並另行音出一分；篇頁浩繁，未免稽延時日。雖老檔卷頁，前經托裱；究屬年久摺舊，恐日久摸擦，所關甚鉅。必須迅速趲辦，敬謹尊藏，以昭慎重[8]。」重抄

6 張玉全撰〈述滿文老檔〉，《文獻論叢》（臺北，臺聯國風出版社，1967年10月），論述二，頁207。

7 《清高宗純皇帝實錄》，卷九七六，頁28，乾隆四十年二月庚寅，據軍機大臣奏。

8 徐中舒撰〈再述內閣大庫檔案之由來及其整理〉，《中央研究院歷史語言研究所集刊》，第三本，第四分（北平，中央研究院，1931年），頁

的本子有兩種：一種是依照當時通行的新滿文繕寫並加簽注的重抄本；一種是仿照無圈點老滿文的字體抄錄而刪其重複的重抄本。乾隆四十三年（1778）十月以前完成繕寫的工作，貯藏於北京大內，可稱之爲北京藏本。乾隆四十五年（1780）初，又按無圈點老滿文及加圈點新滿文各抄一分，賫送盛京崇謨閣貯藏。福康安於〈奏聞尊藏老檔等由〉一摺指出：

> 乾隆四十五年二月初四日，盛京戶部侍郎全魁自京回任，遵旨恭賫無圈點老檔前來，奴才福康安謹即出郭恭請聖安，同侍郎全魁恭賫老檔至內務府衙門，查明賫到老檔共十四包，計五十二套，三百六十本，敬謹查收。伏思老檔乃紀載太祖、太宗發祥之事實，理宜遵旨敬謹尊藏，以垂久遠。奴才福康安當即恭奉天命年無圈點老檔三包，計十套，八十一本；天命年加圈點老檔三包，計十套，八十一本，於崇謨閣太祖實錄、聖訓匱內尊藏。恭奉天聰年無圈點老檔二包，計十套，六十一本；天聰年加圈點老檔二包，計十套，六十一本。崇德年無圈點老檔二包，計六套，三十八本；崇德年加圈點老檔二包，計六套，三十八本，於崇謨閣太宗實錄、聖訓匱內尊藏，並督率經管各員，以時晒晾，永遠妥協存貯[9]。

福康安奏摺已指出崇謨閣尊藏的抄本，分爲二種：一種是《無圈點老檔》，內含天命朝、天聰朝、崇德朝，共七包，二十六套，

569。

9 《軍機處檔‧月摺包》，第 2705 箱，118 包，26512 號。乾隆四十五年二月初十日，福康安奏摺錄副。

一百八十本；一種是《加圈點老檔》，內含天命朝、天聰朝、崇德朝，共七包，二十六套，一百八十本。福康安奏摺於乾隆四十五年（1780）二月初十日具奏，同年三月十七日奉硃批。福康安奏摺中所謂《無圈點老檔》和《加圈點老檔》，都是重抄本，不是《滿文原檔》，亦未使用《滿文老檔》的名稱。貯藏盛京崇謨閣的老檔重抄本，可以稱之爲盛京藏本。乾隆年間重抄本，無論是北京藏本或盛京藏本，其書法及所用紙張，都與滿洲入關前記錄的《滿文原檔》不同。北京藏本與盛京藏本，在內容及外形上並無差別，「唯一不同的是北平藏本中有乾隆朝在文裡很多難通晦澀的詞句間所加的附註，而盛京本沒有10。」為了比較無圈點檔與加圈點檔的異同，可將北京藏本太祖朝重抄本第一冊，第一、二頁節錄影印如下，並轉寫羅馬拼音，譯出漢文如後。

加圈點新滿文檔	丁未年
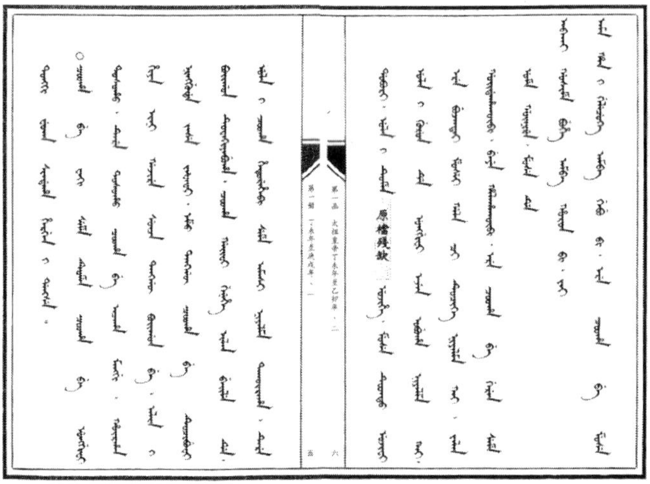	

10 陳捷先撰〈舊滿洲檔述略〉，《舊滿洲檔》（臺北，國立故宮博物院，1969 年），第一冊，頁 12。

羅馬拼音（加圈點檔）	tongki fuka sindaha hergen i dangse. cooha be waki seme tumen cooha be unggifi tosoho, tere tosoho cooha be acaha manggi, hūrhan hiya ini gajire sunja tanggū boigon be, alin i ninggude jase jafafi, emu tanggū cooha be tucibufi boigon tuwakiyabuha, cooha gaifi genehe ilan beile de, ula i cooha heturehebi seme amasi niyalma takūraha, tere dobori, ula i tumen……ujihe, muse tuttu ujifi ula i gurun de unggifi ejen obuha niyalma kai, ere bujantai musei gala ci tucike niyalma kai, jalan goidahakūbi, beye halahakūbi, ere cooha be geren seme ume gūnire, muse de abkai gosime buhe amba horon bi, jai ama han i gelecuke amba gebu bi, ere cooha be muse[11].
漢文繙譯（加圈點檔）	欲殺我兵，發兵一萬截於路。遇其截路之兵後，扈爾漢侍衛將其收回之五百戶眷屬，結寨於山巔，派兵百名守護，並遣人回返，將烏喇兵截路情形報告領兵三位貝勒。是夜，烏喇之萬兵〔原檔殘缺〕收養之。我等如此豢養遣歸烏喇國為君之人哉！此布占泰乃從我等手中釋放之人啊！年時未久，其身猶然未

《滿文原檔》是使用早期滿文字體所記載的原始檔冊，對滿文由舊變新發展變化的過程，提供了珍貴的語文研究資料。乾隆年間，內閣大學士鄂爾泰等人已指出，滿文肇端於無圈點字，內閣大庫所保存的「無圈點檔」，檔內之字，不僅無圈點，復有假借者，若不融會上下文字的意義，誠屬不易辨識。因此，遵旨將檔內文字加設圈點，除可認識者外，其有難於辨識者，均行檢出，附註乾隆年間通行字體，依據十二字頭編製成書。張玉全撰〈述滿文老檔〉一文已指出，乾隆年間重抄的加圈點《滿文老檔》，

11 《內閣藏本滿文老檔》（瀋陽，遼寧民族出版社，2009 年 12 月），第一冊，頁 5。

將老滿字改書新體字，檔內有費解的舊滿語，則以新滿語詳加注釋，並將蒙文迻譯滿文，其功用較之鄂爾泰所編的《無圈點字書》，似覺更有價值，並非僅重抄而已。誠然，重抄本《滿文老檔》的價值，不僅是加圈點而已。《內閣藏本滿文老檔》對詮釋《滿文原檔》文字之處，確實值得重視。

清初諸帝，重視國語清文，已有居安思危的憂患意識。滿文是一種拼音文字，相對漢語的學習而言，學習滿洲語文，確實比學習漢語漢文容易，西洋傳教士以歐洲語音學習滿洲語文，更覺容易，口音也像。巴多明神父致法蘭西科學院書信中指出，康熙年間編纂《御製清文鑑》的工作進行得極為認真，倘若出現疑問，就請教滿洲八旗的老人；如果需要進一步研究，便垂詢剛從滿洲腹地前來的人員。誰發現了某個古老詞彙或熟語，便可獲獎。康熙皇帝深信《御製清文鑑》是重要寶典，只要寶典存在，滿洲語文便不至於消失。通過巴多明神父的描述，可知《御製清文鑑》的編纂，就是康熙皇帝提倡清文國語的具體表現，具有時代的意義。康熙十二年（1673）四月十二日，《起居注冊》記載康熙皇帝對侍臣所說的一段話：「此時滿洲，朕不慮其不知滿語，但恐後生子弟漸習漢語，竟忘滿語，亦未可知。且滿漢文義，照字翻譯，可通用者甚多。今之翻譯者，尚知辭意，酌而用之，後生子弟，未必知此，不特差失大意，抑且言語欠當，關係不小[12]。」「後生子弟漸習漢語，竟忘滿語」，就是一種憂患意識。

乾隆年間（1736-1795），滿洲子弟多忘滿語。乾隆七年（1742）八月二十二日，乾隆皇帝降諭云：「滿洲人等，凡遇行走齊集處，俱宜清語，行在處清語，尤屬緊要。前經降旨訓諭，近日在南苑，

12 《清代起居注冊・康熙朝》（北京，中華書局，2009 年 9 月），第二冊，頁 B000657。

侍衛官員兵丁，俱說漢話，殊屬非是。侍衛官員，乃兵丁之標準，而伊等轉說漢話，兵丁等何以效法。嗣後凡遇行走齊集處，大臣侍衛官員，以及兵丁，俱著清語，將此通行曉諭知之[13]。」滿洲侍衛、官員、兵丁等在南苑或行走齊集處，不說滿語，轉說漢話，竟忘滿語，殊屬非是。乾隆十一年（1746）十月初十日，乾隆皇帝在所頒諭旨中指出，黑龍江地區是專習清語滿洲辦事地方，黑龍江將軍傅森竟不知穀葉生蟲的清語，傅森在奏摺內將穀葉生蟲清語，兩處誤寫[14]。乾隆十二年（1747）七月初六日，諭軍機大臣等，盛京補放佐領之新滿洲人等帶領引見，清語俱屬平常。乾隆皇帝在諭旨中指出，「盛京係我滿洲根本之地，人人俱能清語，今本處人員，竟致生疏如此，皆該管大臣官員等，平日未能留心教訓所致，將軍達勒當阿著傳旨申飭[15]。」黑龍江、盛京等處，都是滿洲根本之地，清語是母語，乾隆年間，當地滿洲人，其清語平常生疏如此，確實是一種隱憂。由於滿洲後世子孫缺乏居安思危的憂患意識，清初諸帝搶救滿洲語文的努力，確實效果不彰。

錫伯族的歷史與文化，源遠流長，西遷伊犁的錫伯族對於滿洲語文的傳習作出了極大的貢獻，回溯錫伯族西遷的歷史，具有時代意義。錫伯族是東北地區的少數民族之一，清太宗崇德年間（1636-1643），錫伯族同科爾沁蒙古同時歸附於滿洲，編入蒙古八旗。康熙三十一年（1692），將科爾沁蒙古所屬錫伯族編入滿洲八旗，從此以後，錫伯族開始普遍使用滿洲語文。康熙三十八年（1699）至四十年（1701）三年中，將齊齊哈爾、伯都訥、吉林

---

13 《清高宗純皇帝實錄》，卷一七三，頁 15。乾隆七年八月戊申，諭旨。

14 《清高宗純皇帝實錄》，卷二七六，頁 15。乾隆十一年十月壬申，諭旨。

15 《清高宗純皇帝實錄》，卷二九四，頁 10。乾隆十二年七月甲午，諭旨。

烏拉三城披甲及其家眷南遷至盛京、京師等地。乾隆年間，清軍平定天山南北路後，隨即派兵屯種，欲使駐防兵丁口食有資，並使遠竄的厄魯特無從復踞舊地。乾隆二十七年（1762），設伊犁將軍。同年十月，以明瑞為伊犁將軍，伊犁成為新疆政治、軍事中心。為加強邊防，陸續由內地調派大批八旗兵丁進駐伊犁，其中駐守伊犁的錫伯兵，主要是從東三省抽調移駐的。錫伯兵及其眷屬西遷前夕的活動，在今日察布查爾的錫伯族，仍然記憶猶新，還編成錫伯文教材，代代相傳。乾隆二十九年（1764）四月十八日，西遷錫伯族在瀋陽太平寺祭告祖先，與留在故鄉的錫伯族共同聚會餐敘，翌日便啟程，前往伊犁守邊。當時西遷的錫伯兵是從東北三省十七城抽調出來的，官兵連同眷屬總計五千餘人。陰曆四月十八日，就是錫伯族的西遷節，尤其在新疆的錫伯族，每年到了四月十八日，家家戶戶，男女老少都穿上新衣服，聚在一起就餐、演奏樂器、跳貝倫舞（beilen）、玩遊戲、射箭、摔跤、賽馬等活動，四月十八日，就成了錫伯族特別的節日。錫伯官兵從東北家鄉遠赴新疆屯墾戍邊，也把滿洲語文帶了過去。這批錫伯官兵後代子孫，在進入二十一世紀的今日新疆，仍持續使用滿洲語文，這是錫、滿文化傳承歷史上值得關注的大事，察布查爾錫伯自治縣被稱為保存滿文的「活化石」地區[16]。

錫伯官兵到達新疆後，在伊犁河南岸一帶屯墾戍邊，乾隆三十一年（1766），編為八個牛彔，組成錫伯營。蘇德善先生撰〈錫伯族雙語教育的歷史回顧〉一文指出，錫伯營的單獨成立，對錫伯族來說，是政治地位的重大改變，從此凡涉及本族的重大事務，有了自主權，錫伯族在政治、軍事上的成就，均以本族名義被伊

---

[16] 戈思明撰〈新疆錫伯族傳承滿文之研究〉（臺北，中國文化大學，2014年2月），頁14。

犁將軍奏聞朝廷記錄在案。西遷的錫伯族，借助錫伯營這個舞臺，演出了有聲有色的多幕悲喜劇，為發展民族經濟、文教、文學藝術，具備了主、客觀條件，可謂英雄有用武之地了[17]。乾隆三十一年（1766），伊犁將軍明瑞令每旗各設清書房一所。錫伯營有一所書房，有教習二人，分司教弓箭，學滿文、四書五經、千字文、旗訓等，年終由伊犁將軍府派員考課，考上者走上仕途。嘉慶七年（1802），伊犁將軍松筠以八旗子弟能讀書者甚多，就從各旗閒散童蒙中挑選聰慧者集中在一起，選派滿、漢教習分司教讀，並宣講《聖諭廣訓》，派滿營協領等管理。這種學校稱為敬業官學，伊犁僅有一所。在錫伯營各牛彔還有若干私塾，只有少數富家子弟就讀。在本旗接受軍訓的披甲，也要教授滿文。通過這些學堂和軍營教育，有相當一部分的人學會了滿文。

嘉慶七年（1802），在伊犁察布查爾山口開鑿大渠，引進伊犁河水灌溉。嘉慶十三年（1808），大渠竣工，長達一百八十里，命名為察布查爾大渠，開墾了七萬八千多畝良田。光緒八年（1882），錫伯營總管色布喜賢呈請伊犁將軍金順撥款辦學。翌年，每個牛彔開始各設一所官辦義學。光緒十一年（1885），索倫營錫伯族成立一所義學。當時共有九所學校，小學生約九百名，實施單一的滿文教育。民國三年（1914），伊犁成立了尚學會，總部設在一、三牛彔。為紀念錫伯營總管色布喜賢，在尚學會屬下設立了色公學校，開始採用滿漢對照的課本教學。民國四年（1915），成立了興學會，為紀念曾任索倫營領隊大臣的錫吉爾渾，設立了錫公學校，採用漢文新學課本，實施雙語教學。一年級只學滿文，二年級開始實施滿、漢文教學。民國二十年（1931），在鞏留大營盤設

---

[17] 蘇德善撰〈錫伯族雙語教育的歷史回顧〉，《錫伯文化》，第三十五期，頁 60。

立錫伯小學校，共三個班，教授滿漢文。民國三十三年（1944）秋，錫伯族聚居地區，計小學十三所，包括中心校五所，一般學校八所。民國三十六年（1947）十月，成立「三區錫伯索倫文化促進會」，簡稱「錫索文化促進會」，是年，召開學者大會，對滿文進行改革，並將滿文改稱錫伯文[18]。一九五四年三月，伊犁成立自治縣，廢除寧西舊稱，改用錫伯族喜愛的察布查爾渠名作自治縣的名稱，定名為察布查爾錫伯自治縣。各小學所採用的六年制錫伯文課本，基本上就是滿文教材。

伊克津太先生撰〈錫伯文教學之我見〉一文指出，錫伯語文是以滿文為基礎發展起來的，今天的錫伯文就是歷史上業已消失的滿文。五十年代在自治區人民出版社和教育出版社組建了錫伯文編輯室，大量地出版錫伯文圖書及教學課本，為民族教育和文化發展奠定了堅實的基礎。一九九一年，教育局開始在納達齊（nadaci）牛彔即第七牛彔鄉和堆依齊（duici）牛彔即第四牛彔鄉小學各指定一班實施「雙語教學實驗」。經過五年的實驗，結果表明實驗班學生的雙語能力都有大幅度的提高。為了總結實驗班的成果和促進雙語教學的進程，縣教育局於一九九五年召開了雙語教學工作會議。會議在總結實驗班教學成果的基礎上，提出了《錫伯族基礎教育整體改革方案》，並作出決議：「錫伯族雙語教學從實際出發，從幼兒教育入手，強化學前教育，低年級母語起步，集中學習錫伯語文，在學生具備一定基礎的母語思維能力後，再進入漢語學習階段，並使已經掌握的母語為漢語教學服務。」又把這個決議簡化為八字方針：「先錫後漢，以錫促漢」，使雙語教學有機地銜接，相互促進，實現雙語能力同步提高。據教育局一九九五年錫伯語文教學現狀調查顯示，烏珠（uju）牛彔即第一牛

18 《錫伯文化》，第三十五期，頁 68。

彔和齋（jai）牛彔即第二牛彔小學九個年級中有五個年級仍在使用第一冊錫伯文課本，而且在學習第一冊課本的五個年級學生中達到能讀寫的不足一半，錫伯族語文教學的情況可見一斑，並沒有起到「以錫促漢」的作用[19]。

奇車山先生撰〈察布查爾地區錫伯族語言文字使用現狀〉一文指出，二十世紀初，察布查爾地區還是個相對封閉的小社會，旗營制度還沒有退出歷史舞臺。因制度限制，僅有的漢族不能和錫伯族混住在一起。所以，在錫伯人和漢族人的交往不可能很多的情況下，漢語對錫伯語的影響就很小。更主要的一個在於錫伯人有重視教育的好傳統，各牛彔都有私辦或官辦學校，使學齡兒童都能進校學習錫伯語文。七十年代，錫伯語文恢復學習和使用，各錫伯族小學都恢復了錫伯語文課。相應的出版機構也重新開始出版錫伯文圖書和教科書。文中列表統計察布查爾錫伯自治縣有錫伯小學八所，其中烏珠牛彔（ujui niru）即第一牛彔中心校，計十二班；寨牛彔（jai niru）即第二牛彔中心校，計六班；依拉齊牛彔（ilaci niru）即第三牛彔中心校，計十九班；堆齊牛彔（duici niru）即第四牛彔中心校，計十五班；孫扎齊牛彔（sunjaci niru）即第五牛彔中心校，計十二班；寧固齊牛彔（ningguci niru）即第六牛彔中心校，計十一班；納達齊牛彔（nadaci niru）即第七牛彔中心校，計八班；扎庫齊（jakūci niru）即第八牛彔中心校，計十八班，合計共一〇一班。單純的錫伯班只有九個，其餘九十二個都是錫漢學生混合編班。從調查的狀況看，錫伯族小學在低年級基本使用錫伯語授課，中年級以錫伯語為主，部分使用漢語，高年級則是錫漢兼半[20]。

---

[19] 伊克津太撰〈錫伯文教學之我見〉，《錫伯文化》，第三十五期，頁 34。
[20] 奇車山撰〈察布查爾地區錫伯族語言文字使用現狀〉，《錫伯文化》，

李樹蘭教授著《錫伯語口語語法概要》一書，是根據幾次語言調查的記錄寫成的，對錫伯語口語的語音和語法作了扼要的介紹。原書指出，錫伯語屬阿爾泰語系滿—通古斯語族滿語支。錫伯族的語言文字和滿族的語言文字很相近。錫伯文是一種拼音文字，是在滿文基礎上略加改動的[21]。

錫伯文共有四十個字母，其中包括六個元音字母：(a)(e)(i)(o)(u)(uu)；二十四個輔音字母：(n)(k)(g)(h)(k)(g)(h)(b)(p)(s)(sh)、(t)、(d)(l)(m)(ch)(zh)(y)(r)(f)(w)(ng)；十個拼音外來的字母(kk)(gg)(hh)(c)(cy)(z)(rr)(sy)(chy)(zhy)。

字母的基本筆劃有（字）頭（uzhu）、（字）牙（argan）、（字）圈（fuka）、（字）點（tongki）、（字）尾（unchehen） 各種方向不同的撇和連接字母的豎線。書寫時，順序從上到下、行款從左到右，使用現代文字通用的標點符號。

同一個字母出現在不同的位置上大都有不同的字形，決定字形不同的位置有四種。

1.獨立。即處於不同其他字母相拼的位置，具有獨立字形的只有元音。

2.詞首。即處於詞的開頭位置。元音以及除 r、ng 以外的輔音都有詞首字形。

3.詞末。即處於詞的最末尾的位置。元音和能出現在詞末的

第三十五期，頁 7。

21 李樹蘭著《錫伯語口語語法概要》（北京，民族出版社，1982 年 12 月），頁 1。

輔音 n、k（舌根音）、k（小舌音）、b、s、t、l、m、r、ng 都有不同於出現在其他位置上的詞末字形。

4.詞中。除上述位置以外的所有位置。所有元音都有區別於獨立、詞首、詞末字形的詞中字形。

一九四七年以後，錫伯族的有關人士和語文工作者，在伊寧市成立了「錫伯索倫文化協會」（簡稱「錫索協會」）。在這期間，對個別字母的形體做了改動，增加了必要的音節拚寫形式。如：

1.滿文輔音字母 f 與元音 a、e 相拚時，是一種形體；與元音 i、o、u 相拼時，是另一種形體。錫伯文的 f 只有一種形體，即滿文 f 與元音 a、e 相拼時的那種形體。見下表：

文字／轉寫符號	滿　文	錫伯文
f（a、c）		
f（i、o、u）		

2.滿文輔音字母 zh 出現在詞首的寫法同出現在音節中的寫法不同，錫伯文的 zh 在上述兩種情況下，都用一種形體，即出現在詞首的那種形體。見下表：

轉寫符號	位置	滿　文	錫伯文
zh	詞首		
	音節首		

3.滿文出現在音節末的小舌音 k 的形體是兩個字牙，左邊帶

兩個點兒。錫伯文的寫法不同，只有一個字牙，左邊帶兩個點兒。見下表：

轉寫符號	位置（文字）	滿　文	錫伯文
k（小舌音）	音節末		

4.滿文位於音節末的小舌音 k 同舌根音 k、在形體上有區別，錫伯文則沒有區別，都寫成小舌音 k 的形體。見下表：

轉寫符號	位置（文字）	滿　文	錫伯文
k（小舌音） k（舌根音）	音節末	 	

5.增加一些必要的音節。滿文有音節 wa、we，但沒有音節 wi、wo、wu，後者在錫伯語裡"有音無字"，因此，在錫伯文裡增加了這三個音節。見下表：

轉寫符號（文字）	滿　文	錫伯文
w（a、e） w（i、o、u）	 —	

錫伯族的口語，與滿語雖然有不少差異，但其書面語，與滿語基本相同。

搶救滿文，久已成為錫伯族的共識，執教於察布查爾師範進修學校專授錫伯文的郭秀昌先生編寫《錫伯語語匯》（sibe gisun isamjan），一九九〇年，由新疆人民出版社出版。原書凡例說明語匯所收詞語以現代錫伯語常用詞語為主，為兼顧閱讀和繙譯的需要，也酌收清代滿文典籍中比較常見而現在仍有使用價值的詞語。另外，也收錄了部分錫伯語口語詞彙。為提供錫伯族小學師生教學錫伯文之用，楊震遠、伊津太、富倫泰三位先生編譯《錫漢教學詞典》，一九九六年九月，由新疆人民出版社出版。詞典中所收詞彙多採自小學語文課本，並增加了一些常用詞彙，適合於初學者查閱。

同步提高錫漢雙語能力，是錫伯族的共同願望。金炳喆、金寧兩位先生著《錫漢會話》（sibe nikan gisun tacire bithe），一九九二年七月，由新疆人民出版社出版。原書會話，以錫伯文為基礎，同時對譯漢語，具有高度的實用性，對提昇錫漢雙語能力，作出了重要貢獻。錫伯族重視外部文化的選擇與改造，為適應環境及加強實用性，錫伯文新詞彙的創造及各民族語言借詞的使用，都有助於錫伯文的發展。在《錫漢會話》中出現頗多錫伯文創新的詞彙，可舉例列表如下。

《錫漢會話》創新詞彙簡表

頁次	錫伯文詞彙	羅馬拼音 詞義	備註	頁次	錫伯文詞彙	羅馬拼音 詞義	備註
12		sukdujen 汽車		15		deyetun 飛機	
17		maššasi 專家		33		bargiyara temgetu 收據	
36		guwaidz nimha 鯉魚		36	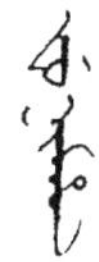	fu nimha 草魚	
44		duin giyai anggade 十字路口		51		šayan honin 種羊	
54		antaha juwere sejen 客運汽車		58		melehe buda 抓飯	
69	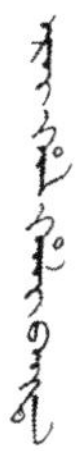	erai hal hali baita 真不好意思		87		kūtang 胃	

頁次	錫伯文詞彙	羅馬拼音詞義	備註	頁次	錫伯文詞彙	羅馬拼音詞義	備註
94				95		gus gabtara kuren 射箭館	
97		mergen gabtasi 神箭手		103		helmefin 電影	
117		kuwariyang 漂亮		122		funiyehe akū toro 光桃	
157		kar cai 清茶		161		arasi 作家	
161		k'otacin 科學		161		merkicun 幻想	
202		eye mama 爺爺奶奶		214	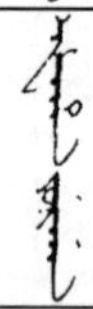	afaha jurgan 義務	
223	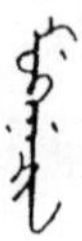	mukenecin 水平					

資料來源：金炳喆、金寧著《錫漢會話》(sibe nikan gisun tacire bithe)，烏魯木齊，新疆人民出版社，1992 年 7 月。

察布查爾縣城交通，乘坐汽車，四通八達。表中「汽車」，錫伯文作“sukdujen”，是「汽」（sukdun）與「車」（sejen）的結合詞彙。表中「飛機」，錫伯文作“deyetun”，是「飛」（deyembi）與「器」（tetun）的結合詞彙。錫伯文“mašangga”，意即「在行的」，「行家」，錫伯文作“mašangga niyalma”。表中“maššasi”，《錫漢教學詞典》作“mašasi”，意即「專家」，是錫伯文“mašangga”，與“si”的結合詞彙。表中“bargiyara temgetu”，意即「收到的證據」，就是「收據」。「鯉魚」，滿文作“mujuhu”，又作“hardakū”，錫伯文作“hardakū”，錫伯語作“guwaidz nimha”。表中“fu nimha”，漢語作「草魚」。滿文“fu nimha”，意即「草根魚」，就是「黑鯉魚」。漢語「十字路口」，錫伯文作“duin giyai anggade”，意即「四條街口」。種羊是公綿羊，滿文作“buka”，表中錫伯語“šayan honin”，意即「白綿羊」。「客運汽車」，錫伯文作“antaha juwere sejen”，意即「運送客人的車」。錫伯文“melembi”，意即「飲水」，“buda melembi”，意即「燜抓飯」。表中“melehe buda”，意即「抓飯」。表中“erai hal hali baita”，意即「真不好意思」。漢語「胃」，滿文作“guwejihe”，《錫漢教學詞典》同，《錫伯語語匯》作“kūta”，《錫漢會話》作“kūtang”。漢語「生」，滿文作“banjimbi”；「保衛」，滿文作“karman”，錫伯文“banjirman”，意即「衛生」，就是“banjimbi”，與“karman”的結合詞彙。“banji”是動詞詞根，“banjirman”是在根詞的基礎上添加詞綴構詞成分形成的派生詞。漢語「箭靶子」，滿文、錫伯文俱作“aigan”，錫伯語作“gus”，一義二詞。「射箭」，《錫伯語語匯》作“gus gabtambi”，《錫漢會話》中「射箭館」，錫伯文作“gus gabtara kuren”，句中“gus”，就是「箭靶子」。滿文“mergen”，詞義可作「賢哲的」、「明智的」、「巧的」、「神明的」、「非凡的」等解。漢語「巧匠」，滿文作“mergen faksi”；“mergen fakjingga kūwaran”，意即「神機營」。《錫漢會話》中“mergen gabtasi”，意即「神箭手」、「神射手」。「影子」，滿文作“helmen”，「玩」、「戲」，滿文作“efin”。表中

「電影」，錫伯文作“helmefin”，意即「影戲」，是“helmen”與“efin”的結合詞彙。

漢語「漂亮」，錫伯文作“hocikon”，又作“kuwariyang”，一義多詞。其中“kuwariyang”，《錫伯語語匯》作“kuwariyangga”，“kuwariyang obumbi”，意即「美化」。kuwariyang”，或“kuwariyangga”，是根據口語的發音和傳統的拼寫習慣形成的書面語。表中“光桃”，錫伯文作“funiyehe akū toro”，意即「無毛的桃」。「清茶」，滿文作“kara cai”，錫伯文作“kar cai”。「寫作」，滿文作“arambi”。表中「作家」，錫伯文作“arasi”，是“arambi”的詞根“ara”添加“si”的結合詞彙。「科」，錫伯文作“k'o”，「學」錫伯文作“tacin”，「科學」（k'otacin），就是新創的結合詞彙。漢語「幻象」，滿文作“melken”。表中「幻想」，錫伯文作“merkicun”。《錫漢會話》中「爺爺」、「奶奶」，是併列詞組，其中「爺爺」，錫伯語或作“eye”，或作“eyi”，或作“yeye”，一義多詞。漢語「義」，滿文作“jurgan”；「責任」，滿文作“afaha tušan”。表中「義務」，錫伯文作“afaha jurgan”，就是以“afaha tušan”與“jurgan”為基礎形成的創新詞彙。表中「水平」，錫伯文作“mukenecin”，是「水」（muke）與「平」（necin）的結合詞彙。由於錫伯語文大量創造新詞彙，而更加強它的實用性，確實有助於錫伯語文的發展，對滿文的傳承也有不可忽視的貢獻。

為充實及豐富詞彙，錫伯文中含有頗多漢語音譯的詞彙，習稱漢語借詞。薩蒙等著《錫伯語通論》（sibe gisun i hafu leolen）指出，「根據借入時間的先後，可分為早期借詞和近期借詞。借入時間的劃分主要是錫伯族西遷以前和西遷以後來劃分的。錫伯族西遷以前在滿語中就有一批借詞，這批借詞在錫伯語中一直保留著；錫伯族西遷以後，在屯墾戍關、革命、生產、生活和與其他民族相互交往的過程中，又借來了新詞[22]。」為了便於說明，可將《錫漢會話》中的借詞按照原書的頁次先後舉例列表如後。

錫伯文借詞詞彙簡表

頁次	漢語暨借詞拼音	錫伯語	備註	頁次	漢語暨借詞拼音	錫伯語	備註
1	好 hoo			3	吧 ba		
7	幢（棟）樓 dungse leose			9	灰 hūiša		
9	西服 sifu			10	縣 siyan		
10	醫生 daifu			10	醫院 daifuran ba		
11	郵電局 io diyan yamun			12	分鐘 fen jung		
13	出版社 cubanše			14	大西門 da si men		

22 薩蒙等著《錫伯語通論》（烏魯木齊，新疆人民出版社，2010 年 9 月），頁 134。

頁次	漢語暨借詞拼音	錫伯語	備註	頁次	漢語暨借詞拼音	錫伯語	備註
13	出版社 cubanše	ᠴᡠᠪᠠᠨᡧᡝ		14	大西門 da si men	ᡩᠠ ᠰᡳ ᠮᡝᠨ	
14	中醫 jung i	ᠵᡠᠩ ᡳ		20	行李 singli	ᠰᡳᠩᠯᡳ	
20	箱包 siyangse	ᠰᡳᠶᠠᠩᠰᡝ		20	票 piyoo	ᡦᡳᠶᠣᠣ	
25	號 hoo	ᡥᠣᠣ		26	電話 diyanhūwa	ᡩᡳᠶᠠᠨᡥᡡᠸᠠ	
26	號碼 nomir	ᠨᠣᠮᡳᡵ		26	電視機 diyan ši ji	ᡩᡳᠶᠠᠨ ᡧᡳ ᠵᡳ	
27	熨 yungtuleme	ᠶᡠᠩᡨᡠᠯᡝᠮᡝ		28	綠洲 lioi jeo	ᠯᡳᠣᡳ ᠵᡝᠣ	
31	星期 singci	ᠰᡳᠩᠴᡳ		31	航空公司 hang kung gungsy	ᡥᠠᠩ ᡴᡠᠩ ᡤᡠᠩᠰᡟ	

頁次	漢語暨借詞拼音	錫伯語	備註	頁次	漢語暨借詞拼音	錫伯語	備註
32	賬 jang			36	黃魚 hūwang ioi		
38	伊寧 gūlja			41	燈 dengjan		
41	公里 gungli ba			43	米 miyeter		
45	廣播電視局 guwang bo diyan ši jioi			53	報 boolambi		
53	場 cangse			58	包子 boose		
58	綠洲 bostan			60	啤酒 piwo		
60	餛飩 jiyoose			61	茶 cai		
64	黃瓜 hūwangg'a	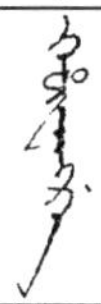		64	辣椒 cinjiyo		

頁次	漢語暨借詞拼音	錫伯語	備註	頁次	漢語暨借詞拼音	錫伯語	備註
72	號碼 hooma			73	批評 pipingleme		
77	教授 jiyoošeo			77	副教授 fu jiyoošeo		
77	工程師 gungcengši			78	差 calabumbi		
83	班 banse			93	護士 hūši		
94	方針 fangjen			95	點（鐘） jungken		
96	平方 pingfang			98	廳 tinggin	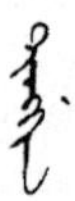	
98	漂亮 kuwariyang			100	功夫 gungfu		
102	攻 gungleme			104	電影院 diyan ing yuwan		

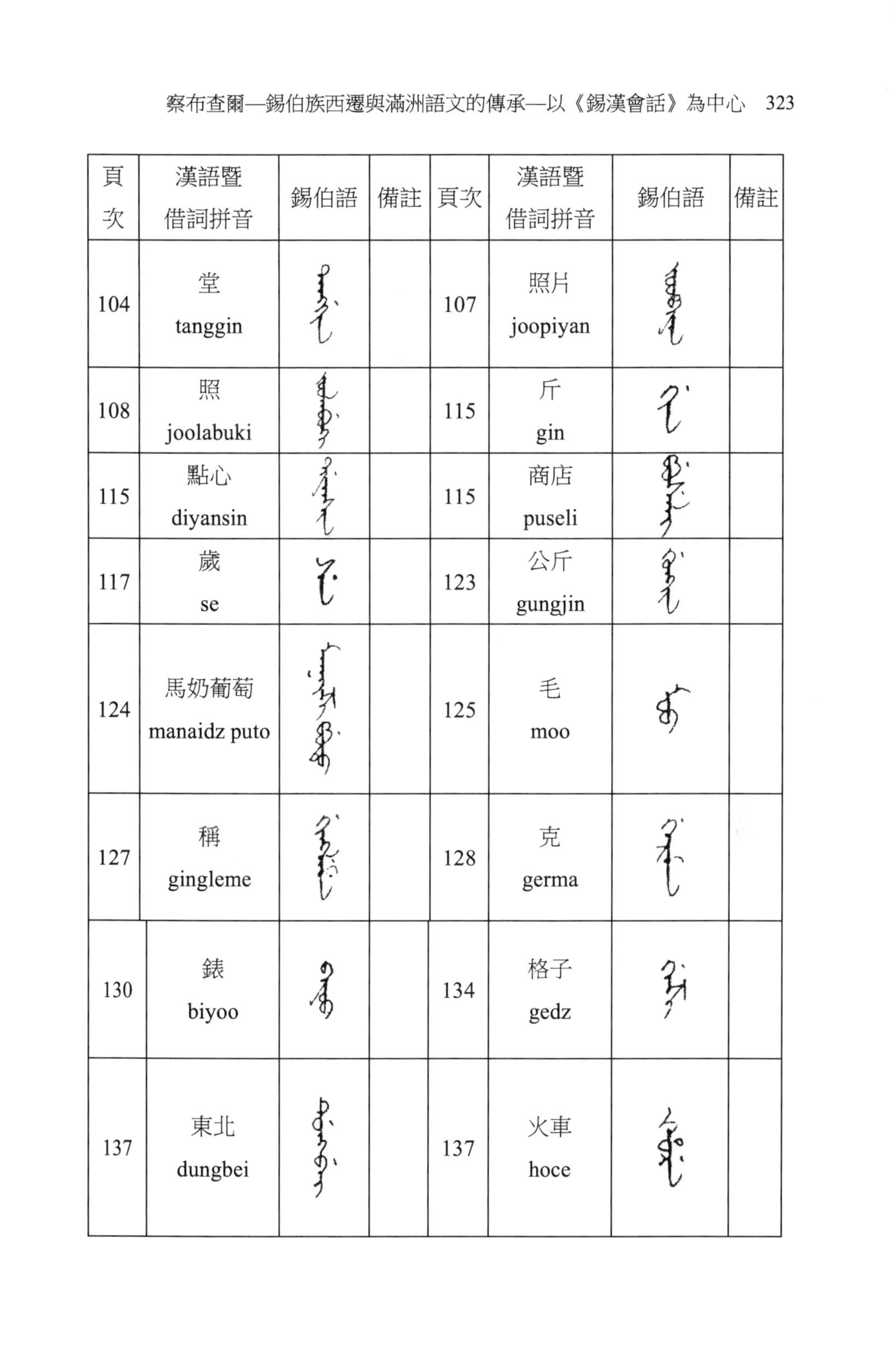

頁次	漢語暨借詞拼音	錫伯語	備註	頁次	漢語暨借詞拼音	錫伯語	備註
104	堂 tanggin	[illegible]		107	照片 joopiyan	[illegible]	
108	照 joolabuki	[illegible]		115	斤 gin	[illegible]	
115	點心 diyansin	[illegible]		115	商店 puseli	[illegible]	
117	歲 se	[illegible]		123	公斤 gungjin	[illegible]	
124	馬奶葡萄 manaidz puto	[illegible]		125	毛 moo	[illegible]	
127	稱 gingleme	[illegible]		128	克 germa	[illegible]	
130	錶 biyoo	[illegible]		134	格子 gedz	[illegible]	
137	東北 dungbei	[illegible]		137	火車 hoce	[illegible]	

頁次	漢語暨借詞拼音	錫伯語	備註	頁次	漢語暨借詞拼音	錫伯語	備註
141	先生 siyanšeng			141	夫人 fužin		
149	公分 gungfen			150	裙子 ciyonse	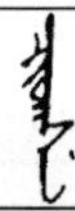	
153	公安局 gung an yamun	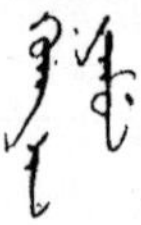		157	咖啡 k'afei		
159	糖 šatan			163	單 danse	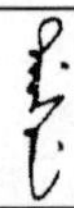	
169	布鞋 bosoi sabu	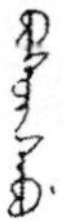		191	盒子 hiyase		
191	鋼筆 g'angbi			191	鉛筆 ciyambi		
194	釐米 limi			197	電臺 diyantai		
197	三十度 gūsin du			199	豇豆 dadu		

頁次	漢語暨借詞拼音	錫伯語	備註	頁次	漢語暨借詞拼音	錫伯語	備註
209	籃球 lancio			210	參觀 ts'anguwaleme		
212	釣魚 nimha goholome			214	孝順 siyoošungga		
217	板凳 bandande			219	排球 paicio		
220	象棋 siyangci			224	本領 bengšen		
229	烟 dambaku			238	自行車 dzisingce		

資料來源：金炳喆、金寧著《錫漢會話》(sibe nikan gisun tacire bithe)，烏魯木齊，新疆人民出版社，1992 年 7 月。

錫伯文漢語借詞中，最常見的是純粹借詞。《錫漢會話》中的純粹漢語借詞，就是漢語音譯的詞彙。漢語「好」，滿文作“sain”；「俏麗」、「嬌美」，滿文作“hojo”。《錫漢會話・問候》有一段對話，雅琴芝（yacinjy）問：「你好嗎？」（si hojo na?）文格（wenggel）答：「好，你呢？」（hoo seme, sini beye absi?）對話中“hoo”與“hojo”

並用。扎魯阿(jalungga)問:「你給我介紹一下吧!」(si minde emdan takabucina!)句中“cina”是“takabumbi”的後綴成分,表示「吧」、「呢」的語氣,在滿語中十分常見。薩拉蘇(sarasu)問:「老婆孩子都好吧?」(sini hehe juse gemu baita akū ba?)句中“ba”是漢語「吧」的音譯借詞。伯克德蘇(bekdesu)答:「在窗戶旁邊站着的那位穿灰西服的中年人。」句中「西服」,錫伯文作“sifu”,是漢語「西服」音譯的借詞。「察布查爾縣」,錫伯文作“cabcal siyan”,漢語「縣」,滿文作“hiyan”,此“siyan”,是漢語「縣」音譯的借詞。「醫生」,滿文、錫伯文俱讀作“daifu”,是漢語「大夫」音譯的借詞。「郵電局」(io diyan yamun),句中“io diyan”是漢語「郵電」音譯的借詞。「再走五分鐘」,句中「分鐘」,錫伯文音譯作“fen jung”。「人民出版社」,句中「出版社」,錫伯文音譯作“cubanše”。「在大西門那兒有個中醫診所」,句中「大西門」,錫伯文音譯作“da si men”;「中醫」,音譯作“jung i”。「提起行李箱包」,句中「行李」,錫伯文音譯作“singli”。

「請大家拿出票來」,錫伯文作“crerengge gerenofi sejen piyoo be tucibu”,意即「請大家拿出車票來」。句中“piyoo”,是漢語「票」音譯的借詞。「三樓的 301 和 306、314 號房間」(ilaci jergi i 301 jai 306、314 ci hoo boo inu),句中“hoo”,是漢語「號」音譯的借詞。房間內的“diyanhūwa”、“diyan ši ji”,是漢語「電話」、「電視機」的音譯借詞。「綠洲賓館」,錫伯文作“lioi jeo i antaha tatan”,句中“lioi jeo”,是漢語「綠洲」的音譯借詞。「還有一個星期呢」(geli emu singci erin bi),句中“singci”,是漢語「星期」的音譯借詞。錫伯文“hang kung gungsy”,是漢語「航空公司」的音譯借詞。「請把賬結一下」(bahaci jang be emdan bodoreo),句中“jang”,是漢語「賬」的音譯借詞。伊犁河出產的「黃魚」,錫伯文音譯作“hūwang ioi”。「廣播電視局」,錫伯文音譯作“guwang bo diyan ši jioi”。「園子裡摘來的黃瓜和辣椒」,句中「黃瓜」,錫伯文音譯作“hūwangg'a”;「辣椒」,錫伯文作“cinjiyo”,是漢語「青椒」的音譯借詞。「我叫華里亞蘇,電話號碼是 2781」,錫伯文作“mini gebube hūwaliyasu sembi, diyanhūwa hooma oci 2781”，句中“diyanhūwa hooma”，是漢語「電話號碼」的音譯借詞；“2781”按漢語讀作“el ci ba yoo”。高級知識分子中的「教授」、「副教授」、「工程師」，錫伯文音譯作“jiyoošeo”、“fu jiyoošeo”、“gungcengši”，都是漢語音譯借詞。醫院的醫護人員中的「醫生」（daifu）、「護士」（hūši），都是漢語音譯借詞。「衛生保健的方針」，句中「方針」，錫伯文音譯作“fangjen”。射箭館「總面積達八百多平方米」，句中「平方」，錫伯文據漢語音譯作“pingfang”。「練成真功夫」，句中「功夫」，錫伯文音譯作“gungfu”。「人民電影院」，錫伯文作“niyalma irgen diyan ing yuwan”，句中“diyan ing yuwan”，是漢語「電影院」的音譯借詞。「兩張一寸照片」，錫伯文作“emu jurhun amba joopiyan juwe”，句中“joopiyan”，是漢語「照片」的音譯借詞。「二斤點心」，錫伯文作“juwe gin diyansin”。漢語「斤」，滿文作“ginggen”，錫伯文作“gin”；“diyansin”，是漢語「點心」的音譯借詞。「你女兒幾歲了？」，錫伯文作“sini sarganjui udu se ohobi?”漢語「歲」，滿文作“se”，錫伯文沿用作“se”。「我買兩公斤這種桃子」，錫伯文作“bi ere toro be juwe gungjin gaiki”，句中“gungjin”，是漢語「公斤」的音譯借詞。「這種馬奶葡萄味道很好」，錫伯文作“ere manaidz puto i amtan jaci sain”，句中“manaidz puto”，是漢語「馬奶子葡萄」的音譯借詞。「兩塊六毛錢」，錫伯文作“juwe yuwan ninggun moo jiha”，句中“moo”，是漢語「毛」的音譯借詞。「你的錶幾點了？」，錫伯文作“sini biyoo ya gese erin ohobi?”，句中“biyoo”，是漢語「錶」的音譯借詞。「請在這個格子裡填上你的出生日期」，錫伯文作“ere gedz i dorgide beyei banjiha aniya jai inenggi biya be araki”，句中“gedz”，是漢語「格子」的音譯借詞。「東北三省」，句中「東北」，錫伯文音譯作“dungbei”。「換乘火車」，句中「火車」，錫伯文作“hoce”。「先生」，錫伯文音譯作“siyanšeng”。「夫人」，滿文、錫伯文俱音譯作“fužin”。「身高有一米六十公分」，句中「公分」，錫伯文音譯作“gungfen”。「公安局」，錫伯文作“gung an yamun”，句中“gung an”，是漢語「公安」的音譯借詞。「咖啡色的西裝」、「喝起咖啡來了」，句中「咖啡」，錫伯文音譯作“k'afei”。「糖」，滿文、錫伯文俱音譯作“šatan”，意即「砂糖」，或「白糖」。

《錫伯語通論》指出，錫伯語早期借詞和近期借詞在語音上有所差別，如漢語的「筆」，早期借詞為“fi”，而新借詞為“bi”。漢語「筆」，滿文音譯作“fi”。錫伯文中“g'angbi”、“ciyambi”，就是漢語「鋼筆」、「鉛筆」的音譯借詞。「一百釐米」，錫伯文作“tanggū limi”，句中“limi”，是漢語「釐米」的音譯借詞。「收聽電臺的天氣預報」，句中「電臺」，錫伯文作“diyantai”。氣溫超過三十度，句中「度」，錫伯文作“du”。「蠶豆」，錫伯文作“dadu”，是漢語「大豆」的音譯借詞。「籃球」、「排球」、「象棋」、「自行車」，錫伯文俱音譯作“lancio”、“paicio”、“siyangci”、“dzisingce”，都屬於純粹借詞。「請坐在板凳上」，句中「板凳」，滿文、錫伯文俱音譯作“bandan”，是屬於錫伯文的早期借詞。

除漢語音譯純粹借詞外，有些錫伯文詞彙是由漢語借詞成分添加一定的語音成分而構成特殊現象的借詞。表中“hūiša”，是由漢語「灰」（hūi）添加語音成分“ša”而構成。表中“siyangse”，是由漢語「箱」（siyang）添加語音成分“se”而構成。表中“cangse”、“boose”、“jiyoose”、“ciyonse”、“danse”、“hiyase”，分別是由漢語借詞「場」（cang）、「包」（boo）、「餃」（jiyoo）、「裙」（ciyon）、「單」（dan）、「匣」（hiya）添加語音成分“se”而構成。

在錫伯語中，常見借詞的派生現象，即將漢語名詞借詞詞幹後面添加詞綴而構成。表中“daifuran”，是由「大夫」（daifu）添加詞綴“ran”而構成。表中“yungtuleme”，是由詞幹「熨」（yung）添加詞綴“tuleme”而構成。表中“pipingleme”，是由詞幹「批評」（piping）添加詞綴“leme”而構成。表中“boolambi”，是由詞幹「報」（boo）添加詞綴“lambi”而構成。表中“ts'anguwaleme”，是由詞幹「參觀」（ts'anguwan）省略“n”，添加詞綴“leme”而構成。其中詞綴添加“lambi”、“leme”的派生借詞多作動詞使用。

錫伯語文的借詞，除了大量來自漢語外，也有來自其他民族的借詞，「號碼」（nomir），是俄羅斯語借詞。米、公尺，錫伯文讀作“miyeter”，又作“miter”，是俄羅斯語借詞。「啤酒」，錫伯文作“piwo”，也是俄羅斯語借詞。表中「綠洲」，錫伯文又作“bostan”，是維吾爾語借詞。表中「克」，錫伯文作“germa”，是外來語“gram”的音譯借詞。表中「伊寧」，錫伯文作“gūlja”，音譯作「固勒扎」，是蒙古語借詞，意即「盤羊」。“gūlja hoton”，清代稱為寧遠城，後稱伊寧市。

錫伯族西遷以後，對滿文的傳承作出了重要的貢獻，錫伯語文的書面語，基本上就是滿文。但是，由於種種因素，通行的錫伯文與傳統滿文，在書寫筆順、字形等方面，不盡相同。漢語「孝順」，滿文作“hiyoošun”，錫伯文作“siyoošun”。「妹妹」，滿文作“non”，錫伯文作“nun”。「碗櫃」，滿文作“sarhū”，錫伯文作“sarha”。漢語「梨」，滿文作“šulhe”；「蘋果」，滿文作“pingguri”，分別清楚，錫伯文中“šulhe”，意即「蘋果」。又如漢語「東」，滿文作“dergi”，「西」，滿文作“wargi”。錫伯文與滿文的「東」與「西」，恰恰相反。漢語「東」，錫伯文作“wargi”。東山墻邊有炕，滿文作“wargi nahan”；西山墻邊有炕，滿文作“dergi nahan”，又名“amba nahan”。錫伯文中“wargi”、“dergi”的詞義，或許是源自於滿文的炕文化概念。《錫漢會話》有一段對話：薩賓阿（sabingga）問：「到書店是往北嗎？」（bithei puseli de genere oci amasi yabumna?），伊克坦（iktan）回答說：「不，你走錯了。你應該朝東走。」（waka, si yabume tašarahabi. giyani wasi yabuci acanambi.），句中「朝東」，錫伯文作“wasi”。周清廉（jeo cingliyan）問：「你們北面三間正房是怎樣安排的？」（suweni amargi ergi ilan giyan amba boo be absi tebuneme icihiyahabi?），長明（cangming）回答說：「廚房在正房的東側，西耳房則是男孩們的寢室。」（budai boo amba boo i wargi ergide bi, dergi asha i dalbai boo oci hahajusei amgara boo inu.）句中「西邊」，錫伯文作“dergi ergide”，句中「東側」，錫伯文作“wargi ergi”；「西耳房」，錫伯文作“dergi asha i dalbai boo”。額芬圖（efintu）問：「到金泉去，在哪兒等車？」（aisin šeri de genere oci, aibide sejen aliyambi?），美芳（meifang）回答說：「等車的地方在西邊。」（sejen aliyara ba dergi ergide bi.）探討通行的錫伯文，不能忽視錫伯文與傳統滿文的差異。《錫漢會話》一書，對認識錫伯文的特色，具有重要的參考價值。

清初諸帝提倡清文國語，深恐滿洲子弟漸習漢語，竟忘滿語，心懷憂患意識。由於滿洲後世子孫缺乏居安思危的憂患意識，清初諸帝搶救滿洲語文的努力，確實效果不彰。

宣統三年（1911）七月十八日辰刻，宣統皇帝溥儀開始讀書。書房先是在中南海瀛臺補桐書屋，後來移到紫禁城齋宮右側的毓慶宮。滿文是基本課程，但是，溥儀連字母也沒學會，就隨著老師伊克坦的去世而結束。溥儀的學業成績最糟的要數他的滿文。學了許多年，只學了一個字，這個字就是每當滿族大臣向他請安，跪在地上用滿語說了照例一句請安的話，意思是：「奴才某某跪請主子的聖安」之後，溥儀必須回答的那個：「伊立」[23]。滿語“ilimbi”，意思是：「起來」，「伊立」是“ili”的漢字音譯，就是“ilimbi”的命令式，意思是：「起來吧！」溥儀的「坦白」，令人鼻酸。

正當許多人為滿洲語文的即將消失而憂心忡忡的時候，西遷伊犁的錫伯族，都具有使命感，不忘記自己的語言文字，積極從事滿洲語文的教學及人才培養工作，錫伯族對滿洲語文的傳承、搶救與振興，都扮演了重要的角色。

---

[23] 愛新覺羅・溥儀著《我的前半生》（香港，文通書店，1994年4月），第一冊，頁61。

移民實邊—清代臺灣耕地開發史料概述

社會與經濟的變化是互為表裏的，社會關係的變化，直接對經濟發生影響，而經濟的發展又促使社會結構的變遷。有清一代，社會經濟的變遷，最引人矚目的就是人口的急遽增加、人口流動的頻繁和土地開發的顯著擴大。臺灣是屬於開發中的邊陲地帶，富於移墾社會的共同特徵。臺灣與閩粵內地，一衣帶水，明末清初，閩粵內地民人移殖臺灣後，奠定了漢族在臺灣的拓墾與發展，具有重大的意義。臺灣傳統社會和經濟發展到高度成熟，並呈現出多層次的複雜的多元關係，都是臺灣史值得重視的課題。從國立故宮博物院典藏清代臺灣土地開發檔案資料的記錄，可以了解臺灣社會經濟變遷的過程。

清初領有臺灣後，土地制度發生了重要變化，首先廢除了鄭氏時代的官田、屯田及文武官田等名目，准許私人開墾，並佔有土地，而確立了土地私有制，包括官地、民地及番地。閩粵泉、漳、惠、潮各府民人聞知臺郡地曠，可以私墾，於是紛紛冒險東渡，或向平埔族租地耕種，或爭墾內山生界，抽藤吊鹿，披荆斬棘，墾殖荒陬，掀起了拓荒高潮。耕田種地之人，可以分為兩類：一類是自墾田土自身承種的自耕農；一類是承種他人田土的佃戶。有田地的業主，往往招募流民種地研糖，稱為佃丁，又叫做雇工。早期渡臺開墾種田者，主要就是自墾田土自身承種的自耕農及承種他人田土的佃戶、佃丁。開田耕食之人，起初俱於春時往耕，秋成回籍，隻身去來，習以為常。其後由於海禁漸嚴，一歸不能復往，其在臺地業主既不願意放棄自己的田園，於是就地居住，漸成聚落。

自耕農是清代臺灣土地所有者的一個組成部分，有大墾戶及小墾戶的分別，大墾戶多半是獨資開墾，但也有由富豪資助者。在中小墾戶之中，有許多人是自籌資本招佃開墾的，他們招募的佃戶，需要自備各項生產資料，墾闢以後，墾戶自身坐享地租。佃戶轉佃土地，收取小租後，墾戶就成為大租戶。小租戶原為墾佃制下的佃戶，起初僅擁有土地的使用權，以後佃戶又招到佃人耕種，收取小租，轉化為小租戶，形成一地兩租的狀況。大租戶承擔官賦，小租戶不負擔官賦，卻又索取佔收穫物一半的小租，並可處置及更換佃人，成為土地的實際所有者，而確認了小租戶的業主地位。臺灣早期移墾社會的土地制度及租佃關係，確實經歷過顯著的變化。

康熙年間，任意私墾的情形，極為嚴重，其領兵官員自原任提督施琅以下都有認佔欺隱的流弊，地方文武佔為官庄，其下富豪之戶，亦任意報佔，層層欺隱。雍正初年，臺灣一府四縣的田地情形，並不一致，其中臺灣府人稠地狹，無甚隱匿；臺灣縣的田土是按鄭成功所定舊額徵收租賦；諸羅、鳳山二縣的田土，頗多隱匿，輾轉頂授。現藏雍正朝《宮中檔》含有福建總督高其倬奏摺，其原摺有一段描寫，摘錄於下：

> 查臺灣田土，向當臺灣初定之始，止臺灣一縣之地原有人戶錢糧，故田土尚為清楚。其諸羅、鳳山二縣，皆係未墾之土，招人認墾，而領兵之官，自原任提督施琅以下，皆有認佔，而地方文武，亦佔做官庄。再其下豪強之戶，亦皆任意報佔，又俱招佃墾種取租。迨後佃戶又招佃戶，輾轉頂授，層層欺隱。按其賦稅，每田一甲，不過內地之十餘畝，而納八石有餘之粟，似種一畝之田而納十畝之粟，

類若田少賦重。然佃戶之下皆多欺隱，佃戶下之佃戶，又有偷開，至業主不能知佃戶之田數、人數，佃戶又不能究其下小佃戶之田數、人數。實則種百畝之地，不過報數畝之田，究竟糧少田多，是以家家有欺隱之產，人人皆偷開之戶。若欲清查，海外巖疆，恐其滋變，相延愈久，清理愈難，因田產經界不清，居人名戶，亦混編立保甲，止是大概，欲驟更變，未經輕言[1]。

彰化縣是雍正初年增設的新縣，荒地甚多，各墾戶垂涎內山曠土可耕，百計圖謀越界私墾。有力之家赴縣衙門呈明四至之地，請領墾單後，即可招佃開墾。所開田園，以甲計算，按甲課賦，每田一甲，大約相當於內地的十一畝。分為上中下三則取租，上田每甲租穀八石八斗；中田每租穀七石四斗；下田每甲租穀五石五斗。上園每甲租穀五石；中園每甲租穀四石；下園每甲租穀二石四斗。但各田園往往以多報少，業主有以十甲田園只報四、五甲者。至於佃丁，因自食代耕，且備牛種，倘若照甲還租，便少餘剩，所以不得不從旁私墾，以欺業主。其中有墾至二十甲，而僅還十甲租穀者，各佃丁輾轉相朦。甚至百甲田園，其完糧還租者，不過二、三十甲而已。

臺灣富豪之戶及地方文武各衙役，多在所屬地方任意私墾，不納錢糧。毛文銓在福建巡撫任內曾具摺指出閩省欺隱田糧，惟獨臺灣為甚，諸羅監生陳天松等自首報出欺隱園地數千甲。此外，如藍張興庄的開墾經過，頗受地方大吏的矚目。藍張興庄，舊名張鎮庄，其地原隸諸羅縣境內，逼近內山原住民鹿場，向來由原住民納餉二百四十兩，不許漢人開墾。康熙四十九年（1710），臺

---

[1] 《宮中檔雍正朝奏摺》，第六輯，（臺北，國立故宮博物院，民國 67 年 4 月），頁 831。雍正四年十一月初八日，浙閩總督高其倬奏摺。

灣鎮總兵官張國報墾，所以稱為張鎮庄。但是，從此以後，每當秋冬草枯水涸之際，內山原住民便不時出草擾害。康熙五十八年（1719）九月間，張鎮庄佃民被內山生界原住民殺死九命。閩浙總督覺羅滿保曾檄飭燬棄張鎮庄，逐散佃民，開除課額。康熙六十一年（1722），諸羅縣知縣孫魯到後，即立石為界，不許漢人擅自進入。雍正二年（1724），張鎮庄改隸彰化縣，水師提督藍廷珍轉典張鎮庄，令管事蔡克俊前往招墾，自立庄戶，改名為藍興庄。藍廷珍在水師提督任內，開墾成田面積為四百九十一甲，每甲計十一畝，收租穀六石，每年共收佃民租穀計二千九百四十六石，彰化縣知縣譚經正並未加以禁止。因地方文武及漢人爭墾番界，以致番漢衝突案件層出不窮。雍正三年（1725）八月二十日，諸羅縣知縣孫魯奉命署理彰化縣事務。同日，藍興庄鄉保報稱，八月十七日三更時候，有內山原住民數十人到藍興庄放火，殺斃佃丁林愷等八人，拾獲番鏢、番箭、番刀等物。同年十月十六日，巡視臺灣監察御史禪濟布和巡視臺灣吏科給事中景考祥會銜具奏。雍正四年（1726）十一月初八日，浙閩總督高其倬將清理藍興庄情形，具摺奏聞。其原摺有一段敘述如下：

> 彰化一縣，新經設立，田土錢糧，俱為有限。其所管有藍張興一庄，其地向係番人納餉二百四十兩。原任總兵張國，原認墾其地，代番納餉，招墾取租。數年之前，提督藍廷珍轉典其庄，現聚墾種田土者已二千餘人，地方文武官因生番到其處殺人，以為開田惹番，意欲驅逐墾戶、以地還番。臣細思詳問，以為此處若不令開墾，當禁之於始，今已有二千餘人，又有墾出之地，一經驅逐，則此二千有餘失業之人，俱在海外，置之何所？但若聽業主私據，佃戶混佔，不於起初清理，又必似諸、鳳二邑之流弊。臣意欲

> 將此田總行清查，所有田畝，令各墾戶報出認賦，即為永業。各墾戶當初開未定之時，又聞驅逐，自無不聽從，俟報明查清，不必照諸、鳳二縣之例，以一甲之田定粟八石，止照內地，照其畝數，以定疆數，量寬其力，以下則起科，大約可得一千、二千兩額賦，或再稍多，亦未可定，竟將原納二百四十兩之番餉，題請開除，藍、張二家總不許霸佔，並趁量田之時，兼查人戶，編清保甲，更立四界，令官嚴查，不許墾戶侵耕出外，似屬一勞永逸，久長可行[2]。

雍正皇帝覽奏後以硃筆批諭說：「是！此事何不密知會藍、張二家，令其檢舉，不尤妙乎？」張鎮庄中經燬棄，後由藍廷珍復興招墾，改稱藍興庄。因藍、張二家都是業主，所以又稱藍張興庄。至雍正初年，墾戶佃丁雖然多達二千餘人，但藍張興庄是由武職私墾的耕地，欺隱錢糧。浙閩總督高其倬題請開除番餉，並以下則起科後，藍張興庄始正式成為漢族移民合法化的耕地。

臺灣官庄名目，是開臺之初，文武各官，私墾田園，收取租息，以為自用。雍正三年（1725），經閩浙總督覺羅滿保題請歸公，即以私收之租定為常額，與民間地畝不同，所以徵收租銀，並無科則。現存乾隆朝《宮中檔》內含有福建巡撫鐘音奏摺，原摺對藍張興庄的耕地面積、租粟石數及其變化等項奏報頗詳，節錄一段如下：

> 查臺灣府屬彰化縣原報藍興莊充公田園一案，係原任水師提督藍廷珍將鹿場荒埔召佃開墾，成田四百九十一甲，每甲計田十一畝，收租六石，每年共收佃民租粟二千九百四十六石，名曰藍興莊，於雍正五年藍廷珍將此項田園奏報

---

2 《宮中檔雍正朝奏摺》，第六輯，頁 832。

充公，即照佃租原額歸入官莊徵收。此時原未陞科，祇取佃租，並無供賦者也。嗣於雍正七年查辦隱匿地畝，勸民首報案內藍興莊永佃之民，因供賦輕而租粟重，希圖避重就輕將已經入官之田四百九十一甲重報陞科。又因原田寬闊，續經履畝丈量，溢出下則田園四百九十三甲零，統歸自首案內造報，照例輸賦，該處佃戶始以歸入民莊既完正供，咸思邀免租粟，繼欲將丈溢田園應輸正供，均以原額租果抵納。前撫臣盧焯、王恕等節次咨題，均蒙部駁，以官莊地畝租粟應於正供外加徵，其丈溢地畝供粟，亦應另行輸納等因，當即遵照部駁將丈溢田園四百九十三甲零按年另輸供賦在案。其原報充公田四百九十一甲，額徵租粟二千九百四十六石，扣出九百八十三石零以完陞科供耗，存剩餘租一千九百六十二石六斗七升零照舊撥充公用[3]。

雍正三年（1725），閩浙總督覺羅滿保已將藍興庄題請歸公。雍正五年（1727），水師提督藍廷珍正式將藍興庄田園四百九十一甲奏報充公，即照佃租原額歸入官庄徵收，祇取佃租，並無供賦。雍正七年（1729），因查辦隱匿地畝，重新履畝丈量，竟溢出下則田園計四百九十三甲，可以說明欺隱地畝的嚴重情形。

藍興庄雖然充公，但漢族越界私墾的問題，卻更加嚴重。乾隆十四年（1749）九月，閩浙總督喀爾吉善等具摺時已指出，自藍興庄而外，藍廷珍子姪人等均在近庄地方置產報墾。其孫藍曰仁倚藉昔年聲勢，不安本分，仍在彰化縣地方呼朋引類，自稱田主，任意侵佔內山番界，給人耕種，每年抽取租銀，稱為犁頭。署臺灣道書成具稟時亦稱，藍廷珍之孫藍曰仁原在彰化大姑婆界

3 《宮中檔乾隆朝奏摺》，第十四輯，（民國 72 年 6 月），頁 20。乾隆二十一年三月二十日，福建巡撫鐘音奏摺。

內報墾有業，後因希圖射利，貪取犁頭，遂將毗連番界內荒地擅自批撥當地棍徒耕種，廳縣衙投通同一氣，彼此分肥。

早期閩粵移民，多侵入山後佔墾田土。其中羅漢門的墾拓經過，頗值得重視。羅漢門分為內門和外門，位居臺灣南北兩路之中，內門離臺灣府城七十餘里，外門又離內門二十餘里，僻內山原住民地界，外門以東過下淡水溪即為內山生界原住民地界，內山番社林立，每於秋深後涉溪至沿邊一帶，焚燒寮房。現藏《軍機處檔・月摺包》含有閩浙總督喀爾吉善等人的奏摺錄副，詳載訪查漢人侵佔內山情形。據喀爾吉善奏稱，「外門東北，地名東方木燒糞寮界外荒埔，皆可墾作田園，無業游民，時時覬覦，前往私墾，屢經嚴拏禁止，實緣該地與生番僅隔一溪，內地民人在彼立庄開墾，生番以逼近彼社，慮加擾害，即時出焚殺。」[4]為避免番漢衝突，福建督撫飭令臺灣地方官嚴禁私墾。在生界原住民的荒埔鹿場內，即使有地可耕，有泉可引，也不許漢人越界墾種：同時規定靠近內山生界的荒埔，雖在定界之內，亦禁止漢人居住耕種。但因閩粵移民，與日俱增，界內禁墾荒埔，多被漢人搭寮居住，漸次墾闢。

閩粵內地移民在臺墾荒，與內山原住民，原以土牛為界，其逼近內山生界原住民各隘口，則設有隘寮，由地方官派撥熟番常川看守。彰化內凹庄柳樹湳一帶的西邊有北投、南投等社，屬於界內熟番。柳樹湳東邊是水沙連，共二十八社，其中二十四社每年僅納鹿餉，不與界內熟番一體當差，是屬於界外熟番，其餘四社屬於內山生界原住民。由於漢人爭相佔墾荒埔，常引起原住民的焚殺。雍正四年（1726），漢人戴澤等將水沙連所開墾的耕地，

4 《軍機處檔・月摺包》，第 2740 箱，33 包，4749 號，乾隆十四年八月十八日，閩浙總督喀爾吉善奏摺錄副。

轉賣給武舉李潮龍管業。其後因通事陳蒲亦赴彰化縣衙門請墾，互相爭控，經知縣勘斷分管。但是，由於水沙連前後荒埔遼闊，日開日廣，綿長三十餘里，橫亘十餘里。現藏《軍機處檔・月摺包》含有臺灣鎮總兵官李有用奏摺錄副。原奏指出水沙連地方，墾熟田園一千五百七十餘里，大小村落二十四庄，男女戶口二千餘人[5]。由於番漢雜處，常生事端。據把總王友具稟時指出，因內凹庄民賴相、賴蔭、白惜等平日佔墾水沙連草地起釁，致被原住民殺害全家二十二名。福州將軍新柱奉命暫署福建巡撫印務，新柱具摺時指出起釁根由是因內凹庄民簡耕等向熟番租地墾種，並未納租，以致原住民不甘，率眾戕殺[6]。

水沙連地區的開發，直到清代後期，仍未停止。道光六年（1826）、道光二十一年（1841），福建地方大吏兩次議開水沙連荒地，但因與原住民爭利，恐後患難防而奏請禁止。道光二十六年（1846），水沙連田頭、水裡、貓蘭、審鹿、埔裡、眉裡等六社原住民，因不諳耕種，謀食維艱，稟請獻地，歸官開墾。臺灣鎮總兵官武攀鳳、臺灣道熊一本等親歷六社勘查，都認為並無他虞。道光二十七年（1847）四月，閩浙總督劉韻珂渡臺視察。同年五月十三日，督同署鹿港同知史密等在彰化縣境內南投換坐竹輿，由集集埔入山，五月二十日至內木柵，出山後由北投一帶回抵彰化縣城，前後八日之間，親歷六社履勘。現藏《月摺檔》含有閩浙總督劉韻珂履勘水沙連奏摺。水沙連內山，南北綿亘，界分三港，南港原住民性情柔馴；中港原住民貧弱，田頭等六社即在其

---

5 《軍機處檔・月摺包》，第 2740 箱，48 包，6683 號，乾隆十六年四月二十四日，福建臺灣鎮總兵官李有用奏摺錄副。

6 《宮中檔乾隆朝奏摺》，第二輯，（民國 71 年 6 月），頁 341，乾隆十七年三月初二日，新柱奏摺。

內；北港生界原住民較為蕃庶，各自為社，彼此有無不相通。劉韻珂原奏對內山六社描繪頗詳，節錄一段如下：

> 查水沙連內山，係屬總名，而田頭、水裡、貓蘭、審鹿、埔裡、眉裡六社附於中，在彰化之東南隅。南以集集鋪為入山之始，南投係其門攔；北以內木柵為番界之終，北投係其鎖鑰。自集集鋪東行十里為風啌口，又五里為水裏坑，由水裏坑南行三里折西登雞胸嶺，過嶺五里為竿蓁林，又五里為竹林子，又五里為田頭社，越社南之鑾丹嶺東行五里為水裏社，由水裏社東北行五里為貓蘭社，又五里為審鹿社，又二十里為埔裏社，社名茄冬里，里北十餘里為眉裏社。由埔裏社西行十里為鐵砧山，山南有溪水一道，過溪後仍西行二十里為松柏崙，十五里為內國姓，五里為龜紫頭，十里為外國姓，五里為太平林，五里為蹼屯園，由蹼屯園南行五里為內木柵，又二里為北投。以上自集集鋪起至內木柵止，計程一百五十五里，均係約略計算，並未施弓步，較外間驛路，不啻倍之。內田頭社約可墾地七、八百甲，生番大小男婦二百八十八丁口，番寮八、九十間；水裏社約可墾地三、四百甲，生番大小男婦四百三十四丁口，番寮八、九十間；貓蘭社約可墾地七、八百甲，生番大小男婦九十五丁口，番寮三十餘間；審鹿社約可墾地四千餘甲，生番大小男婦五十二丁口，均已遷附水裏社居住；埔里社約可墾地四千餘甲，其社南之一千餘甲，先經熟番私墾，間有生番自墾之地，地係畸零小塊，不成片斷，且俱將稻穀撒於地內，聽其生長，並非插種之法，秧苗皆稀散細弱，難期秀實，現住生番大小男婦二十七丁口，熟番約共二千人；眉裏社約可墾地二千餘甲，現住生番大小男

婦一百二十四丁口。統計六社約可墾地一萬二、三千甲，各社地約有溪流可資灌溉[7]。

由引文內容，可以知道水沙連的位置，田頭等六社的分佈及各社的可耕地。原奏也提及水裡社的日月潭，「南北縱八、九里，橫半之水色，紅綠平分，四圍層巒疊翠，潭心孤峙一峰，名珠子山，高里許，頂平如砥，可容屋十數椽，番倉數十間，依山繞架，潭東溪源，四時不竭。」日月潭山水清奇，是水裡各社的名勝，早就受到福建督撫的重視。劉韻珂還親履八仙嶺一路，原奏指出八仙嶺可以開闢，北有溪水一道，可以疏通。埔裡、眉裡二社之東有觀音山一座，列岫環拱，山下都是曠土，與社西鐵砧山，遙相映對，萬霧溪繞其北，史老溪圍其南，其西來之水均灌注史老溪，直達鐵砧山下，與萬霧溪合流而西，經彰化大肚溪，匯入於海。劉韻珂具摺時指出，「番地膏腴，實為僅見，六社可墾之地，雖多至一萬二、三千甲，而平坦者十居八九，絕少石磧沙壓之處，翻犁即成沃壤，開墾匪難，科丈亦易。即創建工程材木，固取之不盡，灰石亦用之不竭，經費充盈，興修自可迅速。」劉韻珂原奏，頗為詳盡，對研究臺灣耕地開發史，提供了相當豐富的原始資料。

雍正元年（1723），增設彰化縣時，並設淡水同知。雍正九年（1731），劃大甲溪以北刑名錢穀諸務歸淡水同知，改治竹塹。自大甲溪起至三貂嶺下遠望坑止，計地三百四十五里。嘉慶十五年（1810），復以遠望坑迤北而東至蘇澳止，計地一百三十里，設噶瑪蘭通判。道光六年（1826），閩浙總督孫爾準於覆奏開闢未盡事宜案內聲明噶瑪蘭東西勢地方共存荒埔一千三百四十三甲，除被

---

7 《月摺檔》，道光二十七年八月十六日，閩浙總督劉韻珂奏摺抄件。

水沖坍三百五十一甲外，尚存東勢頂二鎮鹿埔旱地八百一十六甲，西勢辛仔罕積澇地一百七十六甲，合計東西勢埔地共九百九十二甲，飭令噶瑪蘭廳每年勘報一次，但旋墾旋荒。道光二十三年（1843），署噶瑪蘭廳通判朱材哲到任後，親赴各處相度地勢，倡捐廉俸，勸募業戶，分別濬築試墾，並與各墾戶議定俟墾透兩年後再行陞科入額。道光二十四年（1844）七月間，設立總局，飭委署頭圍縣丞周晉昭駐局督辦，遴舉紳士楊德昭、潘延勳、蔡長青、林華簪、林國翰、總董鄭山等隨同經理，並派吏書朱遠生、朱維翰等繕辦文案冊籍，同時會同委員淡水同知曹謹按畝履勘，次第丈量。自二十四年七月設局起自二十六年八月止，一律丈勘完竣。現藏《月摺檔》含有閩浙總督裕泰奏摺，原奏詳報實墾耕地面積，節錄一段如下：

> 原報東西勢頂二鎮、辛仔罕等庄下則田九百二十二甲三分六厘七毫三絲五忽；園七十二甲三分六厘二毫九絲二忽。又續報新福庄乎處上則田八十五甲七分零九毫一絲六忽；上則園九甲三分七厘一毫四絲一忽；下則田六百七十四甲七分七厘五毫零七忽；下則田〔園〕五十七甲三分四厘九毫八絲九忽。又募佃承墾圳頭等庄上則田一十四甲四分三厘八毫零四忽；上則田〔園〕七甲五分零五毫九絲五忽。抵百葉等庄下則田一百三十四甲五分九厘零五絲；下則田〔園〕一十三甲五分六厘二毫二絲六忽，總共墾透原報續報募墾上則田園一百一十七甲零二厘四毫五絲六忽；下則田園一千八百七十五甲零七毫九絲九忽。上則田園應照嘉慶十五年升科成案，每田一甲徵租六石內應畫徵供谷一石七斗五升八合四勺七抄二撮，耗谷一斗七升五合八勺四抄七撮，餘租四石零六升五合六勺八抄一撮。每園一甲徵租

四石內應晝徵供谷一石七斗一升六合六勺一抄一撮，耗谷一斗七升一合六勺六抄一撮，餘租二石一斗一升一合七勺二抄八撮，供耗各谷均徵本色，餘租每石折徵香〔番〕銀一圓，下則田園請照道光六年覆奏章程祇徵供耗，免納餘租，以上墾透上下則田園共一千九百九十二甲零三厘二毫五絲五忽，年共應徵供耗谷三千八百四十五石八斗五升一合八勺七抄一撮，餘租谷四百四十二石八斗零六合九勺六抄二撮[8]。

由引文內容可知地方大吏奏報臺灣耕地的開墾，不僅開列耕地面積，同時亦奏報應納錢糧，包括供耗及餘租，供賦即指田地的正項錢糧，耗即指正項以外的附加稅。除徵收米穀，實物本色外，還要繳納番銀折色。番銀一圓，折算紋銀七錢。截至道光二十六年（1846）下忙止，共存洋銀二萬零七十三圓，以一四合銀，共應易銀一萬四千三百三十八兩四錢，存貯廳庫。

丁日昌在福建巡撫任內指出臺灣北路三貂嶺，土人叫做摩天嶺，懸崖陡壁，禽鳥聲絕，輿馬所不能通，皆攀藤援葛而上，逾嶺而南，稱為後山，行三日抵蘇澳[9]。臺灣南北兩路雖然逐漸開通，但深谷荒埔迄未開拓，沈葆楨等亦曾奏請開放禁令，招徠墾戶，以開發後山。現存《月摺檔》含有沈葆楨等奏請開發後山的奏摺抄件。沈葆禎等於〈為臺地後山急須耕墾請開舊禁以杜訛索而廣招徠〉一摺略稱，「全臺後山，除番社外，無非曠土。邇者南北各路雖漸開通，而深谷荒埔，人蹤罕到，有耕之地，而無入耕之民，草木叢雜，瘴霧下垂，兇番得以潛伏狙殺縱鬥，蹊徑終為畏途，久而不用，茅將塞之，日來招集墾戶，應者寥乏。蓋臺灣地廣人

8 《月摺檔》，咸豐元年七月十八日，閩浙總督裕泰奏摺。
9 《月摺檔》，光緒二年十二月二十二日，福建巡撫丁日昌奏摺抄件。

稀，山前一帶，雖經蕃息，百有餘年，戶口尚未充牣，內地人民向來不准偷渡，近雖文法稍弛，而開禁未有明文，地方官思設法招徠，每恐與例不合。今欲開山，不先招墾，則路雖通而仍塞；欲招墾，不先開禁，則民裹足而不前[10]。」因此，沈葆楨等認為「際此開山伊始，招墾方興，臣等揆度時勢，合無仰懇天恩，將一切舊禁，盡與開豁，以廣招徠，俾無瞻顧。」清季推行新政，整頓防務，開發後山，就是國家移民實邊的重要措施，沈葆楨等奏請開豁舊禁而廣招徠的建議，頗具時代意義。

除《月摺檔》外，清朝國史館檔案中也含有沈葆楨等人的傳稿，包括初輯本、覆輯本、進呈本等稿本。其初輯本記載同治十三年（1874）《中日琉球交涉臺灣善後事宜》，內含臺灣開山撫番等項措施，原稿記載，「夫務開山而不先撫番，則開山無從下手，欲撫番而不先開山，則撫番仍屬空談。今欲開山則曰屯兵衛，曰刊林木，曰焚草萊，曰通水道，曰定壤則，曰招墾戶，曰給牛種，曰立村塾，曰設隘碉，曰致工商，曰設官吏，曰建城郊，曰設郵驛，曰置廨署，此數者，孰非開山之後必須遞辦者[11]。」開山撫番，開發臺灣，就是建設臺灣，推行近代化的重要措施。由於先民的積極拓殖，篳路藍縷以啓山林，使耕地面積迅速增加。據統計康熙二十三年（1684），臺灣已開墾的耕地為一萬八千甲，至光緒二十年（1894），臺灣耕地面積激增為七十五萬甲[12]。國立故宮博物院現藏《宮中檔》硃批奏摺、《軍機處檔．月摺包》奏摺錄副、《月摺檔》奏摺抄件及國史館傳稿等對臺灣耕地開發過程，提供了頗多珍貴的原始資料。

---

10 《月摺檔》，光緒元年正月初十日，辦理臺灣等處海防兼理各國事務沈葆楨等奏摺抄件。

11 國史館《傳包．沈葆楨傳稿》（臺北，國立故宮博物院），第 1092 號。

12 戴國輝著《臺灣史研究》（臺北，遠流出版公司，民國 74 年 4 月），頁 35。

浙閩總督臣高其倬謹
奏為
奏
聞事臣查臺灣田土向當臺灣初定之始止臺
灣一縣之地原有人戶錢糧故田土尚為
清楚其諸羅鳳山二縣皆係未墾之土招
人認墾而領兵之官自原任提督施琅以
下皆有認佔而地方文武亦佔做官庄再
其下豪強之戶亦皆任意報佔又俱招佃
墾種取租迨後佃戶又招佃戶輾轉頂授
層層欺隱按其賦稅每田一甲不過內地
之十餘畝而納八石有餘之粟似種一畝
之田而納十畝之粟額若田少賦重然佃
戶之下皆多欺隱佃戶下之佃戶又有偷
開至業主不能知佃戶之田數人數佃戶
又不能究其下小佃戶之田數人數實則
種百畝之地不過報數畝之田究竟種少
田多是以家家有欺隱之產人人皆偷開
之戶若欲清查海外叢雜恐其滋變相沿
愈久清理愈難因田產經界不清而人名
戶亦混編立保甲止是大槩欲驟更變未
敢輕言臣現詳訪熟思俟得一妥協可行
無虞之法始敢具
奏請
旨遵行外至彰化一縣所經設立田土錢糧俱
為有限其所管有藍張興一庄其地向係
番人納餉二百四十兩原任總兵張國原
認墾其地代番納餉招墾取租數年之前
提督藍廷珍轉典其庄現聚墾種田土者
已二千餘人地方文武官因生番到其處
殺人以為開田惹番意欲驅逐墾戶以地
還番臣細思詳問以為此處若不令開墾
當禁之於始今已有二千餘人又有墾出
之地一經驅逐則此二千有餘失業之人
俱在海外置之何所但若聽業主私招佃
戶混佔不於起初清理又必似諸鳳二邑
之流弊臣意欲將此田總行清查所有田
畝令各墾戶報出總賦即為永業各墾戶
當初開未定之時又聞驅逐自無不聽從
俟報明查清不必照諸鳳二縣之例以一
甲之田定粟八石止照內地照其畝數以
定糧數量寬其力以下則起科大約可得
一千二千兩餉賦或再稍多亦未可定竟
特原納二百四十兩之番餉
題請開除藍張二家總不許霸佔并趁量田
之時無查人戶編清保甲更立四界令官
嚴查不許墾戶侵耕出外似屬一勞永逸
久長可行但臣隔重洋恐臺灣情形所知
不透已行令臺廈道吳昌祚臺灣府知府
孫魯同彰化縣知縣張縞詳議如係可行
即一面詳復一面辦理所有情節臣謹具
摺
奏
聞
此事何不密和會藍張二家今多招擾
不尤為多事
雍正肆年拾壹月初捌日

圖一：浙閩總督高其倬奏摺　雍正四年十一月初八日　臺北　國立故宮博物院典藏

福建巡撫臣鐘音謹
奏為欽奉
上諭事竊查臺灣府屬彰化縣原報藍興莊充公田
園一案係原任水師提督藍廷珍將鹿場荒埔
召佃開墾成田四百九十一甲每甲計田十一
畝收租六石每年共收佃民租粟二千九百四
十六石名曰藍興莊於雍正五年藍廷珍將此
項田園
奏報充公即照佃租原額歸入官莊徵收比時原
未陞科既取佃租並無供賦者也嗣於雍正七
年臺灣縣通地畝勸民首報案內藍興莊承佃
之民因供賦輕而租粟重希圖避重就輕將已
經入官之田四百九十一甲重報陞科又因原
田寬濶續經履畝丈量溢出下則田園四百九
十三甲零統歸自首案內造報照例輸賦該處
佃戶始以歸入民莊既完正供咸思邀免租粟
體缺將丈溢田園應輸正供均以原額租粟抵
納前撫臣盧焯王恕等節次咨
題均蒙部駁以官莊地畝租粟應於正供外加徵
其丈溢地畝供粟亦應另行輸納等因當即遵
照部駁將丈溢田園四百九十三甲零按年另
輸供賦在業其原報充公田四百九十一甲額
徵租粟二千九百四十六石扣出九百八十三
石零以完陞科供耗存剩餘租一千九百六十
二石六斗七升零照舊撥充公用又經前撫臣
陳大受潘思榘先後具
題復奉部駁以充公之田例於供賦之外仍收租
粟行令按則徵收供賦外仍照原額徵收租粟
報部等因但查乾隆四年以前滿徵租粟雖經
免其徵收抵還原佃工本而乾隆五年以至十
年租粟實緣歲月已久各佃逃亡輾轉頂租均
非原人承種無可著追復經前撫臣陳弘謀
題准部覆將十年之前者准其豁免所有十年以
後者分年帶徵其原報租粟之外應徵供賦之
處令再詳悉妥議等因乃臺地正署道吏屢催
未經議覆以致歷案莫結臣將遲延各官節次
查參議處嚴據布政使德舒臺得民莊取租每
甲止於六石其應完供賦係業戶自納與佃民
無涉今田畝歸公於額租外又向佃戶追徵供
耗則加額外之徵較民租為更重實有難支之
勢惟有仍照原議於應徵租粟內扣完供耗將
餘租歸入官莊實為妥便再查乾隆十年起應
徵餘租自十五年帶徵以後按年完納並無拖
欠等情前來臣查藍興莊墾熟田畝未充公以
前原止每甲取租六石如使提督藍廷珍自報
陞科則應輸課賦例當取租之業主完納本與
耕種之佃民無涉今此項田畝既將額取之租
歸入官莊充公則官莊即係此業之主並無別
米之稅又令佃戶於交租之外再完供賦是較
未充公以前租粟有加不免苦累是以佃戶難
支屢經更易雖將乾隆十年以前租粟屢邀豁
免迄今三十載輾轉咨題尚無一定之租未能
結案臣復細查臺地官莊名色係開臺之始文
武各官私墾田園收取租息自用至雍正三年
前督臣覺羅滿保
題請歸公即以私收之租定為常額與民間地畝
不同故徵收租銀並無科則亦與正供常賦迥
別乾隆十二年部臣議覆臺屬官莊租息不必
另議增減最為明晰是以官莊叚冊歷有未陞
科地畝蓋恐佃戶避重就輕亦因正賦無從加
納故也今藍興莊地畝現照藍廷珍私收租額
每甲六石每年徵租二千九百四十六石並無
短少自不使再徵額賦應於租粟內扣出九百
八十三石三斗二升零聽佃戶自赴倉庫以完
本色供耗其餘租一千九百六十二石六斗七
奏銷冊內將補徵乾隆十年以後租銀一并造報
撥用且每田一甲除完供賦外約有四石之租
與官莊成例供賦之外仍收官租本屬相符而
佃戶照依舊額輸納可以永久承耕不致畏累
踰欠遠年歷案亦可完結矣謹會同督臣喀爾
吉善合詞具
奏伏祈
皇上睿鑒勅部議覆施行謹
奏
該部議奏
乾隆二十一年三月　二十　日

圖二：福建巡撫鐘音奏摺　乾隆二十一年三月二十日　臺北　國立故宮博物院典藏

奏為台地後山急須耕墾請開舊禁以杜訛索而廣招徠恭摺
理台灣等處海防兼理各國事務臣沈葆楨臣李鶴年臣王凱泰跪
馳陳仰祈
聖鑒事竊臣等於十二月初一日業將南北路開通及擬將琅嶠
撫後等處布置各情形
奏明在案因思全台後山除番社外無非曠土邇者南北各路
雖漸開通而深谷荒埔人蹤罕到有耕之地而無入耕之民
草木叢雜瘴霧下垂兇番得以潛伏狙殺縱闢蹊徑終為
畏途久而不用茅將塞之日來招集墾戶應者寥寥之蓋台灣
地廣人稀山前一帶雖經蕃息百有餘年戶口尚未充物內
地人民向來不准偷渡近雖文法稍弛而開禁未有明文地
方官思設法招徠每恐與例不合今欲開山不先招墾則路
雖通而仍塞欲招墾不先開禁則民裹足而不前臣等查舊
例稱台灣不准內地民人偷渡拏獲偷渡船隻將船戶等分
別治罪文武官議處兵役治罪又稱如有充作客頭在沿海
地方引誘偷渡之人為首者充軍為從者杖一百徒三年互
保之船戶及歇寓知情容隱者杖一百枷一個月偷渡之人杖
八十遞回原籍文武失察者分別議處又內地商人置貨過
台由原籍給照如不及回籍則由廈防廳查明取保給照該
廳濫給降三級調用又沿海村鎮有引誘客民過台數至三
十人以上者壯者新疆為奴老者煙瘴充軍又內地民人往台
者地方官給照盤驗出口濫給者分別次數罰俸降調又無
照民人過台失察之口岸官照人數分別降調隱匿者革職
以上六条皆嚴禁內地民人渡台之舊例也又稱凡民人私
入番境杖一百如在近番處所抽藤釣鹿伐木採者仗一百徒
三年又台灣南勢北勢一帶山口勒石分為番界如有偷越運
貨者失察之專管官降調該管上司罰俸一年又台地民人
不得與番民結親違者離異治罪地方官參處從前已娶
者毋許往來番社違者治罪以上三条皆嚴禁台民私入
番界之舊例也際此開山伊始招墾方興臣等揆度時勢合無
仰懇
天恩將一切舊禁盡與開豁以廣招徠俾無瞻顧嗣又據台灣道
夏獻綸詳稱舊例台灣鼓鑄鍋皿農具之人向須地方官舉
充由藩司給照通台祇二十七家名曰鑄戶其鐵由內地漳州
采買私開販者治罪邇來海口通商鐵觔載在進口稅則者
在內地之出今自西洋而來情形迥異而不肖兵役人等往
往向民間藉端訛索該鑄戶亦恃官舉任意把持民甚苦之
又台產竹竿向因洋面不靖恐大竹造筏有關濟匪禁出口
以致民間竹竿經過口岸均需稽查不知海船蒲布皆可為
帆無需用竹立之厲禁徒為兵役留一索詐之端民間多受

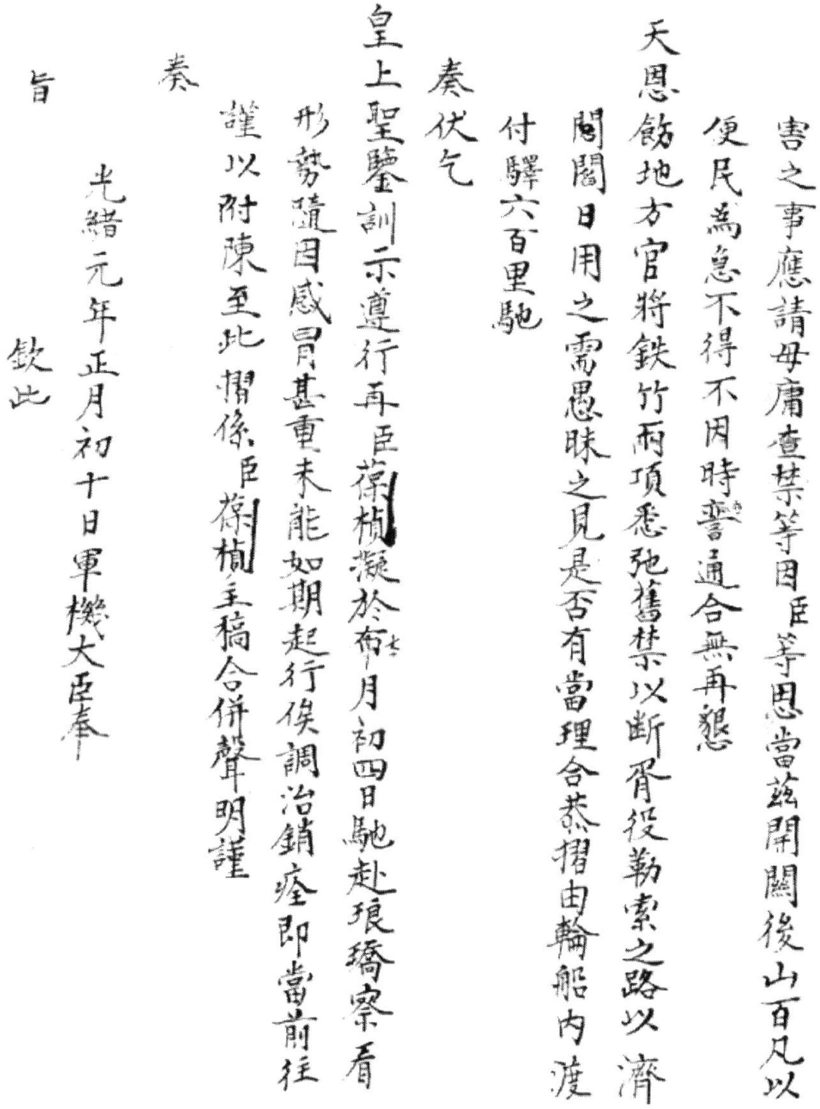
害之事應請毋庸查禁等因臣等思當茲開關後山百凡以
便民為急不得不因時變通合無再懇
天恩飭地方官將鉄竹兩項悉弛舊禁以斷胥役勒索之路以濟
閭閻日用之需愚昧之見是否有當理合恭摺由輪船內渡
付驛六百里馳
奏伏乞
皇上聖鑒訓示遵行再臣葆楨擬於本月初四日馳赴琅嶠察看
形勢嗣因感冒甚重未能如期起行俟調治銷痊即當前往
謹以附陳至此摺係臣葆楨主稿合併聲明謹
奏
光緒元年正月初十日軍機大臣奉
旨
欽此

圖三：《月摺檔》閩浙總督李鶴年等奏摺抄件　光緒元年正月初十日

臺北　國立故宮博物院典藏

竹輿由集集鋪入山於二十日至內木柵出山由北投一帶回抵彰化縣城計八日之間將該處一切情形親加履勘悉心體察謹為我
皇上縷晰陳之查水沙連內山係屬總名而田頭水裏貓蘭審鹿埔裏眉裏六社棋於中左彰化之東南隅南以集集鋪為入山之始南投係其門攔北以內木柵為番界之終北投係其鎖鑰自集集鋪東行十里為風谾口又五里為水裏坑由水裏坑南行三里折西登鷄胸嶺過嶺五里為竿蓁林又五里為竹林子又五里為田頭社越社南之棗丹嶺東行五里為水裏社由水裏社東北行五里為貓蘭社又五里為審鹿社又二十里為埔裏社社名茄冬里北十餘里為眉裏社由埔裏社西行十里為鐵砧山山南有溪水一道過溪後仍西行二十里為松柏崙十五里為內國姓五里為龜紫頭十里為外國姓五里為太平林五里為蠓屯園由蠓屯園南行五里為內木柵又二里為北投以上自集集鋪起至內木柵止計程一百五十五里均係約畧計算並未施弓步較外間驛路不啻倍之內田頭社約可墾地七八百甲生番大小男婦二百八十八丁口番寮八九十間水裏社約可墾地三四百甲生番大小男婦四百三十四丁口番寮八九十間貓蘭社約可墾地七八百甲生番大小男婦九十五丁口番寮三十餘間審鹿社約可墾地四千餘甲生番大小男婦五十二丁口均已遷附水裏社居住埔裏社約可墾地四千餘甲其社南之一千餘甲先經熟番私墾間有生番自墾之地均係畸零小塊不成片段且俱將稻穀撒於地內聽其生長並非插種之法秧苗皆稀散細弱難期秀實現住生番大小男婦二十七丁口熟番約共二千人眉裡社約可墾地二千餘甲現住生番大小男婦一百二十四丁口統計六社約可墾地一萬二三千甲各社地約有溪流可資灌溉且日晡露瀼浸人衣袂入夜更重近山之地亦無虞旱乾其間懸崖仄磴者為風谾口古木達陰者為竿蓁林幽篁夾道者為竹林子壁立千仞俯瞰群峯者為鷄胸嶺為松柏崙至水裡社之日月潭南北縱八九里橫半之水色紅綠平分四圍層巒疊翠潭心孤峙一峯名珠子山高里許頂平如砥可容屋十數椽番倉數十間依山繞架潭東溪源四時不竭水边澳艘零星隱約於竹樹間是其山水之清奇實為各社之名勝而平原曠野局勢天

閒壤地毗連周遠約六七十里一望無盡者則埔裡眉裡二社尤為各社之冠自躬親閱歷雖平險殊途山澤異地然均有道路可通並無阻塞之處惟南路之雞胸嶺北路之松柏崙山勢高聳引重維艱而南有八仙嶺一路可以開闢北有溪水一道可以疏通亦無虞間隔若夫埔裡眉裡二社之東有觀音山一座列岫拱環山下悉屬曠土與社西之鉄砧山遙相映對萬霧溪繞其北史老溪圍其南其西來之水均灌注史老溪直達鉄砧山下與萬霧溪合流而西歷彰化之大肚溪滙入於海其合流處所灘石崚

圖四：《月摺檔》閩浙總督劉韻珂奏摺抄件（局部）　道光二十七年八月十六日　臺北　國立故宮博物院典藏

仄磴者為風硿口古木連陰者為竿蓁林幽篁
夾道者為竹林于壁立千仞俯瞰羣峯者為鷄
胸嶺為松柏崙至水裏社之日月潭南北縱八
九里橫半之水色紅綠平分四圍層巒疊翠潭
心孤峙一峯名珠子山高里許頂平如砥可容
屋十數椽番倉數十間依山繞架潭東溪源四
時不竭水邊漁筏零星隱約於竹樹間是其山
水之清奇實為各社之名勝而平原曠野局勢
天開壤地毘連周圍約六七十里一望無盡者
則埔裏眉裏二社尤為各社之冠臣躬親閱歷
雖平險殊途山澤異地然均有道路可通並無
阻塞之處惟南路之鷄胸嶺北路之松柏崙山

圖五：《宮中檔》閩浙總督劉韻珂奏摺（局部）　道光二十七年八月十六日　臺北　國立故宮博物院典藏

邊疆治理

—國立故宮博物院典藏滿蒙藏回文資料之整理及研究

一、前　言

現今收藏於國立故宮博物院中之清代檔案，合計凡四十餘萬件，據其南遷以前之保管地點，大體可大別為《宮中檔》、《軍機處檔》、《內閣部院檔》、《史館檔》四類。《宮中檔》主要為清初康熙年間以來之硃批奏摺，於漢文奏摺外，亦含滿文奏摺及滿漢合璧奏摺。《軍機處檔》以月摺包與檔冊之數居多，而月摺包中所含文書種類及附屬文書之數亦甚夥，於漢文檔案外，又含藏文、廓爾喀文（尼泊爾文：天城體字）、回文（阿拉伯字）、蘇祿文（阿拉伯字）、滿文等資料，悉為考察清朝對外關係及邊疆政策上之重要資料。本文之附錄亦影印數件以供參考。尼泊爾文書上可看出有「Laffer」、「21August1816」等字樣。

《軍機處檔•月摺包》中，含有八旗世管佐領（jalan halame bošoro niru）之家譜（booi durugan）。例如光緒二十七年（1901）十一月初六日，管理鑲紅旗滿洲都統事務和碩肅親王奏摺中，即附家譜一件，其世系表有說明文字，可資滿漢對照。表中首先說明佐領淵源。以下乃其滿文：

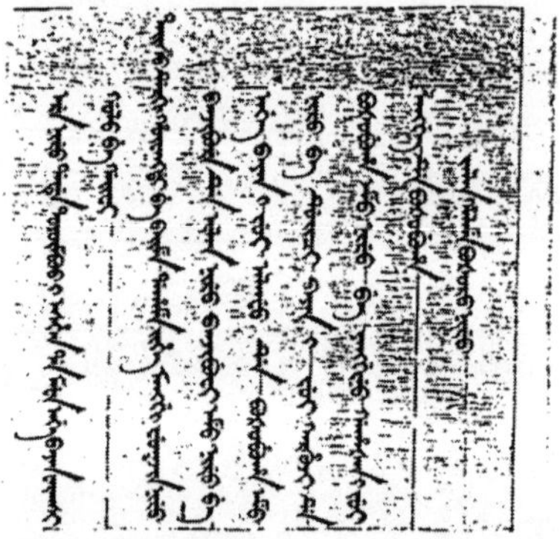

漢文之說明如下：

「此佐領原係托雲保之叔，始祖阿格巴彥帶領瓦爾喀什部落人等於太祖高皇帝時來歸，始行編給三分佐領：一佐領阿格巴彥之子阿蘭福承襲；一佐領堆齊巴彥之子喀爾胡濟承襲；一佐領揚吉努噶哈善之子郎格承襲，世管佐領。」

世系表中，於數位繼承者之繼承次數、年限、年齡、出身、現職、健康狀態等皆有加注。如德勝為養育兵，恒奎為馬甲，景裕為護軍，松連為雲騎尉。德馨乃閒散，四十四歲。榮濤乃領催。延祐為養育兵，有腿疾。托錦為閒散，七歲，年幼故，依例不驗看。──如是等狀況。下表為托雲保家譜之世系表部分。

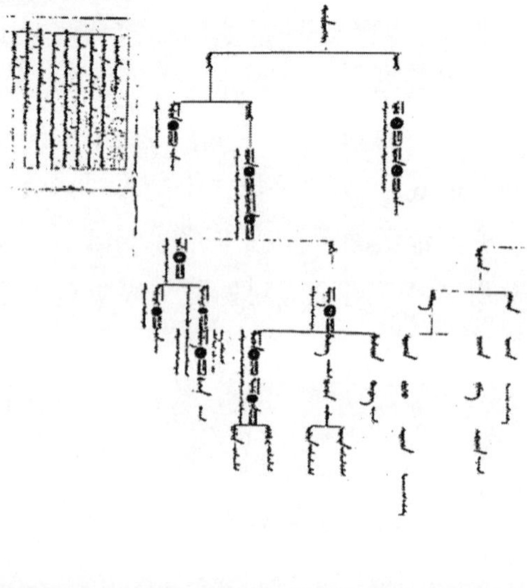

軍機處之各種檔冊亦常含有滿、蒙、藏文之文書。如《交事檔》中之事由便多以滿文書寫。《譯漢上諭檔》中亦時或可見其抄錄滿文諭旨，時而所載兼用滿、漢文。《明發上諭檔》中所見文字，漢文以外亦有滿、蒙、藏文之文書。如光緒三年（1877）正月初四日之

《明發上諭檔》中所抄錄之上諭，即有滿、蒙、藏三種文字各自之繙譯。

《內閣部院檔》中，滿文資料較多，如《舊滿洲檔》（今出版改題《滿文原檔》），詔書，六部各科之《史書》等。此等滿文資料，皆極貴重之文書。關於實錄、起居注冊，於漢文本外，亦有滿文本，雍正朝實錄亦含蒙文實錄。又《史館檔》中之本紀、列傳亦含滿文本。清史館中《國語志稿》計有一百冊，乃未刊之滿文辭書。文獻檔案外，清代書畫亦有不少滿文資料，至若藏文寫本佛經及滿文朱印本佛經，則更屬珍藏品。

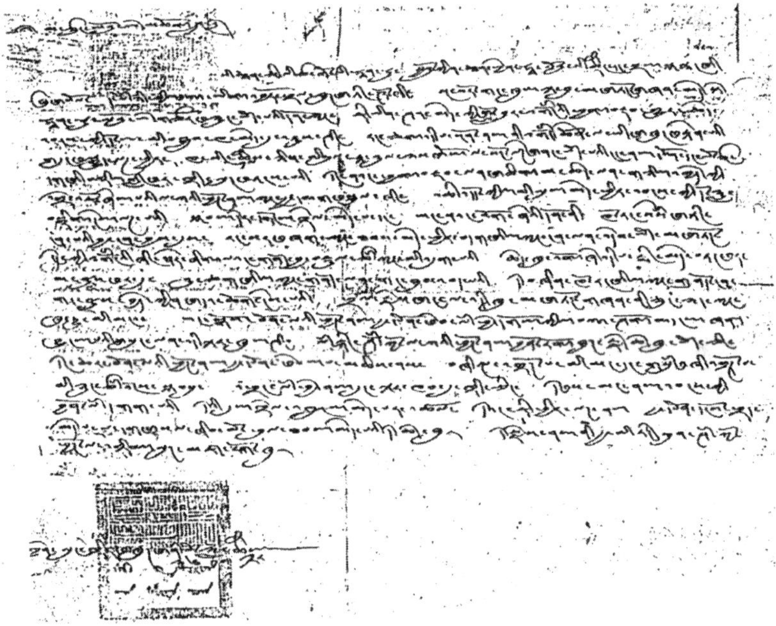

軍機處檔•月摺包（藏文）

尼泊爾文

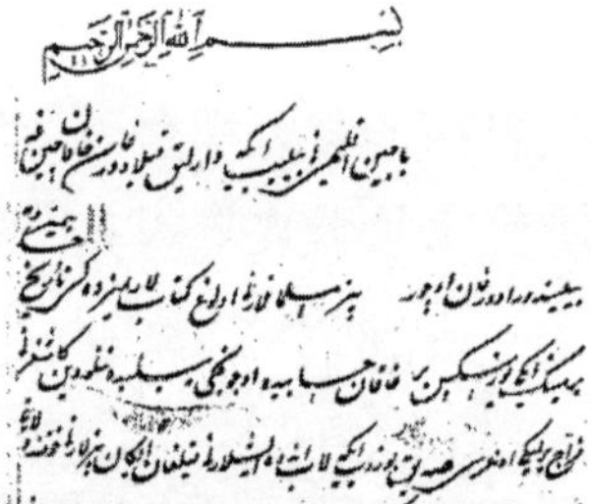

回文

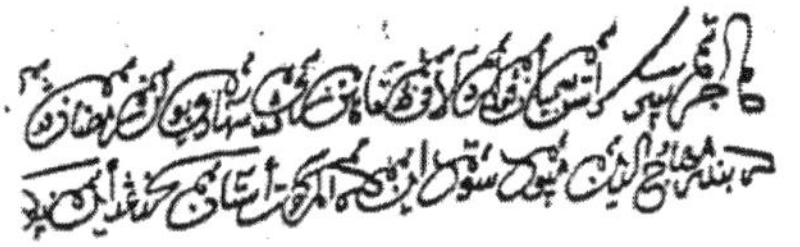

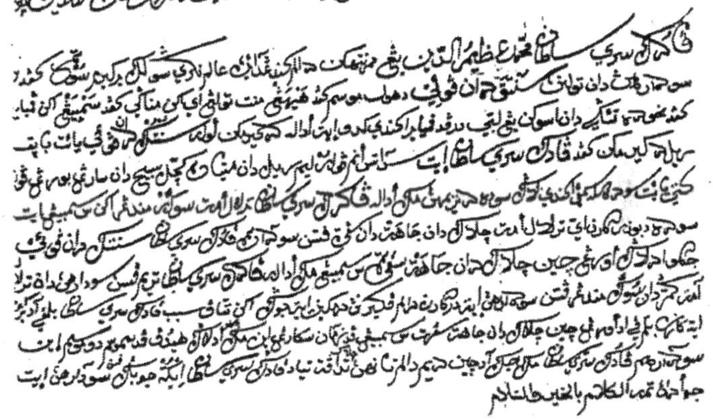

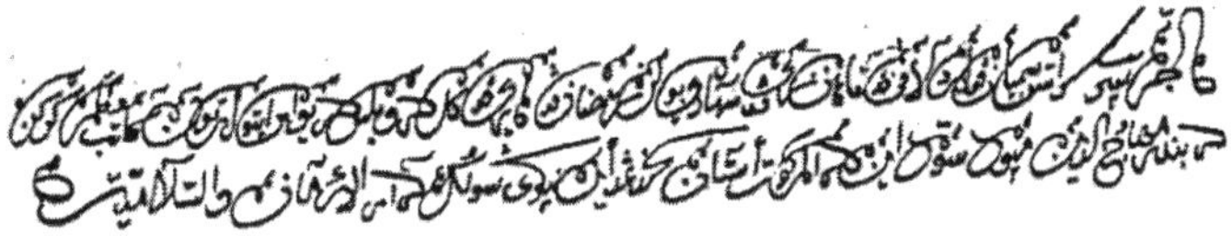

蘇祿文

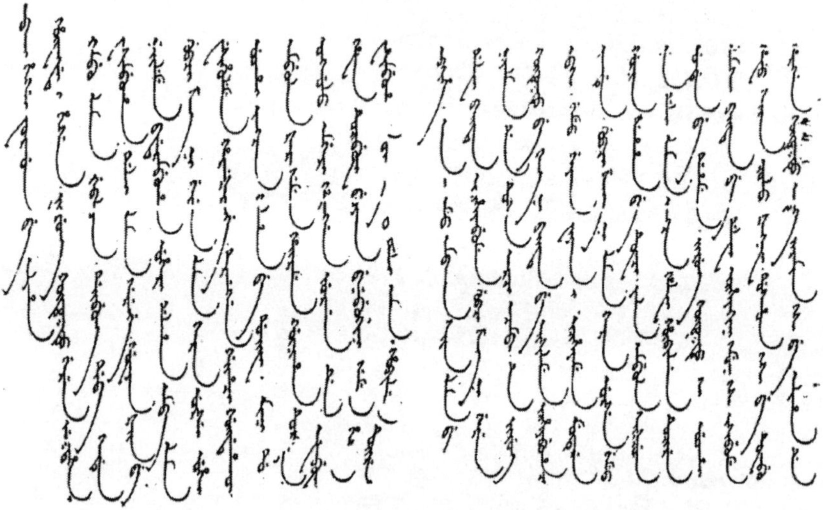

〔明發上諭檔〕滿文（局部）

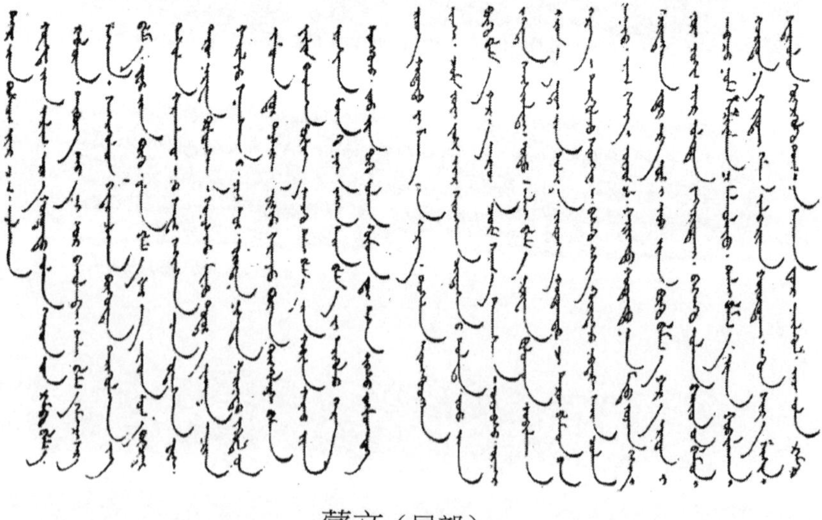

蒙文（局部）

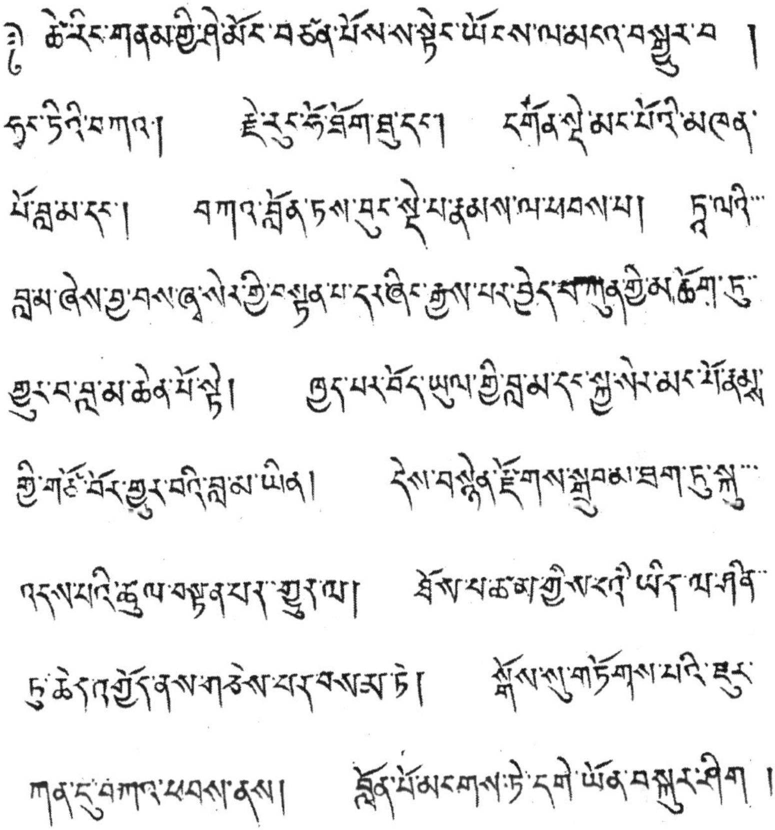

藏文（局部）

二、宮中檔滿文奏摺的語言資料價值

國立故宮博物院現藏宮中檔中，含有滿文諭旨及奏摺。滿洲大臣既處理滿洲、蒙古、西藏等之事項，以滿文上奏乃理之當然，其中尤其以武職大臣，常被要求以滿文寫奏摺。康熙皇帝、雍正皇帝等，非但漢文造詣極深，其滿文根基更厚，文章流暢，書法優美，宮中檔案中保存有眾多清代皇帝所批發之滿文奏摺及硃批諭旨。奏摺經皇帝硃筆批諭，多件奏摺之文章更經皇帝親用硃筆予以改正，悉乃研究滿洲語文時極寶貴之語文資料。例如康熙五十一年(1712)二月二十六日，福建巡撫覺羅滿保(gioroi mamboo)之滿文奏摺中有「tuwaci fugiyan i niyalma, yadara be tosorakū bime, baita dekdebure de amuran」一句，其意為「看得福建之人，既不防窮，且又好生事」。句中「tosorakū」即為康熙以硃筆改正作「tosoburakū」。康熙五十三年（1714）十一月十五日，覺羅滿保之滿文奏摺中有「usin inu hoki sembi」一語，當中「hoki」，據康熙皇帝改正作「huweki」。該句乃「田亦膏腴云云」之意。

清初，江寧、蘇州、杭州三處之織造，合稱為三織造。各織造官為五品或六品，職權有限。然而此屬乃內務府之包衣，即皇室之奴僕，其上有欽差官員。故江南三處之織造，悉為君主之耳目，具密奏權。孫文成為滿洲正黃旗人，康熙四十五年（1706）任杭州織造，其所見聞，多以滿文寫成奏摺，進呈御覽。康熙皇帝親自批諭，時而如批改學生作文般，改正孫文成之滿文。此故，孫文成之滿文奏摺，於研究康熙年間之滿洲語言上，殊為貴重。例如康熙五十九年（1720）五月初一日，孫文成所奏關於四月分杭州糧價之奏摺，其改正如下：

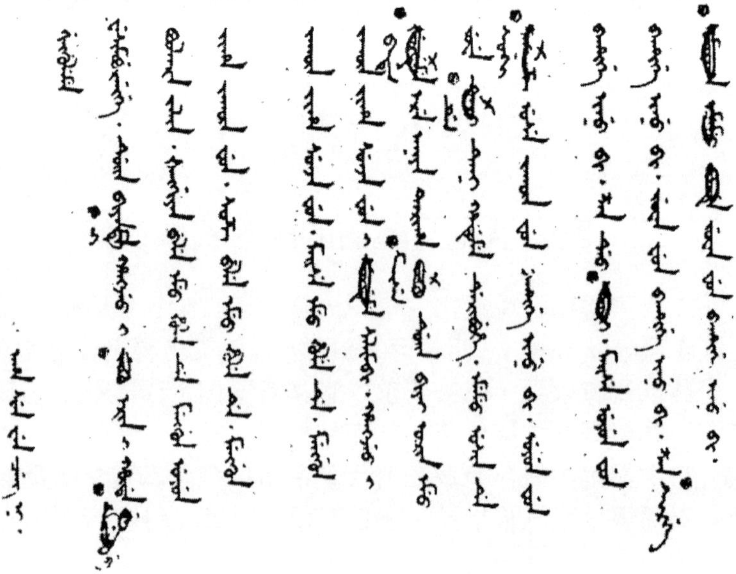

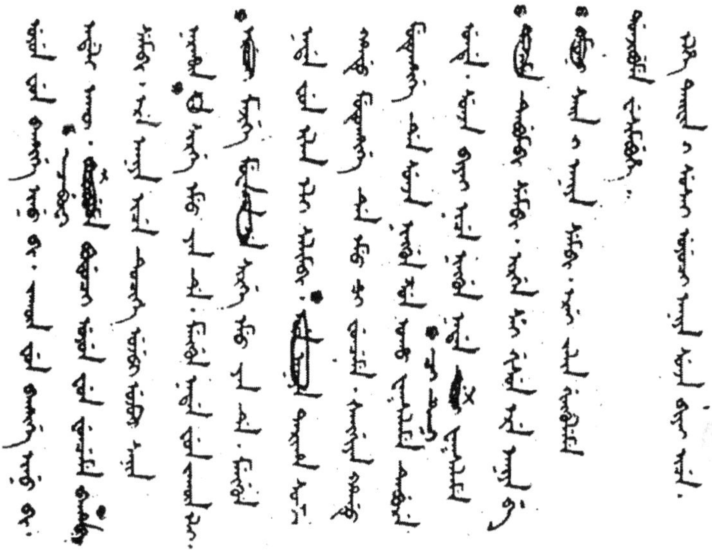

《宮中檔》孫文成之滿文奏摺

前舉奏摺中，康熙皇帝以硃筆改正部分達二十處以上。如原摺中有「hangjeo i šurdeme」一語，就中「šurdeme」即被改作「bade」。又「tsai dz」被改為「sogi」。又原摺中有「bodobume bodoci uyun fun funceme bahafi」一句，當中「bodobume」被改作「acabufi」，「bahafi」被改作「baha」。同摺中「sunja biyai ice ninggun nadan deri faksalame dasame tebumbi」處，句中「deri」被改作「ci teni」，「dasame」則塗抹刪去。由康熙皇帝之改正，可以理解滿文語彙之正確使用法。其餘奏摺，經硃筆改正部分更多。例如孫文成於康熙四十九年（1710）五月十五日之奏聞未齎送將軍諾爾布請安摺，摺中有「cu jeo fu de jurame genehe」一句，句中「jurame」被改為「jurafi」。康熙五十七年（1718）九月初一日之原摺中有「menggun ninggun jiha sunja fun baibumbi」，句中「baibumbi」被改作「salimbi」。對照原奏摺與硃筆改正處，有助於理解當時滿洲語文之使用情況。

滿漢合璧奏摺

地方	八字不交	兼賜四轎	鷹上人	固山大	侍衛耑達	滿洲蒙古西北	砍山百姓	倉場總督	司務	馬群上人	科員道員

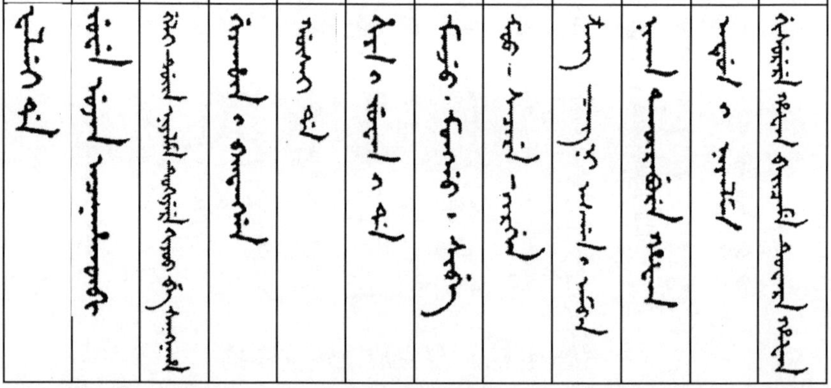

現藏宮中檔案中，含有滿漢合璧奏摺，此類主要是中央政府各部院衙門之滿漢大臣協議上奏之公文，兼書滿、漢字，漢文部分在右，其格式由上至下直書，自右向左；滿文部分居左，由上至下直書，自左向右。一件奏摺中同時使用滿漢兩種文字書寫，此種奏摺，即所謂滿漢合璧奏摺。就奏摺內容而言，因其為滿漢文字相互對譯，其文意大旨相符。然而繙譯之際語句間仍生異同，譯文詳略有別。例如前揭表中漢文部分之「地方」，滿文作「falgai da」，意即地方之族長、黨長或甲長。「八字不交」，滿文部分作「juwe ujan acanahakūbi」，意指繩之兩端不繫合。「兼賜四轎」，滿文作「geli duin niyalma tukiyere kiyoo be šangnaha」，意指「又賞與四人扛之轎」。「鷹上人」，滿文作「giyahūn i baitangga」，意即養鷹處之執事，或作「鷹上拜唐阿」。「固山大」滿文作「gūsai da」，意指旗長，即省城駐防各旗管理章京馬甲之協領。「侍衛耑達」之滿文作「hiya i juwan i da」，意指侍衛什長，於清代官制作「侍衛護軍校」。「滿洲蒙古西北」語中之「西北」乃滿文「sibe」之音譯，後來漢字多譯作「錫伯」。「砍山百姓」滿文作「moo sacire irgen」，意指樵夫。「倉場總督」滿文作「ts'ang cang ni ashan i amban」，為倉場侍郎之意。「司務」滿文作「nikan takūrabure hafan」，乃漢文司務之意。「馬群上人」滿文作「adun i niyalma」為放牧馬群者之意。「科員」滿文作「gisurere hafan」，為給事中之意。「道員」滿文作「baicame tuwara hafan」，為監察御史之意。經由此處各例，可以明白，與滿文對照，有助於理解漢文語彙之意。

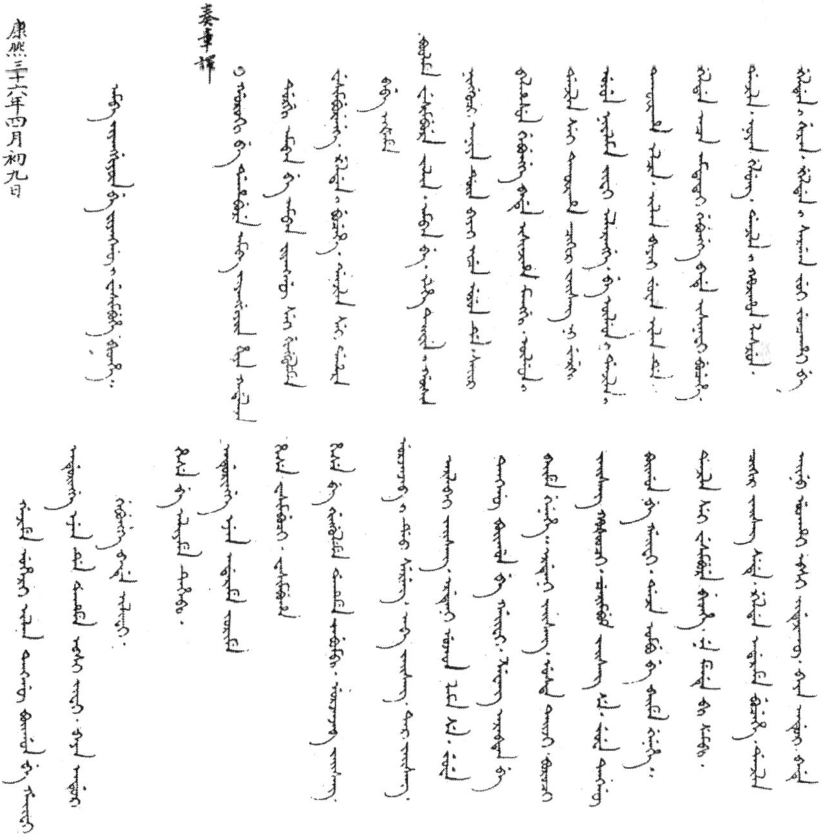

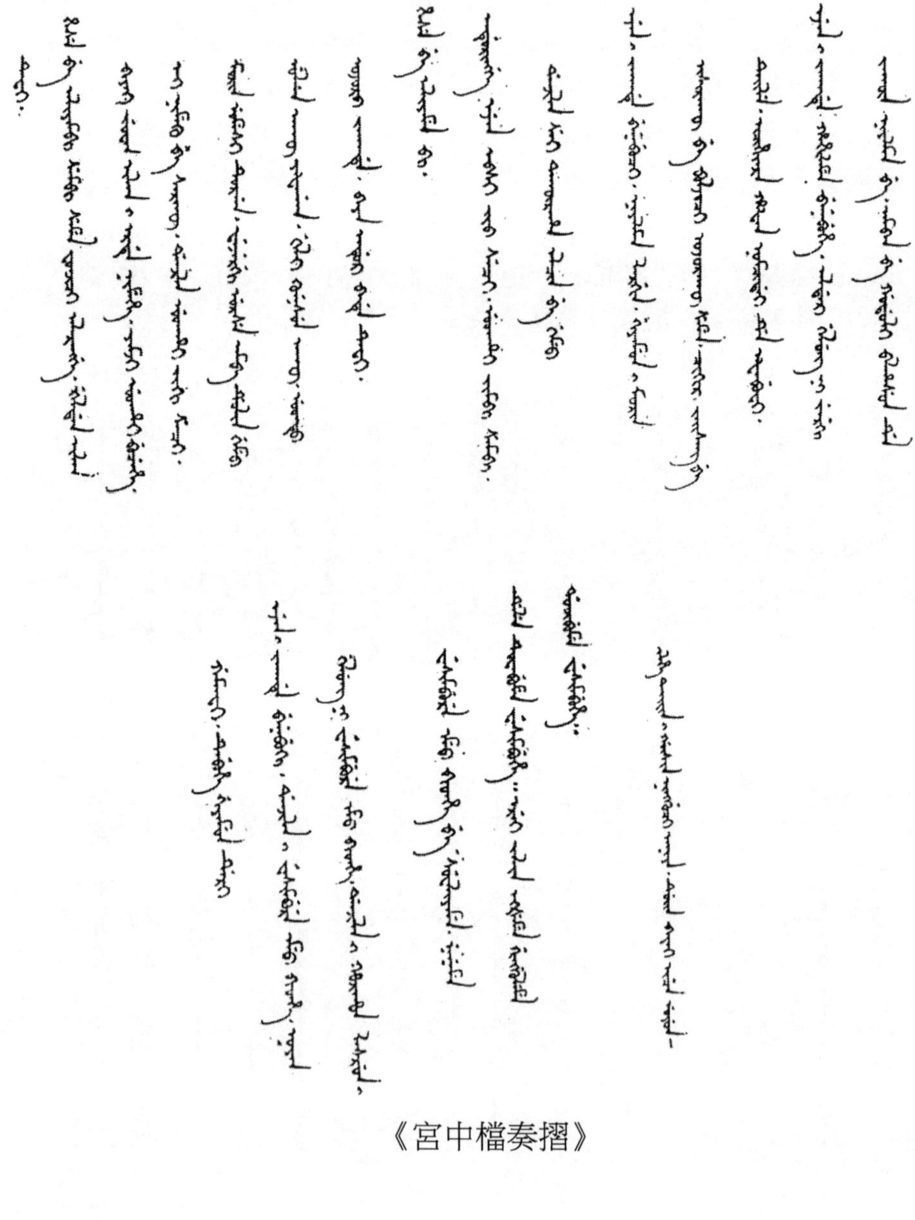

《宮中檔奏摺》

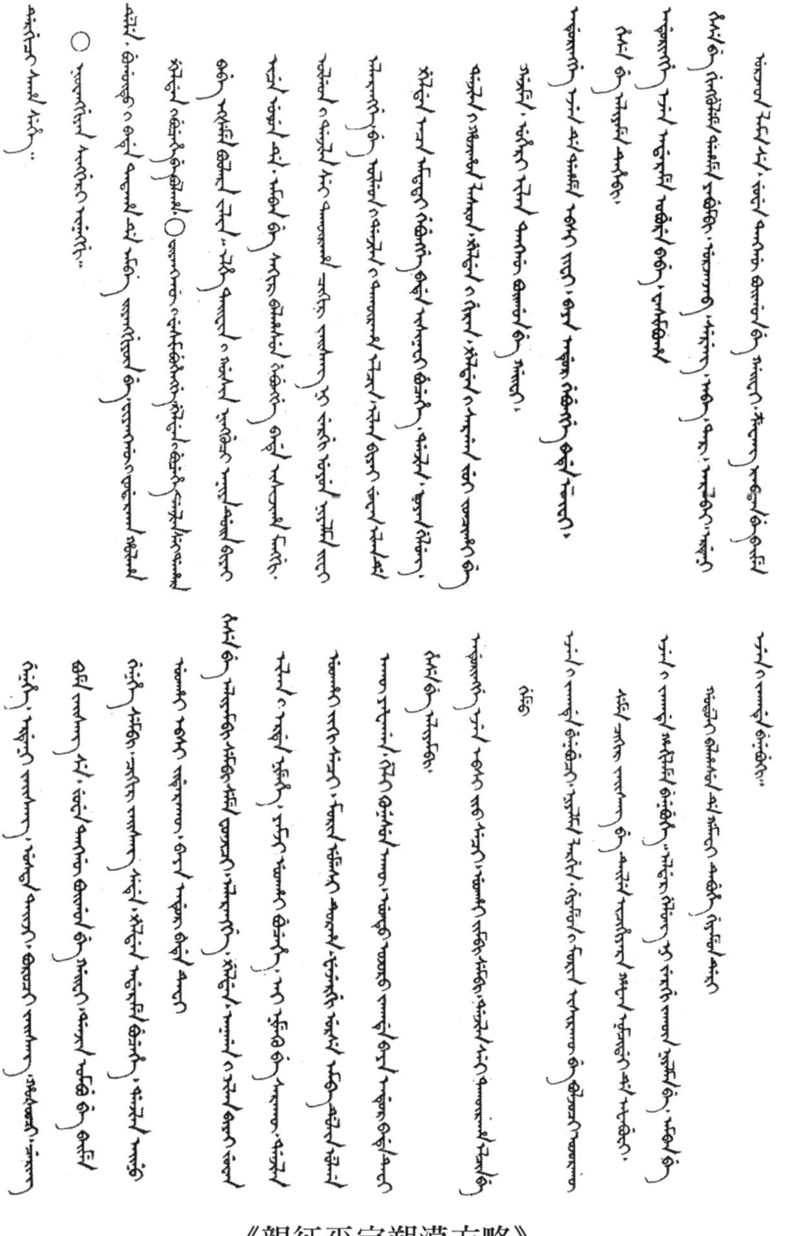

《親征平定朔漠方略》

《宮中檔》撫遠大將軍費揚古之滿文原奏摺轉寫

amba jiyanggiyūn be fiyanggū i wesimbuhe bithe. goroki be dahabure amba jiyanggiyūn hiya kadalara dorgi amban be amban fiyanggū sei gingguleme wesimburengge, g'aldan i bucehe, danjila sei dahara babe ekšeme boolame wesimbure jalin, amban be, elhe taifin i gūsin ningguci aniya duin biyai ice uyun de, sair balhasun gebungge bade isinjiha manggi, ūlet i danjila sei takūraha cikir jaisang ni jergi uyun niyalma jifi alarangge, be ūlet i danjila i takūraha elcin, ilan biyai juwan ilan de g'aldan aca amtatai gebungge bade isinafi bucehe. danjila, noyan gelung, danjila i hojihon lasrun, g'aldan i giran, g'aldan i sargan jui juncahai be gajime uheri ilan tanggū boigon be gaifi enduringge ejen de dahame ebsi jifi, baya endur gebungge bade ilifi, hese be aliyame tehebi. enduringge ejen adarame jorime hese wasimbuci, wasimbuha hese be gingguleme dahame jabumbi. urjanjab jaisang, urjanjab i deo sereng, aba jaisang, tar jaisang, arlabai jaisang, erdeni ujat lama se, juwe tanggū boigon be gaifi, dzewang arabtan be baime genehe. erdeni jaisang, usta taiji, boroci jaisang hošooci, cerimbum jaisang se, juwe tanggū boigon be gaifi, danjin ombu be baime genehe. danjila sei wesimbure bithe, ne mende bi sembi, cikir jaisang sede, g'aldan adarame bucehe, danjila ainu uthai ebsi jiderakū, baya endur bade tefi, hese be aliyambi sembi seme fonjici alarangge, g'aldan ilan biyai juwan ilan i erde nimehe, yamji uthai bucehe. ai nimeku be sarkū. danjila uthai jiki seci, morin umesi turga, fejergi urse amba dulin gemu ulga akū yafagan, geli kunesun akū, uttu ojoro jakade, baya endur bade tefi, hese be aliyame bi, enduringge ejen ebsi jio seci, uthai jimbi sembi, danjila sei takūraha elcin be gemu ejen i jakade benebuci, niyalma largin, giyamun i morin isirakū be boljoci ojorakū seme, cikir jaisang be teile, icihiyara hafan nomcidai de afabufi, ejen i jakade hahilame benebuhe. aldar gelung ni jergi jakūn niyalma be, amban be godoli balhasun de gamafi, tebuhe giyamun deri ejen i jakade benebuki, danjila i wesimbure emu bithe, noyan gelung ni wesimbure emu bithe, danjila i hojihon lasrun i wesimbure emu bithe be suwaliyame, neneme dele tuwabume wesimbuhe. erei jalin ekšeme gingguleme donjibume wesimbuhe. elhe taifin i gūsin ningguci aniya duin biyai ice uyun.

「大將軍伯費揚古奏章。撫遠大將軍、領侍衛內大臣伯臣費揚古等謹奏，為急速奏報噶爾丹之死、丹濟拉等投降事。康熙三十六年四月初九日，臣等至賽爾巴爾哈孫地方時，有厄魯特丹濟拉等所遣齊奇爾寨桑等九人來告云：我等係厄魯特丹濟拉所遣之使者，三月十三日，噶爾丹至名叫阿察阿穆塔台地方時死亡。丹濟拉、諾顏格隆、丹濟拉之婿拉思倫，攜噶爾丹屍骸，及噶爾丹之女鍾察海，共三百戶往內地來投聖主，駐於巴雅恩都爾地方候旨，不拘聖主如何降旨指示，即欽遵所頒諭旨而行。吳爾占扎布寨桑、吳爾占扎布之弟色稜、阿巴寨桑、塔爾寨桑、阿爾喇拜寨桑、額爾德尼吳扎特喇嘛等領二百戶人往投策妄阿喇布坦，額爾德尼寨桑、吳思塔台吉、博羅齊寨桑、和碩齊車凌布木寨桑等領二百戶人往投丹津鄂木布，丹濟拉等之奏章，現今在我等之處云云。問齊奇爾寨桑等：噶爾丹如何死亡？丹濟拉何以不即前來而留駐巴雅恩都爾地方以候聖旨？據告云：噶爾丹於三月十三日晨得病，至晚即死，不知何病。丹濟拉欲即前來，因馬甚瘦，屬眾大半皆無牲口，俱係徒步，又無行糧，因此暫駐巴雅恩都爾地方等候聖旨，聖主若許其前來，即遵旨前來等語。若將丹濟拉等所遣使者俱解送聖主處，恐因人繁多，驛馬不敷，故僅將齊奇爾寨桑交郎中諾木齊代作速解送聖主處，阿爾達爾格隆等八人，由臣等攜往郭多里巴爾哈孫地方，由駐防驛站解送聖主處。丹濟拉奏章一件、諾顏格隆奏章一件、丹濟拉之婿拉思倫奏章一件，俱一併先行奏呈御覽，謹此火速奏聞，康熙三十六年四月初九日。」

康熙三十六年（1697）四月十五日之滿文本《起居注冊》所載之撫遠大將軍費揚古奏疏，乃據滿文原摺加以若干修正並整理之者。滿文原奏摺末尾標明「康熙三十六年四月初九日」。滿文原奏摺到達京師後，於封面注記其具奏日期，並貼有簽條標明「奏章譯」字樣，封面中央標明滿文「amba jiyanggiyūn be fiyanggū i wesimbuhe bithe」，而《起居注冊》及《平定朔漠方略》皆刪略之而不載。費揚古之全銜，在《平定朔漠方略》中多半刪略不載。

「領侍衛內大臣」於滿文原摺作「hiya kadalara dorgi amban」，滿文本《起居注冊》作「hiya be kadalara dorgi amban」，《平定朔漠方略》刪略不載。滿文原摺中之「sair balhasun」，《起居注冊》

相同，《平定朔漠方略》改作「sakir balhasun」。丹濟拉之婿名喚「lasrun」，《平定朔漠方略》作「lasron」。滿文原摺中之「juncahai」，《起居注冊》作「jucihai」，《平定朔漠方略》作「joncihai」。滿文原摺中之「baya endur」，《起居注冊》作「bayan endur」，《平定朔漠方略》則與原摺同作「baya endur」。管理準噶爾鄂拓克之寨桑（jaisang），《平定朔漠方略》中多半刪略不載，滿文原摺中之「aba jaisang」，《起居注冊》作「ab jaisang」，《平定朔漠方略》作「aba」。滿文原摺中之「arlabai」，《起居注冊》與《平定朔漠方略》同作「aralbai」。「ujat」於《平定朔漠方略》中作「urjat」。滿文原摺中之「dzewang arabtan」，《起居注冊》與《平定朔漠方略》同作「tzewang rabtan」。滿文原摺中之「cerimbum」，《起居注冊》作「cering bum」，《平定朔漠方略》作「cering bom」。依齊奇爾所告，噶爾丹於康熙三十六年三月十三日晨得病，《平定朔漠方略》改作「閏三月十三日晨病了」。疲瘦之「瘦」，於滿文原奏摺、《起居注冊》中同作「turga」，《平定朔漠方略》則作「turha」。滿文原摺中之「hese be aliyame bi」，《起居注冊》之句型與之同，《平定朔漠方略》則作「hese be aliyambi」。滿文原摺、《起居注冊》中有「fejergi urse amba dulin gemu ulga akū」，句中「gemu」於《平定朔漠方略》中刪略不載。比較《起居注冊》、《平定朔漠方略》及滿文原奏摺，可了解《起居注冊》與《平定朔漠方略》皆為將滿文原奏摺加以若干修改整理者。

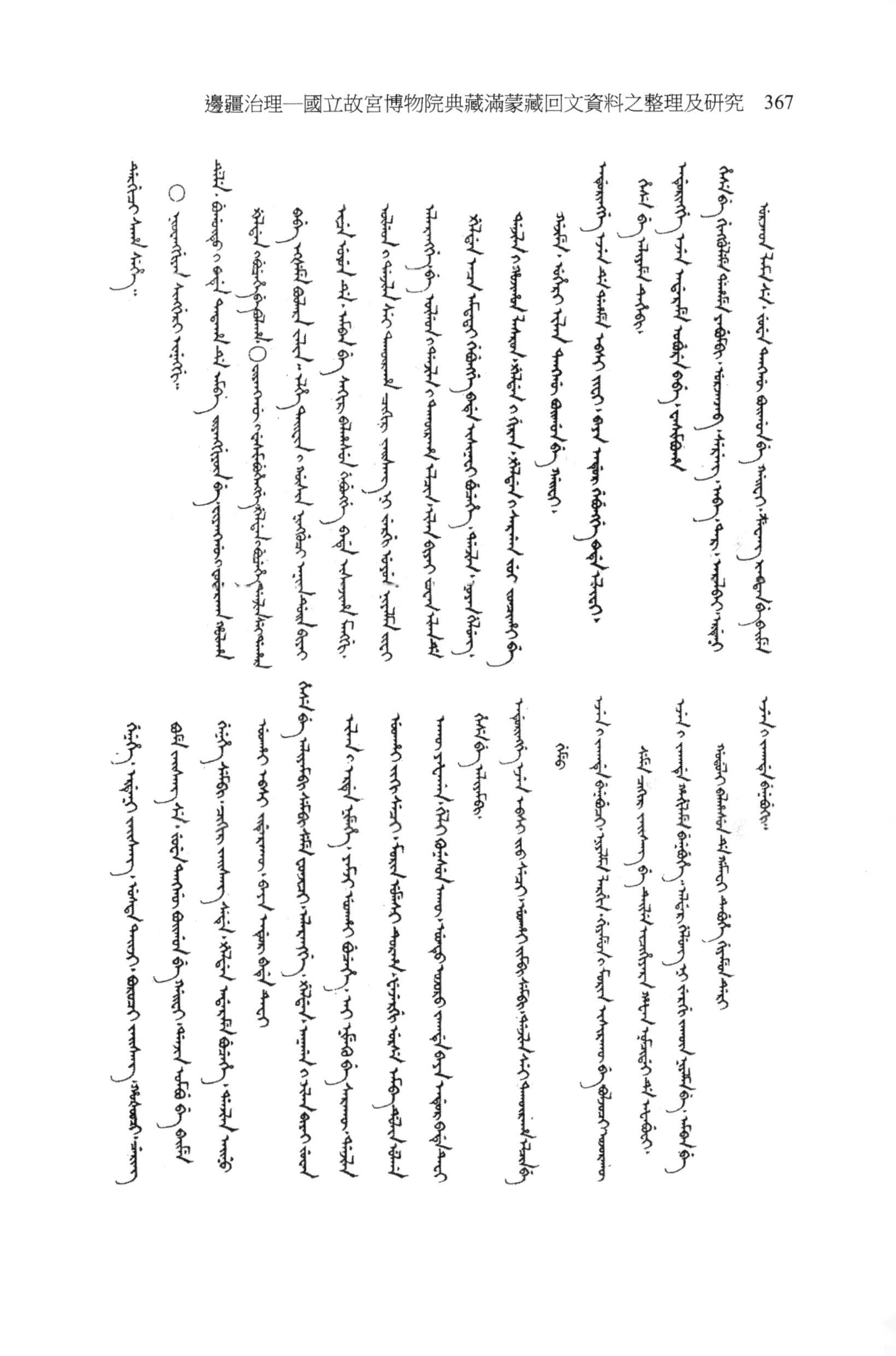

《親征平定朔漠方略》

撫遠大將軍費揚古滿文奏摺

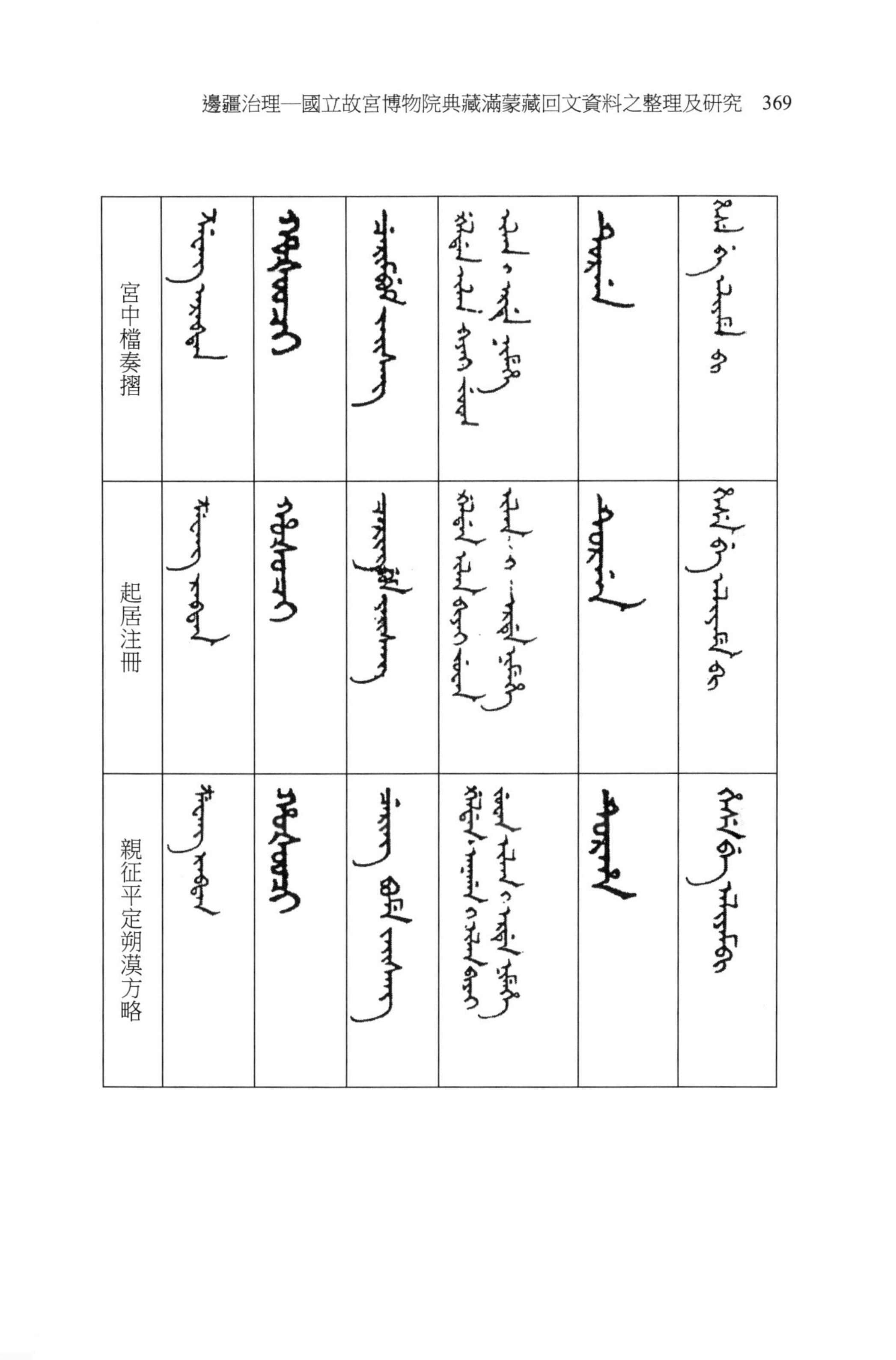

宮中檔奏摺	[illegible]	[illegible]	[illegible]	[illegible]	[illegible]	[illegible]
起居注冊	[illegible]	[illegible]	[illegible]	[illegible]	[illegible]	[illegible]
親征平定朔漠方略	[illegible]	[illegible]	[illegible]	[illegible]	[illegible]	[illegible]

三、滿文本《起居注冊》的語言資料價值

清代歷朝《起居注冊》皆含漢文本與滿文本二種，國立故宮博物院現今所藏雖殘缺不全，其數仍甚多。康熙朝之《起居注冊》，滿文本較漢文本多。康熙十年（1671）八月正式設置起居注官，《起居注冊》之記載則始自是年九月。現存滿文本《起居注冊》，康熙十年之九、十月合為一冊，其餘每月一冊，全年十二冊，該年有閏月時則增一冊。現存漢文本《起居注冊》則始自康熙二十九年。雍正朝滿漢文《起居注冊》增為每月二冊，乾隆朝《起居注冊》以滿文本較完備，冊數較多。嘉慶朝則有《太上皇起居注冊》，宣統朝有自元年迄二年各月之滿文本《起居注冊》，漢文本則闕如。

康熙年間，諭旨、奏章多以滿文撰寫，必自漢譯完成後，方以月為單位纂修漢文本《起居注冊》。故而就康熙朝言之，先修滿文本，而後方修漢文本。雍正以降之《起居注冊》，則為翌年後檢閱各部院衙門之檔案而編纂者。乾隆朝之《起居注冊》其稿本尚存，據之可知清代《起居注冊》之纂修過程及其出處。例如乾隆三十六年正月上冊稿本之封面右下標有「九月二十六日送繙，十月十三收回」字樣，下冊稿本之封面右下則記有「九月二十六日送繙，十月十四日領回」字樣。所謂送繙乃指送交繙譯人員譯成滿文，據此可知，乾隆年間以至清末，《起居注冊》乃先修漢文稿本，而後再譯作滿文者。因《起居注冊》有滿文本，遂有此一貴重之語文資料。此處引用康熙十一年四月初一日滿漢文記載之一部分：

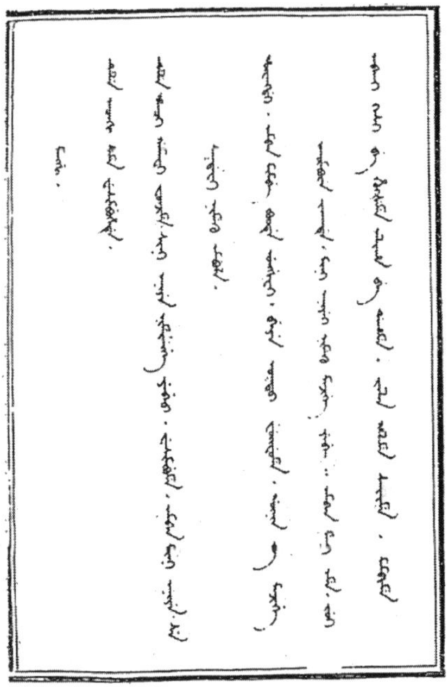

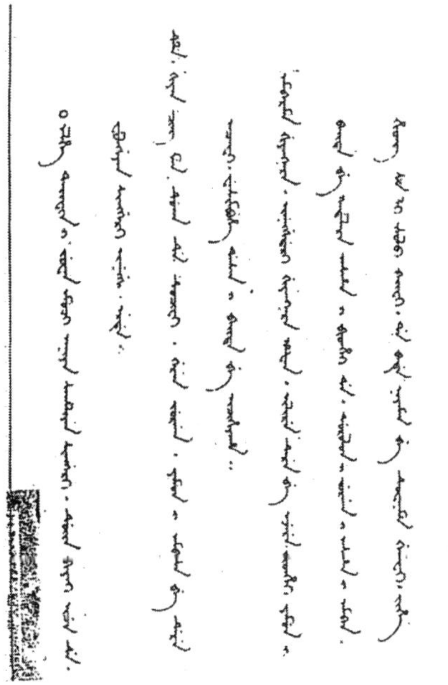

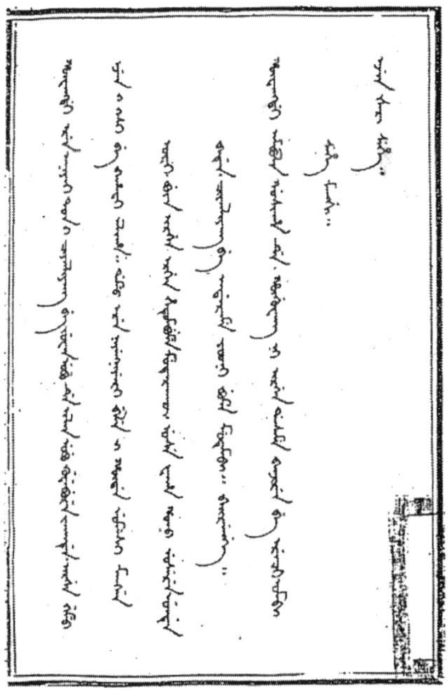

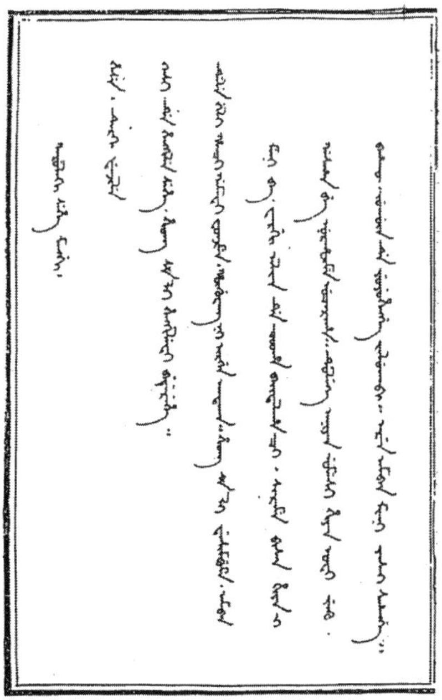

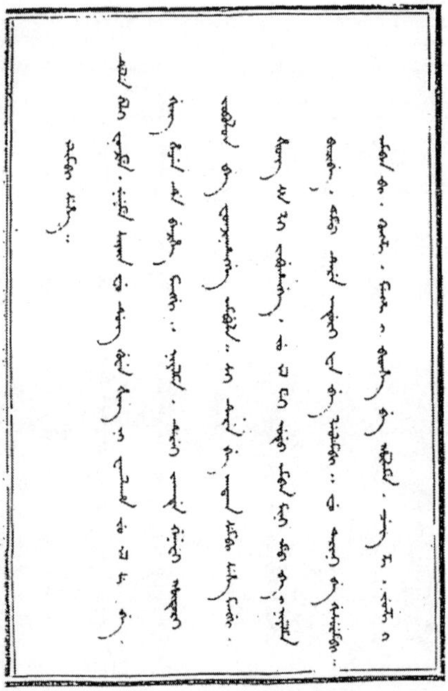

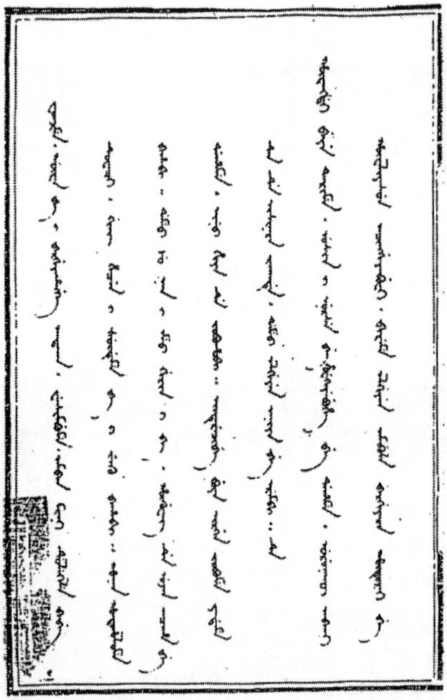

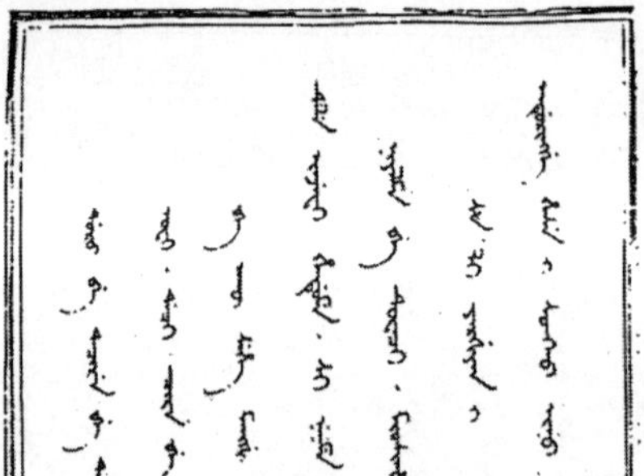

滿文本起居注冊	漢文本起居注冊/羅馬拼音
ᡯᡠ ᠨᠠᠨ ᡳ ᡝᠮᡠ ᡤᡳᡵᡳᠨ ᡳ ᠪᠠ	汝南一帶 zu nan i emu girin i ba
ᠪᠠᡵᡤᡳᠶᠠᡥᠠᠩᡤᡝ ᠠᠨᡨᠠᡴᠠ	年歲何如？ bargiyahangge antaka
ᠪᡠᠶᠠ ᡳᡵᡤᡝᠨ ᡝᡵᡤᡝᠨ ᡥᡝᡨᡠᠮᠪᡠᠮᡝ ᠮᡠᡨᡝᡵᠠᡴᡡ	小民救死不暇 buya irgen ergen hetumbume muterakū
ᠵᡠᡤᡡᠨ ᡩᡝ ᠶᡠᠶᡠᡥᡝᠩᡤᡝ ᠵᠠᠯᡠᡴᠠᠪᡳ	道殣相望 jugūn de yuyuhengge jalukabi
ᠪᡳᠰᠠᠨ ᡥᡳᠶᠠ ᡳ ᡤᠠᠰᡥᠠᠨ ᠪᡝ ᠨᡠᡵᡥᡡᠮᡝ ᡠᠴᠠᡵᠠᡥᠠ	水旱頻仍 bisan hiya i gashan be nurhūme ucaraha
ᡨᡝᡵᡴᡳ ᡶᡝᠵᡳᠯᡝ	丹墀 terki fejile
ᠪᡝᠶᡝ ᠣᡴᡨᠣ ᡶᡠᡳᡶᡠᠮᡝ ᡤᡡᠨᡳᠨ ᠪᡝ ᠮᠠᠵᡳᡤᡝ ᠠᡴᡡᠮᠪᡠᡵᡝ	親侍湯藥，少將菽水 beye okto fuifume gūnin be majige akūmbure
ᡩᠠ ᠪᠠᡩᡝ ᠨᡳᠶᠠᠮᠠᠨ ᠪᡝ ᡨᡠᠸᠠᠨᠠᠮᡝ ᡤᡝᠨᡝᡶᡳ	回籍省親 da bade niyaman be tuwaname genefi

前舉康熙皇帝與熊賜履之對話部分，對照其滿漢文本《起居注冊》之記載，有助於理解康熙年間之滿文及漢文之繙譯。例如「回籍省親」，意指回到原籍探視親長，「原籍」又作「本貫」，《清文總彙》、《滿漢西廂記》皆作「da susu」，康熙朝滿文《起居注冊》則

作「da ba」」。漢文「親侍湯藥，少將菽水」，滿文作「beye okto fuifume gūnin be majige akūmbure」，其意為「親自煎藥，稍盡心意」。漢文「丹墀」，滿文《起居注冊》作「terki fejile」，句中「terki」，《清文總彙》作「terkin」。「水旱頻仍」，滿文作「bisan hiya i gashan be nurhūme ucaraha」，意為「連續遭逢了水患旱災」。「道殣相望」，滿文作「jugūn de yuyuhengge jalukabi」，意為「道上充滿飢餓者」。「小民救死不暇」，滿文作「buya irgen ergen hetumbume muterakū」，意為「細民不能糊口」。「年歲何如」，滿文作「bargiyahangge antaka」，意為「收穫如何」。「汝南一帶」，句中之「一帶」，滿文作滿文作「emu girin i ba」。「端望逢年」，滿文作「damu elgiyen aniya be erembi」，意為「僅指望豐年」。因《起居注冊》同時有滿漢文兼書，比較其內容、句型，可理解當時使用之語彙及繙譯技巧。

四、滿文本《親征平定朔漠方略》與《起居注冊》之比較

康熙三十六年（1697），清軍平定準噶爾後，康熙皇帝採擇御史阮爾詢之建言，下令將前後用兵本末及一切用兵方略詳示史臣，編纂成書，並以溫達等為總裁官，開史館校讐之，編年纂輯。史館將歷年用兵方略、一切密諭機宜、起居注官隨征記注之內容并各衙門載籍有關兵事之往復文書整理編輯之。康熙四十七年（1708）書成，題為《御製親征平定朔漠方略》，卷首有〈御製序〉及溫達等之〈進方略表〉。此表中指出，此書有滿、漢文各一百零二卷，現刊者則為滿、漢文各四十八卷。詞臣所纂修之方略異乎《起居注冊》，潤飾或刪略處甚多，將滿文本《親征平定朔漠方略》與《起居注冊》相互比較，可理解其刪改之情況。

[illegible]

〔親征平定朔漠方略〕

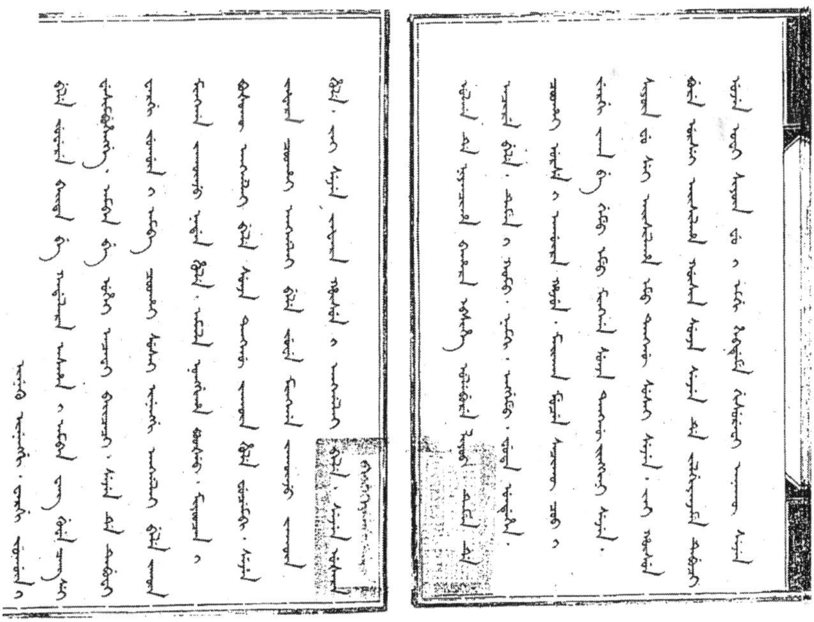

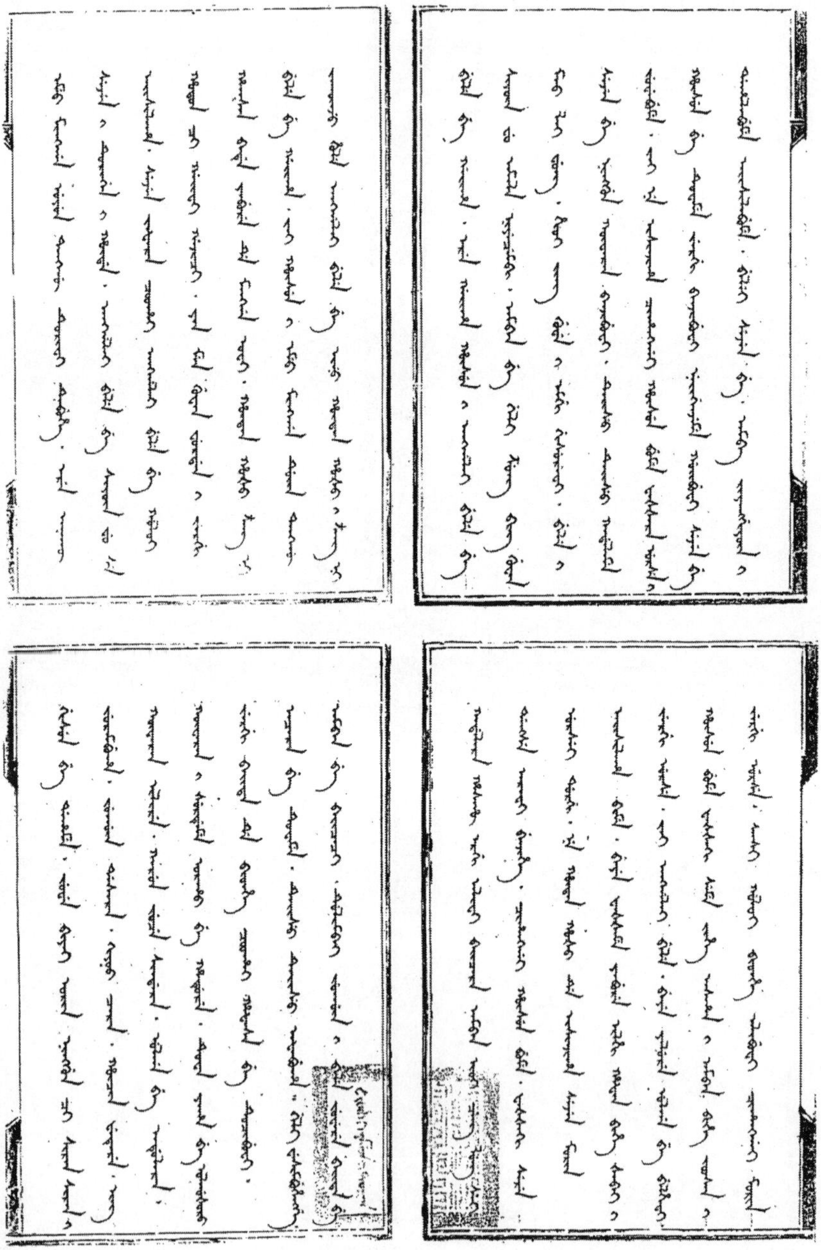

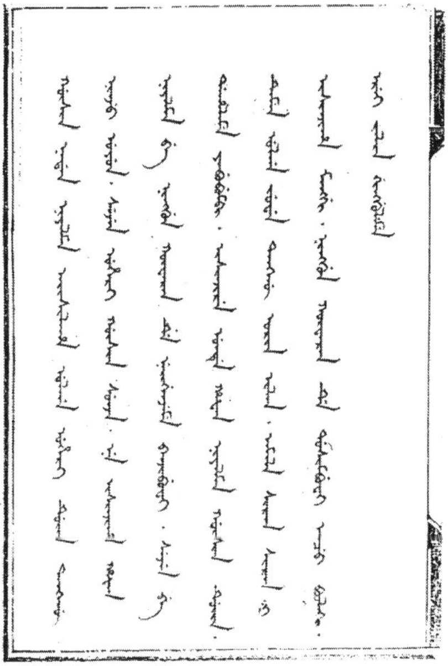

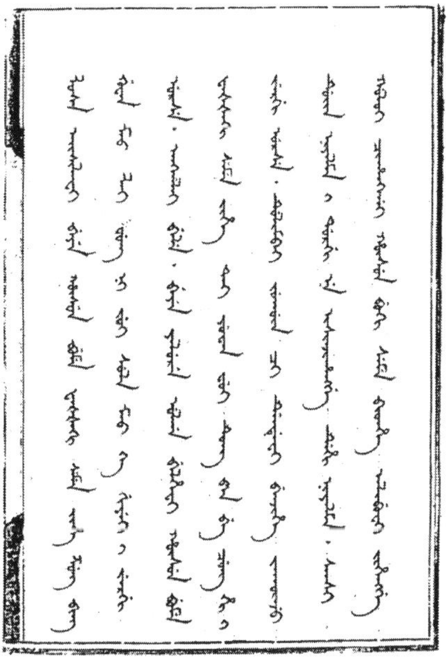

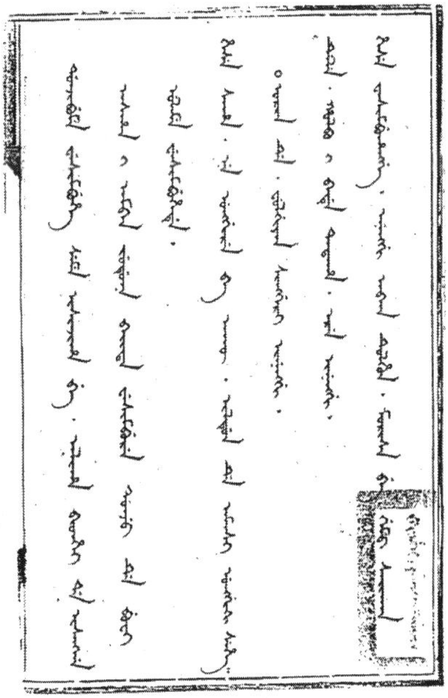

《起居注冊》

《平定朔漠方略》康熙三十五年三月十九日乙亥：

ere inenggi, wargi jugūn i bele juwere baita be uheri kadalara ashan i amban wang guwe cang sei wesimbuhe bithe isinjiha, terei wesimbuhe bade, wargi jugūn i amba coohai susai inenggi anggalai bele be, hūtan hošo i tsang ci gaifi, ninggun kūwaran banjibufi, juwe biyai orin ninggun de, siran siran i jurambuha sehebi.

「是日，西路督運侍郎王國昌等奏至，言西路大兵五十日口糧，已撥湖灘河朔倉米，分為六隊，于二月二十六日陸續起行。」

《起居注冊》康熙三十五年三月十九日乙亥：

ineku inenggi, wargi jugūn i bele juwere baita be kadalara ashan i amban wang guwe cang sei wesimbuhengge, amban be uhei acafi baicaci, sejen de tebufi wargi jugūn i amba coohai susai inenggi anggalai bele jakūn minggan jakunju nadan hule, amala nonggiha poošeo, miyoocan i bošokū anggalai bele sunja tanggū jakūn hule funcembi, sejen jafara coohai anggalai bele juwe minggan jakūnju jakūn hule, jai sejen jafara hūsun i anggalai bele sejen ušara ulga de niyanciha bahara ebsihe ulebure liyoo temen de acire bele, temen i komo, namki, enggemu, futa undehen, coohai urse i agūra hajun, maikan mucen sacikū coo i jergi jaka be gemu emu minggan sunja tanggū jingkini sejen, siyūn fu sei aisilaha emu tanggū susai sejen, jai hūsun bure ursei aisilaha gūsin sunja de jalgiyanjame tebuci ujen ofi siyūn fu i emgi hebdeme gisurefi anakū sejen emu minggan uyun tanggū turifi tebuhe, ere anakū sejen i turigen i hūda, anggalai bele be siyūn fu se aisilaha, sejen jafara coohai anggalai bele be goloi hoton ci gaifi gajici, yan men guwan furdan i jergi haksan bade yabure de manga ofi, hūtan hošo tsang ni bele be gaiha, jai hūsun i emu minggan duin tanggū jakūnju hule anggalai bele be inu hūtan hošo i tsang ni bele be gaiha, ere gaiha hūsun i anggalai bele be siyūn fu amala niyecembi, amban be geli dzung bing guwan mao lai fung, hioi jing guwe i emgi gisurefi, bele i sejen be ninggun kūwaran banjibufi, teisu teisu kadalame juwebume, jai ne isinjiha cihanggai hūsun bume faššara urse i hūsun be tuwame jergi banjibufi neigenjeme goibufi sejen be dahalabume aisilabume, belei sejen be, amba jiyanggūn i gisun be dahame, juwe biyai orin ninggun ci siran siran i jurambuha, jugūn dasara, kiyoo cara, hūcin fetere, ing kūwaran ilire, karun juce sindara, ulga be adulara, kuwaran i šurdeme orho be hadure, tuwa yaha be olgošoro jergi baita de bithe coohai hafasa be tucibufi, acara be tuwame, teisu teisu afabuha. geli wesimbuhengge, amban be baicaci, dulimbai jugūn i belc juwere baita be kadalara hashū ergi alifi baicara amban ioi ceng lung sei dangse arafi benjihe, cihanggai hūsun bume, faššaki sere ursei dorgi, ne hūtan hošo de isinjiha sejen morin aisilaha bime, beye faššame yabure ilhi hafan bihe šabai i jergi urse, jai anggalai bele, beye yalure ulga be belhefi, hūsun bume faššaki seme jihe ashan i amban bihe joosan i jergi urse, sansi goloi bithe alibufi cihanggai morin losa aisilafi beye hūsun bume faššaki seme jihe dzung bing guwan mao lai fung ni jui sula mao ke giyei i jergi urse, anggalai bele, beye yalure ulga belhefi hūsun bume faššaki seme jihe tai yuwan fui tung pan be cung hi i jergi urse, dulimbai jugūn ci dendefi benjihe jakūnju duin niyalma i dorgi ne isinjihangge dehi niyalma, sansi goloi cihanggai hūsun buki seme bithe alibufi jihengge gūsin nadan niyalma aisilaha ulga uheri duin tanggū ninju uyun, sejen uheri gūsin sunja, ne isinjiha hafan niyalma be ninggun kūwaran de neigenjeme banjibufi, sejen be dahalame yabubumbi, isinjire unde hafan niyalma gūsin duin temen ulga juwe tanggū orin ilan, amala siran siran i isinjiha manggi, ninggun kūwaran de dosimbufi encu boolaki, erei jalin gingguleme donjibume wesimbuhe seme isinjiha be, aliha bithei da isangga ashan i amban juduna baita wesimbure donju de bufi ulame wesimbuhede, hese saha, ne unggire ba akū, ildun de amasi unggiki sehe.

「是日，督理西路運米事務侍郎王國昌等奏至，言臣等會同查得車內所載西路大兵五十日口糧八千零八十七石，其後所添礮手及鳥鎗撥什庫口糧五百零八石餘，趕車兵眾口糧二千八十八石及趕車夫役口糧，駕車牲口未得青草以前所喂料豆，駱駝所載米糧及馬駝之鞍屜繩板，兵眾之器械、帳房、鍋釜、鍬钁等物一千五百，正項車輛及巡撫等所捐車一百五十輛，又效力人等所捐三十五輛內攤載覺重，與巡撫等會議，僱小車一千五百輛裝載，將所僱小車價銀口糧，巡撫等幫助其趕車兵眾口糧，取諸省城，則雁門關等處險阻難行，因此取用湖灘和朔倉內米糧。又夫役人等一千四百八十石口糧，亦於湖灘和朔倉內取用，這所取夫役口糧，巡撫嗣後補足。臣等又同總兵官毛來鳳，許靖國等會議，將載米車輛分為六處，令其各行督運，又將現到情願效力之人，視其力量，編為等第均派，亦令隨車幫助，其米車照大將軍令，於二月二十六日陸續起程，其修路、搭橋、掘井、扎營、偵探斥堠、放馬，於軍營近處割草，謹慎火燭等項事件，派出文武官員酌量各任職守。又奏言，臣等查得督理中路運米事務都察院左都御史于成龍等咨冊內開情願效力人等內，現到湖灘和朔捐助車輛馬匹，又欲親身效力之原任少卿沙拜等自備口糧馬匹，情願效力之原任侍郎趙山等，山西省具呈情願捐助馬騾，親身效力之總兵官毛來鳳之子閑散人毛克傑等自備口糧馬匹，情願效力之太原府通判白重熙等，中路分送八十四人內現到四十人。山西省具呈情願效力者三十七人所捐牲口共四百六十九匹，車共三十五輛，將現到官員人等均分與六處，令其跟隨車輛行走，未到官員人等共三十四員名，駱駝牲口共二百二十三匹，俟其陸續到時，分與六處，另行具報，謹具奏聞。大學士伊桑阿、侍郎朱都納交奏事敦住轉奏，奉旨知道了，現今無庸發，俟便中發回。」

依據滿文本《起居注冊》之記載，督理西路運米事務侍郎王國昌等上奏內容及奉旨文字長達556字，滿文本《平定朔漠方略》經刪略後僅有53字，詳略差十倍以上。

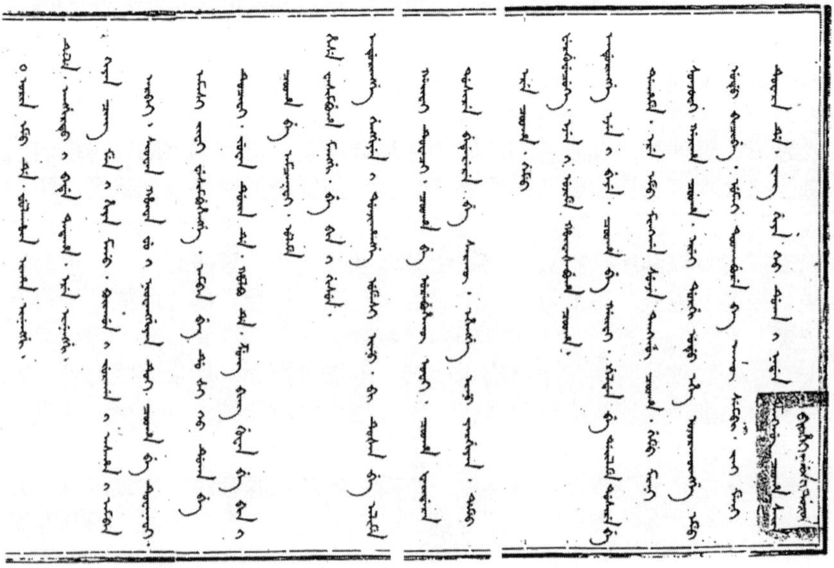

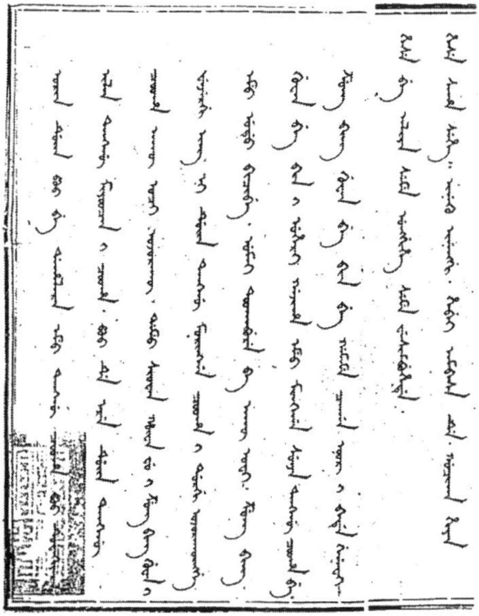

《起居注冊》

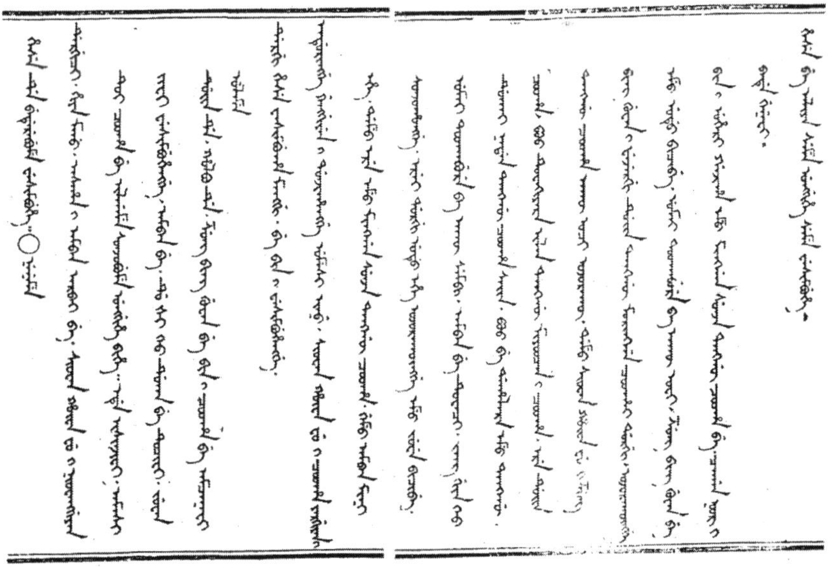

《平定朔漠方略》

《起居注冊》康熙三十五年三月：

orin emu de, fulahūn ihan inenggi, dele, anggirtu i bade tataha, ere inenggi, kiyan cing men i hiya mau, boigon i jurgan i ashan i amban arbai, siowan hūwa fu i niowanggiyan tui, cooha be tuwanafi, amasi jifi wesimbuhengge, amban be du ši keo duka be tucifi, juwan duin de, holbo de, dzung bing guwan be bin i cooha be amcanafi, ulame hese wasimbuha manggi, be bin i gisun, enduringge genggiyen i donjihangge umesi inu, bi tušan be alime gaifi tuwaci, cooha be urebuhekū ofi, cooha faidara, dosire bederere be sarkū, ehengge inu yargiyan, damu ere cooha, gemu ferguwecuke ejen i ujime hūwašabuha cooha, enduringge ejen i beye, cooha be gaifi, g'aldan be dailame dosire be dahame, ere emu minggan sunja tanggū cooha, gemu mini sonjofi gajiha cooha, erei dorgi udu ehe ojorakūngge emu udu bicibe, umai tookabure ba akū sembi, jai meni tuwara de, jang giya keo duka i nadan tanggū cooha sain, orin duin poo be dahalara emu tanggū cooha, poo tuwakiyara ilan tanggū miyoocan i cooha, poo de ere duin tanggū cooha akū oci ojorakū, damu siowan hūwa fu i dzung bing guwan i fejergi ing ni duin tanggū moringga cooha i dorgi ojorakūngge, emu udu bicibe, umai tookabure ba akū ofi, dzung bing guwan be bin i uheri gajiha emu minggan sunja tanggū cooha be, dzung bing guwan be bin be gamame cagan noor i bade genefi, hese be aliya seme unggihe seme wesimbuhede, hese saha sehe.

「二十一日丁丑，上駐蹕昂幾爾圖，乾清門侍衛馬武、戶部侍郎阿爾拜、察閱宣化府綠旗兵還奏，臣等出獨石口，於十四日至和爾博地方，行及總兵官白斌之兵，轉傳上諭。白斌言聖明所聞甚確，臣蒞任以來，見兵丁未經操練，故於行列進退，總不嫻習，實屬不堪。但此兵俱係聖上養育之兵，今聖上親統大兵進勦噶爾丹，此一千五百名兵經臣遴選，其中雖有一二不堪用者，然斷不至貽悞等語。臣等觀張家口兵七百名甚優，護送砲位兵百名，看守砲位鳥鎗兵三百名，此四百名兵斷不可少，惟宣化鎮標馬兵四百名內有一二不堪者，然亦決不至貽悞，因令總兵官白斌仍率所帶兵一千五百名前往察罕諾爾地方候旨，奉旨知道了。」

《平定朔漠方略》

neneme dergici, hiya mau, ashan i amban arbai be, siowan hūwa fu i niowanggiyan tui cooha be ilgame sonjobume unggihe bihe. ede isinjifi, amasi jifi wesimbuhengge, amban be, du ši keo duka be tucifi, juwan duin de, holbo de, dzung bing guwan be bin i cooha be amcanafi ulame dergi hese wasimbuha manggi, be bin i wesimbuhengge, enduringge genggiyen i donjihangge umesi inu, siowan hūwa fu i cooha yargiyan i ehe, damu ere emu minggan sunja tanggū cooha, gemu amban mini sonjohongge, erei dorgi udu ehe ojorakūngge emu juwe bicibe, umai tookabure ba akū sembi, amban be tuwaci, jang giya keo dukai nadan tanggū cooha sain, poo be dahalara emu tanggū cooha, poo tuwakiyara ilan tanggū miyoocan i cooha, ere duin tanggū cooha akū oci ojorakū, damu siowan hūwa fu i dzung bing guwan i fejergi duin tanggū moringga coohai dorgi, ojorakūngge emu udu bicibe, umai tookabure ba akū ofi, dzung bing guwan be bin i uheri gajiha emu minggan sunja tanggū cooha be, cagan noor i bade genefi, hese be aliya seme unggihe seme wesimbuhe.

「先是，上遣侍衛馬武、侍郎阿爾拜察閱宣化府綠旗兵，至是還奏，臣等出獨石口，於十四日至和爾博地方，行及總兵官白斌之兵，轉傳上諭，白斌言聖明所聞甚確，宣化府兵，實屬不堪。但此一千五百名兵，經臣遴選，其中雖有一二不堪用者，然斷不至貽悞等語，臣等觀張家口兵七百名甚優，護送礮位兵百名，看守礮位鳥鎗兵三百名，此四百名兵，斷不可少。惟宣化鎮標馬兵四百名，內有一二不堪者，然亦决不至貽悞，因令總兵官白斌仍率所帶兵一千五百名前往察罕諾爾地方候旨。」

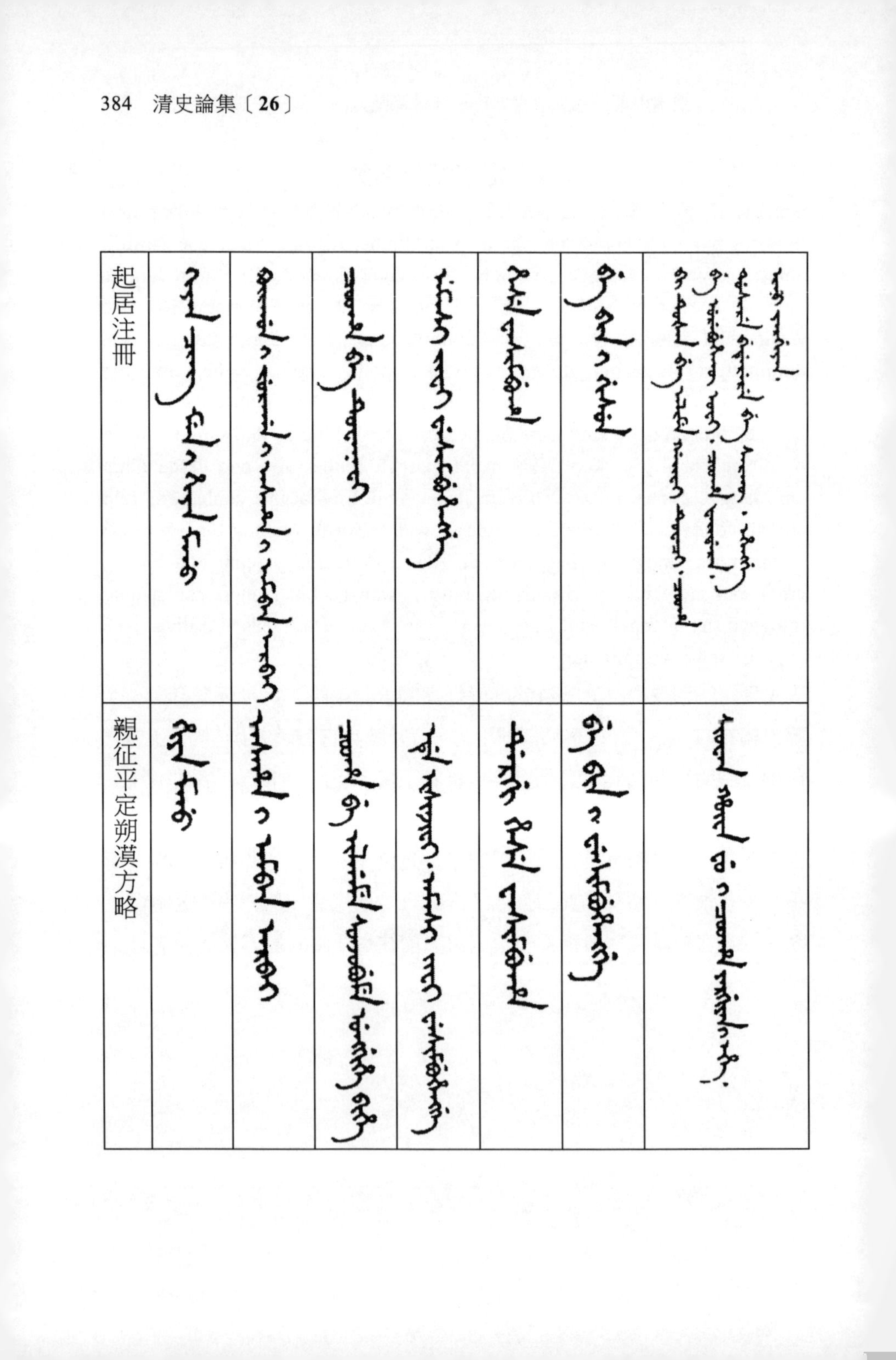

起居注冊	[illegible]
親征平定朔漠方略	[illegible]

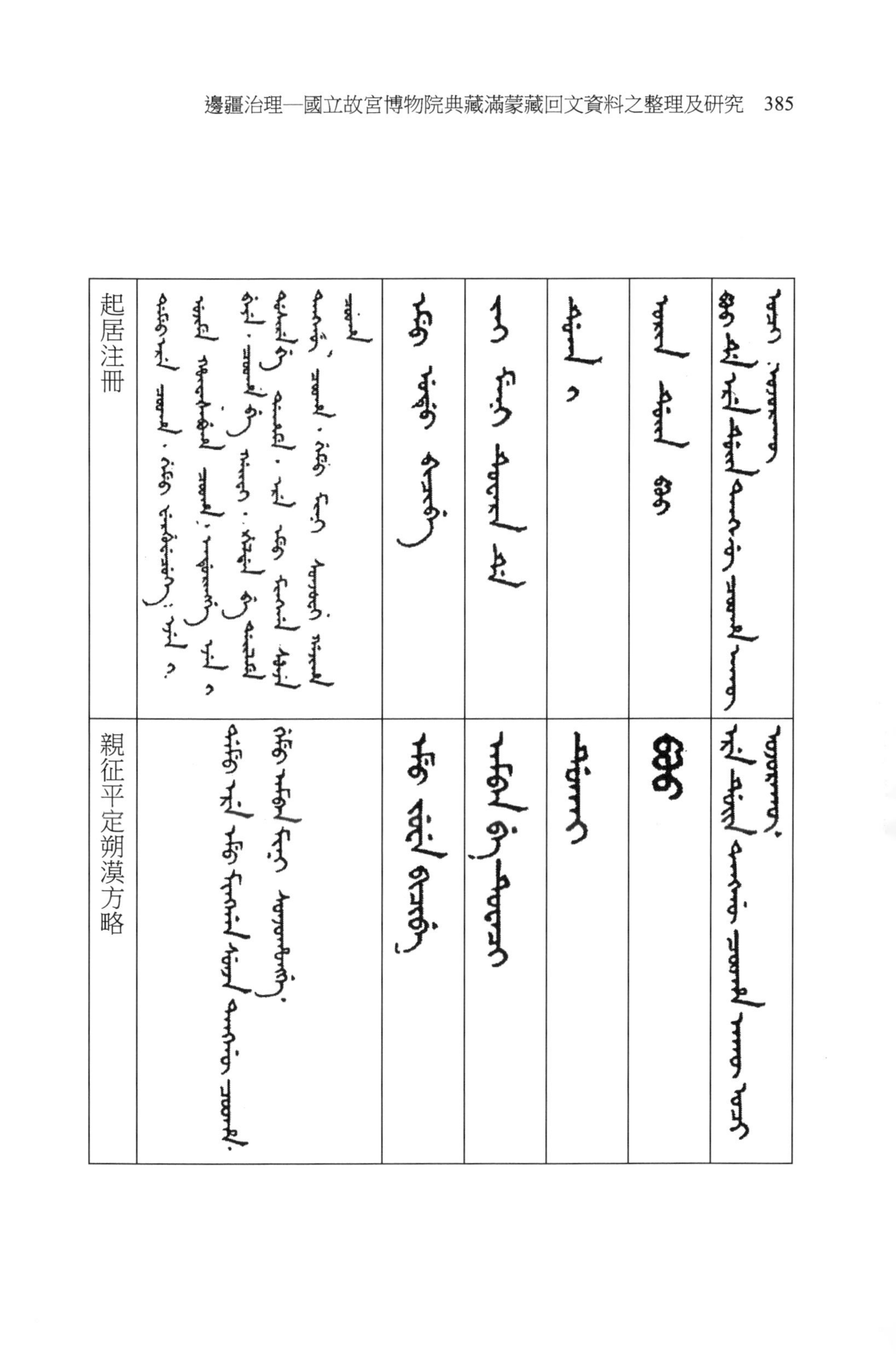

起居注冊	親征平定朔漠方略
[illegible]	[illegible]
[illegible]	[illegible]
[illegible]	[illegible]
[illegible]	[illegible]
[illegible]	[illegible]
[illegible]	[illegible]

比較康熙三十五年三月二十一日之《起居注冊》與《平定朔漠方略》之記載，可注意到後者刪改處甚多。例如「kiyan cing men i hiya mau」改作「hiya mau」，「boigon i jurgan i ashan i amban arbai」改作「ashan i amban arbai be」，「cooha be tuwanafi」改作「cooha be ilgame sonjobume uggihe bihe」，「amasi jifi wesimbuhengge」改作「ede isinjifi, amasi jifi wesimbuhengge」。

現刊之《親征平定朔漠方略》，刊刻有誤，校勘不精確，常改變文書原意，相當難以理解。然而，據滿文本《起居注冊》，可改正《親征平定朔漠方略》之誤。例如滿文本《親征平定朔漠方略》卷十九、三〇頁載有「nenehe aniya i musei monggoi jecen de necinjihede」，滿文本《起居注冊》作「nenehe aniya, musei monggo i jecen de necinjihede」，句中之逗號「•」誤作「ᡳ(i)」。滿文本《起居注冊》中之「g'aldan, namjal toin be tabcilaha」，《親征平定朔漠方略》作「g'aldan i namjal toin be tabcilaha」，「•」誤作「ᡳ(i)」。

起居注冊
親征平定朔漠方略
V.21,p.22
V.21,p.51
V.19,p.30
V.22,p.31
V.22,p.6
V.21,p.26
V.21,p.22
V.21,p.9
V.22,p.18
V.19,p.30

《起居注冊》中之「aliha bithei da」,《親征平定朔漠方略》誤作「aliha bithei de」。《起居注冊》中之「juleri bata bi」,《親征平定朔漠方略》誤作「juleri baita bi」。此外例如「ume」，誤作「umai」,「oosihi」，誤作「obsihi」,「arni」，誤作「arani」,「torihū」，誤作「orihū」,「gemu」，誤作「kemuni」等不勝枚舉。滿文本《起居注冊》中之「dzung bing guwan i niowanggiyan tui cooha」，意即「總兵官之綠旗兵」,《親征平定朔漠方略》誤作「dzung bing guwan, niowanggiyan tui cooha」，意義變作「總兵官與綠旗兵」，如此則改

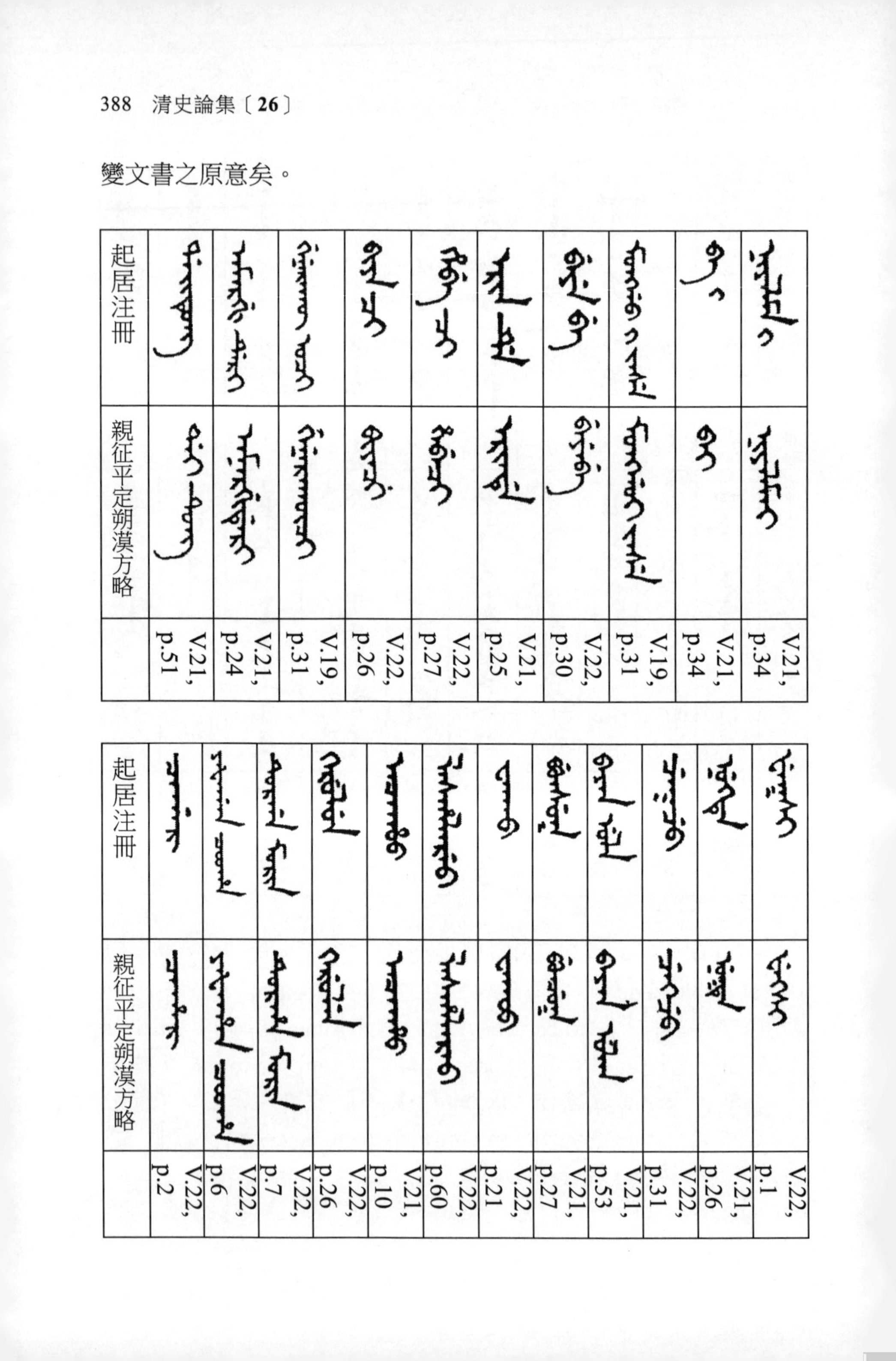

變文書之原意矣。

起居注冊	親征平定朔漠方略	
[illegible]	[illegible]	V.21, p.34
[illegible]	[illegible]	V.21, p.34
[illegible]	[illegible]	V.19, p.31
[illegible]	[illegible]	V.22, p.30
[illegible]	[illegible]	V.21, p.25
[illegible]	[illegible]	V.22, p.27
[illegible]	[illegible]	V.22, p.26
[illegible]	[illegible]	V.19, p.31
[illegible]	[illegible]	V.21, p.24
[illegible]	[illegible]	V.21, p.51

起居注冊	親征平定朔漠方略	
[illegible]	[illegible]	V.22, p.1
[illegible]	[illegible]	V.21, p.26
[illegible]	[illegible]	V.22, p.31
[illegible]	[illegible]	V.21, p.53
[illegible]	[illegible]	V.21, p.27
[illegible]	[illegible]	V.22, p.21
[illegible]	[illegible]	V.22, p.60
[illegible]	[illegible]	V.21, p.10
[illegible]	[illegible]	V.22, p.26
[illegible]	[illegible]	V.22, p.7
[illegible]	[illegible]	V.22, p.6
[illegible]	[illegible]	V.22, p.2

對照滿文本《起居注冊》與《親征平定朔漠方略》，可了解單字連寫之習慣，相互間有異。以表中所列者為例，《起居注冊》中之「daitung」，《親征平定朔漠方略》中作「dai tung」。概言之，《親征平定朔漠方略》之連寫習慣乃平常所常見者，例如將「amargi deri」連寫作「amargideri」。

《親征平定朔漠方略》與《起居注冊》間，亦有字型及字音間相異者數處。例如《起居注冊》中之「cagar」、「yafagan cooha」、「turga morin」，，《親征平定朔漠方略》中各作「cahar」、「yafahan cooha」、「turha morin」，「g」俱改為「h」。《起居注冊》中之「acahoo」，《親征平定朔漠方略》中作「acahao」，「oo」改為「ao」。《起居注冊》中之「wakao」，《親征平定朔漠方略》中作「wakoo」，「ao」改為「oo」。《起居注冊》中之「lashalareo」，《親征平定朔漠方略》中作「lashalarao」，「e」改為「a」。《起居注冊》中之「ceqcu」、「feqsi」，《親征平定朔漠方略》中各作「cekcu」、「feksi」，陽性之「q」改為陰性之「k」。《起居注冊》中之「nukte」，《親征平定朔漠方略》中作「nuqte」，陰性之「k」改為陽性之「q」。其餘人名、地名之音譯亦頗有出入，凡此俱係探索清初滿文發展上珍貴之語文資料。

五、藏文、滿文佛經之繙譯

佛教之經典乃亞洲各民族之精神寶庫，其中藏文、蒙文、滿文之佛經繙譯，不僅保存東方文化，更於藏文、蒙文、滿文之研究上大有裨益，乃世間罕有之珍貴語文資料。佛教經典整體可分為經、律、論三藏，而藏文之大藏經則大別為《甘珠爾》(bKa'-'Gyur)與《丹珠爾》(bsTan-'Gyur)二部分，前者為佛陀一生說法之總集，含經、律二藏。後者為佛弟子及以後歷代高僧對佛說之經、律所著述之疏傳釋論，相當於論藏。所謂藏文大藏經，實指《甘珠爾》

與《丹珠爾》二大譯典之總集而言。歐陽無畏教授於其所著之〈西藏的喇嘛教〉中指出，自元初以來，藏文大藏經凡歷八度製版，惟早期版本多燒失而不存。今臺灣收藏有日本影印之三部藏文大藏經，其中二部在中央研究院，一部在國立中央圖書館。中華民國國立故宮博物院亦收藏有藏文大藏經，此乃乾隆年間（1736-1795)清朝內府之泥金寫本及刻本《甘珠爾》，以函為單位，合計共一百二十二函，以藏文字母排序，各函約有約三百葉至五百葉，全部共約五萬二千餘葉。各函之經篋主要由經板、經衣所構成，保護寫有經文之經葉。經葉紙色為深藍色，起首一、二葉為各函之目錄，或為滿文藏文對照，或為藏、滿、蒙、漢四體對照。目錄以外其餘經葉俱為經典之內容，經葉正反面各跨八行，用泥金以楷書書寫。經葉上下各有二層經板，上方經板之內側記有「頂禮佛、頂禮法、頂禮僧」之梵文、藏文對照之金字，兩側各繪有佛像一尊。下經板之內側繪有佛像五尊。上下經板所繪之佛像，色彩鮮明；所書寫之經文，筆法端正。此處影印藏文大藏經刻本經板中著色釋迦摩尼像如後。

乾隆三十七年（1772），乾隆皇帝以印度佛經一譯而為藏文，再譯而為漢文，三譯而為蒙古文，獨缺滿文，深為之嘆，遂下令開繙譯館，將漢文本大藏經繙譯作滿文。於乾隆五十五年（1790），歷時近二十年，費如許歲月而繙譯告終，題為《清文全藏經》。寓有「大藏之全」之意。同年二月初一日，乾隆皇帝親撰〈清文繙譯全藏經序〉，一併譯作藏文、蒙文、漢文，凡四種語文。國立故宮博物院現藏乾隆年間內府朱印滿文本大藏經計三十二函。從滿文全藏經之內容，可窺知當時佛經繙譯之選擇方向與基準。惟後世《清文全藏經》之目錄，錯誤甚夥。中國文化大學中國文學研究所研究生高明道氏之碩士論文《如來智印三昧經繙譯研究》，即據國立故宮博物院現藏之漢文《御譯大藏經目錄》等資料，對滿文大藏經總目，作初步性之整理。例如第一至十四函為《大般若經》(Mahā-prajñā-pāramita-sūtra)當中第—卷上一第一葉，經名自左向右並記有滿、藏、蒙、漢四種文字，中央所記為讚語：頂禮佛（namo buddhāya）、頂禮法（namo dharmāya）、頂禮僧（namḥ saṃghāya）等字樣。左右兩側各繪有著色佛像一尊，左側為釋迦摩尼像，像之左下角以滿文標記「šigiyamuni」，右下角以藏文記佛之名。右側之圖為文殊師利菩薩像，左下角以滿文註記「manjusiri」，右下角以藏文記菩薩之名「'jam-dbyangs」。此處之釋迦摩尼像及文殊師利菩薩像，並影印第四十一函《維摩詰經》（Vimalakīrti sūtra）第一卷上一第一葉之經板如後。

國立故宮博物院尚珍藏滿文大藏經朱印本三十二函計八百餘卷，可說此乃非常幸運之事。朱印本滿文大藏經，因其大部分係自漢文本譯出，比較其滿、漢文內容，可理解滿文繙譯方面之特殊現象與問題。高明道氏對照《如來智印三昧經》第五卷開頭部分之文章，指出譯文之語文問題。即，滿文之音譯名稱。其音譯主要參考自蒙文。其故在於佛經中二音節之通俗語彙甚多，滿文繙譯之際多半對語彙採直譯方式。由於滿文大藏經之繙譯規模極大，雖其譯文之語句尚有檢討之餘地，已可見滿文譯文已到達明晰且正確之地步。換言之，滿文大藏經確實有其優點。此處影印《如來智印三昧經》之二葉如後。

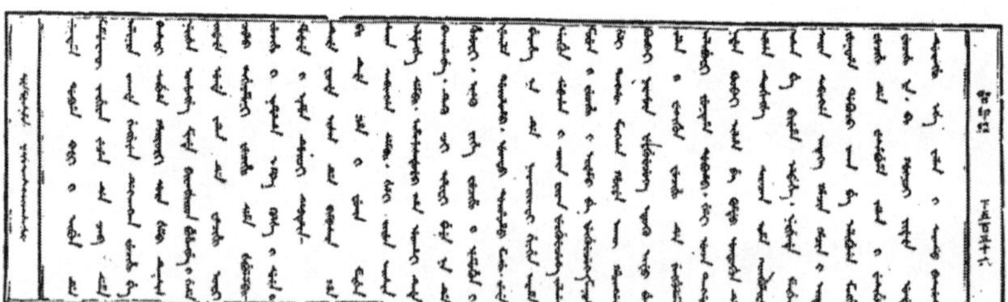

六、滿文古籍的語言資料價值

自清初以來，因其全力投入繙譯中國古籍之故，滿文遂迅速發展。順治十一年（1654）刊印滿文本《詩經》二十卷。康熙皇帝對學問極表關心，政務終了後，每於弘德殿由儒臣進講《易經》《書經》《四書》等典籍。康熙十二年（1673）十一月二十日，《論語》各章之進講已終，翌日起開始進講《大學》各章。康熙十六年（1677）三月十三日，起居注官喇沙里等奉勅刊刻《四書講章》，同年十二月十八日，進呈滿、漢文本各裝訂為二十六卷。滿文本題為《清文日講四書解義》。將滿文本《起居注冊》所收《四書》之譯文與《清文日講四書解義》相互對照，可判定二者之《四書》譯文無論句型、語法抑或語彙方面皆極相似。

乾隆皇帝積極提倡滿洲語文，躬親教示繙譯方法。乾隆年間（1736-1795），奉敕譯為滿文之古代典籍正可謂不勝枚舉，就中《御製繙譯四書》乃將康熙年間所刊布之《清文日講四書解義》加以改定者，其文義之異同、意旨之深淺、語氣之輕重等，稍有未協者，皆更正之。乾隆二十年（1755）十二月，此書完成。凡六卷。相互比較乾隆年間之《御製繙譯四書》與康熙年間之滿文本《起居注冊》及《清文日講四書解義》，察其異同，可供作知曉清初滿洲語文發展上之一參考。

關於乾隆年間改譯《四書》之際所訂正之部分，可分數方面而述之。自改譯本之滿文連寫習慣而言，例如《論語•里仁篇》中之「人之過也，各於其黨」部分，譯作「miyalmai endubuku meni meni duwali bi」，句中之「meni meni」為重複單字之重疊字，《御製繙譯四書》乃將重疊單字連寫作「menimeni」。又《雍也篇》中之「知之者不如好之者」部分，《起居注冊》譯作「sarangge, amuran ningge de isirakū」，句中之「amuran ningge」，《御製繙譯四書》中連寫作「amurangge」。復次，《里仁篇》中之「不患人之不己知，患不知人也」部分，《清文日講四書解義》譯作「beye be niyalma sarkū de joborakū, niyalma be sarkū de jobombi」，句中之「beye be」，《御製繙譯四書》中連寫作「beyebe」。《四書》中，言及邊疆少數民族時，用「夷狄蠻貊」之稱，滿文本《起居注冊》、《清文日講四書解義》中，悉以漢字讀音譯為滿文，未嘗迴避之，而乾隆年間改譯《四書》之際，遂將「夷狄蠻貊」改作「aiman」等字。關於《四書》中所載古代官名，康熙年間多以漢字讀音直譯。例如《論語》中之「儀封人請見」在《起居注冊》中譯作「i fong žin acaki」，句中之「fung žin」在《御製繙譯四書》中乃譯作「jasei hafan」。其意為「邊疆守備官」，以文義意譯之。乾隆年間改譯《四書》時所使用之語彙，通常較接近原文之意義。例如《論語•里仁篇》之「不仁者，不可以久處約」，《起居注冊》譯作「gosin akū niyalma joboro de goidame bici ojorakū」，句中之「約」字於康熙年間讀為「joboro」，其意為「艱難」。乾隆年間改譯後，將此譯作「yadahūn」，其意為「貧」，較接近「約」字之本義。

乾隆年間刊印之《御製繙譯四書》，在句型及語法方面亦與康熙年間之譯文多有異趣。例如《論語•八佾篇》中之「哀公問社於宰我」在《起居注冊》中譯作「ai gung, še be dzai o de fonjiha」（附錄一 A），《御製繙譯四書》中則改譯作「ai gung, dzai o de boihoju be fonjire jakade」（附錄一 B）。句中之「社」字，於康熙年間以漢字音譯作「še」，乾隆年間則改譯作「boihoju」。「še」為直接目的語，「dzai o」為間接目的語。乾隆年間改譯《四書》之際，遂交換直接目的語與間接目的語之位置。附錄二之例亦同。康熙年間之繙譯《四書》之滿文句型，乃以漢文句型之構造而繙譯者，即主語後隨即接置直接目的語，而後間接目的語方到來。乾隆年間改譯《四書》之際，已自漢文之句型構造中脫出，於主語後立即連上間接目的語，而後直接目的語方到來。乾隆年間改譯《四書》之際，一方面改變句型構造，他方面則使文義更明晰而易解，使語氣更順暢，更適合女真語系之文法。為便於比較滿文句型之異同，特舉數例作附錄。「A」為康熙朝之滿文本《起居注冊》及《清文日講四書解義》之譯文，「B」為乾隆年間刊印之《御製繙譯四書》之譯文。

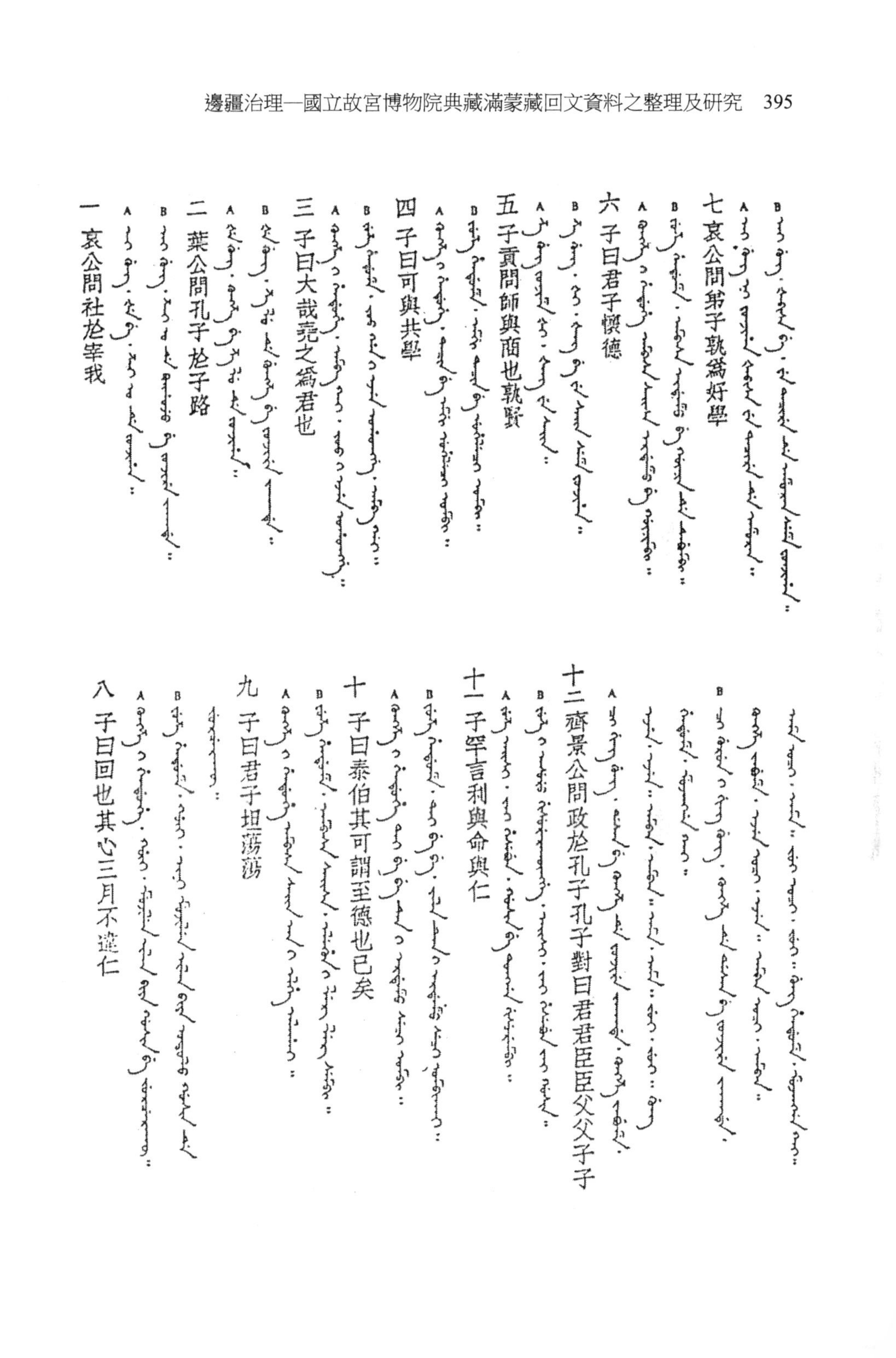

一 哀公問社於宰我

A [illegible]

B [illegible]

二 葉公問孔子於子路

A [illegible]

B [illegible]

三 子曰大哉堯之爲君也

A [illegible]

B [illegible]

四 子曰可與共學

A [illegible]

B [illegible]

五 子貢問師與商也孰賢

A [illegible]

B [illegible]

六 子曰君子懷德

A [illegible]

B [illegible]

七 哀公問弟子孰爲好學

A [illegible]

B [illegible]

八 子曰回也其心三月不違仁

A [illegible]

B [illegible]

九 子曰君子坦蕩蕩

A [illegible]

B [illegible]

十 子曰泰伯其可謂至德也已矣

A [illegible]

B [illegible]

十一 子罕言利與命與仁

A [illegible]

B [illegible]

十二 齊景公問政於孔子孔子對曰君君臣臣父父子子

A [illegible]

B [illegible]

七、故宮名畫所得見之邊疆語言

滿洲、蒙古草原社會之命名方式，依其傳統習俗，喜好以動物為子息命名。例如清初攝政王多爾袞之名，乃滿文「dorgon」之音譯，其意為「貛」。嘉慶年間之蒙古鑲白旗人阿爾薩朗之名乃滿文「arsalan」之音譯，其意為「獅子」。乾隆皇帝喜好以各種勇猛或珍禽異獸為寵愛之物命名。郎世寧之繪畫作品中多可見名犬及駿馬之名，此乃乾隆皇帝所選定之名，於標記有漢文名之外，又常添以滿文、蒙文或維吾爾文之名。自其各種語言所含之意義，可理解乾隆皇帝對其所寵愛之物之命名習慣。例如副都統傅清（meiren i janggin fucing）於駐藏辦事大臣任內嘗獻上一頭名犬。郎世寧著色絹本（縱 268cm，橫 193.7cm）中所繪者即此，乾隆皇帝為此犬命名以漢字「蒼猊」。《廣雅》釋「蒼」作「青」。「猊」又作「狻猊」，獅子之意。書於圖左上之滿文名讀作「kara arsalan」，其左側所書之蒙文讀作「hara arslan」，皆為「黑獅子」之意。乾隆皇帝以勇猛之百獸之王獅子為名犬命名，其漢文、蒙文名大抵相符。科爾沁四等台吉丹達里遜（korcin i duici jergi taiji dandarsion）所進貢之名犬以漢字命名為「睒星狼」，滿文命名為「niohetu」，「niohe」為「狼」之意，末尾之「tu」乃表人或物者，「niohe」與「tu」結合，遂為「niohetu」。惟此但具普通「狼」之意，不含諸如「睒星」之意。科爾沁四等台吉丹巴林親（dambaricin）所進貢之名犬以漢字命名為「金翅獫」，「獫」意指一種長喙犬，以蒙文命名為「yolo」'以滿文命名為「yolotu」,「yolo」在蒙、滿文名皆指「藏狗」之意。滿文名為「yolo」與「tu」之結合字，可了解丹巴林親所進貢之金翅獫乃一頭貴重之藏狗。大學士傅恒所進貢之一頭名犬，以漢字命名作「蒼水虬」，虬又作「虯」，乃頭具二角之小龍。其滿文名為「solomtu」，在滿文辭書作「solontu」，為「solon」與「tu」之結合字。「solon」意為「叉子」，凡鐵器、木器等尖形狀之部分皆稱「solon」。或者因小龍頭上有雙角，故名之為「sokon」，亦未可知。至於「蒼水」之意則全然無之，滿文命名僅具「虬」意，「蒼水虬」乃據漢字以命名。

侍衛班領廣華進貢一頭名犬，以漢字命名為「墨玉螭」。「班領」之滿文讀如「idui janggin」，意即輪班章京。廣華所進貢之名犬其滿文名為「muhūltu」，螭之滿文讀如「muhultu」，即似龍而無角者。凡去角而圓鈍者滿文讀如「muhūri」，龍頭上無角故稱「muhūlu」，與「tu」結合應作「muhūlutu」，而原畫中作「muhūltu」，省略一「u」音，仍全未含「墨玉」之意。滿文名僅有「螭」之意，「墨玉螭」乃其漢字名。侍郎三和所進貢之名犬，漢字名作「茹黃豹」，通常可見之豹有花白黑金四種，可了解此頭以「茹黃豹」命名之黃犬，確實為稀有者。滿文名為「yargatu」，「yarga」又作「yarha」，即「豹」之通稱，並不具「茹黃」之意。準噶爾台吉噶爾丹策楞所進貢之犬，漢字名為「雪爪盧」，滿文名為「sebertu」。有白銀蹄之馬騾，滿文讀如「Seberi」，與「tu」結合後省略「i」作「sebertu」。此名犬有銀白色之四爪，故稱「雪爪盧」。滿漢文命名含義相近。大學士傅恒所進貢之名犬漢文名為「班錦彪」，滿文名為「junggintu」，「junggin」意指以各色絲辮編成，織工細緻之錦緞。「彪」於滿文讀如「targan」，此名犬雖或亦可名之為「targan」，抑或「targantu」，而乾隆皇帝乃採「錦」之滿洲字「junggin」，表示此名為「junggintu」之名犬乃有如班錦之寵愛物。

乾隆皇帝非但以勇猛之走獸為各種名犬命名，同時亦以象徵祥瑞之喜鵲或悍厲之猛禽為之命名。例如和碩康親王（hošoi

nesuken cin wang）巴爾圖（bartu）所進貢之名犬漢字名為「驀空鵲」，其滿文名為「saksahatu」,「saksaha」意即喜鵲，不含「驀空」之意。在滿洲族之祖先發祥傳說中，喜鵲所扮演之角色至關重要，傳說滿洲族始祖布庫里雍順之母佛庫倫，吞喜鵲所銜之朱果而有身，遂生滿洲族之始祖。以喜鵲為此犬命名，顯示其特別貴重。科爾沁四等台吉丹達里遜所進貢之名犬，漢文名為「霜花鷂」，滿文名為「silmetu」，滿文讀作「silmen」，省略末尾之「n」再與「tu」結合而成，無「霜花」之意。《資治通鑑》有如下之記載—魏徵狀貌不逾中人，而有膽略，善回人主意，每犯顏苦諫；或逢上（唐太宗）怒甚，徵神色不移，上亦為霽威。……上嘗得佳鷂，自臂之，望見徵來，匿懷中。徵奏事固久不已，鷂竟死懷中。—鷂常捕鵪鶉、雀鳥，以故為此名犬命名為鷂，此「霜花鷂」蓋乾隆皇帝所寵愛者。

乾隆皇帝喜好以飛鳥為其所心愛之駿馬命名。乾隆八年（1743），喀爾喀親王德欽扎布所進貢之駿馬漢字名為「赤花鷹」，滿文名為「cakiri giyahūn keire alha」即花白鷹騮之意。同年，科爾沁郡王諾們額爾穌圖所進貢之駿馬漢字名為「雪點鵰」，滿文名為「saksaha damin cabdara alha」，即接白鵰之意，予駿馬以神鵰之名。乾隆二十七年（1762），於繪有愛烏罕（阿富汗）所進貢之超洱驄等四頭駿馬之圖上，書有回、漢、滿、蒙四種文字。

謝遂為清朝之宮廷畫家，奉乾隆皇帝之命製作《職貢圖》。國立故宮博物院現今所收藏之謝遂《職貢圖》共分四卷，繪有人物彩圖，復以滿、漢文二者加以說明。研究其滿文之繙譯技巧及其所使用之語彙，當可為了解乾隆年間滿文發展提供參考。原圖第三、四卷為麼些人之畫像，第一幅為雲南麗江等府之麼些蠻，文中之「居處與齊民相雜」之滿文作「irgen i emgi suwaliyaganjame tembi」,「男子薙髮」之滿文作「hahasi oci uju fusimbi」,「婦女高髻」滿文作「hehesi oci soson deken」,「語多鴃舌」滿文作「hionghioi gashai gese jorigindume gisurengge labdu」。伯勞鳥又作「鴂」，滿文辭書作「hionghiori gasha」，此作「hionghioi gasha」，與之小異。漢文之「雀噪」滿文辭書作「jorgindume」，此作「jorigindume」，亦有小異。漢文「風俗」於滿文辭書譯作「an kooli」。乾隆五十二年（1787），考試八旗滿洲教習，進呈試卷內所繙「風俗」字樣，俱繙「an kooli」。乾隆皇帝指出：此雖照舊定成語，但初定時已失字意，蓋久行不易者，謂之「kooli」，隨時成習者，謂之風俗，從而「風俗」理應繙作「geren i tacin」。《職貢圖》譯「俗」作「an tacin」，較合乎滿文之語氣。《職貢圖》並用滿、漢文，故確實為學習滿洲語文時之優良讀物。

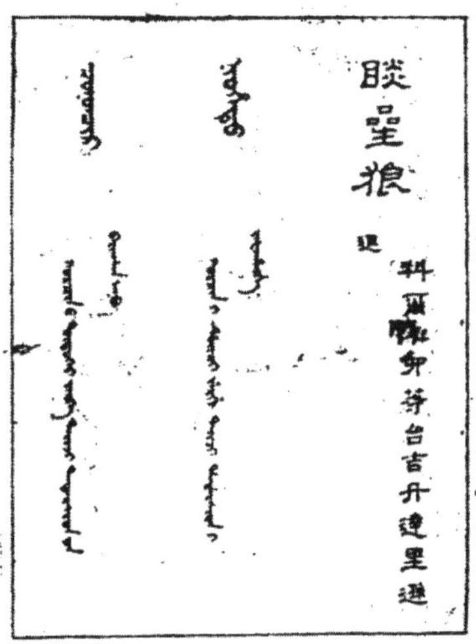

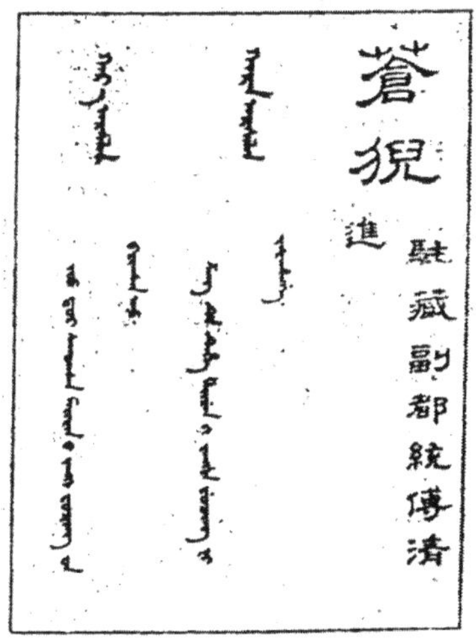

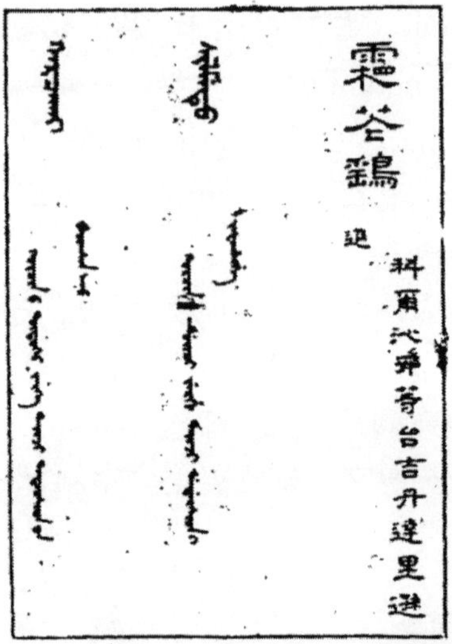
霜谷鶴
進

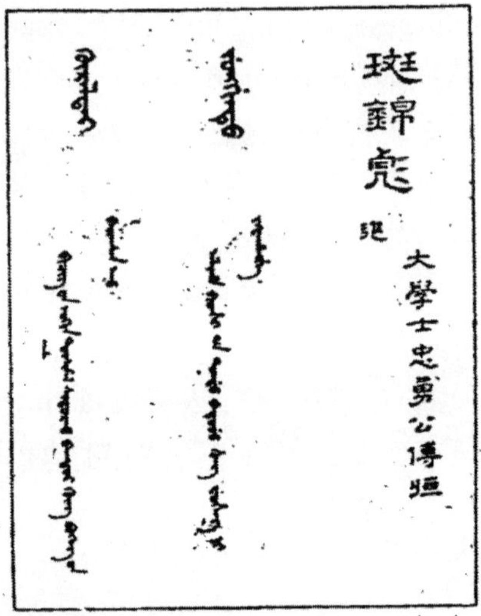
斑錦彪
進
大學士忠勇公傅恒

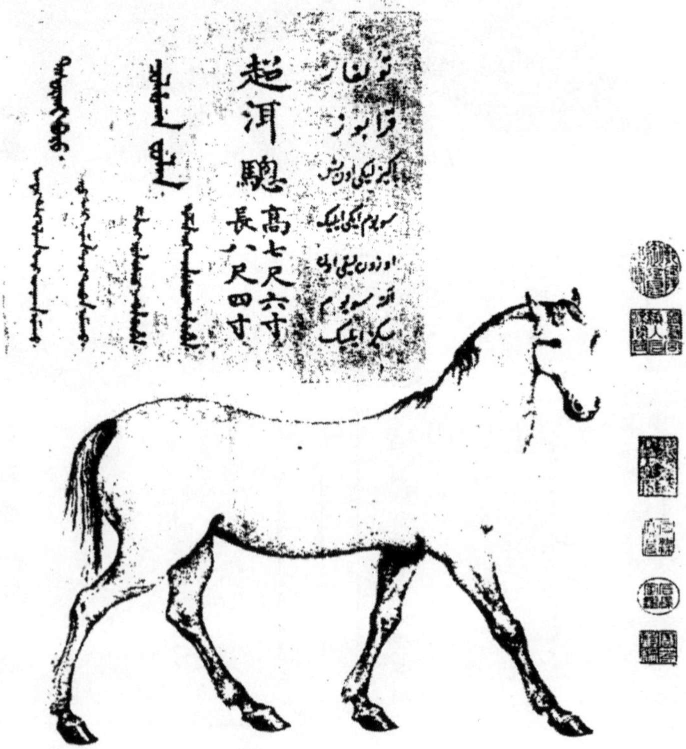
超洱驄
高七尺六寸
長八尺四寸

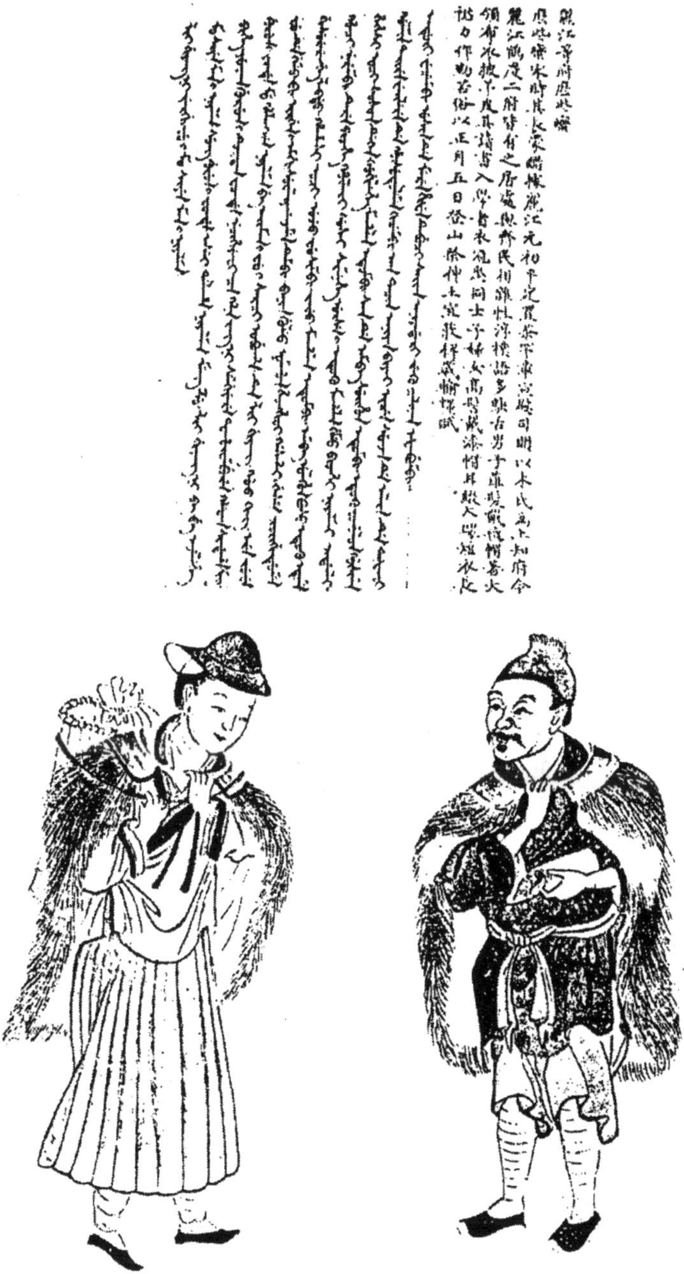

謝遂職貢圖（局部）
龍江等府居民婦

八、結　語

整理檔案文獻，可以帶動歷史研究。國立故宮博物院現藏之清代檔案，以最齊全之設備，最佳之保管，將圖書分類法作十二分之活用，實行全面性之整理，《宮中檔》、《軍機處檔》之月摺包，悉皆以奏報年月順序為準，逐月排列，登錄其整理編號，分各項目而製卡片，並編有人名索引。最近除《清代文獻檔案總目》、《清代文獻傳包傳稿人名索引》已出版外，並將之輸入電腦，預定每年將檔案輸入電腦以供服務。世界學術界利用現藏檔案，以中文或各國語文撰就之專書或論文，已汗牛充棟。國立故宮博物院多年來秉持學術公開、資料公開原則，以熱心之態度，為全世界學者研究提供服務。希望各位專家能多多利用。